U0819354

权威 · 前沿 · 原创

皮书系列为
“十二五”“十三五”国家重点图书出版规划项目

汽车安全蓝皮书

BLUE BOOK OF
AUTOMOBILE SAFETY

中国汽车安全发展报告（2018）

ANNUAL REPORT ON AUTOMOBILE SAFETY IN CHINA
(2018)

中国汽车技术研究中心有限公司／编 著

社会科学文献出版社
SOCIAL SCIENCES ACADEMIC PRESS (CHINA)

图书在版编目(CIP)数据

中国汽车安全发展报告. 2018 / 中国汽车技术研究中心有限公司编著. --北京: 社会科学文献出版社, 2018.8
（汽车安全蓝皮书）
ISBN 978-7-5201-3270-1

Ⅰ. ①中… Ⅱ. ①中… Ⅲ. ①汽车工业-工业安全-经济发展-研究报告-中国-2018 Ⅳ. ①F426.471

中国版本图书馆 CIP 数据核字（2018）第 185770 号

汽车安全蓝皮书
中国汽车安全发展报告（2018）

编　　著 / 中国汽车技术研究中心有限公司

出 版 人 / 谢寿光
项目统筹 / 吴　敏
责任编辑 / 张　超

出　　版 / 社会科学文献出版社 · 皮书出版分社（010）59367127
地址：北京市北三环中路甲 29 号院华龙大厦　邮编：100029
网址：www.ssap.com.cn
发　　行 / 市场营销中心（010）59367081　59367018
印　　装 / 三河市尚艺印装有限公司

规　　格 / 开 本：787mm × 1092mm　1/16
印 张：23.5　字 数：356 千字
版　　次 / 2018 年 8 月第 1 版　2018 年 8 月第 1 次印刷
书　　号 / ISBN 978-7-5201-3270-1
定　　价 / 99.00 元

皮书序列号 / PSN B-2014-385-1/1

汽车安全蓝皮书编委会

主要编撰者简介

傅连学 高级工程师，1989 年清华大学毕业后进入中国汽车技术研究中心有限公司工作至今，现任汽车技术情报研究所副所长，中国汽车行业客户满意度调查总负责人。长期专业从事市场与政策的软科学研究工作，承担了国家有关部门及国内外企业的大量研究工作。随着中国汽车技术研究中心对消费领域的日趋关注和重视，近年来对汽车消费者、品牌与忠诚度等有着深入的研究。另外，受聘于科技部火炬计划中心，定期参加国家年度的火炬计划项目评审工作；受聘于中国汽车工业协会、中国汽车工程学会，是专家咨询委员会的专家。

张海波 工商管理硕士、高级工程师，中国汽车技术研究中心有限公司汽车技术情报研究所综合管理部部长，主要从事汽车技术情报、竞争力对标、战略规划、商用车等领域研究。主要参加了“中国汽车行业基本数据库的开发和应用”“基于汽车产业链高附加值咨询服务平台的建设”“汽车后市场发展趋势与业务进入策略研究”“郑州市汽车产业发展专项规划”“中国汽车企业社会责任评价方法研究”“基于用户评价的新能源汽车品质研究”等课题研究工作。

尤嘉勋 工商管理硕士、高级工程师，中国汽车技术研究中心有限公司汽车技术情报研究所信息咨询中心主任，主要从事汽车前瞻技术领域与产业规划研究。主要参加了《中国汽车工业年鉴》《中国汽车出口年鉴》的编辑出版工作，参加了“郑州市汽车产业发展专项规划”“中国汽车企业社会责任评价方法研究”“基于用户评价的新能源汽车品质研究”等课题研究工作。在《汽车工业研究》《汽车与配件》《商用汽车》等期刊上发表文章数十篇。

武守喜　高级工程师，中国汽车技术研究中心有限公司汽车技术情报研究所信息咨询一室副主任，主要从事新能源汽车政策及标准法规研究。作为课题负责人或核心成员先后完成了“怠速启停技术中国验证试验及政策研究”“中国电动汽车动力电池回收利用的可行性研究”“防治机动车细颗粒物（PM2.5）污染的政策研究”“关于加快电动汽车充电基础设施建设的指导意见”等多项重大课题研究，并主持完成多项地方政府的新能源汽车产业发展规划及可行性研究项目。在《汽车与配件》、“新能源汽车蓝皮书”等书刊上发表科技论文数十篇。

左培文　高级工程师，中国汽车技术研究中心有限公司汽车技术情报研究所信息咨询一室总工程师，主要从事汽车产品与技术情报研究工作。作为课题负责人或主持人先后完成了“汽车国五排放控制技术发展状况与国六标准建议”“轻型柴油车国四、国五排放技术发展状况与政策建议”“乘用车智能化技术发展状况与建议研究”“乘用车高效变速器技术发展状况与建议研究”等多项重大课题研究。在《中国汽车市场展望》《汽车工业研究》等期刊上发表科技论文三十余篇。

摘　要

“汽车安全蓝皮书”是关于中国汽车安全发展的年度研究报告，自 2014 年第一册报告出版以来，便受到了汽车业界的广泛关注。本书是在国内部分汽车企业以及众多汽车安全领域的资深专家的鼎力支持下，由中国汽车技术研究中心有限公司的多位研究人员及行业内安全领域专家共同撰写完成。

《中国汽车安全发展报告（2018）》下设“总报告”、“宏观环境篇”、“标准法规篇”、“技术研究篇”、“优秀安全产品研究篇”、“借鉴篇”、“专项研究篇（行人保护篇）”和“专项调查篇”八个篇章。

总报告综合阐述了 2017 年中国汽车安全产业发展现状与未来趋势，以及道路交通安全工作面临的新形势、新挑战。通过对典型事故案例的分析，提出道路交通设施隐患是交通事故的重要致因。同时，对新能源汽车及智能网联汽车技术的系统化趋势进行了分析。

宏观环境篇从道路交通安全治理模式转型、道路交通安全源头治理、城市交通畅通与安全、农村交通安全管理等方面提出道路交通安全的持续改善措施。并基于道路交通事故的典型案例数据，分析了当前交通设施隐患存在的特点、对于交通安全的危害，以及这些问题的深层次原因。

标准法规篇首先对 C－NCAP 发展过程进行梳理，全面介绍了 C－NCAP 的研究思路及研究方法，并且对 2018 年版规则的要点进行分析。同时，从法规层面介绍了营运客车主动安全系统的检测技术、检测方法及评定方法，并对目前营运客车主动安全技术的技术路线做出总结。

技术研究篇介绍了在交通冲突场景构建方面的发展状况，通过实际危险工况分析，有针对性地进行虚拟场景构建和测试验证来提高汽车主动安全产品的研发效率和设计质量。从多个方面阐述群体智能算法及其在车联网信息安全方面的具体应用。同时对动力电池安全性测试评价技术、钢铝混合车身结构开发中的关键性技术等进行研究分析。

优秀安全产品研究篇从车身结构、约束系统、行人保护、主动安全等方面介绍了 SUV 车型的整车安全性能开发情况。

借鉴篇介绍了欧洲联盟对汽车产品市场准入建立并实施的协调、统一的管理制度和相配套的技术法规体系及具体的项目，以及该制度和体系在整个国际汽车市场的巨大影响力。

专项研究篇（行人保护篇）从道路交通环境与事故情况、主要地区和国家行人保护评价体系、行人保护技术发展等方面系统性、综合性分析了汽车行人保护技术发展现状与未来趋势。

专项调查篇从多个维度对视野改善类和操控避险类驾驶辅助技术市场现状进行阐述和分析，对先进驾驶辅助技术市场特点进行梳理，并对企业发展提出了合理的意见和建议。此外，还研究了不同级别和不同系别车型的消费者对安全性的满意度评价情况以及对安全性的关注度情况。

《中国汽车安全发展报告》以编撰中国汽车安全领域最权威的出版物、向行业和社会公众展示汽车安全技术进步、普及汽车安全知识、引领中国汽车安全发展方向为目标，以加强行业交流与合作、促进汽车安全技术创新与应用、为建设汽车强国贡献力量为愿景，汇聚主流汽车企业、权威专家的精彩力作。从社会科学角度，对中国汽车安全状况进行全面梳理和系统分析，旨在为汽车行业管理部门、研究机构、汽车和零部件企业、社会公众等掌握汽车安全发展情况提供全面的借鉴和参考。

序　言

2017 年，中国汽车市场规模再创新高，新车销量达到 2887.9 万辆，约占全球汽车市场份额的 30%。中国汽车产业不仅在规模上持续巩固其在国民经济中的支柱产业地位，而且贯彻落实创新驱动发展战略，紧扣“电动化、智能化、网联化、共享化”的发展趋势，更加重视科技创新、产品创新、政策创新和商业模式创新，努力实现中国汽车产业的高质量发展。

近年来，随着大数据、云计算、人工智能等新技术的发展和应用，智能网联汽车产业蓬勃发展。研究表明，90% 以上的道路交通事故与驾驶人操作失误有关，汽车智能化、网联化技术将有助于减少由于驾驶人行为不当造成的道路交通事故和人员伤亡，还可以有效地加强人、车、路之间的联系，形成一种安全、高效、环保、节能的综合运输系统。智能网联汽车是建设智能交通系统及构建绿色汽车社会的关键因素，其意义不仅在于汽车产品与技术的全面升级，也在于可能带来的汽车产业商业模式和价值链体系的改变与重塑。2017 年以来，国家政府管理部门出台了一系列促进和引导智能网联汽车发展的政策措施，地方政府也纷纷通过出台政策、建立示范运营区域等措施鼓励和引导智能网联汽车产业的发展。

为顺应汽车产业发展新形势和满足汽车产业发展新需求，2018 年版新车评价规程（C－NCAP）于 2018 年 7 月 1 日正式实施。新版 C－NCAP 紧密结合汽车技术发展方向，新增了车辆自动紧急制动系统（AEB）试验以及纯电动汽车和混合动力汽车的碰撞安全和电气安全试验，这将会大幅提升智能网联汽车和新能源汽车的安全性。新版的 C－NCAP 同时也加强了对于弱势道路使用者安全性的重视，新增了行人保护试验，这也将会提升车辆对于行人的被动安全性，有效降低道路交通事故中行人的伤亡率。

《中国汽车安全发展报告（2018）》是中国汽车技术研究中心有限公司组织行业力量编写的年度研究报告，从社会科学的角度系统研究了中国汽车安全产业发展现状，展望了未来发展趋势，为关注汽车安全的社会各界人士提供全面的、有效的信息参考。

《中国汽车安全发展报告（2018）》在研究撰写过程中，得到了汽车行业众多专家学者的支持和帮助，他们为本书的出版提出了富有建设性的独特意见和建议；本书在研究过程中，得到了相关汽车及零部件企业的大力支持和配合；社会科学文献出版社也对本书的出版给予了大力支持，做了大量工作，再次一并表示感谢。

全书由本书主编、中国汽车技术研究中心有限公司汽车技术情报研究所副所长傅连学终审定稿。

由于时间、能力和水平等各种因素有限，书中疏漏在所难免，敬请读者批评指正。

2018 年 7 月 10 日

目 录

Ⅰ 总报告

Ⅱ 宏观环境篇

Ⅲ 标准法规篇

Ⅳ 技术研究篇

Ⅴ 优秀安全产品研究篇

Ⅵ 借鉴篇

Ⅶ 专项研究篇（行人保护篇）

Ⅷ 专项调查篇

Ⅸ 附录

皮书数据库阅读**使用指南**

总 报 告

General Report

B.1 中国汽车安全技术的系统化趋势

武守喜 戴森 贺淑超 齐涛 路畅*

摘 要： 当前中国道路交通安全形势总体平稳，但由地区发展不平衡所导致的自然环境、道路条件、机动化水平、安全设施、车辆状况差异性较为明显，道路交通安全工作面临新形势、新挑战。随着中国汽车产业转型升级的不断深入，中国汽车产业将呈现新局面，新能源汽车及智能网联汽车技术的系统化趋势明显，而驾驶工况分析和交通场景构建将成为主动安全技术发展的关键共性技术。伴随人工智能的发展，汽车行人

* 武守喜，高级工程师，中国汽车技术研究中心有限公司汽车技术情报研究所信息咨询一室副主任，主要从事新能源汽车政策及标准法规研究；戴森，中国汽车技术研究中心有限公司汽车技术情报所助理工程师，主要从事商用汽车技术及市场研究；贺淑超，中国汽车技术研究中心有限公司汽车技术情报研究所高级工程师，主要从事新能源汽车及智能网联汽车行业技术研究工作；齐涛，中国汽车技术研究中心有限公司汽车技术情报研究所助理工程师，主要从事新能源汽车及智能网联汽车消费者研究；路畅，中国汽车技术研究中心有限公司汽车技术情报研究所助理工程师，主要从事新能源汽车及智能网联汽车产品和技术研究。

保护技术将向着自动化、智能化方向发展，智能、网络和汽车技术的结合将成为未来行人保护技术的主流。

关键词： 中国道路安全　汽车安全标准法规　汽车安全技术　行人保护技术

一　中国道路安全现状分析

（一）中国道路安全机遇与挑战并存

改革开放 40 年来，中国道路交通进入新的发展阶段，道路交通安全管理也呈现新的特征、面临诸多新的挑战。截至 2017 年底，中国公路总里程超过 470 万公里，机动车保有量达到 3.1 亿辆，机动车驾驶人达到 3.85 亿人，新注册登记机动车 3352 万辆。目前，中国高速公路通车里程、汽车增速、机动车驾驶人数量均位居世界第一。

回顾 2017 年各项交通安全要素的发展变化，主要呈现以下特征：①机动车持续快速增长，全年机动车保有量新增约 3352 万辆；②车辆类型结构不断优化，汽车占机动车的比例从 2013 年的 54.93% 提高到 2017 年的 70.17%，成为机动车的主要构成部分；③小型客车是增长主力，占汽车保有量的 82.99%；④机动车驾驶人数量持续增加，16 个省份的机动车驾驶人数量超千万人；⑤26 ~ 50 岁驾驶人占比较高，新增驾驶人员 3054 万人；⑥道路交通安全法律标准体系逐渐完善，先后制修订 9 部配套规章、9 部工作规范、151 个技术标准；⑦道路交通安全形势总体稳定，一次死亡 3 人、5 人以上事故同比分别下降 5.6% 和 12.3%。

当前中国道路交通安全形势总体平稳，但地区发展不平衡所导致的自然环境、道路条件、机动化水平、安全设施、车辆状况差异性较为明显，道路交通安全工作面临新形势、新挑战。①人、车、路的持续快速增长致使道路交通安全风险增大。随着我国道路交通发展迅速，驾驶人数量、机动车保有量、汽车保有量激增，对道路交通安全管理工作提出了更高要求。②城市汽车保有量的增长加剧了交通拥堵、出行难等问题。“十三五”时期预计将有70个城市的汽车保有量超过100万辆，将为城市道路交通安全带来巨大的挑战。③农村道路交通安全应予以重视。农村地区道路基础设施条件薄弱，农民的安全意识与驾车技能不同步等问题仍然存在。党的十九大报告中“乡村振兴”战略的提出，对农村道路交通安全管理工作也提出更高的要求。④安全文明驾驶意识仍待提高。驾驶员驾驶行为不规范、交通陋习和危险驾驶行为依然较多，道路交通安全文明建设任重道远。

然而，机遇与挑战并存，道路交通安全的未来发展也具备以下有利条件。①国家积极推动道路交通安全治理模式转型。完善属地为主、条块结合的城市交通综合治理机制，着力推动道路交通安全治理从“部门主导”向“党政主导”转型，推动相关部门履行监管责任、行业履行社会责任、企业落实主体责任，不断创新道路交通安全治理理念和方法，实现社会共治合力。②开展道路交通安全评价与隐患整治工作。通过道路交通研判预警，定期分析、评估和预测安全形势，针对突出道路安全隐患持续进行排查整治，有效防控道路交通事故风险。

（二）道路交通设施隐患是交通事故的重要致因

随着我国经济快速增长和城市化进程加快，道路基础设施建设规模不断扩大，但是道路交通设施安全隐患问题在全国范围内仍然普遍存在。上海联合道路交通安全科学研究中心通过深度分析交通事故的原因，发现道路交通设施隐患在没有造成严重后果的情况下往往会被忽视，事实上，道路交通设施问题是交通事故中非常重要的一个因素，应予以足够重视。

通过对典型事故案例的分析，发现道路的安全隐患具有如下特点。①道路交通设施问题具有隐蔽性。事故地点的照明条件以及交通设施的配备情况等均对交通事故存在影响，就单独因素来看，其隐蔽性较强，导致交通事故发生的概率较低，但是各种因素的叠加致使事故发生的概率极大增加。②道路交通设施问题具有偶发性。近年来高速公路上轿车撞击波形板护栏的事故中，被波形板刺穿的案例很常见。这种事故只有在车速、碰撞角度、碰撞护栏位置等因素同时满足一定条件时，才有可能发生。③道路交通设施问题存在道路的管理、养护及监管不足等情况。如高速公路上波形板护栏连接螺栓的缺失、交通设施及警示标志的缺失等均是造成交通事故的重要因素。④相关法规存在安全盲点。如隧道的设计施工和养护完全按照当前的有关标准进行，仍会造成汽车撞击防撞墙缺口的事故，可见，在目前情况下，没有相关的法规可以直接协助排除或修正类似安全风险。

道路交通设施安全隐患问题具有高隐蔽性、随机性、高危险性的特点，其潜在危险性大。因此，从源头减少交通事故的发生，找出安全隐患及管理漏洞具有重大意义。首先，《道路交通事故处理程序规定》指出，对一次死亡3人以上的道路交通事故、造成其他严重后果或者存在严重安全问题的道路交通事故，需开展深度调查。其次，依靠交警系统在事故中发现隐患，并由有专业技术能力的机构以及上级管理部门的协调配合，是解决安全隐患问题的一种有效途径。最后，解决交通安全隐患问题在于提前预防，交通安全设施的施工方、管理方和监管单位应严格遵循法律法规，积极排查并及时解决道路交通设施存在的问题。

二　汽车安全标准法规的进展分析

（一）C－NCAP持续不断发展，推动中国汽车产业安全技术快速提升

随着中国汽车产业转型升级的不断深入，中国汽车产业将呈现新局面。未来对于安全技术及评价的需求也将越来越多，C－NCAP（中国新车评价规程）已经运行十多年，不断从实践中发现问题，总结经验，不断进行修改完善，使评价规则紧跟国际技术发展和中国汽车行业发展趋势，使其能持续发挥应有的技术引领作用。

迄今为止，C－NCAP已经历经了四次改版。2006年首版规则，C－

NCAP 提出了基本的 100% 正碰、40% 偏置碰和侧碰三个测试项目；2009 年第一次改版增加了儿童座椅和儿童假人，首次提出儿童乘员保护理念；2012 年第二次改版除了增加鞭打试验、偏置碰撞提速、定量评价后排乘员外，还增加了对 ESC 配置的鼓励加分，主动安全概念体现；2015 年第三次改版又对星级划分进行了调整，进一步提升了对高星级车辆产品的要求；2018 年是第四次改版的实施年，将新增加行人保护、电动汽车测评以及更多的主动安全内容，再次推动中国汽车安全技术的提升。

2018 年版规则与之前的 2015 年版规则相比，评价体系发生较大改变，由之前的车辆乘员被动安全保护性能评价拓展到对车外行人的保护性能和车辆主动预防安全性能，全面覆盖车内外、主被动安全要求，并新增加对于纯电动及混合动力车型的评价。主要有以下几点。

（1）C－NCAP 评价内容形成系统，新体系分为三个部分，分别是乘员保护部分、行人保护部分和主动安全部分，每个部分又包含各自的测试项目及评分方法。

（2）目前实施的所有试验项目归入乘员保护部分，侧面碰撞试验更新了壁障方案，碰撞试验后排假人及鞭打试验各部位得分权重进行了适当调整，细化了侧气帘的加分要求，并在乘员保护部分新增加了对后排安全带提醒装置的加分。

（3）新增的行人保护部分涉及的项目为国际通行的车辆对行人碰撞保护的试验，分为头型试验和腿型试验。

（4）目前实施的对于 ESC 系统的审核加分归入主动安全部分，并在该部分新增对于自动紧急制动系统（AEB）的试验评价，包括前方车辆及行人。

（5）评价车型范围扩展到纯电动及混合动力电动汽车，增加电安全评价。

未来，更为严苛的碰撞形态将根据道路交通事故统计分析结果引入 C－NCAP，快速发展的主动安全技术也会越来越多地体现，成为 C－NCAP 重要组成部分。随后，C－NCAP 将要开始新一阶段的工作，构建新的项目研究团队、提出新的发展方向、跟上汽车产业和技术发展趋势，扎实做好基础研究，加强国内外交流，保证 C－NCAP 持续健康发展，迎接智能汽车安全新挑战。C－NCAP 路线图研究将使中国汽车产品安全技术发展方向更加明确。

（二）强制提升商用车主动安全技术，改善中国道路交通安全形势

汽车主动安全产品在预防交通事故的发生和减少交通事故损失方面扮演重要角色。主动安全技术目的是预防事故的发生，更能从本质上提升汽车的安全水平。目前，商用车主动安全技术应用远低于乘用车，加快商用车主动安全技术的应用，特别是以大客车应用为突破口，对于有效遏制重特大事故发生、改善严峻的道路交通安全形势具有重要意义。

2016 年 12 月 30 日，中华人民共和国交通运输部发布了 JT/T 1094－2016《营运客车安全技术条件》，对营运客车主动安全做出了详细的规定，其中包括电子稳定性控制系统（ESC）、车道偏离预警系统（LDW）以及自动紧急制动系统（AEB），并于 2017 年 4 月 1 日开始实施。旨在强制营运客车安装主动安全系统，提高营运客车的安全性能，降低交通事故的发生率。

JT/T 1094－2016《营运客车安全技术条件》根据市场及技术发展现状，对于不同的车型、不同的系统以及相同系统的不同功能分别设定了不同的过渡日期，具体实施日期分别有 2017 年 4 月 1 日、2018 年 4 月 1 日和 2019 年 4 月 1 日。

对于不同的主动安全技术，JT/T 1094－2016《营运客车安全技术条件》分别规定了其检测技术和评定方法，部分功能的评定测定明确规定需要几种测试场景。如 AEB 中的 FCW 的评定方法需要三种试验场景：①自车匀速靠近匀速行驶的前车，前车车速小于自车车速；②自车跟随前车匀速行驶，前车突然持续减速；③自车匀速靠近匀速行驶的前车，前车车速小于自车车速。三个场景的试验需要连续进行不少于 7 次，应通过 7 次试验中的 5 次，且试验不可以连续 2 次失败。

不同的企业针对技术和市场发展现状采取了不同的应对措施。①目前，

营运客车上使用的ESC设备多为国外生产，国内鲜有ESC系统的设备供应商。国外该项技术相对比较成熟。客车企业基本都选用国外的ESC系统供应商为其提供设备，测试过程中通过率较高，企业在进行测试时，需要考虑视同条件，合理选择测试车辆型号及配置，可以大量减少测试量，降低企业成本。②鉴于后期AEB功能需要进行紧急制动，所以需要提高报警的精度，否则容易触发误动作，对驾驶造成较大的干扰。就目前技术方案来看，毫米波雷达和摄像头融合可以有效提高系统的性能。将毫米波雷达在探测距离方面的优越性能和摄像头在识别障碍物类型方面的优势相结合，可以大大提高系统的报警精度，并降低误报警的概率。③LDW系统的实现必须依靠摄像头，目前LDW功能相对比较成熟，测试通过率较高，但是LDW系统依旧有提升空间。从技术现状来看，系统在识别虚线方面相对识别实线方面表现较差，其报警时间会相对滞后。雨天时受到天气影响，识别也会被弱化。在光线较暗的情况下，例如黄昏、夜晚，车道线的识别也会受到严重影响。

目前对营运客车的ESC系统、LDW系统及AEB系统的测试已经比较成熟。就测试结果来看，ESC系统、LDW系统以及AEB系统中的FCW功能存在问题较少。国内整车厂使用的ESC系统多为国外系统供应商提供，性能表现比较稳定。AEB系统和LDW系统国内的系统供应商比较多，整车厂多采用国内系统供应商提供的系统。目前AEB系统和LDW系统多被集成到一个系统中，在测试时LDW系统难度较低。因此建议厂商在进行测试时，优先进行AEB系统的测试，然后进行LDW系统测试。避免在测试过程中出现LDW系统测试通过，而AEB系统测试未通过的现象，可以降低测试成本。

（三）深入研究BMS危害分析和风险评估，为其软硬件设计提供参考借鉴

随着电动汽车保有量的快速增长，电动汽车安全事故显著增多，引起了国内外广泛关注。电动汽车安全很大程度上取决于车用锂离子电池系统的安全。目前，国际和国内的相关标准法规正在加快制定中，例如，国际上近期

发布的由中国作为副主席国牵头起草制定的全球技术法规 GTR 20（电动汽车安全 EVS）、我国正在开展制定的强制性国家标准《电动汽车用锂离子动力蓄电池安全要求》以及推荐性国家标准《电动汽车用电池管理系统功能安全要求及试验方法》，从不同角度提出了电动汽车整车、车用锂离子电池单体、电池包或系统最基本的安全要求以提供对人身的安全保护。

基于行业共识，车企在确定电动汽车用锂离子电池单体、电池包或系统的设计方案时，锂离子电池单体、电池包或系统在设计过程中会采用高安全性材料。在实际运行情况下，因锂离子电池管理系统（BMS）发生故障、功能失效而造成如过充、过放、过流、过温易导致人员受到伤害，因此，需要采取安全措施以避免伤害风险的发生。

鉴于动力蓄电池系统本身的机械结构设计、电化学性能、制造质量，电池管理系统（BMS）可以通过合理的控制策略，避免动力蓄电池系统产生过充、过流以及过温。本研究假设不考虑动力蓄电池系统本身在防止过充、过温、过流失效上面的机械结构类措施，通过构建典型的电动汽车用电池管理系统（BMS）架构，利用 HAZOP 分析方法，结合国家标准 GB/T 34590－2017《道路车辆　功能安全》给出的方法论，重点讨论电池管理系统的功能安全设计，即关注电子电气类故障导致的动力蓄电池在整车系统中产生的危害，研究整车级危害，即以非预期的释放热能导致燃烧或明火为例，进行电池管理系统的危害分析与风险评估。

电动汽车车辆典型的使用场景包括正常行驶、充电（包括慢充与快充）、碰撞过程中、碰撞之后以及维修。根据不同场景下危害以及危害的可控度、严重度和暴露度，归纳总结电池管理系统的安全目标。根据电池管理系统架构和安全目标，提出电池管理系统功能安全要求。即可通过采集电芯电压数据判断是否处于过压状态，如果超过电芯安全电压阈值，切断高压继电器以防止电芯的持续过压，使系统进入安全状态。这里对于这条功能安全要求还需要确定故障容错时间 FTTI，对于电池管理系统来说，与其所控制的电池本体包息息相关。合理的 FTTI 时间以及安全阈值需要根据电芯过压、过温、过流的测试数据来确定。

根据安全目标以及安全要求的研究，提出电池系统“功能安全”概念，在 BMS 原始的功能架构基础上，实现电池管理系统安全要求的安全概念。

为确保电动汽车的安全，国际和国内分别从标准和法规角度针对车辆电控系统提出了功能安全要求。安全分析贯穿功能安全开发过程，以便最大限度地确保安全开发的完整性和准确性，同时降低开发成本。本研究为继承并细化 BMS 技术安全要求与安全架构，并逐层将 BMS 的功能安全要求最终落实到软硬件设计的实现提供了参考借鉴。

三　中国汽车安全技术的系统化

（一）新能源汽车安全技术的系统化

随着新能源汽车保有量的增加及动力电池高比能化的发展趋势，动力电池成为导致电动汽车安全事故的主要因素之一。

对动力电池的安全性测试评价从电池单体绝热热稳定性测试评价、电池单体安全性测试评价、电池系统安全性测试评价和电池系统热扩散测试评价四方面展开。

造成电池失效的原因是机械、环境、电气等多方面因素造成的电池热失控，因此对于动力电池电芯和系统的测试评价分为电安全性测试、环境安全性测试和机械安全性测试三部分，主要手段包括过充电、过放电、短路、加热、温度循环、海水浸泡、低气压、挤压、针刺、跌落等。

从国内外电池安全标准法规来看，各标准在电池单体/模块的电安全方面测试项目基本相同，环境安全方面各有选择，机械安全方面将挤压和冲击作为基本项目，而针刺项目选择相对较少。目前动力电池系统层级标准法规存在争议点，热失控热扩散试验方法、整车级测试、震动测试工况、海水浸泡试验方法、火烧实验油量标准、毒气分析等方面是未来研究的方向。

（二）智能网联汽车安全技术的系统化

随着车辆无线技术部署的增加，车联网中的安全问题日益显现。

车联网是高速行驶状态下的联网，因此对车联网的攻击在包含了传统互联网攻击类型的同时，手段和方式也有其自身特点。车联网环境下面临的攻击类型主要有：伪造攻击、信息篡改、车辆跟踪、恶意车辆、模仿攻击等。

在现有安全机制的基础上，越来越多的智能算法被应用到这个领域中，例如贝叶斯分类算法、神经网络算法、决策树分类算法、群体智能算法等。

基于仿生学的群体智能算法具有可靠、高效的特点，因此在密码算法、入侵检测等方面发挥了很大作用。

群体智能领域比较成熟的算法有：蚁群优化算法（ACO）、蚁群分类算法、粒子群优化算法（PSO）、蚂蚁分工算法等，目前国内外大部分群体智能研究均围绕 ACO 和 PSO 展开。

（三）行人保护成为汽车安全技术领域的重要研究方向

自 20 世纪 90 年代起，欧洲、日本、韩国等国家和地区纷纷开始重视对行人的保护，我国也在 2010 年颁布了行人保护法规并于 2018 年将行人保护纳入 C－NCAP 测试评价体系中，国内各大汽车制造厂也纷纷着手行人保护的开发工作。

当行人与车辆发生碰撞事故时，行人头部与发动机罩、挡风玻璃以及车顶发生碰撞造成的伤害是导致死亡及重伤的主要原因；腿部是行人与汽车发生碰撞时的第一接触位置，对腿部及膝盖的伤害是导致重伤致残的主要原因。因此，目前对于车辆行人保护安全技术的开发重点主要集中在降低对行人头部和腿部的伤害。

行人保护主要有三种策略：一是优化发动机罩、发动机舱内各部件布局和结构等的被动式行人保护策略；二是通过弹起发动机罩或添加行人保护气囊等方式获得更多头部缓冲空间的主动式行人保护策略；三是利用 ADAS 技术检测行人动作、姿态、位置、速度等信息，避免发生行人碰撞事故。

对比现行 Euro NCAP 评价体系，2018 年版 C－NCAP 行人保护评价体系中并未考察上腿型（大腿）的碰撞要求，国内的汽车厂商在车辆开发设计阶段可能会忽略行人大腿保护的性能。随着行人保护法规及 C－NCAP 评价标准的不断完善，对于行人大腿的保护要求势必将纳入考察范围。

随着人工智能的发展，行人保护技术将向着自动化、智能化方向发展，智能、网络和汽车技术的结合将成为未来行人保护技术的主流。

（四）主动安全场景建立成为行业关键共性技术

主动安全技术和系统的开发与工况环境强相关，系统技术既来源于场景工况又最终由场景工况予以验证，而实际道路行车环境往往复杂多变、难以预测。

欧美等汽车强国在驾驶工况的采集和研究方面的工作开展较早，一般采用大规模受控的场地试验（FOT）或者自然驾驶研究（NDS）的方法进行驾驶工况和交通场景的采集和分析工作。

国内在驾驶工况和场景研究方面起步较晚，近两年来，ADAS 技术和自动驾驶技术的发展，对驾驶工况和场景提出了更高的采集和研究分析需求，部分企业开始进行驾驶工况和交通场景方面的研究。目前场景采集主要应用摄像头、激光雷达、毫米波雷达、GPS 等环境传感器，对行车工况进行高精度采集。采集内容包含车外行车环境信息、车辆及驾驶员与环境的交互信息等，构成人、车、环境闭环的驾驶过程。

当前我国在面向主动安全系统的工况采集与分析方面刚刚起步，一方面工况数据量较小，难以得到具有统计意义的成果；另一方面欠缺数据分析方法，数据分析深度不足。因此，驾驶工况分析和交通场景构建将成为主动安全技术发展的关键共性技术。

（五）汽车市场结构变化引发汽车翻滚事故率上升

汽车翻滚是一种发生率较低的交通事故形态，汽车翻滚事故发生的倾向性与汽车参数 SSF 之间具有强相关性。自 2012 年开始，中国汽车市场中 SUV 车型销量及保有量快速攀升。SUV 车型的 SSF 偏小，所以发生翻滚事故的倾向性较高，因此造成了自 2012 年以来汽车翻滚事故占比的上升。

翻滚事故中乘员的死亡率达到了35%，致死伤的部位主要是头部和胸部。翻滚事故通常发生在视野良好、路面干燥的正常直路和十字路口，多以单车事故的形式发生，主要的翻滚形式为：绊翻、抛翻和坠翻。

翻滚事故形态的变化对标准法规及主被动安全技术提出了新的要求。

（六）基于被动安全的新型开发策略

新型钢铝混合车身技术。钢铝混合车身技术是现代汽车轻量化技术中比较热点的应用技术，而且在实现钢铝混合车身技术中还有一些关键的工艺技术需要解决，其中包含铝合金挤压技术、压铸技术、冲压技术以及同种材料连接技术与异种材料连接技术，这些基础技术在国外已经有很好的技术储备，但对我国来说，一些技术难点还要进一步解决，其中压铸技术与异种材料连接技术是待解决的技术难点问题。随着我国新能源汽车的进一步发展以及国家政策的支持，车身轻量化技术得到在新能源汽车领域的大量应用，相关基础技术的研发也得到了国家的大力支持，这样会在较短时间内实现人力与物力的集中去攻克相关技术难点问题，抓住机遇，迎接挑战，迎头赶上发达国家，实现“弯道超车”的目标。

低速碰撞可修复性技术。随着汽车销量的不断增长，汽车的售后维修市场也不断发展壮大。但国内目前对汽车的售后维修技术研究较少，国内主机厂也很少在汽车设计阶段将汽车的维修性能考虑进来。从汽车可维修性技术出发，在汽车的研发设计阶段，采用仿真分析和碰撞试验相结合的方法，可以较好地完成汽车可维修性能的优化设计，从而降低汽车售后阶段的维修成本，达到汽车主机厂美誉度提高、汽车保险公司理赔费用减少、消费者用车成本降低等多方共赢的局面。

四　汽车安全性的市场表现分析

（一）消费者对汽车安全满意度越来越高

作为当前使用最为广泛的交通工具，汽车自诞生以来，一直朝着舒适、便捷、耐用的方向发展。随着汽车工业的不断发展，汽车的外观、质量工艺、功能都出现日新月异的变化。

2018 年，CATARC 调研对汽车产品的安全性、驾驶性、外观内饰、舒适性、质量和经济性六个指标进行研究，了解消费者对汽车产品各个指标的满意度及相关评价。

从调研结果来看，在产品各项指标中，消费者对汽车安全性的满意度相对较高，可见，目前汽车安全性还是得到消费者普遍认可的。随着汽车安全性配置的不断完善和加强，消费者对汽车安全满意度越来越高。

（二）各细分市场消费者对安全性满意度差异明显

虽然整体市场消费者对安全性满意度较高，但不同细分市场的消费者对安全性评价存在较为明显的差异。CATARC 调研选取了 11 个细分市场，覆盖了轿车、SUV 和 MPV，其中轿车共调研 4 个细分市场，SUV 共调研 6 个细分市场，MPV 共调研 1 个细分市场，车型覆盖全面。

从各细分市场对比结果来看，中大型 SUV、中型 SUV、中型轿车和中级紧凑型轿车的消费者对安全性满意度相对较高，而小型轿车、微型 SUV 和入门级紧凑型轿车的安全性满意度偏低，可见，无论是轿车还是 SUV，级别相对较高的车型消费者对安全性越满意，反之，低级别的车型安全性表现较差。

（三）各细分市场消费者对安全性的关注度不一

随着我国车辆安全标准的不断更新换代，越来越多车辆安全技术正在从高配走向标配，消费者对车辆安全的关注度也在日益提升。影响消费者对安全性重视程度的因素很多，包括车型的系别、级别、价位等。

从 CATARC 调研结果来看，消费者的车型级别对其评价汽车产品安全性具有较大的影响。从各细分市场消费者对安全性的关注度来看，入门级小型 SUV 细分市场对安全性的关注度最高，其次是微型 SUV 和小型轿车。

与此同时，这三个细分市场的安全性满意度表现也不尽如人意，在 11 个细分市场中排名靠后。由此可知，入门级小型 SUV、微型 SUV 和小型轿车这三个细分市场是消费者对安全性关注度较高，但是满意度又较低的细分市场。

（四）入门级小型 SUV、微型 SUV 和小型轿车细分市场安全性分析

入门级小型 SUV 细分市场产品各指标中，安全性满意度较高，而经济性满意度相对较低，但是相对于 SUV 市场整体而言，产品各指标满意度均相对较低。虽然入门级小型 SUV 细分市场消费者对安全性的满意度低于 SUV 整体乃至行业整体，但相对自身产品的其他指标而言，较为满意。

微型 SUV 细分市场产品各指标表现相差不大，安全性相对略高。安全性的各细项指标中，刹车稳定性满意度相对较高，车身强度和照明能力满意度相对较低。相对于 SUV 市场整体而言，微型 SUV 产品各指标满意度均较低，相对于 SUV 产品整体的表现存在一定差距。

小型轿车产品表现相对不容乐观，产品各指标相对于轿车市场均有较大差距。小型轿车的安全性满意度低于产品满意度均值，尤其是照明能力和车身强度满意度较低，需要给予重点关注和改进。

参考文献

王伟、王轶桦、郁佳靓：《浅析我国道路交通安全设施的现状及发展》，《交通与运输》2018 年第 1 期。

刘丹、裴虹、程灵希：《基于改进 TOPSIS 法的区域道路交通安全评价》，《武汉理工大学学报》（信息与管理工程版）2018 年第 2 期。

于素杰：《车辆主动安全技术新趋势》，《劳动保护》2018 年第 3 期。

孙德鑫、石振周、王子奇：《浅析主动安全技术之前向碰撞预警系统》，《时代汽车》2018 年第 4 期。

孙振东、李海斌：《国内外行人碰撞保护标准最近进展与发展趋势分析》，载《中国汽车安全发展报告（2016）》，社会科学文献出版社，2016。

中国汽车技术研究中心有限公司：《C－NCAP 管理规则（2018 年版）》，2018。

宏观环境篇

Macro Environment Report

B.2

2017年中国道路交通安全发展情况及持续改善措施

刘 君 胡雁宾*

摘 要： 当前中国道路交通安全总体形势保持平稳，但是随着机动车和驾驶人数量的快速增长，面临的挑战更加严峻。2017年中国道路交通安全形势持续平稳：全国机动车保有量增加1516万辆；汽车占机动车的比例持续提高；小型客车继续保持快速增长；机动车驾驶人数量增加2699万人，道路交通安全形

* 刘君，研究员，公安部道路交通安全研究中心道路安全研究室副主任，全国交通工程设施（公路）标准化技术委员会委员，公安部重特大道路交通事故深度调查专家组专家，贵州省道路交通安全咨询委员会特聘专家，中国人民公安大学、北京建筑大学硕士研究生导师，主要从事道路安全风险评估、交通监测预警、交通应急管理等方面研究工作。第一著作者出版学术著作《不利天气道路交通安全风险评估与管控策略》《道路交通运行安全评价理论与实践》《公路交通突发事件应急救援联动机制研究》《高速公路安全行车指南》四部；胡雁宾，公安部道路交通安全研究中心道路安全研究室研究实习员。

势总体稳定。与此同时，中国道路交通安全面临诸多机遇与挑战，比如城市规模不断扩张带来的“城市病”问题，农村交通安全问题突出，安全文明驾驶意识仍待提高。本文从道路交通安全治理模式转型、加强道路交通安全源头治理、保障城市交通畅通与安全、加强农村交通安全管理等方面提出道路交通安全的持续改善措施。

关键词： 中国 道路交通安全 交通事故

一 2017年中国道路交通安全发展总体情况

改革开放40年来，随着中国经济的快速增长，道路交通也迎来巨大发展与变革，道路交通安全管理工作进入新的发展阶段，呈现新的阶段特征，面临诸多新的挑战。截至2017年底，中国公路总里程超过470万公里，机动车保有量达到3.1亿辆，机动车驾驶人达到3.85亿人，新注册登记机动车3352万辆。目前，中国高速公路通车里程、汽车增速、机动车驾驶人数量均位居世界第一。2017年各项交通安全要素的发展变化，主要表现出以下特征。

（一）机动车持续快速增长

2017年在公安交通管理部门新注册登记的机动车为3352万辆，全国机动车保有量达到3.1亿辆，其中新注册登记汽车2813万辆，新注册登记的机动车、汽车数量均创历史新高。扣除报废注销车辆后，2017年全国机动车保有量增加1516万辆，增长5.15%，机动车继续保持快速增长态势。从各省份机动车保有量分布情况来看，共有12个省份的机动车保有量超过1000万辆，具体包括广东、山东、河南、江苏、河北、浙江、四川、云南、安徽、湖南、广西、湖北，其中广东、山东、河南机动车保有量超过2000

万辆，分别占全国机动车总量的9.39%、8.16%、7.21%。近五年全国机动车新注册情况如图1所示。

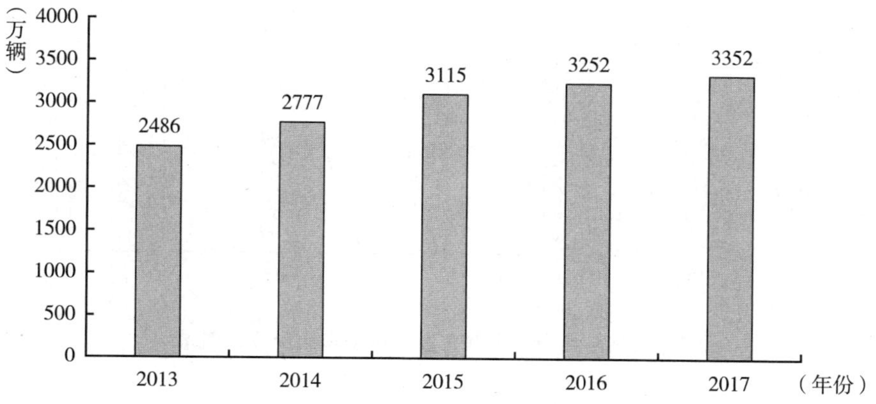

图1　近五年全国机动车新注册情况

资料来源：公安部交通管理局历年道路交通事故统计年报，下同。

（二）汽车占机动车的比例持续提高

随着人们生活水平的不断提高，汽车刚性需求保持旺盛，汽车保有量呈快速增长趋势，2017年新注册登记的汽车达2813万辆，同比增长2.20%，为历史最高水平。与2016年相比，2017年全国汽车保有量增加2304万辆，增长11.85%，摩托车减少819万辆，下降9.93%。截至2017年底，全国汽车保有量为2.17亿辆，摩托车保有量为7425万辆，分别占全国机动车总量的70.17%、23.96%。汽车占机动车的比例持续提高，从2013年的54.93%提高到2017年的70.17%，已成为机动车的主要构成部分，车辆类型结构不断优化。从地区分布情况看，全国有53个城市的汽车保有量超过百万辆，24个城市超过200万辆，7个城市超过300万辆，其中汽车保有量超过300万辆的7个城市依次是北京、成都、重庆、上海、苏州、深圳、郑州。近五年全国汽车保有量占机动车比例及增量情况如图2所示。

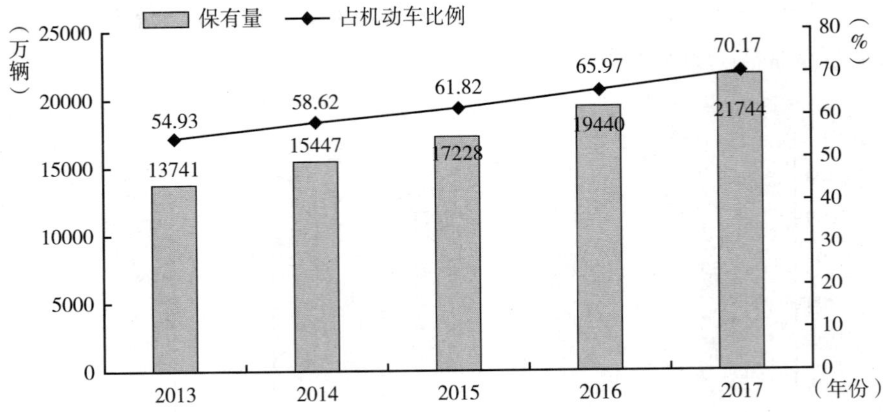

图2　近五年全国汽车保有量占机动车比例及增量情况

（三）小型客车继续保持快速增长

2017 年载客汽车新注册登记量达 2484 万辆，与 2016 年相比，增加 13 万辆，截至 2017 年底，中国载客汽车保有量为 1.85 亿辆，占汽车总量的 84.97%，同比增长 13.50%，是汽车保持快速增长的主要因素。其中，大型载客汽车、中型载客汽车、小型载客汽车、微型载客汽车分别占比 0.83%、0.43%、97.67%、1.07%，小型载客汽车占比最高，小型载客汽车既是载客汽车的构成主体，也是汽车的主要组成部分，占汽车保有量的 82.99%。与 2016 年相比，大型载客汽车、小型载客汽车分别增长 4.77%、14.11%，中型载客汽车、微型载客汽车分别减少 5.75%、15.26%。从统计情况看，私人小微型载客汽车持续快速增长，2017 年私人小微型载客汽车达 1.70 亿辆，占全部载客汽车的 91.89%。

（四）机动车驾驶人数量持续增加

2017 年，全国机动车驾驶人数量达到 3.85 亿人，与 2016 年相比，增加 2699 万人（扣除注销量），增长 8.24%，其中，汽车驾驶人为 3.42 亿人，占驾驶人总量的 89.05%，增加 2961 万人，增长 10.56%，汽车驾驶人数与汽车保有量之比为1.57∶1。随着汽车保有量的快速增长，近五年汽车驾驶人数量呈现同步大幅增长趋势，年均增量达2844万人。从各地情况看，17个省份的机动车驾驶人数量超过1000万人，6个省份超过2000万人，具体包括山东、江苏、河南、四川、浙江、河北，广东机动车驾驶人数量超过3000万人。近五年机动车保有量及汽车驾驶人情况如图3所示。

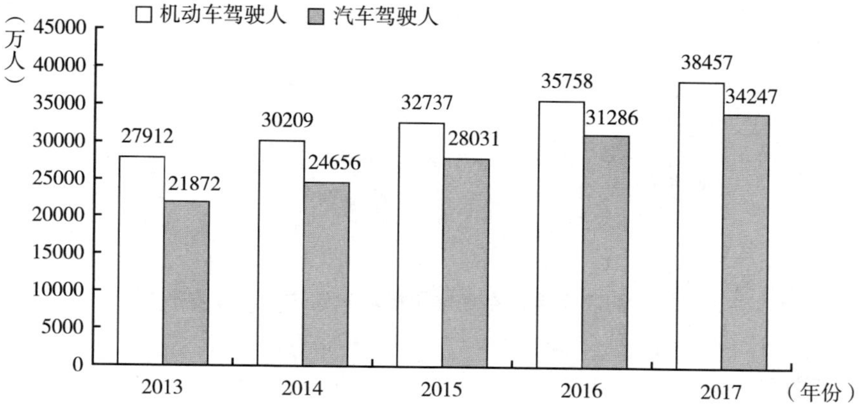

图3 近五年机动车保有量及汽车驾驶人情况

（五）驾驶人年龄段分布相对集中

截至2017年底，18～25岁、26～50岁、51～60岁和超过60岁的驾驶人分别占驾驶人总数的10.39%、74.45%、12.13%和3.03%。驾驶人年龄段主要集中在26～50岁，60岁以上驾驶人所占比例有所提高，比2016年底增加0.37个百分点。从驾驶人驾龄情况看，2017年驾龄不满1年的驾驶人数量有3054万人，占全国机动车驾驶人总数的7.94%。从驾驶人性别看，女性驾驶人占总数的28.79%，比2016年增加1.56个百分点，2017年全国各年龄段机动车驾驶人分布情况如图4所示。

（六）道路交通安全法律标准体系逐渐完善

在《道路交通安全法》及其实施条例确定的基本框架下，先后制修订9

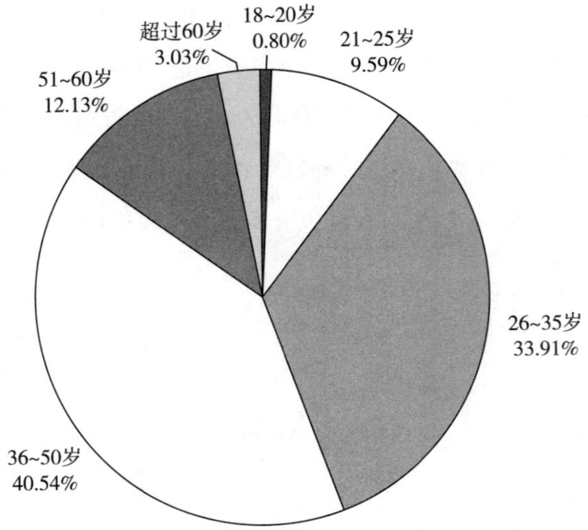

图4　2017年全国各年龄段机动车驾驶人分布情况

部配套规章、9部工作规范、151个技术标准，进一步健全了道路交通安全法律标准体系。2012年以来，全国共查处酒驾571.4万起、醉驾76.5万起，酒驾整治成为依法治国的成功范例和法治样本，严格驾驶人考试和记分，实行驾驶人降级制度，全国驾驶人降级人数超过70万人。通过开展毒驾专项整治，累计注销36.4万个吸毒成瘾未戒除人员驾驶证。《刑法修正案(九)》中对危险驾驶罪做出补充规定，对从事校车业务或者旅客运输严重超员超速，违反危化品安全管理规定运输危化品、危及公共安全的，以危险驾驶罪追究刑事责任。截至2017年底，全国共清理四类重点隐患车辆118万辆，查处教育隐患驾驶人131万人，“两客一危”车辆检验率、报废率均接近100%，重点驾驶人审验率、换证率均达99%。

（七）道路交通安全形势总体稳定

2017年，在汽车增加2300余万辆、驾驶人增加近2700万人、道路通车里程新增10万余公里的情况下，全国道路交通安全形势持续平稳。一次死亡3人、5人以上事故同比分别下降5.6%和12.3%。全国重大、较大道路交通事故持续下降，2017 年发生一次死亡 3 人、5 人以上事故比 2012 年分别下降 30.7% 和 50.8%，其中，发生一次死亡 10 人以上重特大事故起数减少至 2017 年的 9 起，下降 64%，重特大事故起数首次降至个位数。

二 面临的机遇与挑战

从发展阶段角度看，我国总体处于机动化发展时期，但由地区发展不平衡所导致的差异性较为明显，自然环境、道路条件、机动化水平、安全设施、车辆状况等各方面存在较大差异。从交通供给角度看，城乡交通供给水平差异明显，近年来农村机动车保有量增长迅速，但相对于城市，农村交通参与者的交通供给不充分，交通设施发展不均衡。当前中国道路交通安全形势总体平稳，但仍不容乐观，特别是中国特色社会主义进入了新时代，道路交通安全工作也进入了新的发展阶段，面临新形势、新挑战。

（一）人、车、路持续快速增长

1978 ~2017 年，我国道路交通发展迅速，驾驶人数量从 192 万人发展到 3.85 亿人，增长了 199 倍；机动车保有量从 159 万辆发展到 3.1 亿辆，增长了 194 倍，其中汽车保有量从 136 万辆发展到 2.17 亿辆，增长了 159 倍；全国公路通车里程从 89 万公里发展到超过 470 万公里，增长了 5 倍以上。今后一个时期，随着交通强国战略的实施，人、车、路将继续保持快速增长态势，预计“十三五”期间全国机动车保有量将达到 3.5 亿辆，汽车 2.5 亿辆，驾驶人 4.5 亿人，公路 500 万公里，高速公路 15 万公里，道路交通安全风险增大，对道路交通安全管理工作提出了更高要求。

（二）城市规模不断扩张

我国城市发展进入新的历史阶段，未来城市发展以城市群为主体，将构建大、中、小城市和小城镇协调发展的新型城镇格局。从城镇化率角度看，

2020年和2030年我国城镇化率将分别达到60%和70%，意味着更多的人口从农村转移到城市。从汽车保有量角度看，随着农村人口涌入城市，城市的汽车保有量将迅速增加，“十三五”时期预计将有70个城市的汽车保有量超过100万辆。因此，如何保障城市道路安全与畅通，缓解交通拥堵、出行难等问题是未来道路交通安全方面面临的巨大挑战。

（三）农村交通安全不容忽视

农村地区道路基础设施条件薄弱，部分山区公路临水、临崖，坡陡、弯急，气候条件较差，道路交通安全防护问题仍较为突出，农村面包车、摩托车、拖拉机、三轮汽车、低速货车等车型数量较多，加之农民的安全意识、驾车技能没有同步跟上，存在较大的交通安全风险。2017年，农村交通安全形势虽然保持总体稳定，一次死亡5人以上交通事故同比下降26%，但是随着农村交通基础设施不断完善，道路通车里程和技术等级不断提高，农村电商发展迅速，物流配送体系逐步构成，农村道路交通安全面临新的压力与挑战。党的十九大报告中提出实施“乡村振兴”战略，农村经济将进一步蓬勃发展，交通物流将进一步拓展活跃，除此之外，建设平安乡村的部署对农村交通安全管理工作也提出更高的要求。

（四）安全文明驾驶意识仍待提高

当前，中国机动车驾驶人数量位居世界第一，道路交通呈现出行需求日益旺盛、交通流量持续增长、交通出行方式更加多元、道路新问题和新情况不断涌现的特征，驾驶员驾驶行为不规范、交通陋习和危险驾驶行为依然较多，驾龄不满1年的新驾驶员安全驾驶意识和驾驶技能不适应的问题逐渐凸显，安全文明驾驶意识仍待进一步提高，超速、路口违反交通信号和不按规定让行等严重交通违法行为较为突出，私家车肇事问题凸显，安全行车、文明礼让的文化理念亟须强化，着力构建与汽车社会相适应的汽车文明，道路交通安全文明建设任重道远。

三　道路交通安全持续改善措施

（一）道路交通安全治理模式转型

贯彻落实《中共中央国务院关于推进安全生产领域改革发展的意见》、《国务院关于加强道路交通安全工作的意见》和中共中央办公厅、国务院办公厅《关于推进城市安全发展的意见》及《道路交通安全“十三五”规划》，加强组织领导，发挥部门单位职能作用，将城市道路交通文明畅通提升行动计划纳入政府工程，完善属地为主、条块结合的城市交通综合治理机制，着力推动道路交通安全治理从“部门主导”向“党政主导”转型，推动相关部门履行监管责任、行业履行社会责任、企业落实主体责任，不断创新道路交通安全治理理念和方法，实现社会共治合力。充分利用市场机制开放架构，广泛吸纳市场主体、社会力量和广大人民群众参与道路交通治理，构建全民共商、共建、共治、共享新局面。

（二）道路交通安全评价与隐患整治

开展道路交通安全评价工作，分析影响公路、城市道路和交叉口交通安全的因素，通过道路设计一致性、安全性等指标识别事故多发路段和道路安全隐患，排查已开通道路潜在的安全隐患，提出隐患治理建议。通过道路交通研判预警，定期分析、评估和预测安全形势，针对道路安全设施不足等突出问题，抓住突出道路安全隐患持续开展排查整治，有效防控道路交通事故风险，针对重特大事故暴露出的隧道安全问题，开展公路隧道安全隐患排查治理专项行动。建立部、省、市、县四级交通安全常态化分析研判机制，并推进研判平台建设，为研判工作提供支撑。

（三）加强道路交通安全源头治理

针对道路客运、危险货物运输源头安全管理突出问题和薄弱环节，公安交管、交通运输和安全监管部门应完善“两客一危”和校车、货车等肇事肇祸重点车辆的管理机制，进一步加强道路客货运输驾驶员安全管理，推进道路运输车辆标准化，强化道路客运和危险货物运输安全监管。牢牢抓住重点车辆、隐患人员和问题企业，滚动排查，定期通报，限期整改，对号销账，对重点隐患逐车落地追查、逐企约谈督办。建立运输企业违法和事故信息通报制度，督促企业从设立、运营、管理制度、安全设施等各个环节加强和严密内部安全管理制度，形成部门监管合力。同时，路面与源头齐发力，对重点违法实施精准拦截打击，对异地隐患进行跨省联动清查。

（四）保障城市交通畅通与安全

随着城市汽车保有量的快速增长，针对当前大中城市普遍存在的交通拥堵等“城市病”问题，开展城市道路交通环境治理，严管严查交通违法，维护良好的交通秩序，保障城市交通畅通与安全。各级政府相关部门部署落实《城市道路交通文明畅通提升行动计划（2017～2020）》，推动治理交通拥堵、出门难、停车难等“城市病”，加强和创新城市交通管理工作，以不礼让斑马线、电动自行车整治为突破口，大力实施治乱疏堵行动，整顿交通乱象，主动加强对网约车、共享单车、共享汽车、无人驾驶车辆的研究，规范促进新业态有序、良性、健康发展，深入排查交通堵点乱点，提升整体路网通行效率，拓展治理城市病的新模式。

（五）强化农村交通安全管理

以平安乡村建设为契机，落实乡镇政府和村委会交通安全监督管理责任，将农村交通安全治理纳入县、乡、村三级综治体系，探索实施“路长制”。全面推广应用农村交通安全管理信息系统，制定农村“两站两员”工作规范，推进基础建设和规范化建设。引导农村基层组织制定推行交通安全村规民约，增强农村群众的主体意识、规则意识。加强农村客运、校车等方面存在的安全隐患排查治理，探索新机制，创建新办法，保持农村交通安全形势稳定。

（六）提高全社会交通安全文明素质

通过持续开展“文明交通行动计划”，在全社会倡导“六大文明交通行为”、摒弃“六大交通陋习”、抵制“六大危险驾驶行为”，充分调动社会的力量、群众的力量、道德的力量、舆论的力量管理交通，着力建设与汽车社会相适应的汽车文明。推动交通安全宣传公益项目制，依托“交通安全公益联盟”等平台，引导企业做安全公益、尽社会责任。进一步落实交通出行领域信用建设，强化守信联合激励、失信联合惩戒，提升社会诚信意识。充分运用主流媒体、新兴媒体两大舆论场和微信、微博两大平台，加强全社会的交通安全宣传教育。应用手机短信平台，向重点驾驶人点对点、“滴灌式”准确推送预警提示信息。不断丰富少年儿童交通安全宣传教育内容形式，深入开展文明交通进驾校“五个一”活动，进一步增强驾驶人交通安全意识、文明意识和法治意识，不断提高全社会交通安全文明素质。

参考文献

王伟、王轶桦、郁佳靓：《浅析我国道路交通安全设施的现状及发展》，《交通与运输》2018 年第 1 期。

刘丹、裴虹、程灵希：《基于改进 TOPSIS 法的区域道路交通安全评价》，《武汉理工大学学报》（信息与管理工程版）2018 年第 2 期。

孟祥海、蒋艳辉、郑洪岚：《全国道路交通事故死亡人数预测研究》，《公路交通技术》2017 年第 5 期。

张娇，王筱冬：《汽车驾驶员不安全行为评价研究》，《科技创新与应用》2018 年第 3 期。

陆化普：《提升我国道路交通安全水平的新思考》，《中国公路》2018 年第 6 期。

张坤、梅诗冬、景国勋：《数据挖掘技术在我国道路交通安全评价中的应用》，《安全与环境工程》2018 年第 1 期。

赵新勇：《中国道路交通安全现状及改善对策》，《汽车与安全》2013 年第 11 期。

B.3
道路交通设施隐患对事故致因的影响问题探讨

肖凌云　何宇桐*

摘　要： 交通事故的人、车、路三要素中，无论是基于官方公开的数据还是研究机构采集的数据来分析，人的问题仍然是占据最主要地位的；分析数据库发现，与车辆本身问题直接相关的事故比例极低，多年来都未超过0.3%；而通过深度分析事故数据库中历年交通事故的原因，发现道路设施问题是交通事故中非常重要的一个因素，其对事故成因的影响比例远远高于车辆问题；本文以上海联合道路交通安全科学研究中心配合上海市交警总队“深度调查”工作，采集到的道路交通事故数据库的一些典型案例为基础，分析了当前交通设施隐患存在的特点，对于交通安全的危害，以及这些问题的深层次原因。

关键词： 交通事故　道路安全隐患　事故深度分析

一　隐患问题的发现

国家车辆事故深度调查体系（National Automobile Accident In - Depth

* 肖凌云，博士，高级工程师，国家市场监管总局缺陷产品管理中心汽车召回管理部主任，中国机械工程学会失效分会委员，“国家车辆事故深度调查体系”办公室负责人；何宇桐，博士，工程师，上海联合道路交通安全科学研究中心主任，上海汽车工程学会安全分委会秘书，国家车辆事故深度调查体系办公室上海工作站负责人。

Investigation System，NAIS），是国家市场监管总局缺陷产品管理中心联合国内多家车辆事故研究机构、机动车司法鉴定中心共同建立的研究机构，自2011 年以来在全国多个城市开展交通事故的深度调查，每年深度调查 1000 余起交通事故。上海联合道路交通安全科学研究中心是 NAIS 的上海工作站，是中国最早的交通事故调查研究机构，每年在上海对约 150 起交通事故进行采集和深度分析并将数据输入 NAIS 数据库系统，基于数据库内的数据，进行了很多事故原因分析工作。

道路交通事故的发生原因非常复杂，但是归根结底是人、车、路三方面在同一环境下产生了矛盾所致。1985 年 k. Rumar 基于英国和美国碰撞事故研究发现：57% 的事故是由单纯的人的驾驶因素造成的；6% 的事故是车辆和驾驶员的因素相结合造成的；27% 的事故是因为道路与驾驶因素不匹配造成的；仅仅有 3% 的事故是单纯的道路因素造成的；3% 的事故是道路、驾驶员和车辆三方面的因素共同造成的；单纯的车辆因素仅造成 2% 的事故发生；道路和车辆不匹配造成的事故更少，仅占 1%。如图 1 所示。

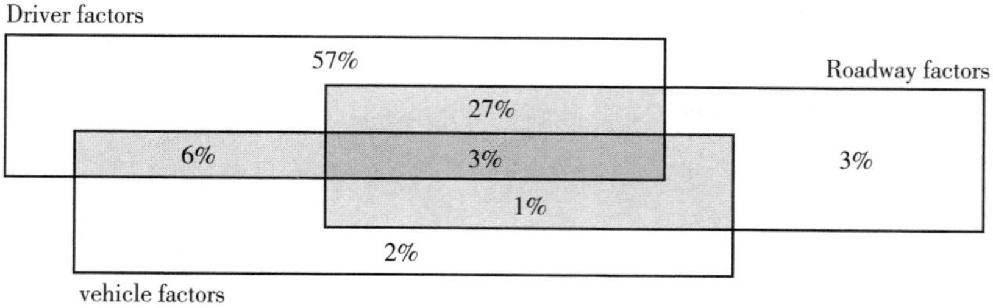

图 1　造成事故的人、车、路三要素的关系

通过对上海联合道路交通安全科学研究中心在交通事故调查数据的分析也发现，人与道路的因素相结合造成的事故是比较多的，只是有的时候如果道路安全问题没有造成严重后果，在事故的处置过程中往往会被忽略掉。2017 年采集的 156 个事故案例中，有 26 例事故责任的原因为“未确保安全驾驶”，占比 16.7%。通常，“未确保安全驾驶”是对一些不好直接取证的交通行为的统称，比如开车时注意力不集中、不注意观察、使用手机及其他干扰正常驾驶的行为。但通过深度挖掘事故信息，我们发现其中有 12 个案例存在道路交通设施的安全隐患问题，占比 7%。有些隐患与导致事故的原因存在明确相关性，有些隐患则增加了事故后果的严重性。

2017 年的“810”秦岭隧道特大交通事故将道路设施安全风险问题凸显了出来，通过对这次特大交通事故的深度分析，可以发现三个特点：①道路的安全隐患不那么明显，正常情况下不会导致严重后果；②事故地点之前发生过类似的危险冲突，但没有造成严重后果；③早有明确的法律法规来管理和规范道路设施，如果监管到位、处理及时，这些安全隐患问题都有机会解决。

二　典型案例深度调查

（一）汽车坠河事故

事故发生在 2017 年上海市，地点为一处不对称的丁字路口。道路沿河岸伸展，车辆沿道路向东北方向行驶，到达路口位置因河流转弯有两座桥，通往西北方向的桥被封闭，通往东北方向的桥梁与道路的宽度并不一致，沿汽车行驶方向有 5.5 米宽的缺口，两座桥梁夹角之间缺口的位置没有护栏，一辆轿车恰从此处缺口驶出道路，掉落在河里，车内 5 人全部溺亡。

本事故的原因是多方面的，路口的两桥之间的夹角空隙不应该没有护栏，事故地点虽然有桥梁封闭，但是没有重新绘制地面标线或引导线。事故时间发生在深夜，事故地点没有路灯照明，驾驶者对此处道路不熟悉，而且有酒后驾车行为。

从事故调查角度分析，可发现本事故的特点与“810”秦岭隧道特大交通事故的特征非常相似。首先，事故是在多因素下造成的，比如如果事故地点的照明条件良好的话，可能就不会出现问题，事实上该地点在白天的确从未过出现交通事故；其次，观察事故地点，发现桥梁左侧护栏有车辆擦碰造

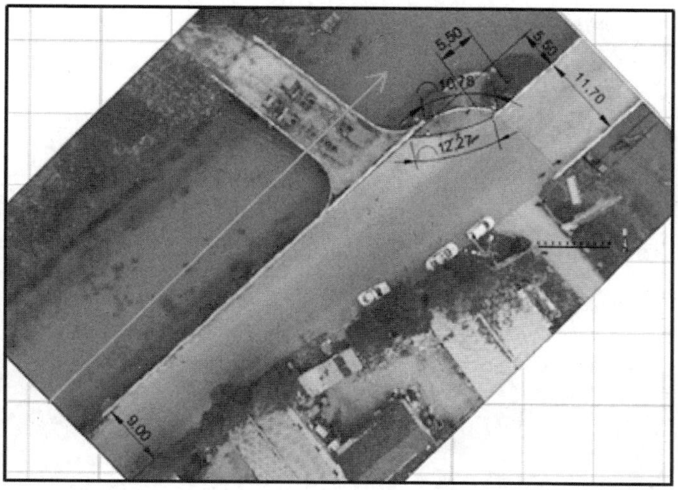

图 2　坠河事故地点俯视图

图 3　汽车坠河缺口位置

成的痕迹，路面也有陈旧的轮胎制动拖印，可见事故地点曾经发生过车辆行驶时的危险状况；最后，事故地点处的道路护栏、道路标线、道路轮廓线以及警示标志都存在缺失，这些标志标线的要求在《公路交通安全设施设计规范》（JTG D81 －2006）及《公路设施施工技术规范》（JTG F71 －

2006）中都有明确的条文规定，但事故发生时这些安全问题都没有被发现、重视或解决。

（二）汽车撞击防撞墙缺口事故

事故发生在2017年上海市，地点位于长江隧道内。车辆操作失控撞击行车道左侧防撞墙，恰遇防撞墙的逃生通道缺口，车辆与缺口处断面发生剧烈撞击后旋转。事故造成车辆严重损坏，车内5名乘员中4人死亡、1人重伤。

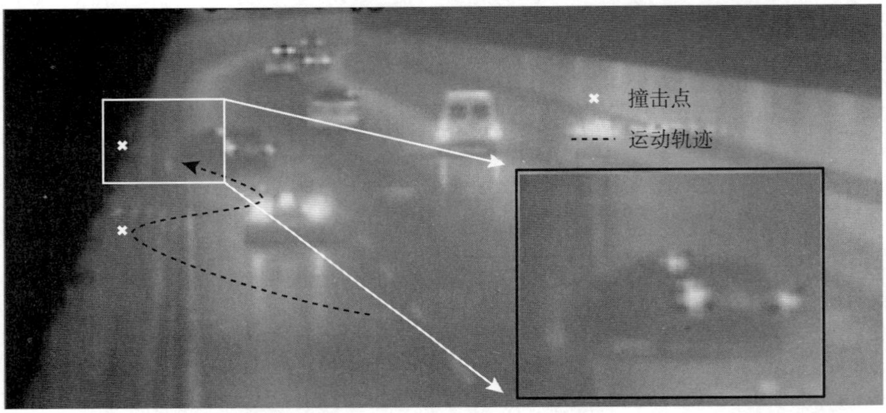

图4　事故车辆运动轨迹

事故过程中车辆与左侧防护墙发生过两次碰撞，第一次与左侧防护墙擦碰后向右弹开后，再次向左漂移。第二次撞击防护墙时，恰巧撞在防护墙开口位置，图5是第二次碰撞瞬间的隧道内摄像头监控视频截图。

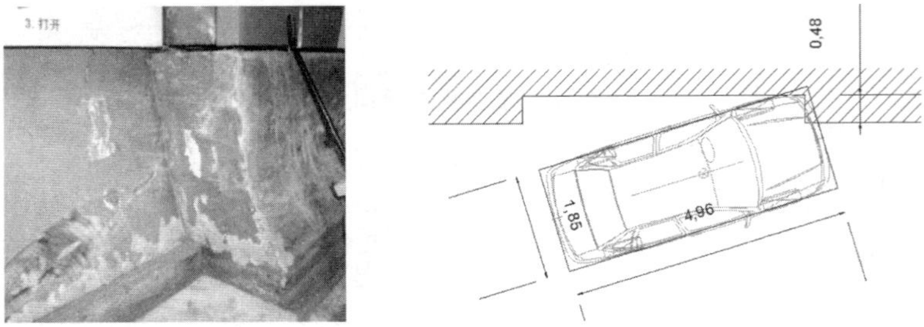

图5　防撞墙缺口形态

图 6　车辆变形情况

隧道内的摄像头记录，事故的原因是轿车行驶时失控，推测是由驾驶者操作失误引起的，撞击的防护墙缺口与轿车车头重叠率约为 25%，近似于美国保险行业协会（IIHS）定义的小重叠率撞击形态。这种碰撞形态是当前世界上最为严苛的汽车碰撞试验工况形态，因为这类事故形态是最危险的。并且，由于轿车撞击时的车速约为 100km/h，撞击造成的冲击很大，车辆变形严重，驾驶员位置的生存空间被大部分入侵，车内其他乘员在剧烈的冲击和旋转过程中与车内零部件以及它们相互间发生碰撞，从而造成了非常严重的伤亡。

这个事故的严重后果显然与交通设施有关，此处防护墙的缺口是隧道逃生通道所在位置。根据施工方案，整条 8.9km 的隧道有 20 多个相同的逃生通道，每个位置都是同样的设计，在防护墙上开一个缺口。显然隧道设计方完全没有考虑过这种设计的事故风险，没有设计防撞墩等设施。隧道最高限速为 100km/h，在这样的速度下，一旦汽车与防护墙缺口发生无缓冲碰撞，汽车乘员的生还可能非常小。由于隧道设计和施工方对交通事故的不了解，设计时依据的相关标准文件，如《公路隧道设计规范》（JTG D70 - 2004）和《公路工程技术标准》（JTG B01 - 2003）等，都没有考虑到这种碰撞风险问题。

此次事故同样有一些与秦岭隧道特大交通事故相似的特征。事故的风险在此次事故发生前从未被注意过。隧道建成的多年内，虽然有过危险状况发生，但是由于碰撞没有恰恰发生在防护墙缺口位置，事故后果都不严重而且极少出现伤亡，没有引起足够的重视。与秦岭隧道特大交通事故的不同之处在于隧道的设计施工和养护都完全按照当前的有关标准进行，在目前情况下，没有相关的法规可以直接协助排除或修正这些安全风险。

（三）汽车撞击高速公路护栏事故

事故发生在2018年上海市，地点在上海外环某段快速路上。一辆轿车在快速车道内行驶时失控，先撞击到左侧护栏，车身失稳向右前方滑移约90m，后再次撞上右侧护栏。第二次撞击时波形板护栏连接位置脱开，形成尖锐端头。车辆撞击后调转180°尾部朝前继续滑动，被前方波形板端头连续刺穿后备厢、后排座椅，直至顶在驾驶员座椅头枕后部，造成座椅严重变形，驾驶员头部受到严重冲击，当场死亡。

图7　事故时车辆被波形板护栏端头刺穿

近年来高速公路上轿车撞击波形板护栏的事故中，被波形板刺穿的案例很常见。这种事故存在一定的偶然性，只有车速、碰撞角度、碰撞护栏位置等因素同时满足一定条件时，才有可能发生。但在对本事故深度调查时发现，断开护栏的连接位置存在明显的安全隐患问题。护栏与基础立柱的连接螺栓以及两块波形板搭接螺栓的10颗螺栓事故发生时，如图8所示，仅3颗存在固定痕迹，而7颗缺失。而且在对事发路段的勘察中发现，端头附近500米内的波纹板护栏固定螺栓多处都有不同程度的缺失。最严重的位置如图9所示，按标准本应有2颗螺栓与立柱连接、8颗螺栓搭接前后两块波形板，连接螺栓仅存1颗。在《公路波形梁钢护栏》（JT/T 281－2007）中有明确规定，波形钢板护栏连接必须使用高强度螺栓，且预紧力必须符合标准的要求。

图 8　仅有 3 处孔有螺栓固定痕迹

图 9　应有 10 颗螺栓仅存 1 颗

相关事故司法鉴定机构的分析计算显示，事故车辆的第二次碰撞的最高速度不大于 60km/h。《高速公路护栏安全性能评价标准》（JTG/T F83－01－2004）中明确规定，护栏强度应保证在 1.5t 重量的汽车以 100km/h、20°夹角的撞击下各处连接不断开。经过痕迹分析，发现事故中护栏断裂发生在前后两块波形板的连接处，此处连接螺栓缺失 7 颗。正是由于仅存的 3 颗螺栓无法承载车辆碰撞时的冲击，才使波形板脱开并形成了危险的悬置端头刺入车内，最终造成了严重的事故后果。

（四）典型案例分析小结

综上所述，道路设施的安全隐患具有几个特点：首先是问题具有隐蔽性，未发生严重事故时非专业人士难以发现，而且很容易低估其危险性；其次是问题具有偶发性，事故往往需要同时满足多种条件才有机会发生，即使日常有时也会发生一些危险情况，由于未满足全部条件而往往后果轻微，同样容易令人低估其风险；最后是所有的安全隐患问题都与道路的管理、养护以及相关监管的不足有关，或者相关法规存在安全盲点需要改进。

基于案例中的情况分析，每个案例都具有发生更严重事故的潜在风险，如果案例中发生事故的车辆为满载的大型客车，每个案例都有机会造成如

“810”秦岭隧道特大交通事故一般的重特大伤亡。因此，这些潜在的危害性应予以重视。

三 讨论

一方面，依据当前仍在有效期内的《道路交通事故处理程序规定》（公安部令第 104 号）第四条之规定，道路交通事故的调查处理应当由公安机关交通管理部门负责，其职责为事故的处置与调查、查缉肇事逃逸、事故责任认定、损害赔偿调解。对于道路可能存在的安全隐患无调查和处理的职责，对道路安全隐患问题的责任单位无管辖权和处置权。另一方面，负责道路施工、养护、监管的各单位与交警系统之间没有建立沟通协调渠道，即使交警部门在事故调查中发现了某些道路设施的安全隐患问题，也难以确定责任单位，更无法有效地实现问题反馈和沟通直至处理解决。

因此，2018 年 5 月 1 日实施的最新版《道路交通事故处理程序规定》（公安部令第 146 号）已有部分考虑，其第二十九条规定：对发生一次死亡 3 人以上道路交通事故的，公安机关交通管理部门应当开展深度调查；对造成其他严重后果或者存在严重安全问题的道路交通事故，可以开展深度调查。其中，“深度调查”是指以有效防范道路交通事故为目的，对道路交通事故发生的深层次原因以及道路交通安全相关因素开展延伸调查，分析查找安全隐患及管理漏洞，并提出从源头解决问题的意见和建议的活动。

现实条件下，我国的交通警察系统大多并不具备调查道路交通设施安全隐患的专业能力，无法支持深度分析交通事故的工作顺利进行。新的法规中虽然提出了依靠“深度调查”来提升事故防范能力的努力方向，但仍然缺乏工作标准和实施细则。

上海市的交通设施条件相对国内其他地区已经相对优越，但通过事故调查仍然可以发现存在相当数量的道路设施安全隐患问题，推及国内其他地区，相信道路设施安全隐患问题在全国范围内普遍存在。道路设施安全隐患问题具有高隐蔽性、随机性、高危险性的特点，其潜在危险性大，因此不应忽视。依靠交警系统在事故中发现隐患，并通过有效的措施协调相关责任单位调查和解决安全隐患问题是一种有效途径，但需要有专业技术能力的机构协助配合以及上级管理部门的协调配合才能最大限度地体现效果。从长期来看解决问题的前提仍在于预防，交通安全设施的施工方、管理方和监管单位应严格遵循法律法规，不能低估表面上危险程度很低的安全隐患，而应积极排查并及时解决道路设施存在的问题。相关机构也应该配合公安部新版《道路交通事故处理程序规定》制定一些工作规范与交警系统实现对接，充分利用一线事故调查工作人员的研究成果，优先发现风险较大的安全隐患类型，进而有针对性地排查解决。

NAIS 办公室上海工作站 SHUFO 从 2017 年即开始与上海市交警总队合作，利用手中掌握的交通事故研究经验和技术，参与上海市重大交通事故的"深度调查"工作，对汽车安全与道路安全进行综合分析，发掘出一些典型的安全隐患原因，事实证明，这些分析方法是可以取得效果的，可以为国内其他欲将践行公安部第 146 号令的交通事故调查者提供一些参考。

参考文献

周利：《道路交通事故责任研究》，中国人民大学硕士学位论文，2009。

郑祖丹、吴斌、于峰等：《IIHS 正面小重叠率碰撞评价方法研究》《上海汽车》2013 年第 11 期。

周净：《上海公路工程质量状况浅析》《上海公路》2009 年第 4 期。

B.4

2017年汽车产品召回现状分析

王文斌　臧金环*

摘　要： 2017年我国共实施缺陷汽车产品召回251次，同比增长高达107%；召回缺陷汽车数量达2004.8万辆，同比增长77%，实现历年来最高增长。从召回涉及的进口、国产车型来看，国产汽车召回比例达90%；从召回涉及的系别来看，德系车高居榜首；从召回涉及的汽车总成来看，安全气囊及安全带总成依然召回最多，份额达半数以上。由2017年我国汽车召回的大幅增长可看出，随着政府监管和社会舆论监督的逐渐加压、人民安全意识的逐渐提升、法律法规的逐步完善，汽车企业的召回意识得到了进一步加强，汽车市场秩序向好发展更加明显。

关键词： 汽车召回　汽车安全　召回数量

一　2017年汽车产品召回情况

国家市场监管总局缺陷产品管理中心的数据显示，截至2017年12月28日，我国共实施缺陷汽车产品召回251次，同比增长107%，共计召回缺

* 王文斌，高级工程师，中国汽车技术研究中心有限公司汽车技术情报研究所信息咨询一室信息系统总监，主要从事信息数据管理工作；臧金环，中国汽车技术研究中心有限公司汽车技术情报研究所工程师，主要从事汽车安全及智能网联发展方向的研究工作。

陷汽车2004.8万辆，同比增长77%，连续四年刷新了年度召回数量纪录（见图1）。

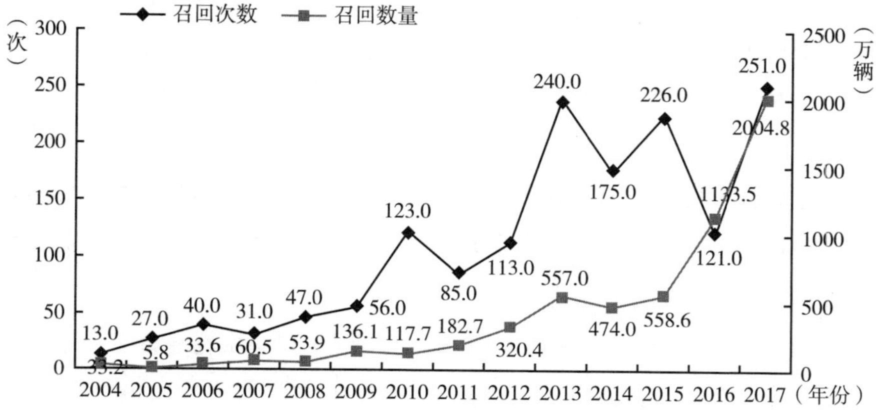

图1　2004～2017年缺陷汽车产品召回变化情况

资料来源：国家市场监督管理总局缺陷产品管理中心，下同。

近五年，我国共实施1013次召回，召回数量达4729.9万辆，占2004年我国实施缺陷汽车产品召回制度以来召回总量的83%。目前来看，按召回汽车的总体数量来算，在我国基本上每4辆汽车中就有1辆被实施过召回。

国家市场监管总局执法督查司司长严冯敏分析称，汽车和消费品召回数量的快速增加，以及缺陷产品召回工作的快速发展，其原因和意义主要体现在以下四个方面。

一是人民群众的生活安全意识在逐步提升，尤其是对于关系到基本生活的食、用、行等方面，随着汽车产品的普及，其在人民的生活安全中的地位日益凸显，汽车产品的消费者，对产品安全问题的关注也提升到前所未有的高度，在行使产品安全知情权、参与权、监督权和表达权等各方面都表现得更为主动，这也间接地给予了监管部门极大的支持。

二是法律法规的完善给汽车召回提供了有效的制度保障。我国2012年10月颁布的《缺陷汽车产品召回管理条例》，不但借鉴了国际上的经验，还很好地结合了我国的实际情况，具有较高的可操作性，自2013年1月实施以来，推动了我国汽车召回工作的开展，可以说这份文件直接促进了我国十八大以来汽车召回数量的高速增长。

三是政府监管工作形成高压态势。通过市场监管总局缺陷调查和行政约谈引发的缺陷产品召回活动继续占据较高的比例，近五年受调查影响的汽车产品召回数量占总数量的64%，2017年召回汽车产品超过70%，召回消费品超过90%。

四是媒体的舆论监督作用收效甚强。长期以来，新闻媒体对产品质量安全的关注以及对政府监管工作的关注，尤其是对缺陷产品召回问题的大力关注，从舆论角度有力地支持了政府监管工作。

从2017年汽车召回的月度走势来看，召回主要集中在3月、7月、9月三个月，尤其是9月的召回数量明显比其他月份高了很多。而根据国家市场监管总局缺陷产品管理中心发布的数据统计来看，2017年9月汽车召回的主要原因集中在气囊问题，因为该问题召回的汽车数量达到了766.27万辆，占据9月汽车召回总量的79%（见图2）。

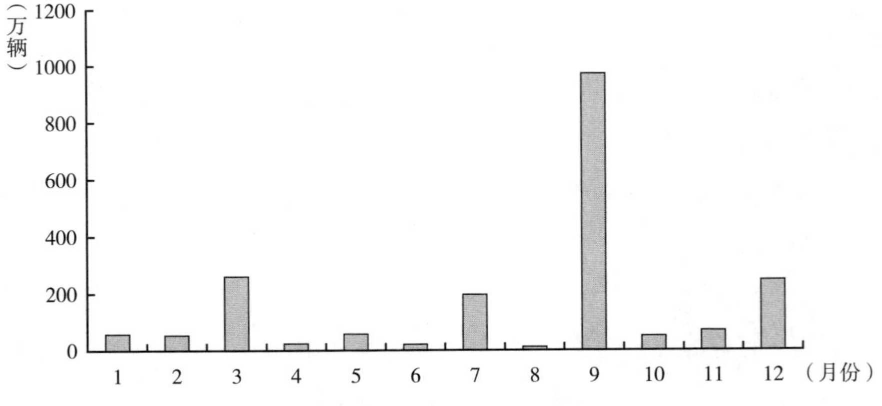

图2　2017年汽车召回数量月度走势

从召回涉及的进口、国产车型来看，包括合资车和自主车在内的国产车型占比最高，国产车召回次数达106次，与全年召回总次数251次相比，占据了其42%还多的份额，而从召回车辆数量上来看，国产车达1823.7万辆，占比达91%；进口汽车召回的次数则为145次，占总次数的58%，进口车召回数量为181.1万辆，仅占2017年汽车召回数量的9%（见图3）。

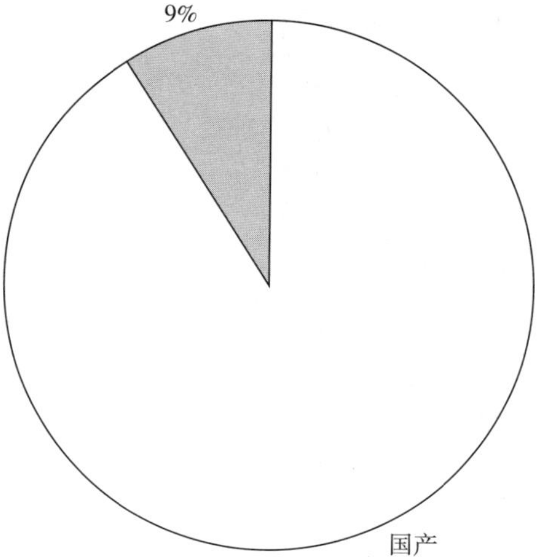

图3 2017年汽车召回涉及的进口、国产车型数量占比

从召回涉及的系别来看，德系车在2017年高居首位，2017年德系6个品牌共召回汽车约1023万辆，占全年召回总数的50.64%；排名第二的是美系，美系也是6个品牌，在2017年共召回汽车约405万辆，占全年召回总数的20.03%；日系车则由2016年的排名第一下降到了第三，其10个品牌全年召回汽车约402万辆，占召回汽车总数的19.90%；自主汽车13个品牌则共计召回汽车约143万辆，占全年汽车召回总数的7.07%，与上年相比，自主品牌召回数量增加最为明显；召回最少的则是韩系品牌，召回汽车约20万辆，占全年汽车召回总数的比例仅为1.03%（见图4）。

从召回的主要原因来看，安全气囊和安全带总成问题引起的召回占据第一位，份额占比达53.1%，涉及车辆约1064万辆；其次是发动机总成问题引起的召回，涉及车辆大概为410万辆，份额占比为20.4%；排名第三位的是转向系统总成问题引起的召回，占比为8.8%；排名第四的是电子电器总成，占比也在8%左右；涉及车身附件问题的召回占比则在4%左右；其余问题则涉及了制动系统和传动系统，占比分别为3%和2%（见图5）。

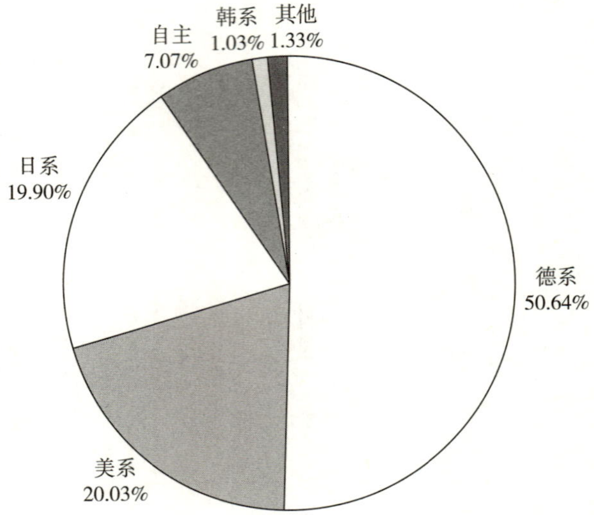

图 4　2017 年汽车召回涉及的系别占比

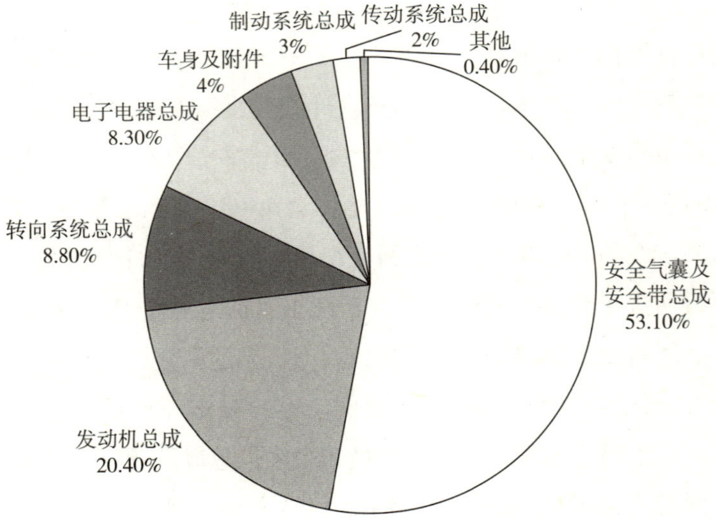

图 5　2017 年汽车召回涉及的故障类别

从召回涉及的企业来看，召回数量在前十的企业的累计占比达到 84.7%。其中一汽－大众的召回数量最多，达 511.7 万辆；排在第二位的是上汽通用，召回数量约为356.5万辆；排第三位的是上汽大众，召回数量约为321.5万辆。排在前三位的企业其产品召回原因涉及高田气囊事件的占据了一半以上（见图6）。

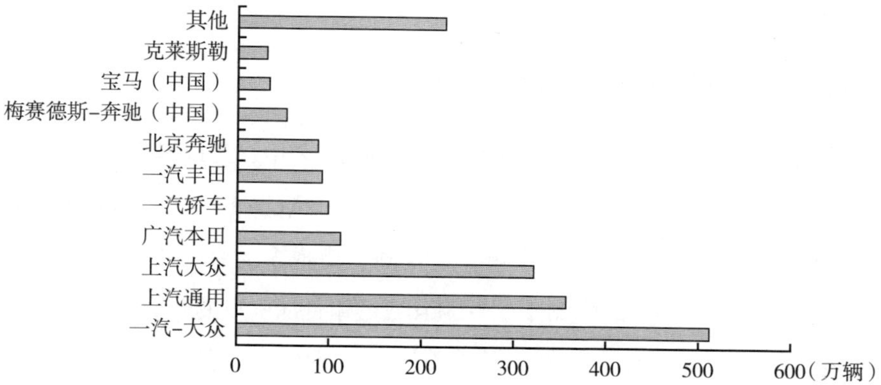

图6　2017年汽车召回数量前10名的企业

二　2017年缺陷汽车召回的特点

（一）缺陷汽车产品的召回数量增长继续加快

2015年以来，我国年度缺陷汽车召回数量分别为558.6万辆、1133.5万辆和2004.8万辆，年均增长幅度超过50%，从数据来看，我国缺陷汽车产品的年度召回数量已远超德国、英国、日本等汽车市场发达国家，召回规模仅次于美国，位列全球第二位。

（二）汽车产品的召回原因相对来说较为集中

2017年召回的缺陷汽车产品的问题主要集中在五个方面：①涉及安全气囊和安全带总成问题的召回数量最多，共召回1063.8万辆，占2017年汽车召回总数量的53.1%；②涉及发动机总成问题的汽车召回，数量为409.6万辆，占2017年汽车召回总数量的20.4%；③涉及转向系统总成问题的汽车召回，数量为175.7万辆，占2017年汽车召回数量的8.8%；④涉及电子电器总成问题的汽车召回，数量为165.5万辆，占2017年汽车召回总数量的8.3%；⑤涉及车身及附件问题的召回，数量为80.5万辆，占2017年汽车召回总数量的4%。

（三）大规模单次召回比较频繁

从历年召回的数据来看，召回数量排在前10名中，2017年的召回活动占6次，其中，超过100万辆的有3次，超过200万辆的有1次，且部分大规模的召回活动所涉及的产品缺陷问题基本相同，呈现多品牌、跨区域、集中化的趋势。截至2017年12月28日，因高田气囊事件所引发的召回活动为近年来召回数量最多，达到126次，共涉及38家汽车企业，涉及召回车辆高达1951.6万辆。其中，仅2017年就有29家汽车企业召回36次，涉及车辆987万辆。

（四）因国家市场监管总局缺陷调查后被动召回的比例较高

截至2017年12月28日，由国家市场监管总局进行缺陷调查引发的汽车产品召回活动为58次，召回缺陷汽车数量为1358万辆，占2017年全部召回数量的70%左右。其中，因高田气囊事件引起的缺陷调查事件影响的汽车召回数量占2017年全部汽车召回数量的49.2%。

（五）全球召回同步实施常态化

在2017年开展的251次缺陷汽车产品召回活动中，全球同步召回的占比达58%。同时,近年来出现的越来越多的全球召回情况是由中国缺陷调查所引发的。

参考文献

蒋颜：《〈缺陷汽车产品召回〉管理》，载《汽车认证标准与法规》，北京理工大学出版社，2017。

何可：《召回制度，汽车产业质量提升的助推器》，《产品可靠性报告》2017 年第 4 期。

吴勇：《2017 年上半年我国汽车缺陷产品召回特点分析及政策建议》，《汽车情报》2017 年第 8 期。

标准法规篇

Standard and Regulation Report

B.5
2018年版 C－NCAP 要点解读

李维菁*

摘　要： 经验表明，实施 NCAP 对于提高汽车安全性能和改善道路交通安全都有明显的效果。C－NCAP（中国新车评价规程）实施十年来，国内车型整体安全技术水平及评价成绩大幅提高，车辆安全装置的配置率也显著增加，中国的广大消费者使用到了更加安全的汽车产品，获得了更为安全的驾乘体验，对于改善中国道路交通安全状况有着明显的效果。C－NCAP 已成为中国汽车产品安全研发的风向标，更成为汽车安全的代名词。随着 C－NCAP 的顺利实施及研究的深入，中国汽车技术研究中心有限公司也对《C－NCAP 管理规则》进行了多次

* 李维菁，高级工程师，C－NCAP 管理中心综合事务部部长，中国汽车技术研究中心有限公司汽车标准化研究所行业服务室主任，主要从事汽车标准化相关工作及汽车安全标准法规研究工作、C－NCAP 规则研究。

完善和提升，经历了2006年版、2009年版、2012年版和2015年版的变更，2018年7月1日实施2018年版规则。本文通过对C-NCAP发展过程的梳理，全面介绍C-NCAP的研究思路及研究方法，并且对2018年版规则的要点进行分析，便于车辆新产品开发时进行对应。

关键词： C-NCAP　新车评价　主动安全

随着中国汽车产业转型升级的不断深入，《汽车产业中长期发展规划》的出台更是提出了更细化和明确的目标。小排量乘用车购置税优惠取消、双积分办法出台、未来三年免征新能源汽车购置税、新的《汽车销售管理办法》实施等一系列新政影响着中国汽车市场的走向。市场认可度提升的同时，众多自主品牌相继开启高端化路线，提升市场竞争力；造车新势力层出不穷，不少已经发布或上市了首款产品。随着交通运输部、住建部联合发布《关于促进小微型客车租赁健康发展的指导意见》，各路巨头入局共享汽车，中国汽车产业将呈现新局面。同样，市场的纷繁变化、新产品的层出不穷，未来对于安全技术及评价的需求也将越来越多，C-NCAP则必须调整节奏、顺应形势、拓展思路、发展创新。

一　C-NCAP发展历程

有个客观事实是所有从事汽车安全研究的人必须要面对的，那就是交通事故已成为影响社会发展和危害人身安全的重大问题。众所周知，与发达国家相比，我国重特大事故数量和死亡重伤人数一直十分突出。尤其是我国近十几年来汽车产销量、保有量迅速增长，导致道路交通安全的形势更加严峻。反观十年前的中国汽车工业，产品整体安全水平不高，只停留在满足法规阶段。我国自主品牌出口产品屡次遭遇“碰撞门”事件。出口产品在国外一些机构的测试中出现 0 星、1 星的情况，让整个自主品牌陷入信任危机。与此相对应的是，有些国外汽车公司看到中国尚未建立 NCAP 评价体系，它们为了降低成本而“钻空子”，对出口中国的产品或在中国本土生产的产品进行了不同程度的减配，这对于国内消费者而言无疑是极不公平的。同时，一些汽车工业先进国家，如美国、欧洲和日本都先后推出 NCAP 评价体系，实践表明，这样的评价对于提高汽车安全性能和降低事故重伤率和死亡率有明显效果。正是基于上述这些背景，中国建立符合国情的 C－NCAP 评价体系显得刻不容缓。

作为 C－NCAP 的核心，《C－NCAP 管理规则》及其贯彻执行，是行业最为关注的内容，也决定着 C－NCAP 的影响力和生命力。下面介绍《C－NCAP 管理规则》的技术特点和管理流程，以及 C－NCAP 的研究思路和方法。

一是深入研究中国道路交通事故。最重要的部分是交通事故的构成和特点研究、数据统计和还原分析，再结合中国市场机动车辆的构成和使用情况调研、国内外产品技术状况试验分析等，观大局定方向。尤其是 2011 年，由中国汽车技术研究中心牵头的中国道路交通事故深入研究（CIDAS）项目正式启动，为 C－NCAP 提供了更加全面、翔实、准确、客观的数据支撑。

二是充分考虑国际上技术发展和中国汽车行业的实际情况。基于国内标准法规、车辆及道路现状、汽车技术及评价方法。整个 C－NCAP 评价体系做到平稳起步、循序渐进、求同存异、独立自主。在广泛征求全行业意见的基础上集思广益，集全行业之力制定 C－NCAP 评价规则。从具体技术层面来讲，C－NCAP 规定的整车碰撞试验形态和方法顺应国际趋势，保大同存小异；加分项根据中国具体情况进行设置；同时，基于中国乘用车人员乘坐的特点，C－NCAP 在世界范围内首次将后排乘员安全性纳入评价体系，走在国际前列。

三是大力开展汽车安全前沿技术的试验方法研究。C－NCAP 试验能力不断增强，2012 年世界先进水平的新碰撞试验室启用后，为 C－NCAP 的持续发展提供了更加强有力的支持。高标准的硬件条件保证了试验的精度和结果的准确性，超强的科研能力和丰富的试验经验让 C－NCAP 有条件开拓更多新项目。

四是规范的管理流程和严格的评价试验程序。为使C－NCAP健康、有序地运行，每年固定的专项科研资金预算的保证，使C－NCAP管理中心购买试验车辆、进行相关试验评价以及相关的信息发布和交流活动等日常工作得以顺利进行。为保证评价结果的客观公正性，从购车、试验准备、试验过程到结果发布的各个环节，媒体的跟踪报道和监督，也使C－NCAP全过程公开透明，向社会公开。

五是持续改进提升。C－NCAP运行十多年来不断从实践中发现问题，总结经验，不断进行修改完善，使评价规则紧跟国际技术发展和中国汽车行业发展趋势，使其能持续发挥应有的技术引领作用。C－NCAP已经历经了四次改版。2006年首版规则，C－NCAP提出了基本的100%正碰、40%偏置碰和侧碰三个测试项目；2009年第一次改版增加了儿童座椅和儿童假人，首次提出儿童乘员保护理念；2012年第二次改版除了增加鞭打试验、偏置碰撞提速、定量评价后排乘员外，还增加了对ESC配置的鼓励加分，主动安全概念体现；2015年第三次改版又对星级划分进行了调整，进一步提升了对高星级车辆产品的要求；2018年是第四次改版的实施年，新增行人保护、电动汽车测评以及更多的主动安全内容，再次推动中国汽车安全技术的提升（见图1）。

十多年间，C－NCAP经历了从无到有、从小到大、从弱到强的成长过程，也得到了国内外汽车行业的充分认可与尊重。美国运输部国家公路交通安全管理局（NHTSA）局长率代表团曾来中汽中心访问并且肯定C－NCAP的作用；C－NCAP与J－NCAP的两次中日NCAP研讨会共议NCAP发展；承办Global NCAP大会，全面融入国际NCAP组织并得到国际认可。

纵观C－NCAP十几年的评价结果，评价车型基本覆盖国内所有乘用车生产企业，每次换版周期评价结果呈现由低到高的规律提升趋势，阶段性循序渐进地提升车辆产品碰撞安全性能，总数75%以上获得五星级评价的好结果。车辆前排乘员的保护措施全面加强，近几年大多数车型已经实现了正面双气囊标配；侧面气囊、前排安全带提醒装置、前排安全带预张紧器、限

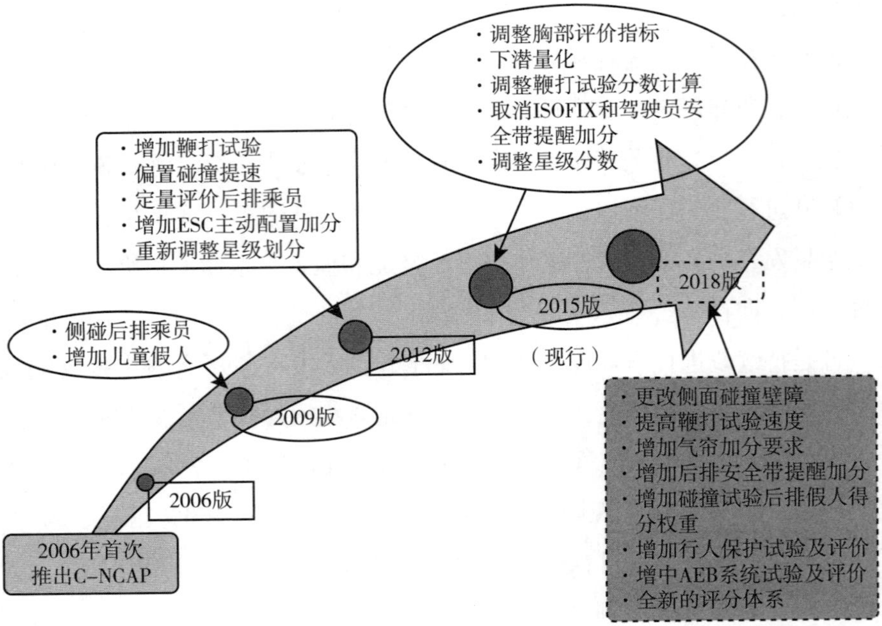

图1　C－NCAP 管理规则持续改进示意

力器等安全系统的应用也呈现很好的装配比例；后排安全带预张紧器、限力器的配置率明显提升；而侧气帘、ESC 等也不再是高端车的专属配置，车辆碰撞安全防护体系越来越完善。

C－NCAP 不仅引领了汽车安全技术的进步、促进了中国汽车安全水平的整体提高，而且唤起了整个社会对于交通安全的关注、提升了大众的交通安全意识，同时还极大地争取到了中国汽车工业的国际话语权。

二　C－NCAP 2018年版管理规则要点分析

随着汽车工业快速发展，汽车销量大幅增长，消费者对汽车产品质量关注度在提升，国家对汽车产品监管力度在加大，各品牌市场竞争也日益激烈，各汽车企业必须加快研发新产品，提高产品质量，才能占领市场。汽车新技术及新装备应用层出不穷，那么评价汽车产品质量的标准也必须随之更新，C－NCAP 作为汽车安全技术研发的目标，要真正起到引导中国汽车安全技术进步的作用，必须适应国际发展、适应中国国情、适应市场规律，对规则进行及时的完善和修订。

2017 年 4 月 20 日，C－NCAP 管理中心在上海车展上同时在 C－NCAP 官网正式发布了《C－NCAP 管理规则（2018 年版）》，随后 6 月，英文版规则也在官网上线。新发布的 2018 年版管理规则在研究过程中，曾经先后召开多次行业研讨会，与国内外的汽车企业、国外 NCAP 组织进行过深入的讨论和交流，广泛收集和听取各方面的意见和建议，并在 C－NCAP 官方网站上进行了公示。经过多次修改完善，最终形成规则正式版本。新规则中的行人保护试验及碰撞试验于 2018 年 7 月 1 日正式实施。

（一）C－NCAP 2018年版管理规则要点概述

2018 年版规则较之前的 2015 年版规则相比，评价体系发生较大改变，由之前的车辆乘员被动安全保护性能评价拓展到对车外行人的保护性能和车辆主动预防安全性能，全面覆盖车内外、主被动安全要求，并新增对于纯电动及混合动力车型的评价。

归纳总结其主要的变化有以下几点。

（1）C－NCAP 评价内容不再是单纯几个试验项目的试验及评分的叠加，而是更加成系统，新体系分为三个部分，分别是乘员保护部分、行人保护部分和主动安全部分，每个部分又包含各自的测试项目及评分方法。

（2）目前实施的所有试验项目归入乘员保护部分，侧面碰撞试验更新了壁障方案，碰撞试验后排假人及鞭打试验各部位得分权重也进行了适当调整，细化了侧气帘的加分要求，并在乘员保护部分新增加了对后排安全带提醒装置的加分。

（3）新增的行人保护部分涉及的项目为国际通行的车辆对行人碰撞保护的试验，分头型试验和腿型试验。

（4）目前实施的对于 ESC 系统的审核加分归入主动安全部分，并在该部分新增对于自动紧急制动系统（AEB）的试验评价，包括前方车辆及行人。

（5）评价车型范围扩展到纯电动及混合动力电动汽车，增加电安全评价。

2018 年版 C－NCAP 评分体系进行调整，按照三个部分各自的得分率进行加权求和计算总得分率，再按照星级标准划分星级，并且对于三个部分还分别设定了最低得分率的要求。新规则的研究更加紧密结合了中国道路交通事故统计数据与分析结果，方案的制定更加适合中国国情和中国汽车行业的发展，更加趋于合理和全面，也更具有挑战性（见图 2）。

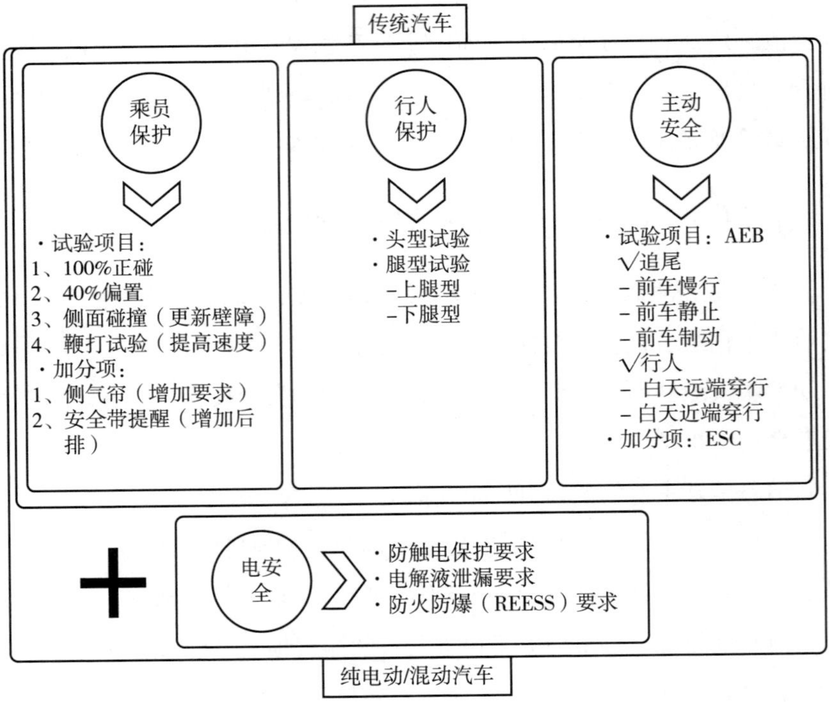

图 2　C－NCAP 2018 年版管理规则变化点示意

（二）三大板块解析

1. 乘员保护——侧碰要求明显加严、加分项扩容和细化

在乘员保护方面，2018 年版的规则最大的变化应该在于侧碰移动壁障的变更，此外，鞭打试验速度的提升，以及加分项要求的细化都使乘员保护

部分获得高分的难度进一步加大。

为了客观反映目前国内乘用车平均重量及前端结构和刚度，2018 年版规则采用了新的侧碰移动壁障，其重量以及碰撞接触区域变化加大，同时使用新型侧碰假人，这些都对车身结构的设计提出更严苛的挑战。

如表 1 所示，2018 年版规则的侧碰台车质量增加了 450kg，防撞梁中心高度也增加了 50mm，碰撞侧假人更新为 WS50th。对应于台车质量的增加，碰撞能量提升，那么新车型设计或老车型改进时需要在车门和上车体的吸能及力的传递路径上做出更合理的设计；防撞梁中心高度的增加，使壁障与车体的门槛梁的接触面积会进一步缩小，这对于车体侧面的吸能和力的传递路径也将是新的考验，尤其对于车身姿态比较低的轿车；新的 WS50th 假人的应用对于侧碰造成的人体伤害带来更苛刻的要求，特别是在侵入量以及侵入速度的控制方面。

表 1　C－NCAP 2018 年版侧碰壁障性能参数变化

主要技术指标	C－NCAP 2018 年版侧碰壁障性能参数	2015 年版侧碰壁障性能参数
台车质量	1400kg ±20kg	950kg ±20kg
重心位置	纵向中垂面 ±10mm，前轴向后 1000mm ±30mm，地面向上 500mm －0/ +30mm	纵向中垂面 ±10mm，前轴向后 1000mm ±30mm，地面向上 500mm ±30mm
碰撞块	碰撞块前面至台车重心间的距离：2000mm ±30mm	2000mm ±30mm
壁障高度	梁单元前面最上部分距离地平面：600mm ±5mm	3000mm ±10mm
台车轴距	3000mm ±10mm	3000mm ±10mm
轮间距	前轮（或后轮）外侧间距：1500mm ±10mm。	1500mm ±10mm
假人	WS50th + SID Ⅱ s	SID Ⅱ s
前端吸能壁障	AE－MDB V3，9	EEVC－2000

鞭打试验的挑战是对应于碰撞速度的提升，将现有 16km/h 的速度提升到了 20km/h。国内外的交通事故数据统计研究表明，20km/h 下的追尾事故覆盖了目前 70% 的伤害概率。这种变化对于座椅的设计要求将更高。

加分项方面，按照 2018 年版规则，要想获得满分 5 分的加分，必须严格核查侧气帘装配后展开形态及动态保护性能要求，还需要增加后排安全带提醒功能，这将直接影响车辆成本的增加。但是为了促进被动安全保护最基本的安全带、气囊（帘）系统的正确使用，这样的成本投入还是非常值得的。

在乘员保护方面，2018 年版规则中的评分细则将使车型拿高分变得不那么容易，尤其是侧碰要求，对于那些对成本较为敏感的中低端车型以及紧凑型及以下车型，想拿高分将更为困难。

2. 行人保护——关注弱势群体

行人保护是近些年汽车安全领域最受关注的热点项目，在全球的 NCAP 体系中，也被多数国家列为汽车安全评分项目。C－NCAP 2018 年版规则新增了对于行人保护的评分和试验细则，并作为一个单独板块出现，也正是应对中国高发的行人事故特点所做出的应对解决方案。

行人保护评价包括头型（成人头型和儿童头型）试验和腿型（上下腿型）试验。头型试验以 WAD1700 包络线（或发动机罩后面基准线）为界选用成人头型和儿童头型，冲击车辆头型试验区域的指定位置，通过采集碰撞过程中头型三个方向的加速度，计算出 HIC15 值来评价车辆对行人头部的碰撞保护性能；腿型试验根据保险杠下部离地高度选用上腿型或下腿型，冲击腿型试验区域的指定位置，通过采集碰撞过程中小腿 4 个弯矩以及膝部韧带延伸量 MCL、ACL 和 PCL 等七个指标，来评价车辆对行人腿部的碰撞保护性能（见图 3）。

行人保护项目的加入，对汽车造型设计在前脸、发动机罩、翼子板的约束较大，灯具的位置以及那些棱角分明的线条也会受到很大的约束。现有车型通过局部结构改进拿到高分的困难程度比较大，需要通过全新的设计才有可能获得好的结果，增加行人保护气囊或主动弹起式发动机罩也不失为较有效的改进措施，但涉及成本压力也会较大。

3. 主动安全——顺应整体式安全技术发展的潮流

近两年，汽车行业最热门的话题应该就是智能网联、自动驾驶，那么与此相关的汽车主动安全技术发展迅速也就毫无疑问了，碰撞预警、自动紧

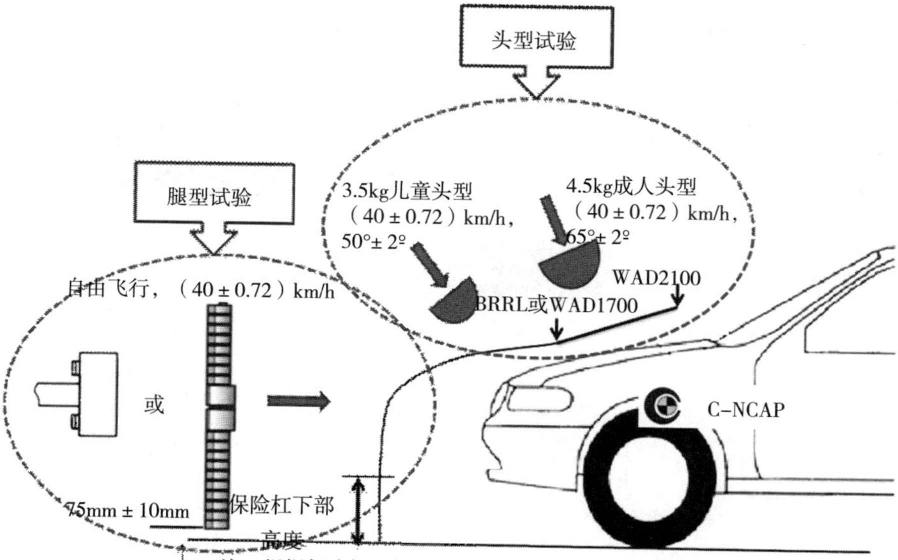

注：根据保险杠下部高度选择腿型冲击器进行腿部撞击保险杠试验。

图 3　行人保护试验方案示意

急制动、车道偏离预警、车道保持、电子稳定性控制、自适应巡航、盲点监测等多项主动安全技术已经越来越多地应用在中高端车型产品上，而随着这些系统成本的下降，也逐步在紧凑型车型上开始出现。这些系统要想能够最大限度地体现它的有效性，则必须针对中国实际交通环境进行适应性开发。

随着针对中国交通特点的工况研究和试验技术的成熟，2018 年版 C - NCAP 规则在原有对电子稳定系统（ESC）的报告审核加分基础上，导入了对自动紧急制动系统（AEB）的测试评分项目，在主动安全方面再迈一步，追赶世界安全技术发展潮流（见图 4）。AEB 的测试评分项目针对车辆追尾工况和行人工况分别测试，综合评分。

车辆追尾工况自动紧急制动系统（AEB CCR）评价分为三部分，一是包括前车静止、前车慢行、前车制动等三种测试场景的 AEB 功能和 FCW 功能测试；二是相邻车道车辆制动和铁板的误作用试验；三是人机交互（HMI）部分。行人工况自动紧急制动系统（AEB VRU_Ped）需要进行两

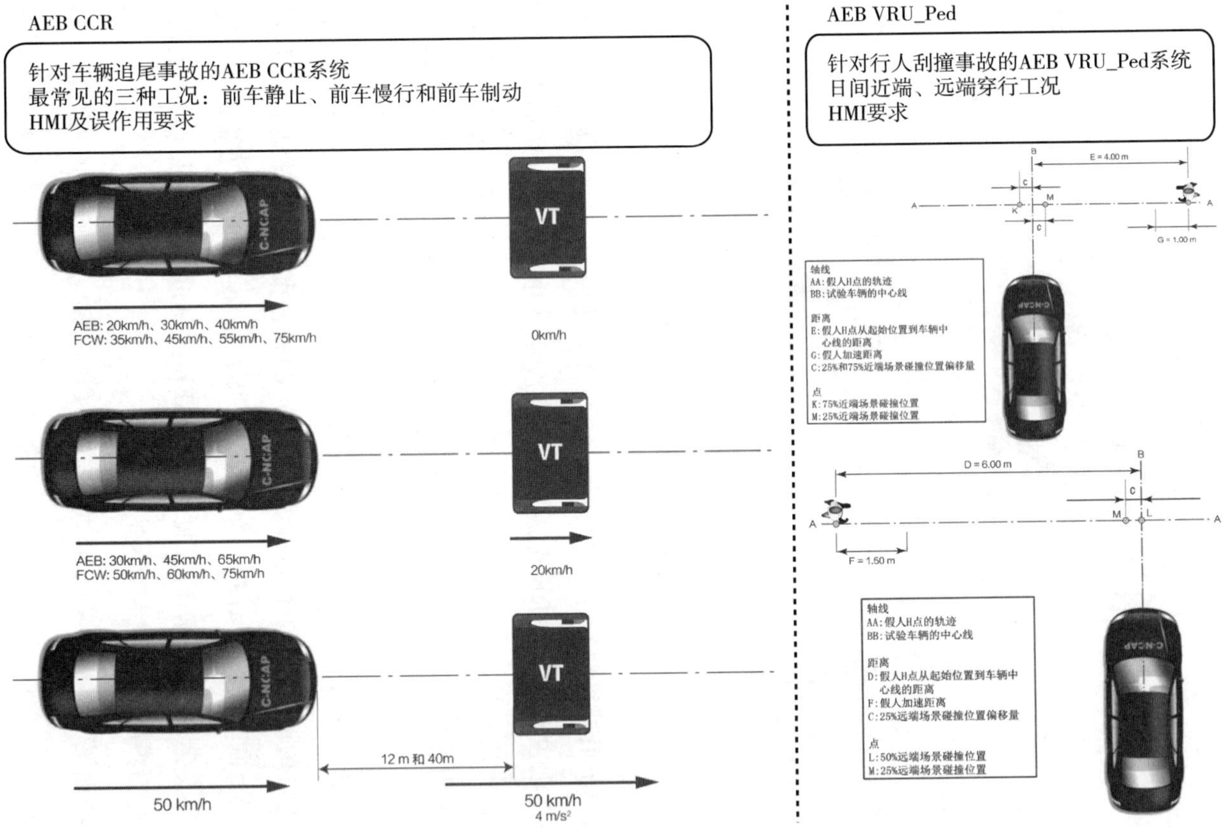

图 4　AEB 试验方案示意

部分的评价，一是包括 CVFA－25、CVFA－50、CVNA－25 和 CVNA－75 等四种测试场景的 AEB 系统功能测试；二是人机交互（HMI）及其他要求。现阶段使用单目或双目摄像头的 AEB 系统对于夜间可视范围很差的条件灵敏度有限，且夜间测试试验技术尚不可靠，因此夜间工况暂时并未考虑，但是对于夜间事故高发的特点，随着研究的进一步深入，相信很快也会将夜间工况测试纳入 C－NCAP 评价。

评分体系上因为考虑到目前大部分车型并不是全系标配 AEB 系统，因此 AEB 系统的最终评分采取了试验得分×配置系统的计算方式，鼓励车企有步骤有计划地提高 AEB 装配率，扩大社会效益。

4. 电动汽车安全——适应产业发展趋势，覆盖新能源车型

随着能源以及环保危机的加剧，中国大力推动电动汽车产业发展，纯电动汽车和混合动力电动汽车市场占有率每年呈现快速增长趋势，而电动汽车的电安全一直是关注度极高的内容，因此，适时导入 C－NCAP，实现车型全覆盖，并对电安全内容进行严格检查，是非常必要的。

电安全的检测相比 GB/T 31498 标准的要求会更加严格，一个原因是试验速度、车辆质量上的差异，使难度增加，另一个原因是将防触电保护性能测试中的电池端绝缘电阻要求列为必须符合项。电安全要求包括防触电保护要求、电解液泄漏要求、电池防火防爆要求三个方面，其中防触电保护性能包括必须符合的基本条款和满足其一即可的选项条款。电池端绝缘电阻应大于或等于 100Ω/V 是必须符合的基本条款；低电压、低电能、物理防护及负载侧绝缘电阻则是四选一的选项条款。表 2 列出了电动汽车电安全的评价项目及评价内容。

5. 评分体系——特点突出，利于长期发展

项目的增加、板块的划分，使原有累加计分的方式已不再适应发展的需要，因此 2018 年版规则在评分体系上进行了突破，引入了得分率和权重系统的概念进行综合得分率的计算，这将更有利于后续发展的需求和主被动融合发展的大方向。

乘员保护、行人保护和主动安全三个部分将会根据每一部分的实际得分

表 2　电动汽车电安全评价

评价项目			评价基准
防触电保护要求测量	基本条款	REESS 绝缘电阻测量	直流高压母线绝缘电阻满足 100Ω/V 以上
	选项条款	负载侧绝缘电阻测量	直流与交流传导绝缘电路，绝缘电阻满足 500Ω/V 以上；若交流母线保护等级达到 IPXXB 或交流电压不大于 30V，则满足 100Ω/V 以上即可
		低电压测量	V_b、V_1 和 V_2 应不大于 30V 交流或 60V 直流
		低电能测量	X－电容器及 Y－电容器电能应小于 0.2J
		物理防护测量	直接接触带电部位应满足 IPXXB 级别保护，间接接触的外露可导电部件之间以及其与电平台之间电阻应低于 0.1Ω
电解液泄漏量测量			不应有电解液从 REESS 中溢出到乘员舱，不应有超过 5.0L 的电解液从 REESS 中溢出
REESS 要求测量	REESS 移动测量		位于乘员舱内的 REESS 应保持在安装位置，REESS 部件应保持在其外壳内。位于乘员舱外面的任何 REESS 部分不应进入乘员舱
	起火、爆炸测量		试验结束 30min 内，车辆不应起火爆炸

注：REESS 为车载可充电储能系统。

除以相应的各部分总分得到三个部分各自的得分率，然后，分别乘以三个部分的权重系数（乘员保护 0.7、行人保护 0.15、主动安全 0.15）后求和得到综合得分率。根据综合得分率评定星级，如表 3 所示。

为了获得高星级，车企必须要将三个部分的测试内容统筹考虑，做出合理应对方案，只针对原有的几项碰撞试验内容进行改进是远远不够的。基于对车辆安全性能均衡发展的考虑，2018 年版规则在星级获得条件设定上，除了满足以上综合得分率要求以外，还提出了三个部分的最低得分率要求，如表 4 所示。所以三个部分必须同步发展，如有一项不符合最低得分率，那么即使综合得分率达到，也不能获得相应星级。除此之外，对于一些特殊情况，C－NCAP 也会做降星处理，比如，出现着火现象、碰撞试验特定部位 0 分等。

对于纯电动汽车及混合动力电动汽车，在结果显示的时候，除评定星级结果，还会采用电气安全标识进行标示，如果电气安全要求不符合，则不会进行星级评定，只公布各项试验评分结果及电气安全不符合项。

表3　C-NCAP评分

<table>
<tr><th rowspan="2">三个部分</th><th rowspan="2">项目类别</th><th rowspan="2">项目</th><th colspan="2">单项分值</th><th rowspan="2">部分总分</th><th rowspan="2">得分率</th><th rowspan="2">权重</th><th colspan="2">最终得分率</th></tr>
<tr><th>前排</th><th>后排</th></tr>
<tr><td rowspan="6">乘员保护</td><td rowspan="4">试验项</td><td>100%正碰</td><td>16</td><td>4</td><td rowspan="6">70</td><td rowspan="6">该部分实际得分/70</td><td rowspan="6">0.7</td><td rowspan="6">得分率×0.7</td><td rowspan="12">综合得分率</td></tr>
<tr><td>40%偏置</td><td>16</td><td>4</td></tr>
<tr><td>侧碰</td><td>16</td><td>4</td></tr>
<tr><td>鞭打</td><td colspan="2">5</td></tr>
<tr><td rowspan="2">加分项</td><td>侧面气帘</td><td colspan="2">3</td></tr>
<tr><td>安全带提醒</td><td colspan="2">2(前排副驾1、第二排所有位置1)</td></tr>
<tr><td colspan="9">+</td></tr>
<tr><td rowspan="2">行人保护</td><td rowspan="2">试验项</td><td>头型</td><td colspan="2">12</td><td rowspan="2">15</td><td rowspan="2">该部分实际得分/15</td><td rowspan="2">0.15</td><td rowspan="2">得分率×0.15</td></tr>
<tr><td>腿型</td><td colspan="2">3</td></tr>
<tr><td colspan="9">+</td></tr>
<tr><td rowspan="3">主动安全</td><td rowspan="2">审核加分项</td><td>ESC</td><td colspan="2">4</td><td rowspan="3">15</td><td rowspan="3">(ESC得分+AEB试验得分×配置系数)/15</td><td rowspan="3">0.15</td><td rowspan="3">得分率×0.15</td></tr>
<tr><td>AEB CCR</td><td colspan="2">8</td></tr>
<tr><td>试验项</td><td>AEB VRU_Ped</td><td colspan="2">3</td></tr>
</table>

表4　星级划分要求及各部分最低得分率要求

单位：%

<table>
<tr><th rowspan="3">星级</th><th rowspan="3">综合得分率</th><th colspan="5">各部分最低得分率</th></tr>
<tr><th rowspan="2">乘员保护</th><th rowspan="2">行人保护</th><th colspan="3">主动安全</th></tr>
<tr><th>2018年</th><th>2019年</th><th>2020年</th></tr>
<tr><td>5+(★★★★★☆)</td><td>≥90</td><td>95</td><td>75</td><td>50</td><td>55</td><td>72</td></tr>
<tr><td>5(★★★★★)</td><td>≥82且<90</td><td>85</td><td>65</td><td>26</td><td>38</td><td>55</td></tr>
<tr><td>4(★★★★)</td><td>≥72且<82</td><td>75</td><td>50</td><td>26</td><td>26</td><td>26</td></tr>
<tr><td>3(★★★)</td><td>≥60且<72</td><td>65</td><td>40</td><td>/</td><td>/</td><td>/</td></tr>
<tr><td>2(★★)</td><td>≥45且<60</td><td>55</td><td>20</td><td>/</td><td>/</td><td>/</td></tr>
<tr><td>1(★)</td><td><45</td><td><55</td><td><20</td><td>/</td><td>/</td><td>/</td></tr>
</table>

三　C-NCAP发展与展望

从C-NCAP十几年的历程可以看到，获得5星评价的车型数量快速增多，各种安全配置越来越普遍应用，中国的车辆安全技术水平明显提升，这中间有社会对 C－NCAP 的关注，有 C－NCAP 管理中心的努力，更有车辆生产企业的投入，各界为中国汽车安全技术进步所做的努力一直没有停止过。安全无止境，但要达到零事故、零伤亡的理想目标，并不能一蹴而就，适应社会发展，研究急需解决的问题并对症下药才能收获成效。作为国内独立的第三方汽车研究、试验机构，中国汽车技术研究中心有限公司在 C－NCAP 评价方面，进行了大量的事故基础研究、新技术应用研究和试验技术研究等专题研究，不断积累数据和经验，一步步推动汽车安全技术的提升。

未来，车辆被动安全技术日益精细化，而主动安全技术也进入快速飞跃式发展阶段，被动和主动安全技术的相互融合将构成全方位的车辆乘员安全防护体系。更为严苛的碰撞形态将根据道路交通事故统计分析结果引入 C－NCAP，而快速发展的主动安全技术也会越来越多地体现，成为 C－NCAP 重要组成部分，所有的技术升级不容忽视，每一项技术都有它的更新换代、优胜劣汰，因此，不断地完善、不断地进步是必需的。随后，C－NCAP 将要开始新一阶段的工作，构建新的项目研究团队、提出新的发展方向、跟上汽车产业和技术发展趋势，扎实做好基础研究，加强国内外交流，保证 C－NCAP 持续健康发展，迎接智能汽车安全新挑战。C－NCAP 路线图研究将使中国汽车产品安全技术发展方向更加明确。

随着社会的进步、科技的发展，越来越多的人意识到，中国的道路交通安全问题，需要人、车、路协同发展。我们希望有更好的道路交通设施，更清晰的道路标牌标示，道路交通环境进一步改善；也希望车辆生产企业能够积极应对 C－NCAP 的不断提升，生产高品质放心车。C－NCAP 管理中心将以道路交通安全为己任，加强安全技术研究，加大交通安全公益宣传，与全行业一起共同推动中国交通安全的进步。

参考文献

中国汽车技术研究心有限公司：《C－NCAP 管理规则（2018 年版）》，2018。

王占强：《C－NCAP十周年大事件回顾》，载《C－NCAP年鉴》（2016），2016。

李维菁：《2016年C－NCAP总体运行情况介绍》，载《C－NCAP年鉴》（2017），2017。

刘玉光：《2018年版C－NCAP评价规划解读》，载《C－NCAP年鉴》（2017），2017。

B.6
营运客车主动安全检测技术及评定方法

李　韬*

摘　要： 营运客车交通事故极易造成大量人员伤亡，因此营运客车的安全性至关重要。主动安全技术旨在预防交通事故发生，交通运输部发布的《营运客车安全技术条件》对电子稳定控制系统（ESC）、车道偏离预警系统（LDW）和自动紧急制动系统（AEB）做出强制要求，并对系统的性能做出了详细规定。本文从法规层面介绍了营运客车主动安全系统的检测技术、检测方法及评定方法，并对目前营运客车主动安全技术的技术路线做出总结。

关键词： 营运客车　主动安全　电子稳定控制系统　自动紧急制动系统　车道偏离预警系统

随着汽车工业的高速发展，国内车辆的保有量逐年攀升，加之中国交通情况复杂，交通事故频发。虽然客车事故在道路交通事故中所占比例不高，但是一旦发生交通事故，极易造成群体性伤亡事件，同时伴随大量的财产损失。

在被动安全装置已经接近饱和的情况下，主动安全产品在预防交通事故

---

* 李韬，硕士，中汽研汽车检验中心（天津）有限公司整车部智能汽车室测试工程师。主要承担商用车主动安全系统测试，研究内容包括商用车自动紧急制动系统性能测试、商用车前向碰撞预警系统性能测试、商用车车道偏离预警系统性能测试以及乘用车自动泊车系统性能测试。

的发生和减少交通事故损失方面扮演重要角色。主动安全技术目的是预防事故的发生，更能从本质上提升汽车的安全水平。目前，商用车主动安全技术应用远低于乘用车，加快商用车主动安全技术的应用，特别是以大客车应用为突破口，对于有效遏制重特大事故发生、改善严峻的道路交通安全形势具有重要意义。

2016 年 12 月 30 日，中华人民共和国交通运输部发布了《营运客车安全技术条件》（JT/T 1094 - 2016），对营运客车主动安全做出了详细的规定，其中包括电子稳定性控制系统（ESC）、车道偏离预警系统（LDW）以及自动紧急制动系统（AEB），于 2017 年 4 月 1 日开始实施。旨在强制营运客车安装主动安全系统，提高营运客车的安全性能，降低交通事故的发生率。

一 《营运客车安全技术条件》解读

（一）ESC 系统相关规定

《营运客车安全技术条件》中规定，营运客车应装备电子稳定控制系统（ESC），总质量不大于 3500kg 的营运客车装备的 ESC 应符合 GB/T 30677 的要求，其他营运客车装备的 ESC 应符合 JT/T 1094 - 2016 附录 A 的要求。同时 ESC 的电磁兼容性应符合 GB/T 18655 及 GB/T 17619 的规定。对于不同类型的客车，其过渡期也有所不同。

对于车高大于 3.7m 的营运客车和总质量不大于 3500kg 的营运客车应在本标准实施之日起的第 13 个月开始对新生产车实施，即 2018 年 4 月 1 日。

车高不大于 3.7m 的营运客车和总质量大于 3500kg 的营运客车应在本标准实施之日起的第 25 个月开始对新生产车实施，即 2019 年 4 月 1 日。

（二）LDW 系统及 AEB 系统相关规定

车长大于 9m 的营运客车应装备符合 JT/T 883 规定的车道偏离预警系统

(LDW)，还应装备自动紧急制动系统（AEB）。AEB 的前碰撞预警功能应符合 JT/T 883 的规定，其他功能应符合相关标准的规定。对于不同功能，其过渡期也有所不同。

（1）对于车道偏离预警系统（LDW）和自动紧急制动系统（AEB）的前撞预警功能应在本标准实施之日起的第 13 个月开始对新生产车实施，即 2018 年 4 月 1 日。

（2）对于车长大于 9m 的营运客车装备自动紧急制动系统（AEB）的其他功能要求应在本标准实施之日起的第 25 个月开始对新生产车实施，即 2019 年 4 月 1 日。

现阶段，营运客车涉及的法规包括：ESC 功能应符合 GB/T 30677 和 JT/T 1094 －2016 附录 A；AEB 中的 FCW 功能应符合 JT/T 883，AEB 中的其他功能目前没有公布法规；LDW 法规应符合 JT/T 883 和 GB/T 26773。

二　检测技术及评定方法

（一）ESC 检测技术及评定方法

ESC 系统的测试方法：测试场地条件法规中有明确规定。测试设备及测试方法有很多，目前中国汽车技术研究中心有限公司汽车试验研究所使用的测试设备为陀螺仪、转向机器人 SR150 和数据采集器 DEWESoft 43A。陀螺仪可以测量测试车辆的车速，并且通过 GPS 和基站进行差分定位，确定测试车辆的空间位置；转向机器人结合陀螺仪的数据，可以保证测试车辆沿着预定轨迹行驶；数据采集器可以将陀螺仪、测试车辆的数据采集出来并记录，用于后期的数据处理。

ESC 系统的评定方法：评定方法根据 JT/T 1094 －2016 中附录 A 进行评定。评定指标主要包括车道保持能力、发动机扭矩减小量、防侧翻控制能力。

车道保持能力要求在连续 4 次 J－转向试验时，至少有两次试验满足车轮不偏离车道的要求。

发动机扭矩减小量要求车辆在进入弯道后 1.5s 至车辆离开弯道过程中，至少有连续 0.5s 的时间，发动机输出扭矩与驾驶员需求扭矩至少降低 10%，且任何车轮不应偏离车道。

防侧翻控制能力要求车辆在进入弯道后 3s 时刻，车速不应超过 47km/h；车辆进入弯道后 4s 时刻，车速不应超过 45km/h；任何车轮不应偏离车道；ESC 激活行车制动。

（二）AEB 中的 FCW 检测技术及评定方法

AEB 中的 FCW 功能系统的测试方法：测试场地条件法规中有明确规定。可以进行 FCW 测试的设备有很多，目前中国汽车技术研究中心有限公司汽车试验研究所使用的测试设备为惯性 GPS 组合测试系统、转向机器人 SR60、自动驾驶测量系统、数据采集器 DEWESoft 43A 和 EVT 台车。EVT 台车为软性目标，由牵引车辆牵引。惯性 GPS 组合测试系统需要安装在测试车辆和牵引车中，测试过程中用于测量两车的速度、两车的相对位置以及牵引车的减速度；转向机器人用于控制牵引车辆的行驶轨迹，保证牵引车按照预定的路径行驶；自动驾驶测量系统用于控制前车的速度和减速度，保证数据能够满足法规测试要求；数据采集器可以读取惯性 GPS 组合测试系统和车辆 CAN 线中的数据，用来采集两车的速度、相对位置、牵引车的减速度、传感器测距范围以及 TTC 时间等，用于后续的数据处理。

AEB 中的 FCW 的评定方法：JT/T 883 中对 FCW 功能测试场景有明确要求，其中主要的测试场景分为以下三个场景。

1. 实验一

试验场景描述：自车匀速靠近静止的前车，试验过程如图 1 所示。

试验条件：自车和前车的行进方向均应与车道线平行；自车和前车的车身中轴线间距不超过 0.6m；自车车速误差不超过 1.6km/h。

试验过程：自车从距离前车后部 150m 的位置开始，以 72km/h 的速度匀速驶向前车；若系统在碰撞时间（TTC）不小于 2.70s 时发出碰撞警告，则本试验通过并结束；若系统碰撞时间（TTC）小于 2.7s 或不发出报警，

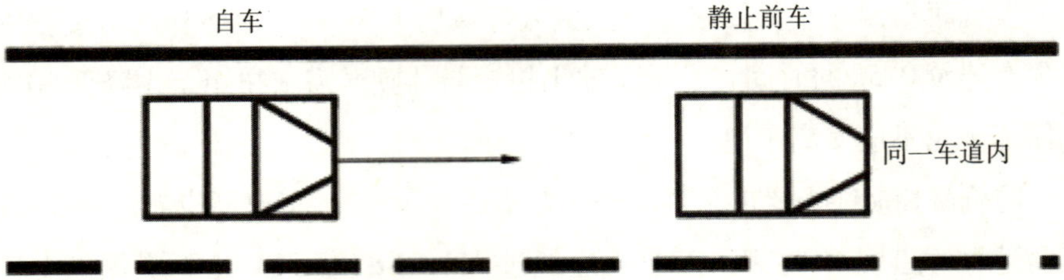

图 1　试验一过程示意

注：该测试可以不使用牵引车。

则试验失败。

2. 实验二

试验场景描述：自车匀速靠近匀速行驶的前车，前车车速小于自车车速，试验过程如图 2 所示。

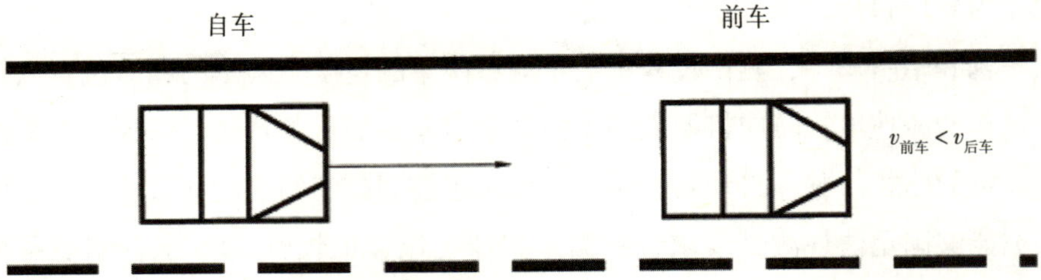

图 2　试验二过程示意

试验条件：自车和前车的行进方向均应与车道线平行；自车和前车的车身中轴线间距不超过 0.6m；自车和前车车速误差不超过 1.6km/h。

试验过程：前车以 32km/h 匀速行驶于车道中间；自车从距离前车后部 150m 的位置开始，以 72km/h 匀速驶向前车；若系统在碰撞时间（TTC）不小于 2.10s 时发出碰撞警告，则本试验通过并结束；若系统碰撞时间（TTC）小于 2.1s 或不发出报警，则试验失败。

3. 实验三

试验场景描述：自车跟随前车匀速行驶，前车突然持续减速，试验过程如图 3 所示。

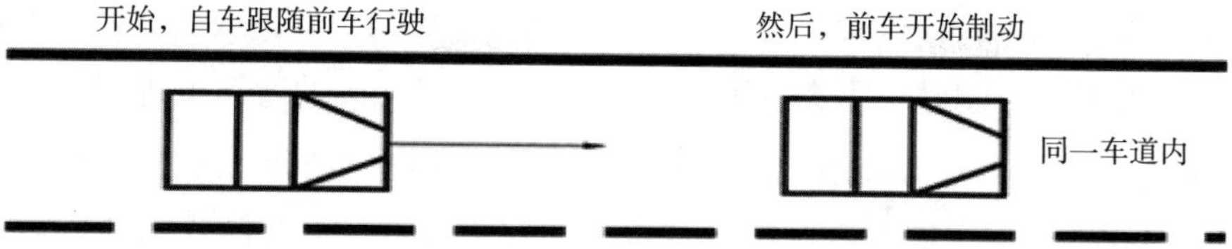

图 3　试验二过程示意

试验条件：自车和前车的行进方向均应与车道线平行；自车和前车的车身中轴线间距不超过 0.6m；自车和前车的初始车速误差不超过 1.6km/h；自车和前车的初始车速之差不超过 1.6km/h，自车和前车的初始距离误差范围不超过 1.5m，前车减速度误差范围为 0.03g。

试验过程：自车跟随前车以 72km/h 匀速行驶车道中间，自车距离前车后部 30m；跟随 7s 后前车开始减速，并在制动后 1.5s 内使减速度维持在 0.3g；若系统在碰撞时间（TTC）不小于 2.40s 时发出碰撞警告，则本试验通过并结束；若系统碰撞时间（TTC）小于 2.4s 或不发出报警，则试验失败。

以上三个场景的试验需要连续进行不少于 7 次，且应通过 7 次试验中的 5 次，且试验不可以连续 2 次失败。

（三）LDW 检测技术及评定方法

LDW 系统的测试方法：测试场地条件法规中有明确规定。可以进行 LDW 测试的设备有很多，目前中国汽车技术研究中心有限公司汽车试验研究所使用的测试设备为惯性 GPS 组合测试系统和数据采集器 DEWESoft 43A。VBOX 也可以用于 LDW 的测试。测试开始前，需要将车道线绘制成电子地图，由此可以测量出测试车辆距离车道线的距离。惯性 GPS 组合测试系统需要安装在测试车辆中，通过 GPS 天线和差分定位可以测得测试车辆的位置和速度；数据采集器用来采集测试车辆前轮距离车道线的位置、车速以及偏离速度，用于后续的数据处理。

LDW 评定方法：JT/T 883 和 GB/T 26773 中对 LDW 功能测试场景有明确要求，其中主要的测试场景分为以下三个场景。

报警产生试验：报警产生试验根据不同的系统类型，需要选取转弯半径不同的弯道进行测试。Ⅰ类系统应在转弯半径为500m的弯道上进行，车速为20m/s～22m/s；Ⅱ类系统应在转弯半径为250m的弯道上进行，车速为17m/s～19m/s。车辆应在右转和左转弯两种情况下，在两种偏离速度范围（0.0m/s～0.4m/s和0.4m/s～0.8m/s）内，分别向左侧和右侧各偏离一次。由此可得到以下八种偏离情况，如表1所示。

表1　报警产生测试

偏离速度	右转弯		左转弯	
	向左偏离	向右偏离	向左偏离	向右偏离
0.0m/s～0.4m/s	测试一次	测试一次	测试一次	测试一次
0.4m/s～0.8m/s	测试一次	测试一次	测试一次	测试一次

在每次测试中，系统应保证车辆在越过最早报警线之后，未越过最迟报警线之前发出报警。

可重复性试验：该试验在直线道路进行，Ⅰ类系统车速为20m/s～22m/s；Ⅱ类系统车速为17m/s～19m/s。车辆应在两种偏离速度范围（$0.1m/s < V1 \pm 0.05m/s \leqslant 0.3m/s$和$0.6m/s < V1 \pm 0.05m/s \leqslant 0.8m/s$）内，分别向左侧和右侧各偏离四次。由此可得到以下四组测试，如表2所示。

表2　四组测试结果

偏离速度 m/s	偏离方向	
	左	右
$0.1m/s < V_1 \pm 0.05m/s \leqslant 0.3m/s$	第一组测试4次	第二组测试4次
$0.6m/s < V_1 \pm 0.05m/s \leqslant 0.8m/s$	第三组测试4次	第四组测试4次

对于每组测试，系统报警应始终位于一个0.3m宽的固定区域。

虚警测试：测试车道为直道，当车辆在非报警区域内行驶时，系统不应发出报警。当车辆位于左、右两条最早报警线之间（即非报警区域）时，系统应不发出报警。

三　企业应对策略建议

（一）ESC 系统

ESC 系统通过对传感器传来的汽车行驶状态进行分析，向汽车防抱死刹车系统和驱动防滑系统发出纠偏指令，帮助车辆维持动态平衡。横摆角速度传感器负责测定汽车围绕纵轴的旋转运动，其他传感器负责记录偏离速度和横向加速度。ESC 系统的 ECU 计算出保持车身稳定的理论值，与传感器测得数值进行比较，发出纠偏指令。ESC 控制系统可以自动纠正汽车的不足转向或过度转向。

目前营运客车上使用的 ESC 设备多为国外生产，国内鲜有 ESC 系统的设备供应商。国外该项技术相对比较成熟。目前的客车企业基本都选用国外的 ESC 系统供应商为其提供设备，测试过程中通过率较高。企业在进行测试时，需要考虑视同条件，合理选择测试车辆型号及配置，可以大量减少测试量，降低企业成本。

（二）AEB 系统

AEB 系统中的 FCW 功能实现路径较多。目前采用的传感器类型有：单雷达（毫米波雷达）、单目摄像头、双目摄像头、单目摄像头和雷达融合以及毫米波雷达和激光雷达融合等方案。目前 AEB 系统可以通过车身 CAN 线读取车辆的速度信息，传感器可以判断前方障碍物的类型及运动状态，进而计算出碰撞时间（TTC），当 TTC 时间满足要求时，发出报警。以上传感器组合均能实现 FCW 的功能，但是 JT/T 883 中对 FCW 功能的报警精度做出了较高的要求，报警距离精度应小于 1m 或小于 5%。

报警精度方面，单目摄像头表现相对较差，摄像头测距是基于像素点进行测距，像素点数量越多，意味着距离越近，这种测距原理在精度上有先天不足，需要进行大量的学习，目前少有能够满足报警距离精度要求的基于单目摄像头的 AEB 系统。双目摄像头可以弥补这一缺陷，但是双目摄像头在测量远处目标的时候误差会增大。双目摄像头的测距原理类似于人类的眼睛，通过对两个摄像头拍摄的图片进行对比求得障碍物的距离，当障碍物距离越远的时候，两张照片的误差越小，从而测得的距离误差也越大。而毫米波雷达在测距方面具有明显的优势，测距范围广，测距精度高。

但是在屏蔽路侧障碍方面，毫米波雷达表现相对较差，需要经过大量的学习，对路侧障碍物的反射波进行总结，根据反射波特点过滤掉路侧的障碍，这一过程难度较大。但是摄像头在过滤路侧障碍方面表现优越。摄像头可以根据捕捉到的物体特点区分车辆和路侧障碍，所以在识别障碍类型方面更加容易。

鉴于后期 AEB 功能需要进行紧急制动，所以需要提高报警的精度，否则容易触发误动作，对驾驶造成较大的干扰。就目前技术方案来看，毫米波雷达和摄像头融合可以有效提高系统的性能。将毫米波雷达在探测距离方面的优越性能和摄像头在识别障碍物类型方面的优势相结合，可以大大提高系统的报警精度，并降低误报警的概率。

（三）LDW 系统

LDW 系统的实现必须依靠摄像头，目前 LDW 功能相对比较成熟，测试通过率较高。但是 LDW 系统依旧有提升空间。从目前的系统现状来看，系统在识别虚线方面相对识别实线方面表现较差，其报警时间会相对滞后。雨天时受到天气影响，识别能力也会被弱化。在光线较暗的情况下，例如黄昏、夜晚，车道线的识别也会受到严重影响。

（四）结论

目前对营运客车的 ESC 系统、LDW 系统及 AEB 系统的测试已经比较成熟。目前国内整车厂使用的 ESC 系统多为国外系统供应商提供，性能表现比较稳定。而 AEB 系统和 LDW 系统国内的系统供应商比较多，整车厂多采用国内系统供应商提供的系统。目前 AEB 系统和 LDW 系统多被集成到一个系统中，在测试时 LDW 系统难度较低。因此建议厂商在进行测试时，优先进行 AEB 系统的测试，然后进行 LDW 系统测试。避免在测试过程中出现 LDW 系统测试通过，而 AEB 系统测试未通过的现象，降低测试成本。

就目前测试结果来看，ESC 系统、LDW 系统以及 AEB 系统中的 FCW 功能存在问题较少。鉴于 2019 年对 AEB 的制动功能做出强制要求，且目前对应法规尚未公布，整车厂在采购设备时，建议考虑以下问题：

（1）要考虑报警精度问题，避免出现误报、误作用现象；

（2）除了考虑对车辆的识别及响应外，建议考虑对行人的识别及响应；

（3）弯道上对目标的识别及响应；

（4）制动过程中的性能表现，即速度的降低量。

参考文献

于素杰：《车辆主动安全技术新趋势》，《劳动保护》2018 年第 3 期。

孙德鑫、石振周、王子奇：《浅析主动安全技术之前向碰撞预警系统》，《时代汽车》2018 年第 4 期。

石锦芸：《汽车主动安全系统浅析及展望》，《发明与创新（大科技）》2018 年第 3 期。

赵其吉：《汽车安全技术发展的研究分析》，《汽车实用技术》2018 年第 5 期。

李文娜：《主动防撞预警系统概述》，《时代汽车》2018 年第 5 期。

M. Sepulcre J.，Gozalvez J.，Hernandez，“Cooperative vehicle – to – vehicle active safety testing under challenging conditions”，*Transportation Research* 26，2013.

B.7
电动汽车电池管理系统（BMS）功能安全研究

李珍珍　李 波　付 越*

摘　要： 本报告基于典型的电动汽车用电池管理系统（BMS）架构，利用HAZOP分析方法以及国家标准GB/T 34590-2017《道路车辆　功能安全》给出的方法论，开展电池管理系统危害分析与风险评估，提出了电池管理系统的功能安全目标和功能安全要求，为继承并细化BMS技术安全要求与安全架构，并逐层将BMS的功能安全要求最终落实到软硬件设计的实现提供了参考借鉴。

关键词： 电池管理系统　功能安全　危害分析与风险评估　安全架构

一　概述

随着电动汽车保有量的快速增长，电动汽车安全事故显著增多，引起了国内外广泛关注。电动汽车安全很大程度上取决于车用锂离子电池系统的安全，电动汽车用锂离子电池单体、电池包或系统导致的危险包括泄漏（可

* 李珍珍，硕士，泛亚汽车技术中心有限公司驱动系统部工程师，主要研究方向为新能源汽车高压系统安全；李波，博士，中国汽车技术研究中心有限公司汽车标准化研究所高级工程师，主要研究方向为汽车电子标准化；付越，硕士，中国汽车技术研究中心有限公司汽车标准化研究所工程师，主要研究方向为汽车电子标准化。

能导致高压安全、绝缘失效间接造成电击、起火等危险）、起火（直接烧伤人体）、爆炸（直接危害人体）、电击（由于电流流过人体而引起的伤害）。

为了确保安全，相关国际和国内的标准法规正在加快制定中，例如，国际上发布的由中国作为副主席国牵头起草制定的全球技术法规 GTR 20（电动汽车安全 EVS）、我国正在开展制定的强制性国家标准《电动汽车用锂离子动力蓄电池安全要求》以及推荐性国家标准《电动汽车用电池管理系统功能安全要求及试验方法》，从不同角度提出了电动汽车整车、车用锂离子电池单体、电池包或系统最基本的安全要求以提供对人身的安全保护。

基于行业共识，车企在确定电动汽车用锂离子电池单体、电池包或系统采用何种设计方案时，首先，如有可能，优先选择安全性高的材料，尽量避免使用容易出现绝缘失效、热失控或燃烧起火的材料；其次，如果无法实行以上原则，那么需制定保护措施，减少或消除危险发生的可能性。也就是说，除了锂离子电池单体、电池包或系统在设计过程中采用安全性高的材料外，在实际运行情况下，因锂离子电池管理系统（BMS）发生故障、功能失效而造成如过充、过放、过流、过温的危害而导致人员受到伤害，应制定安全措施以避免伤害风险的发生。

在避免电控系统功能失效的安全措施制定过程中，应进行风险降低分析，即使用适当的行业标准方法，分析单个电池热失控导致热扩散的危害，评估该危害引起的对车辆乘员的风险，以及对降低风险所采用的缓解措施、安全机制或特征进行说明，例如，GB/T 34590－2017《道路车辆　功能安全》中提到故障分析或类似方法。目前正在制订的国家标准《电动汽车用电池管理系统功能安全要求及试验方法》将具体提出电控系统在发生故障、失效的情况下，制定安全措施以减少或消除危险发生的可能性。

二　电池管理系统功能安全研究的紧迫性

汽车电子化、智能化使汽车电子系统日益复杂，安全关键系统越来越多，各种功能失效带来的风险，例如汽车意外加速、汽车意外转向、汽车意外起火等也越来越严峻。为了避免由电控系统（E/E 系统）功能性故障导致的不可接受的对人产生的风险或伤害，功能安全已成为现在汽车设计中重要关注点，也是未来自动驾驶汽车安全关键电控系统开发的重要方向之一。

随着全球范围内环境问题、能源紧缺问题日益突出，以及汽车电子技术的飞速发展，绿色节能而又高效率的电动汽车成为国内外研究的热点。电池管理系统是电动汽车最重要的组成部分之一，对电池管理系统进行危害分析与风险评估，按照功能安全的方法论进行分析设计以及验证是非常有必要的，是避免电池管理系统功能失效对人产生伤害的有效手段。

近年来国内外对电动汽车的研究不断深入，电池管理系统取得了很大的进展，但是由于流程体系以及经验不同，国内外 BMS 设计厂商的能力参差不齐，随着电动汽车市场的不断扩大，市场上存在的相关电池系统安全隐患越来越突出。

本文基于典型的电动汽车用电池管理系统（BMS）架构，利用 HAZOP 分析方法以及国家标准 GB/T 34590－2017《道路车辆　功能安全》给出的方法论，开展电池管理系统危害分析与风险评估，提出了电池管理系统的功能安全目标和功能安全要求，为继承并细化 BMS 技术安全要求与安全架构，并逐层将 BMS 的功能安全要求最终落实到软硬件设计的实现提供了参考借鉴。

三　电池管理系统危害分析与风险评估

（一）相关项定义

当前，锂离子动力蓄电池由于其能量密度和功率密度高的优点成为电动汽车主流，但随之而来的是显著的安全问题。锂离子动力蓄电池在使用的过程中可能会产生起火、爆炸、冒烟、高压触电等危害，导致这些危害的原因有很多，主要有电芯过充、过流、过温等形成锂枝晶或者产生大量热，使 SEI 膜刺破或者分解，进而发生一系列负反应，即电芯内短路。其他电芯本身的设计也会是影响锂离子动力蓄电池系统安全的重要因素，如杂质的影响。

这些失效主要分为电化学、机械结构、电力电子、制造工艺类等，如图1所示，都是电动汽车动力蓄电池系统的开发设计过程中应认真考虑的，并在整个开发流程中，根据相应安全分析制定相应的安全要求，落实安全要求，最终在零部件级、系统级和整车级中测试验证这些安全要求的正确实现。

除了动力蓄电池系统本身的机械结构设计、电化学性能、制造质量，电池管理系统（BMS）可以通过合理的控制策略，避免动力蓄电池系统产生过充、过流以及过温。本文假设不考虑动力蓄电池系统本身在防止过充、过温、过流失效上面的机械结构类措施，重点讨论电池管理系统的功能安全设计，即关注电子电气类故障导致的动力蓄电池在整车系统中产生的危害。

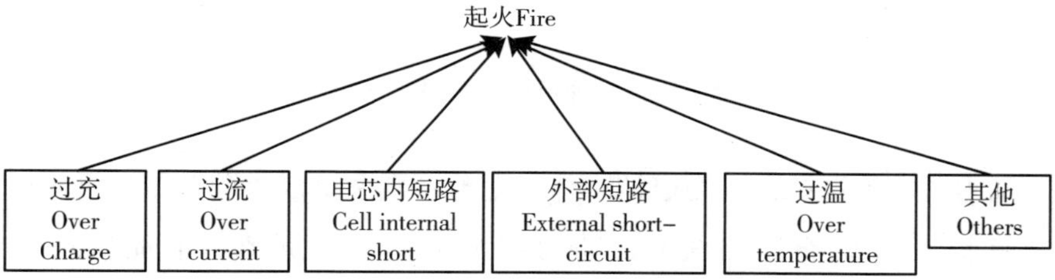

图1　导致电池系统起火的主要原因

国家标准GB/T 34590－2017《道路车辆　功能安全》提供了分析和实现避免由电控系统功能性故障导致的不可接受的对人产生伤害的风险的方法论，是指导车辆电控系统功能安全分析与研究的基础。

在进行安全分析的初期，需要进行相关项定义。在现有的电动汽车和混动汽车中，各企业有不同的高压架构和控制架构，导致电池管理系统功能具有多样性以及功能实现方式有很多途径。本文介绍一种典型纯电动汽车高压系统架构中电池管理系统的安全分析与研究。

图2为一种典型的纯电动汽车高压系统简图。高压回路中，电池包能量通过继电器盒以及分电器盒，传输给高压用电设备和电机驱动系统，为车辆提供能量；电机驱动系统回收制动能量给电池充电，或者使用外部交流、直流电网给电池充电。电池管理系统、整车控制系统在该系统中为整车进行合理的能量分配与监控。

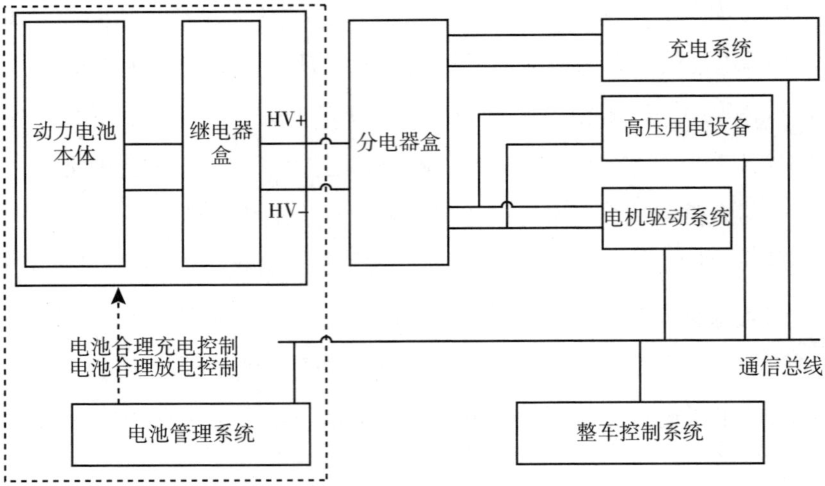

图 2　典型纯电动汽车高压系统

动力蓄电池系统由动力电池本体、电池管理系统以及继电器盒组成，是为车辆提供新型能源的核心，动力蓄电池是被动元素，电池管理系统（BMS）可以对它进行充电、放电管理，使动力蓄电池系统合理、有效地为行驶车辆循环提供能量。

（二）电池管理系统危害识别

常用的安全分析方法主要分为三大类。

（1）推论型，如故障树分析 FTA，开始于已知的影响，推导可能的原因。

（2）诱导型，如失效模式与影响分析 FMEA、故障注入分析等，开始于已知的原因，分析可能的影响。

（3）探索型，例如 HAZOP 分析。它是一种利用引导词进行失效原因以及风险影响的分析。

这些分析方法都是分析失效原因和影响的有效手段，有助于进行系统化、条理化的研究，避免遗漏、重复。本文将电池管理系统的本质功能进行抽象，即分为充电管理和放电管理，并以动力蓄电池的充电管理为例进行 HAZOP 分析，HAZOP 的引导词主要分为四类，丧失功能、不正确的功能、非预期的功能以及功能卡滞。

此处示例应用 HAZOP 方法识别出充电管理功能的异常表现或失效，分析过程如表 1 所示。

表 1　充电管理功能的 HAZOP 分析示例

<table>
<tr><th rowspan="2">动力蓄电池管理系统功能和 HAZOP 引导词</th><th rowspan="2">丧失功能</th><th colspan="3">不正确的功能</th><th rowspan="2">非预期的功能（不需要时出现）</th><th rowspan="2">输出值无法更新（卡滞）</th></tr>
<tr><th>不正确的功能（多于预期）</th><th>不正确的功能（少于预期）</th><th>不正确的功能（错误的方向）</th></tr>
<tr><td rowspan="3">充电管理</td><td rowspan="3">电池系统无能量输入</td><td>电芯过压，甚至过充</td><td rowspan="3">电池系统输入的能量低</td><td rowspan="3">N/A</td><td>电芯过压，甚至过充</td><td>电芯过压，甚至过充</td></tr>
<tr><td>电池包过流（充电电流过大）</td><td>电芯或者电池包过温</td><td>电芯或者电池包过温</td></tr>
<tr><td>电芯或者电池包过温</td><td>电池系统高压电意外出现</td><td>电池系统高压电不能中断</td></tr>
</table>

由于电池管理系统是对电池包本体（包括电芯和模组）进行充放电管理的控制系统，应该考虑其功能失效对电池包本体造成的影响。对上述分析的动力蓄电池由于 BMS 充电管理功能失效的影响进行归纳，并研究分析其可能造成的整车危害，这里的影响和危害都是针对该功能失效时所处的最恶劣情况，如表 2 所示。

（三）电池管理系统危害分析与风险评估

本文以整车级危害，即非预期的释放热能导致燃烧或明火为例，进行电池管理系统的危害分析与风险评估，需要指出的是，本文的所有示例仅作为参考，具体安全要求应根据企业在开发过程中的实际情况而定。

电动汽车车辆典型的使用场景有正常行驶、充电（包括慢充与快充）、碰撞过程中、碰撞之后以及维修。其中正常行驶主要考虑高速行驶、城市路况，充电重点关注无人看管的充电等情况。根据不同场景识别危害，例如，车辆在行驶过程、慢充和快充甚至发生碰撞后，都有可能由于控制系

表 2 BMS 充电管理功能失效对电池系统的影响及整车危害示例

<table>
<tr><th>BMS 充电管理功能失效</th><th>对动力电池系统的影响</th><th>整车危害</th></tr>
<tr><td>电池系统无能量输入</td><td>电池系统可输出的动力不足,甚至没有动力输出</td><td rowspan="2">失去动力/非预期减速/失去加速</td></tr>
<tr><td>电池系统输入的能量低</td><td>电池系统可输出的动力不足</td></tr>
<tr><td>电芯过压,甚至过充</td><td>电芯电压升高直至过充,引起热失控或者热扩散以及排气,引起电池包冒烟、起火以及化学物质泄漏</td><td rowspan="3">非预期的释放热能导致燃烧或明火
非预期的暴露,易受到有毒、易燃的化学物质(气体、液体)伤害</td></tr>
<tr><td>电芯或者电池包过温</td><td>电芯或者电池高阻抗引起过温,导致热失控或者热扩散以及排气,引起电池包冒烟、起火以及化学物质泄漏</td></tr>
<tr><td>电池包过流</td><td>电池包过流导致热失控或者热扩散以及排气,引起电池包冒烟、起火以及化学物质泄漏</td></tr>
<tr><td>电池系统高压电意外出现</td><td rowspan="2">电池系统高压电外露</td><td rowspan="2">非预期的暴露,易在高压能量系统中触电</td></tr>
<tr><td>电池系统高压电不能中断</td></tr>
</table>

统失效导致电池系统过充、过温或者过流，造成电池包产生热失控或者热扩散，引发起火的危害。但是在不同场景下，危害发生的严重度、驾驶员对于危害的可控程度以及场景的暴露都是不一样的，需要逐条分析讨论。

如果电动汽车发生起火的危害，会危及驾驶员以及乘员的生命，因此，严重度定义为 S3。对于暴露概率 E，不是指发生功能失效的概率，而是对于危害事件，每个运行场景在驾驶过程中出现的暴露概率。车辆正常行驶在高速路况或者城市路况以及进行车辆充电（包括慢充和快充），对于一般的驾驶员来说，是几乎每次驾驶都会发生的，所以将正常行驶和车辆充电的暴露概率定义为 E4。对于碰撞和维修场景，可保守定义为 E2。暴露概率的评定，不同国家和不同的驾驶员习惯有很大的不同，需要按照实际情况进行分析与判断。

车辆在高速公路上正常行驶的场景在生活中很常见，如果在该场景中电池系统起火对驾驶员以及乘客有致命的威胁，但是驾驶员或者乘客闻到燃烧的气味或者看到冒烟，及时将车辆停靠旁边，离开车辆，是可以避免人身伤害的，所以在该场景中驾驶者对于此危害有一定的可控性。严重度、暴露度和可控性的判断如表 3 所示。

表 3　电池管理系统危害分析与风险评估示例

整车级危害	系统级影响	可能的原因	危害场景	严重度 S	暴露度 E	可控度 C	ASIL 等级
非预期的释放热能导致燃烧或明火	电池包释放热能导致燃烧或明火	• 电芯电压升高直至过充，电芯或者电池高阻抗引起过温，导致热失控甚至热扩散以及排气，引起电池包冒烟、起火以及化学物质泄漏 • 电池包过流甚至短路导致热失控或者热扩散以及排气，引起电池包冒烟、起火以及化学物质泄漏 • 其他电芯设计失效或者缺陷导致的电芯内短路引起热失控或者热扩散，引起电池包冒烟、起火以及化学物质泄漏	车辆正常行驶在高速公路时	S3	E4	C2	C
			晚上在住所或者住所附近进行无人看管的充电	S3	E4	C3	D/C
			高速行驶时发生碰撞	S3	E2	C3	B
			车辆进行高压系统维修时	S3	E2	C3	B

对于纯电动汽车晚上在住所或者住所附近进行无人看管的充电是经常会发生的情形，此时如果在住所或者附近充电导致起火，人员在熟睡的过程中，可能无法对该危害进行回避，即评判为 ASIL D，但是考虑到中国国情，车库与住所连在一起的住房情况并不多见，城市中大多位于地下车库或者路面停车位，即整车级危害起火最高等级可定义为 ASIL C。

（四）电池管理系统安全目标

根据上述电池管理系统危害分析与风险评估，电池管理系统应该在车辆正常行驶、充电、发生车辆碰撞和维修时都应该对电池系统进行合理的充电管理，以避免出现电池过充、过流和过温，导致起火的危害。根据不同场景，归纳电池管理系统的安全目标如表 4 所示，其中 ASIL 等级取分析的危害事件中最高的 ASIL 等级。

表 4　电池管理系统安全目标示例

序号	安全目标	最高 ASIL
SG1	BMS 应对电池系统进行合理充电管理，防止电池包过充	C
SG2	BMS 应对电池系统进行合理充电管理，防止电池包过流	C
SG3	BMS 应对电池系统进行合理充电管理，防止电池包过温	C

四　电池管理系统功能安全要求与功能安全概念

根据上文中电池管理系统安全目标得出 BMS 功能安全要求，并且将这些安全要求分配给 BMS 初始架构中不同元素。

（一）电池管理系统功能安全要求

对于电池管理系统来说，为了避免电池系统过充、过流、过温，对动力蓄电池进行合理的充放电管理是主要的安全要求，针对电池系统安全目标，不考虑控制系统以外的独立的保护措施。电池管理系统继承电池系统的 ASIL 等级，提出相应的电池系统的安全状态。表 5 中列举了电池管理系统主要的三条功能安全要求。

根据电池管理系统架构，提出电池管理系统功能安全要求。对于电池管理系统的功能安全要求考虑如下几个要素：故障探测或者失效减轻；故障或者失效的仲裁逻辑；系统的安全状态；系统故障容错时间。

对于上述 SG1，可通过采集电芯电压数据判断是否处于过压状态，如果超过电芯安全电压阈值，切断高压继电器以防止电芯的持续过压，使系统进入安全状态。这里对于这条功能安全要求还需要确定故障容错时间 FTTI，对于电池管理系统来说，与其所控制的电池本体包息息相关。合理的 FTTI 时间以及安全阈值需要根据电芯过压、过温、过流的测试数据来确定。

表 5　电池管理系统功能安全要求示例

序号	功能安全要求 FSR	ASIL 等级
FSR1	BMS 应监测电芯电压，当电芯电压值超过安全阈值时，断开高压继电器，使动力蓄电池系统进入安全状态	C
FSR2	BMS 应监测电池包电流，当电流值超过安全阈值时，断开高压继电器，使动力蓄电池系统进入安全状态	C
FSR3	BMS 应监测电芯温度，当温度值超过安全阈值时，断开高压继电器，使动力蓄电池系统进入安全状态	C

（二）电池管理系统功能安全概念

对于电池管理系统来说，充电管理功能主要是：使用车辆外部充电设施或者行驶过程中驱动电机为车辆电池系统充电时，BMS 根据整车状态、电池当前状态、充电系统能量以及状态车辆用电设备用电状态进行电池充电的管理。其中电池管理系统可以通过采集电池电芯、电池包的温度、电流、电压等信息，判断电池当前状态，以避免动力蓄电池系统产生过充、过温和过流的现象。

功能安全概念的主要目的是将从安全目标中导出的功能安全要求分配给相关项中初步架构要素或者外部措施。在 BMS 原始的功能架构基础上，实现上文中电池管理系统安全要求的安全概念如图 3 所示。

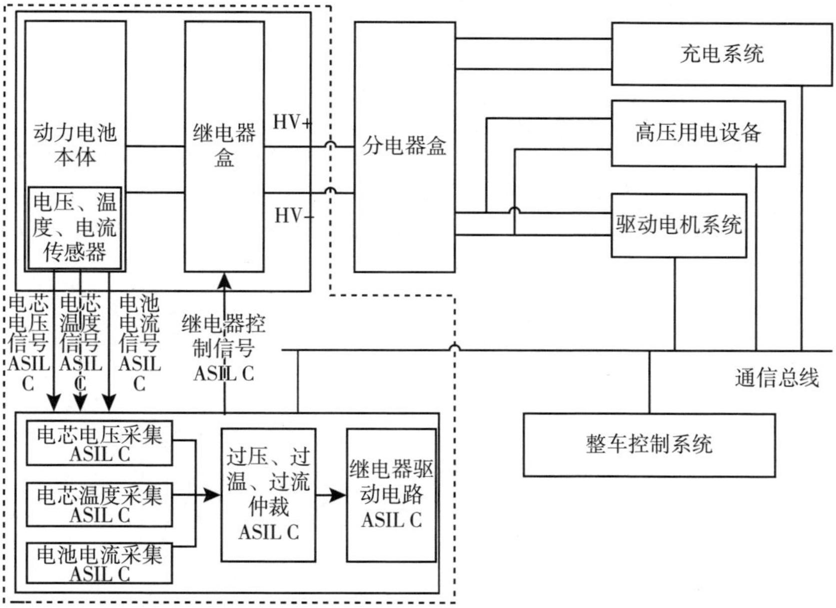

图 3 典型电池管理系统功能安全概念

五 总结与展望

电动汽车保有量快速增长所带来的电动汽车安全事故受到了国内外广泛

关注，为确保安全，国际和国内分别从标准和法规角度对车辆电控系统提出了功能安全要求。安全分析贯穿功能安全开发过程，选择合适的安全分析方法，能最大限度地确保安全开发的完整性和准确性，同时降低开发成本。本文基于典型的电动汽车用电池管理系统（BMS）架构，利用 HAZOP 分析方法以及国家标准 GB/T 34590－2017《道路车辆　功能安全》给出的方法论，开展电池管理系统危害分析与风险评估，提出了电池管理系统的功能安全目标和功能安全要求，为继承并细化 BMS 技术安全要求与安全架构，并逐层将 BMS 的功能安全要求最终落实到软硬件设计的实现提供了参考借鉴。

参考文献

GB/T 34590－2017：《道路车辆　功能安全》。

William Taylor，Jody J.，Nelson，“High－Voltage Battery System Concepts for ISO 26262 Compliance”，*SAE International*，2013－01－0181.

Galen Ressler，“Application of System Safety Engineering Processes to Advanced Battery Safety”，*SAE International*，2011－01－0369.

B.8

系统理论过程分析(STPA)方法在车辆功能安全开发中的应用

尚世亮　李　波*

摘　要： 安全分析是车辆电子电气系统功能安全开发过程中的关键工作，是危害识别和安全要求定义的主要手段。对比常用安全分析方法，本文以自动泊车系统（APA）为例，引入基于系统理论的过程分析（STPA）方法。通过定义相关项危害清单和控制模型，分析导致这些危害的不安全控制行为及产生的原因，定义和更新安全约束和要求，并阐述 STPA 方法与面向自动驾驶的预期功能安全技术（SOTIF）的关系，为复杂电子电气系统和自动驾驶车辆系统的功能安全开发提供了帮助。

关键词： 功能安全　安全分析　STPA　预期功能安全

一　引言

车辆智能化和数字化的发展，促使车载电子电气系统的功能复杂性和软件代码量快速增加。为避免因系统功能异常导致整车出现不可接受的危害风

---

* 尚世亮，硕士，泛亚汽车技术中心有限公司空调电子部高级工程师，主要研究方向为汽车电子功能安全；李波，博士，中国汽车技术研究中心有限公司汽车标准化研究所高级工程师，主要研究方向为汽车电子标准化。

险，国际标准化组织（ISO）、国际自动机工程师学会（SAE）和我国已分别发布了 ISO 26262、SAE J2980、GB/T 34590 等标准，指导相关车辆系统的功能安全开发工作。针对自动驾驶系统的非失效安全问题，ISO 组织也正在制定 ISO PAS 21448 Safety of the Intended Functionality（SOTIF）预期功能安全标准，指导自动驾驶车辆的预期功能安全开发。在实际应用中，如何在系统开发早期全面识别潜在风险因素，准确定义安全要求，并与产品设计紧密结合，是功能安全开发工作中的重难点。引入系统化的安全分析手段，是有效解决这一难题的关键。

二　功能安全分析方法概述

安全分析贯穿功能安全开发过程，典型阶段有：危害分析与风险评估阶段、功能/技术安全要求定义阶段及验证阶段等。SAE J2980 中推荐使用危害与可操作性分析（HAZOP）方法；ISO 26262 和 GB/T 34590 中推荐使用失效模式与影响分析（FMEA）方法和故障树分析（FTA）方法。这些方法的特点如表 1 所示。

表 1　常用安全分析方法汇总

方法名称	建立年份	方法概述	特点分析
HAZOP	1964	一种从系统功能层面出发的功能失效影响分析方法	优点:基于功能的线性分析,方法简便
			不足:受失效模式引导词的局限,适用于简单失效模式的分析,不适合复杂/间接因素的分析
FMEA	1949	一种从系统各元器件的失效原因到其失效对系统影响的归纳分析方法	优点:由下至上的线性分析,方法简便、应用成熟
			不足:分析晚于产品设计,无法识别复杂因素导致的失效,不适用于分析非失效问题,用于软件分析难度大
FTA	1961	一种从非预期的系统行为到导致该行为的可能原因的演绎分析方法	优点:由上至下的分析,可分析复杂因素导致的失效问题
			不足:分析晚于产品设计,失效因素分析难度大,设计变更导致的重复分析工作量大,用于软件分析难度大

经历数十年发展，汽车危害风险的主要来源已经由系统失效问题转变为系统设计不足等非失效问题，特别是对于软件缺陷的分析，以上基于可靠性理论开发出的分析方法难以有效应对。为此，迫切需要引入新的分析方法——基于系统理论的过程分析（STPA）方法。

三　基于系统理论的过程分析(STPA)

（一）方法描述

STPA 分析方法创立于 2002 年，最早应用于航空航天领域，后推广至工业、铁路、医疗等领域。该分析方法基于系统理论的事故模型和过程（STAMP）理论，主要包含两个环节：第一环节，定义系统需要避免的事故或危害，同时建立系统控制模型，识别出可能导致这些事故或危害的不安全控制行为，然后针对这些行为定义必要的约束和要求，并对控制模型进行更新；第二环节，进一步分析产生每个不安全控制行为的原因场景，针对识别出的原因定义详细的安全要求。STPA 分析方法是自上而下的分析方法。

除失效外，STPA 分析还能涵盖组件间的异常交互、控制措施的缺陷、软件的设计错误、人机交互等非失效问题；除可用于分析整车危害风险，STPA 还可用于对导致财产损失、客户满意度变差等系统事故的分析。STPA 尤其适用于对软件密集型电子电气系统的分析。

由于 STPA 分析的第一环节即展现了该方法的主要特点，第二环节可以看作对第一环节的细化和补充，下面以自动泊车系统（APA）的安全分析为例，介绍 STPA 分析第一个环节的主要过程。

（二）APA 系统的 STPA 分析示例

1. 危害定义和控制模型建立

STPA 分析可与相关项的早期开发同步启动，为后者提供分析支持，并伴随相关项的开发而不断迭代和完善。这里以某自动泊车辅助系统的早期开发为例，该系统早期的功能概念是：当驾驶员激活自动泊车功能后，由APA系统根据环境信息完成车位探测和路径规划，然后发送转向指令给电动助力转向（EPS）系统，由其实现泊车过程中车辆转向运动的自动控制，而车辆纵向运动控制（包含：驱动、制动和挡位控制）则由驾驶员完成。

功能安全开发过程中，STPA分析从整车层面应避免的危害出发，确定分析目标，如表2所示。

表2　系统危害清单示例

整车一般危害	APA系统相关危害
可导致碰撞的车辆非预期运动	APA_01：APA系统非预期工作导致车辆非预期的侧向运动
	APA_02：APA系统非预期工作导致失去侧向运动控制
可导致人员受伤的车辆零部件非预期运动	APA_03：APA系统非预期工作导致人员手部受伤

表2提供了STPA分析中可能用到的整车一般危害分类，对于不同的相关项，可由此生成系统特定的危害清单。

STPA分析方法将人、车及系统作为一个整体来理解，通过建立控制架构图，表明交互关系，识别出可能导致潜在危害的不安全控制行为及场景。在APA系统的开发初期，定义系统控制架构如图1所示。

图1中向下的箭头表示控制行为，向上的箭头表示反馈行为。

2. 控制行为分析

在得到相关项危害清单和控制架构图后，分析可导致危害的异常控制行为。作为STPA理论基础的STAMP失效模型考虑控制行为的失效模式分为：F_01：未提供安全所需的控制；F_02：提供导致安全风险的控制；F_03：过早、过晚或以错误的顺序提供控制；F_04：控制持续的时间过久或结束得过早。

以上控制行为的失效如结合一定的工况，即可导致危害。基于表2和图1，针对每一控制行为进行分析，示例如表3所示。

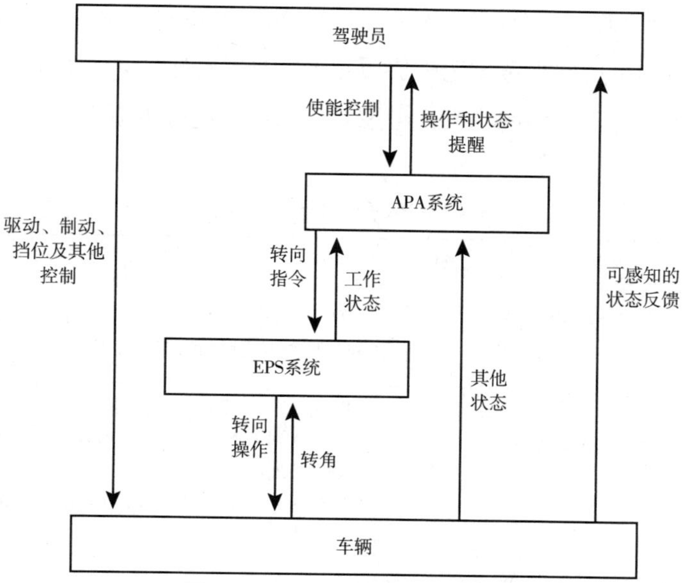

图 1　APA 系统初步控制架构

表 3　APA 系统控制行为失效分析示例

控制行为	失效类型	失效及场景描述	危害
APA 发给 EPS 的“转向指令”	F_01	自动泊车过程中,APA 不向 EPS 发送转向指令	APA_01:APA 系统非预期工作导致车辆非预期的侧向运动
	F_02	非自动泊车过程中,APA 向 EPS 发出了转向指令; 自动泊车过程中,APA 向 EPS 发出了错误的转向指令	APA_01:APA 系统非预期工作导致车辆非预期的侧向运动; APA_02:APA 系统非预期工作导致失去侧向运动控制; APA_03:APA 系统非预期工作导致人员手部受伤
	F_03	自动泊车过程中,转向指令发出的时间错误	APA_01:APA 系统非预期工作导致车辆非预期的侧向运动; APA_03:APA 系统非预期工作导致人员手部受伤
	F_04	自动泊车过程中,转向指令持续的时间错误	APA_01:APA 系统非预期工作导致车辆非预期的侧向运动; APA_03:APA 系统非预期工作导致人员手部受伤

3. 安全要求导出和系统设计更新

针对表 3 中识别出的不安全控制行为及场景，定义相应的约束和安全要求。以“非自动泊车过程中，APA 向 EPS 发出了转向指令”为例进行分析，识别出所需约束后，再考虑架构层面是否已具备这些约束，针对已有约束定义安全要求；对不具备的约束，考虑对架构设计进行更新，如表 4 所示。

表 4　TPA 分析导出安全要求

编号	约束	已有约束	安全要求
C_01	APA 系统应准确判断驾驶员自动泊车功能的请求	是	APA 系统应根据自动泊车工作开关的状态，判断驾驶员是否需要自动泊车系统工作
C_02	当工作条件不满足时，APA 系统不能进入工作状态	是	APA 系统进入工作的条件是： (1) APA 对 EPS 工作状态进行监控，当 EPS 无故障时可进入工作； (2) APA 对车速进行监控，当车速小于某一值时，可进入工作
C_03	驾驶员应能随时取消或克服 APA 系统的控制行为	否	待定

对于约束 C_03，当前架构中，驾驶员可能缺少克服 APA 系统控制行为的有效途径，如果增加驾驶员对 EPS 的直接控制，将能有效改善驾驶员对 APA 工作过程中转向的干预能力。为此，更新系统控制架构如图 2 所示。

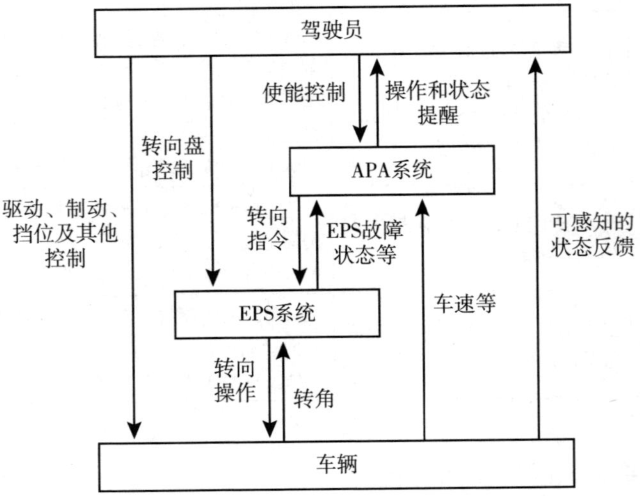

图 2　STPA 分析后更新的 APA 系统控制架构

随着开发的深入，当控制架构变化后，可针对变化点迭代开展 STPA 分析，完善安全要求，实现对相关项开发的不断优化。

对于 STPA 分析的第二环节——原因场景分析，应考虑详细的场景因素，除正常的行驶场景外，还应考虑可能出现的特殊情况，如外部环境造成的干扰（下雨导致 APA 系统传感器对空间探测结果的误差，影响 APA 系统轨迹的规划和转向指令的生成）等，再针对这些场景因素，定义详细的安全要求，完善安全分析。

通过以上示例可以发现，STPA 方法的分析范围不仅包括车辆电子电气系统，还包括驾驶员及车辆环境；同时，STPA 方法可以分析人机交互等非失效原因导致的潜在风险。STPA 方法的这些特点，使其具备了支持自动驾驶车辆系统安全开发的能力。

四　STPA 分析与自动驾驶车辆系统的功能安全开发

自动驾驶车辆系统将替代部分或全部的人员操作，其行驶的安全性除受到车辆自身影响外，还受到人和环境的影响，主要的安全影响因素及对应的安全技术标准如表 5 所示。

表 5　自动驾驶安全影响因素

自动驾驶安全挑战		安全技术	标准
车辆因素	碰撞保护	被动安全	NCAP
	电子电气系统故障	功能安全	ISO 26262；GB/T 34590
	系统功能局限	预期功能安全（SOTIF）	ISO PAS 21448
人员因素	人员误用		
环境因素	环境干扰		
	网络攻击	信息安全	SAE J3061；ISO 21434

其中，SOTIF 技术是关注自动驾驶安全风险的功能安全技术的分支领域，相比于现有关注电子电气系统失效安全的功能安全技术，SOTIF 主要关注自动驾驶的非失效安全领域，涉及车辆系统功能局限、人员误用和环境干

扰三个方面。由于以上特点，ISO 26262 和 GB/T 34590 等推荐使用的基于失效的安全分析方法，不能完全满足 SOTIF 开发的需要。

STPA 分析中建立的控制模型包含了车辆、系统和驾驶员，分析中涵盖非失效原因导致的控制行为不足（系统功能局限）和人机交互影响（人员误用），同时，在原因场景分析中，考虑了导致危害场景的环境干扰因素，可见，STPA 适合用于 SOTIF 领域的安全分析。

五 结语

伴随着汽车产品技术的发展，安全开发手段也需要不断更新。当前，SAE 正组织制定在汽车领域应用 STPA 方法的标准，我国也在起草《乘用车转向系统功能安全要求和试验方法》等一系列新的、专门的功能安全技术标准，这些标准都在尝试提供更有效的安全开发方法和手段。选择合适的安全分析方法，能最大限度地确保安全开发的完整性和准确性，同时降低开发成本。对于软件密集型控制系统及自动驾驶系统，通过引入 STPA 分析，可以在一定程度上弥补已有分析方法的不足。通过安全分析方法的不断创新，功能安全技术才能有效应对新的风险挑战。

参考文献

SAE J2980：*Considerations for ISO 26262 ASIL Hazard Classification*，2015.

ISO 26262：*Road Vehicles – Functional safety*，2011.

GB/T 34590：《道路车辆　功能安全》，2017。

刘金涛、唐涛等：《基于 STPA 的 CTCS－3 级列控系统功能安全分析方法》，《中国铁道科学》2014 年第 9 期。

John Thomas，John Sgueglia，Dajiang Suo etc.，“An Integrated Approach to Requirements Development and Hazard Analysis”，*SAE* 2015－01－0274.

技术研究篇

Technical Research Report

B.9 面向汽车主动安全的危险驾驶工况分析与交通冲突场景构建

刘兴亮　高博麟　宋　攀*

摘　要： 车辆主动安全技术同其他驾驶辅助及自动驾驶技术一样，是驾驶员 – 车辆 – 环境交互作用的闭环系统。技术和系统的开发与工况环境强相关，系统技术既来源于场景工况又最终由场景工况予以验证。由此，本文介绍了国内外针对汽车主动安全系统的驾驶工况采集、分析、场景应用的相关项目和工

* 刘兴亮，硕士，工程师，中国汽车技术研究中心有限公司汽车工程研究院第一开发部车辆主动安全系统工程师，主要研究方向为车辆主动安全系统的开发匹配、智能驾驶系统的验证测试、自动驾驶系统的验证；高博麟，博士，高级工程师，中国汽车技术研究中心有限公司汽车工程研究院第一开发部副主任，从事汽车主动安全相关技术研究开发及技术管理工作，主要研究方向为汽车主动安全性能开发与测试评价技术、先进智能车辆及智能交通技术；宋攀，博士，工程师，中国汽车技术研究中心有限公司汽车工程研究院第一开发部车辆主动安全系统工程师，主要研究方向为智能网联汽车电控系统集成开发、硬件在环测试系统平台设计、汽车动力学高精度仿真与先进控制理论研究。

程经验，梳理了关乎行车安全的危险驾驶工况采集、分类与分析的基本思路。此外，由于实车道路测试与验证危险性高、周期长、工况场景的覆盖验证难以在短时间内完成，车辆主动安全系统最终需要依靠虚拟仿真测试来完成大部分工作，而交通危险冲突场景的构建就成为开发过程中的关键环节。文章介绍了在交通冲突场景构建方面的发展状况，通过实际危险工况分析，针对性地进行虚拟场景构建和测试验证来提高汽车主动安全产品的研发效率和设计质量。

关键词： 主动安全　危险驾驶工况　交通冲突场景　场景构建　虚拟仿真

一　前言

在汽车主动安全技术出现之前，工程师们主要通过提高被动安全技术来保护碰撞当中的车内乘员以及车外行人。而随着环境感知技术高速发展、智能控制理论不断突破、系统执行能力大幅提升，主动安全技术得以大规模普及，这也使预防事故发生成为近年来汽车安全技术发展的新方向，如图 1 所示。

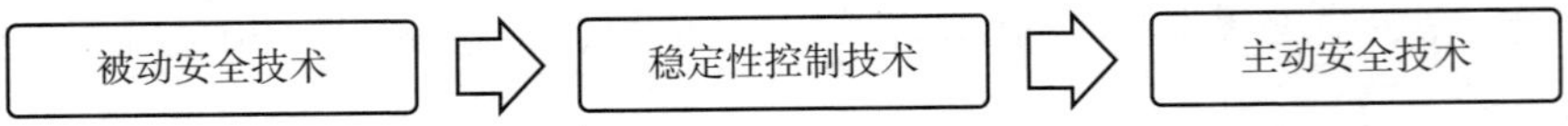

图 1　安全技术发展

主动安全技术发展的基础是对车辆周边环境的理解，而实际道路中行车环境复杂多变、难以预测，所以驾驶工况分析和交通场景构建逐渐成为主动安全技术发展的关键共性技术。其中驾驶工况是指本车在实际道路中行驶时的行车环境，包括道路、天气、光照和交通参与对象等；而交通场景是指本车在实际道路中行驶时与其他交通参与者的相对关系，主要是冲突、碰撞、安全等关系。同时根据海因里希安全法则，300 例的疏忽会有 29 例发展成为危险，而 29 例危险中又会有 1 例发展成为事故，因此对危险驾驶工况和交通冲突场景进行分析和研究有助于从根源上防止事故发生。本文聚焦真实交通环境中的危险驾驶工况，通过开展实车公开道路测试，对中国典型驾驶工况进行采集，并对其中的危险驾驶工况进行分析和提取，然后通过场景重构和虚拟仿真技术对交通冲突场景进行仿真构建，以加速主动安全系统的测试验证过程。

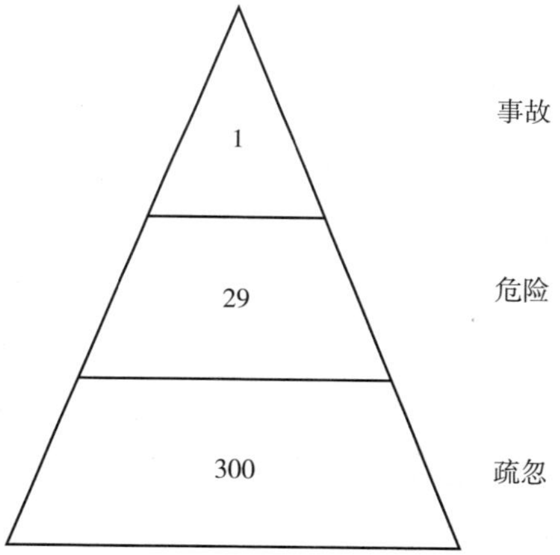

图 2　海因里希安全法则

二　中国典型驾驶工况的采集和分类

驾驶工况采集是进行工况分析和场景研究的前提，也是进行主动安全技术和智能驾驶技术研究的基础。国外尤其是欧美等汽车强国在驾驶工况的采集和研究方面走在世界前列，开展工作较早，一般采用大规模受控的场地试验（FOT）或者自然驾驶研究（NDS）的方法开展驾驶工况和交通场景的采集和分析工作，表 1 是近些年来国外进行的一些 FOT 和 NDS 项目。目前，已经有了很多研究成果，比如近两年落地的高级驾驶员辅助技术（ADAS）就与 FOT 和 NDS 的研究成果密不可分。

表1 国外的FOT或NDS项目

国家	项目名称	试验类型	项目时间	试验内容
丹麦	INFATI	FOT	1999 - 2002 年	智能车速适应系统
	IMIKASK	FOT	2010 - 2013 年	区域智能交通系统
芬兰	Trafisafe	FOT	2012 - 2014 年	智能车速适应系统
	Tele - ISA	FOT	2009 - 2012 年	智能车速适应系统
	ISA Trial	FOT	2001 年	智能车速适应系统
法国	LAVIA	FOT	2001 - 2006 年	智能车速适应系统
	COSAL	FOT	2010 - 2012 年	智能车速适应系统
荷兰	AOS	FOT	2007 - 2009 年	卡车防撞系统
	Assisted Driver	FOT	2005 - 2006 年	自适应巡航与车道偏离预警
	LDWA Truck FOT	FOT	2001 - 2003 年	车道偏离预警辅助系统
英国	ISA UK	FOT	2001 - 2008 年	智能车速适应系统
	ISA Project	FOT	2010 - 2011 年	智能车速适应系统
美国	100 - Car NDS	NDS	2001 - 2002 年	智能车速适应系统
	ICC FOT	FOT	1996 - 1997 年	智能巡航控制
	ACAS	FOT	1999 - 2004 年	智能巡航控制
	DDWS	FOT	2002 - 2005 年	驾驶员昏睡预警系统
	OBMS FOT	FOT	2009 - 2013 年	驾驶员实时监控系统

从表1中可以看出，这些研究涉及方面众多，有最直接的驾驶行为分析和研究，有关于ADAS技术的安全收益分析，也有具体的车联网方面的试验与分析等。所有这些FOT和NDS研究的前提同样是驾驶工况采集，但是国外根据各个项目的研究目的不同，对驾驶工况的关注点也有所不同，进行驾驶行为研究的项目最为关心驾驶行为数据的采集，而进行安全收益分析的则会重点关注项目的整体表现效果，并根据一定的方法从大数据中对系统的安全收益进行评估，比如降低了多少碰撞事故。

国内在驾驶工况和场景研究方面起步较晚，目前有效的研究成果也不是很多。同济大学汽车安全技术研究所自2008年9月起，通过装载在出租车和警车上的行车记录仪（Video Drive Recorder，VDR），记录上海嘉定地区的真实交通工况，是国内较早的NDS研究；后来，清华大学、东南大学等高校也进行了类似的研究；2013年开始，中瑞交通安全研究中心和沃尔沃汽车集团进行了 FOT 实验项目，主要为了解中国驾驶员的驾驶习惯和交通环境，但项目仅限北京、上海两地。近两年来，ADAS 技术和自动驾驶技术的发展，对驾驶工况和场景提出了更高的采集和研究分析的需求，相应地，很多地方和企业正在进行或准备进行驾驶工况和交通场景方面的研究工作，这些变化必然会加速我国在驾驶工况采集、分析和研究方面的工作，也会分析出我国在驾驶环境等方面与其他国家的差异有哪些。

驾驶工况的采集根据使用的数采设备不同，所获得的场景精细程度是有巨大差异的。国内较早地进行驾驶工况采集所采用的方法是在车上安装行车记录仪，通过行车记录仪和车辆总线数据记录获得行车工况和场景，如图 3 所示。这种方法只能定性地分析场景情况，无法定量地对环境中的其他车辆、行人等目标物进行分析。目前，在进行场景采集时除了摄像头外还会加装激光雷达、毫米波雷达、GPS 等环境传感器，对行车工况进行全方位、全信息的高精度采集和记录，如图 4 是中国汽车技术研究中心有限公司汽车工程研究院进行驾驶工况采集的设备架构。

图 3　行车记录仪

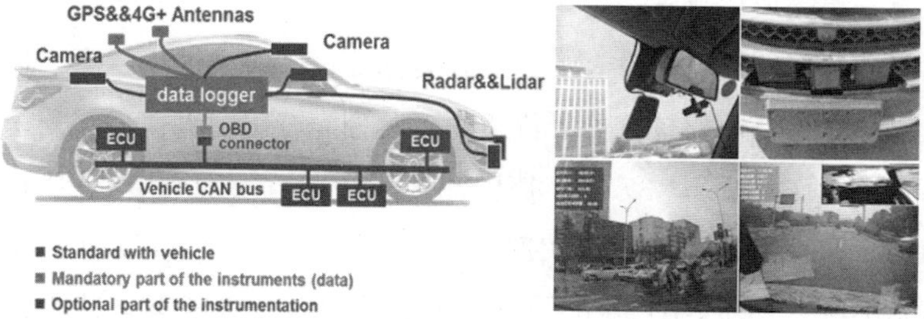

图 4　驾驶工况采集设备

在进行工况采集时，驾驶员一般情况下不做实验性质的操作，只进行日常驾驶，这样保证采集的工况是真实有效的。一般工况的构成要素是多维度的，包括天气、路况、交通、光照等；为了采集一段典型工况，并能进行工况变量分析，需要在日常驾驶中行驶上万公里的道路，覆盖城市、国道、乡村、高速、山路等不同的道路类型；同时覆盖晴、雨、雪、雾、霾等日常驾驶经常出现的天气现象；而交通环境中的空旷、顺畅、拥堵等交通变量也是采集要素；白天、夜间，白天时逆光、炫光、顺光等，夜晚时月光明亮、有路灯、无路灯等信息都是采集和分析要素。所有的工况和场景在做道路数据采集时需要记录原始信息，以防信息过滤时会忽略某些影响要素。

另外，除了采集车外的行车环境信息，还需要对车辆、驾驶员与环境的交互信息进行采集和记录，这样才能构成人、车、环境闭环的驾驶过程。其中需要采集的驾驶员信息主要是他对车辆的操作行为信息，如操作方向盘进行变道、转向、掉头等行为信息；另外，进行驾驶疲劳等研究时还需要记录驾驶员的精神状态，这时主要通过加装眼球跟踪仪、身体监测设备来完成信息采集。而采集的车辆信息主要是其运动参数，例如车速、横向加速度、纵向加速度、横摆角速度等。

在工况采集典型性方面需要根据项目或研究目的来具体制定采集区域，比如需要对城市驾驶工况和行为进行研究，那么将行车区域重点圈在城市道路中，通过高覆盖率的城市道路工况采集来提高特殊工况、危险工况的出现概率，如图 5 所示，这是中国汽车技术研究中心有限公司汽车工程研究院对城市道路覆盖程度进行的采集工作。

工况采集完成后首先需要对工况进行分类，以便于进一步进行分析和研究。而目前关于驾驶工况没有统一的分类标准，一般根据项目研究目的自行进行工况分类。目前比较有参考价值的工况分类有美国高速公路安全管理局 NHTSA 出的预碰撞场景 37 类、德国深度事故研究 GIDAS 数据库的事故分类。GIDAS 是根据交通事故将工况进行分类，对于一些事故前的场景分类标准不是很统一，而 NHTSA 的分类对于主动安全技术甚至自动驾驶技术的开发都更加有意义。

图 5　工况采集车辆在天津市的行车轨迹

NHSTA 根据 GES（General Estimates System）事故数据库的事故类型分类系统，于 2007 年发布预碰撞（Pre – Crash）场景分类方法，将预碰撞场景分为了 37 类。其中有对车速、光照条件、危险的形态特征、导致危险的各种交通参与者（车辆、行人、骑车人等）的运动状态等各种工况要素进行约定，最终得到如表 2 所示的 37 类预碰撞场景。

表 2　37 类预碰撞场景分类

序号	场景
1	Vehicle Failure
2	Control Loss With Prior Vehicle Action
3	Control Loss Without Prior Vehicle Action
4	Running Red Light
5	Running Stop Sign
6	Road Edge Departure With Prior Vehicle Maneuver
7	Road Edge Departure Without Prior Vehicle Maneuver
8	Road Edge Departure While Backing Up
9	Animal Crash With Prior Vehicle Maneuver
10	Animal Crash Without Prior Vehicle Maneuver
11	Pedestrian Crash With Prior Vehicle Maneuver

续表

序号	场景
12	Pedestrian Crash Without Prior Vehicle Maneuver
13	Pedalcyclist Crash With Prior Vehicle Maneuver
14	Pedalcyclist Crash Without Prior Vehicle Maneuver
15	Backing Up Into Another Vehicle
16	Vehicle(s) Turning - Same Direction
17	Vehicle(s) Parking - Same Direction
18	Vehicle(s) Changing Lanes - Same Direction
19	Vehicle(s) Drifting - Same Direction
20	Vehicle(s) Making a Maneuver - Opposite Direction
21	Vehicle(s) Not Making a Maneuver - Opposite Direction
22	Following Vehicle Making a Maneuver
23	Lead Vehicle Accelerating
24	Lead Vehicle Moving at Lower Constant Speed
25	Lead Vehicle Decelerating
26	Lead Vehicle Stopped
27	Left Turn Across Path From Opposite Directions at Signalized Junctions
28	Vehicle Turning Right at Signalized Junctions
29	Left Turn Across Path From Opposite Directions at Non – Signalized Junctions
30	Straight Crossing Paths at Non – Signalized Junctions
31	Vehicle(s) Turning at Non – Signalized Junctions
32	Evasive Action With Prior Vehicle Maneuver
33	Evasive Action Without Prior Vehicle Maneuver
34	Non – Collision Incident
35	Object Crash With Prior Vehicle Maneuver
36	Object Crash Without Prior Vehicle Maneuver
37	Other

在进行中国典型工况分类时可以借鉴 NHTSA 的分类标准，同时根据中国特殊的交通状况对工况进行分类。工况分类完成后需要对工况进行具体分析，一方面将工况归类统计，另一方面提取工况场景要素，进行场景要素分析，一些特殊场景还需要进行虚拟场景搭建，反复进行分析和强化测试。

在日常驾驶工况中，90% 以上的里程和时间都是正常驾驶工况，不存在驾驶危险，但是还有一部分是危险驾驶工况，这些危险驾驶工况才是主动安全系统和自动驾驶系统需要重点关注的对象。

对于危险工况的判别可以从以下几个方面入手：①本车与目标物的相对运动是否存在紧急冲突；②本车是否存在紧急转向或紧急制动；③目标物是否突然出现或者突然改变运动状态；④本车是否与目标物距离过近；⑤本车与目标物的减速度是否相对过高。当然所有的分析都要进行量化，如使用本车加速度 a、横摆角速度 w、碰撞时间 TTC、车间时距 THW、越线时间 TLC 等参数来进行综合判断。

比如，在进行危险驾驶工况分析中发现，有一种工况较为危险且在中国经常出现，该场景就是本车十字路口直行，对向车道目标车辆抢行左转，如图 6 所示。

图 6　十字路口对向车道车辆左转危险工况

三　交通冲突场景的仿真构建

工况采集和分析的最终目的是为了主动安全系统或者自动驾驶系统的研发服务，而一种最为直接的方式就是将分析得到的危险冲突工况进行虚拟场景建模仿真，在虚拟的环境中对系统进行测试和验证。

美国密歇根大学 M－City 实验室主任彭晖教授认为高度自动驾驶汽车 99% 的测试与验证需要靠仿真来进行，而以谷歌为代表的科技公司同样将仿真测试放在了战略的高度，Waymo 的自动驾驶车在真实世界行驶了 800 多万英里，他们仍然花费大量力气在虚拟世界对车辆的自动驾驶功能进行覆盖测试。他们的仿真模拟器可以真实地再现它们在真实世界跑过的真实场景，每天可以在虚拟世界进行 800 万英里的测试，如图 7 所示为谷歌的仿真模拟器场景。

图 7　谷歌自动驾驶仿真模拟器场景

所以，进行交通冲突危险场景虚拟测试成为车辆主动安全技术的发展的必然选择，而虚拟场景构建又成为仿真测试的前提条件。一般情况下，将真实场景虚拟化，较为关键的是运动状态的平滑拟合，比如本车和目标物的绝对速度、行驶轨迹等变量，运动拟合完成后再将其他一些关键参数和变量在虚拟世界里进行建模重现，所构建的仿真场景应该具有代表性和可实施性，

图 8　交通冲突场景仿真

具体地，场景的外在表现（静态信息、动态信息、驾驶员行为信息等）要与真实世界一致，场景的内在要素要能够进行排列组合，从而可以进行场景的衍生测试。

图8是根据以上方法从道路真实工况中提取交通冲突场景进行的虚拟场景构建，可以直接用于主动安全系统的测试验证。

四 展望

驾驶工况采集和分析是开展主动安全研究和测试的基础，目前我国在面向主动安全系统的工况采集和分析方面做得还不够，一方面工况数据量较小，难以得到具有统计意义的成果；另一方面数据分析方法欠缺，数据分析深度不足。所以在未来希望能够加强工况数据的采集，同时加强与国内外同行的交流与合作，争取建立和完善一套面向中国公路交通的覆盖全面、特征性强的驾驶场景库（包括危险冲突场景库、事故场景库），使用这些场景库指导系统的测试和研发。

五 总结

无论是传统车辆还是智能驾驶车辆，安全都是这些车辆能够上路的第一要素，而安全系统的终极验证手段来自公开道路的实车测试，进一步地来自真实环境中的有效性和可靠性测试。因此，在危险驾驶工况和交通冲突场景方面的研究有助于主动安全系统的设计和研发，真正提高道路交通安全；另外，在实际道路测试耗时耗力还具有一定的危险性，如果能够在虚拟环境中进行仿真模型验证，则可以加快整个道路测试进程。本文主要介绍了面向汽车主动安全领域的危险驾驶工况采集、分析和仿真场景构建的情况。

参考文献

杨颖：《典型危险行驶工况的危险度评价方法研究》，同济大学，2013。

Koskinen S.，"Generating Summaries from Field Operational Test Data"，2014，

http：//fot - net. eu/wp - content/uploads/sites/7/2014/09/Generating - Summaries - from - FOT - Data1. pdf.

"Waymo Safety Report：On the Road to Fully Self - Driving"，https：//storage. googleapis. com/sdc - prod/v1/safety - report/waymo - safety - report - 2017 - 10. pdf.

B.10
轿车和 SUV 侧面碰撞安全开发策略

王福恒　伏小龙*

摘　要： 作为乘用车的两大车型——轿车和 SUV 一直是销量较大的产品。随着人们安全意识的逐渐提高，人们对车辆安全性特别是侧碰安全的重视程度越来越高。侧面碰撞尤其是高速行驶时因为爆胎或者其他原因导致车辆甩尾撞向相邻车道车辆或者护栏或者树木等情况时，更应该在开发时引起足够的重视。本文重点从侧面安全开发中涉及的 GB、ECE、C－NCAP 2018、Euro NCAP 2015、IIHS 等标准入手，进行侧面安全开发的研究与探讨。

关键词： 侧碰安全标准　侧面安全开发流程　侧面结构安全　侧面乘员保护

一　侧面安全开发标准

在汽车工程中的侧面安全开发，必须紧跟行业最前沿的安全标准，非常严谨地逐步开展工作。要开发一款高安全的车型，除了满足最基本的法规级别准入标准外，还必须满足世界范围内更高级别的安全标准和社会责任。例

* 王福恒，一汽－大众汽车有限公司技术开发部车辆安全科产品工程师，主要从事整车安全开发、整车安全试验、整车安全集成及优化工作；伏小龙，一汽－大众汽车有限公司技术开发部车辆安全科主管产品工程师，主要从事整车安全开发、整车安全试验、整车安全集成及优化工作。

如，某款车型开发时，首先是必须按照国标（GB 20071/ECE R95）要求；其次是必须满足企业内部标准对侧碰气囊控制器参数采集和认可；再次是侧面结构必须满足 C－NCAP 星级安全标准，Euro NCAP 和北美 FMVSS、IIHS 等欧美发达国家更高级别的安全标准；最后是整个侧面安全性必须满足企业内部安全标准。

二　侧面安全开发流程

（一）侧面安全开发目标定义

在侧面安全开发中，项目前期必须对其安全开发目标进行定义，即按照哪些标准哪些得分或者评价进行，这就必须结合产品的市场定义，给出高于行业一般标准的安全开发目标。譬如，某款车型市场定位为紧凑型 A 级轿车，在符合国家标准前提下，安全性能需要达到新的 C－NCAP 2018 五星安全等级，在满足前面两点的基础上同时满足企业内部安全标准。根据以往开发经验，主要需要从以下几个方面进行定义（见表 1）。

表 1　侧面安全开发目标定义

安全等级	侧面安全开发	安全法规及标准	主要试验	评价
最低标准	侧面防护	GB 20071（ECE R95）	50km/h 小壁障侧碰	OK
	车门静压	GB 15743（FWVSS214s）	法规和内部标准试验	OK
	车顶静压	GB 26134（FMVSS216）	法规和内部标准试验	OK
	前后安全带拉力试验	GB 14167（ECE R14/16）	法规和内部标准试验	OK
	低速参数采集和认可	企业内部标准	企业内部标准	OK
较高标准	NCAP 侧碰标准	C－NCAP 2018	50km/h 大壁障侧碰	满分（五星）
		Euro NCAP 2015	32km/h 前柱碰	OK（内部标准）
			29km/h 后柱碰	OK（内部标准）
	参数采集和认可	企业内部标准	采集和认可侧碰试验	OK（内部标准）
更高标准	北美侧面安全标准	IIHS/FMVSS	50km/h 美标大壁障侧碰	GOOD

（二）侧面安全装备定义

开发一款经典车型不仅要产品安全性能出众，同时还必须符合市场的预期。在车型侧面开发中，必须做好安全装备的定义，在产品定位清晰之后，尽可能多地增加相关安全装备，避免或减少可能的侧面碰撞中的安全隐患。一汽－大众在进行全新车型的开发中，非常重视安全装备的采用，尤其是针对舒适型（销量最大车型）及以上装备，大量采用主、被动安全装备。表 2 为某新款 A 级车型的侧面主要安全装备定义。

表 2　某新车型侧面主要安全装备定义

安全装备/车型定义	舒适型	豪华型	旗舰型
前排安全带预紧	标配	标配	标配
后排安全带预紧	标配	标配	标配
座椅侧气囊	标配	标配	标配
头部气帘（前后贯通式）	标配	标配	标配

从上述侧面安全装备来看，像座椅侧气囊和头部气帘（前后贯通式）这种侧面高端防护装备，许多知名品牌汽车厂商从销量最大的舒适型开始就已经全系标配，这充分体现了非常高的安全性和把消费者安全作为第一要务的企业责任。

（三）侧面安全开发节点把控

汽车工程是一个复杂系统工程，一款好的汽车产品从立项到最终上市，基本都需要 3～4 年的周期，这也是产品从无到有的衍生过程，其间贯穿着各种关键的开发阶段。在产品开发前期，各专业安全设计部（组）必须及时介入，相互之间紧密配合，对工程上存在的各种与安全相关的问题尽可能早地给出解决方案。避免出现因前期关键安全标准输入不及时或者过晚而出现不可逆的设计败笔。对此，在整个侧面安全开发中，整车安全或者安全项目管理工程师必须对整体进行把控，指导或者提醒关键节点专业设计部

（组）及时给出各专业定义输出，以便能更好地集成与安全相关的各种专业模块。图1大致给出了与安全相关的关键节点开发要求，目前作为大的主机厂都有自己的一套严格的开发流程，其中包括很多关键的项目节点，意味着安全工作伴随在整个开发设计中。

（四）侧面安全总布置设计标准

在总布置阶段，侧面安全设计标准必须及时输入，作为与其他车身结构典型断面同等地位的安全部件关键典型断面或者相关设计硬点也必须给予输出，以便开展后续相关内饰件的开发工作。譬如，在前期侧面乘员保护总布置阶段，首先需要输入前、后排假人各个区域到门护板Y向距离，再次进行门护板把手、扬声器、顶部等部位的典型断面输入，只有各关节节点的安全设计标志和门护板的典型断面得以确认，才能开展后续门护板开发设计工作，从根本上杜绝后续设计出现重大的设计缺陷或错误。

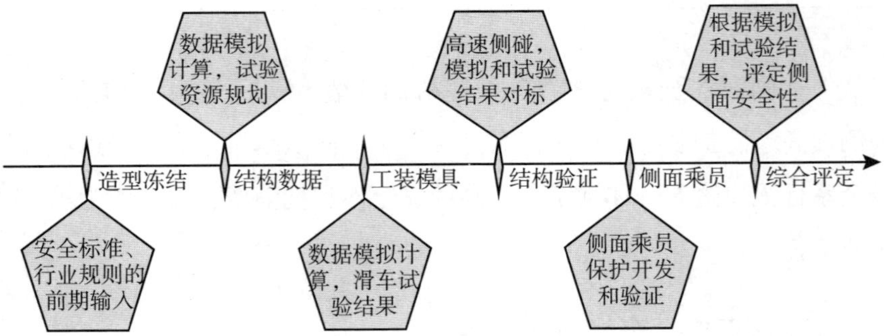

图1　重要安全开发节点示意

（五）模拟计算与实车碰撞试验

在汽车工程中，任何一种单一手段也不能做到尽善尽美，汽车安全性开发也不例外。目前世界范围主流车企大多数采用模拟仿真和实车试验相结合的方法进行安全开发，并分别配备具体专业的模拟计算和整车试验团队。随着模拟计算技术的提高和手段的多样化，其准确度越来越高。为了节省资源，越来越多的车企选择的模拟比重更大，尽可能地减少实车资源以节省成本，尽管开发成本大幅降低，但是无法精确地反馈出极端情况下潜在的模拟无法发现的安全隐患。根据调查发现，日本和美国模拟计算投入更大一些，汽车强国德国在模拟结果基础上，更重视实车碰撞试验的结果分析和评价。虽然表面上看浪费了大量的实车碰撞带来的成本，但实质上是更全面地覆盖了各种极端碰撞工况下真实的结果，从消费者的角度来说带来更大的安全保障。

三 侧面结构安全开发

（一）门槛和B柱、A柱、C柱、上边梁的设计与材质

白车身主体侧面结构主要由门槛和B柱、A柱、C柱及上边梁组成，其相互之间的关系构成了整个侧面结构防护基础。目前大多数轿车和SUV在满足国标的基础上，会在设计标准范围内进行调整，以便后期的乘员保护匹配工作能够达成目标。在2018年以前，大多数主机厂更重视门槛和B柱的开发设计，以便能够满足C－NCAP 2015年版要求，因为其壁障撞击部位主要集中在B柱和门槛，对A柱、C柱和上边梁的设计相对重视程度不够。随着C－NCAP 2018年版在7月1日实施，其壁障也由960kg小壁障改为1400kg大壁障，其碰撞位置也后移250mm、上移50mm，这就对C柱的设计提出更高要求，同时B柱的设计更加重要，门槛因为壁障提高，特别是SUV车型，反而显得不那么重要了。这就要求B柱、C柱必须进行结构优化和加强，因此车身轻量化的问题，尤其在电动车侧面结构开发中，对材料的选用、结构的设计提出更高要求。一汽－大众在重视前面提到的设计的基础上，为了满足美标和Euro NCAP柱碰安全标准，对上边梁、门槛同样给予重视，在材料选用上采用大量热成型材料钢、特种材料钢。既满足结构强度和刚度安全标准，同时尽可能减少车身重量。图2为某款车型B柱按GB 20071法规和速度提高10%企业内部标准模拟计算对比结果展示，从图2中可以直观看出，该车B柱均满足设计要求。

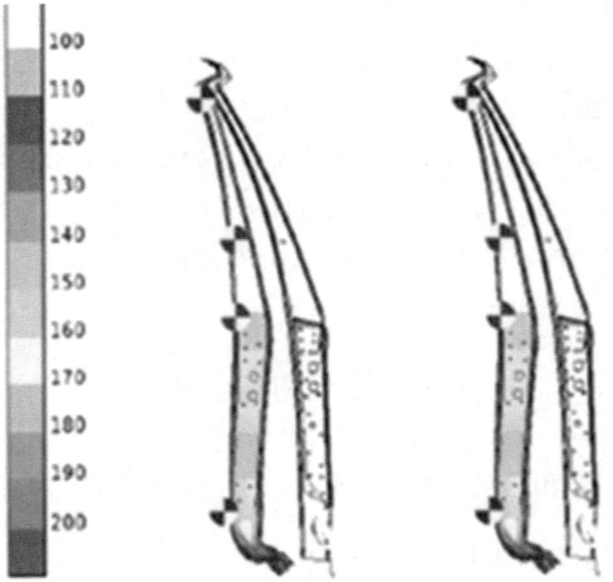

图2　某车型根据 GB 20071 标准和速度提高 10% 企业内部标准得出的 B 柱模拟计算结果

（二）车门结构与防撞梁的设计与材质

在前、后车门结构设计中，有以下几点因素需要重点关注：

（1）车门上部结构件设计；

（2）门外板变形折弯区域设计；

（3）车门防撞梁的位置及材质的选用。

在 GB 20071/ECE R95 侧碰法规中，为保证前排假人伤害满足标准，前、后门的结构变形尽可能避开假人肋骨和骨盆区域，这样能保证假人有足够空间；在 C－NCAP 2018 中，相对于 GB 20071 壁障碰撞位置更靠上和靠后，在此设计中也必须保证车门区域在假人伤害范围之外，保证门结构变形在合理设计要求之内；在 IIHS 侧碰中，因为美标壁障相对于前面两种碰撞位置更高，壁障表面更坚硬，这就要求防止车门上部结构件、防撞梁和 B 柱整体具有更高的强度以满足碰撞要求。因此，从上述各种安全法规及标准中，能够看出，车门结构设计必须根据各种法规的标准，与之对应开发出相应的安全结构。无论是结构设计还是材质的选用，必须经过实车碰撞验证才能最终确定。

（三）车门锁模块与防撞块设计

车门锁作为模块化设计的部件很难进行大的结构优化和更改。但是，随着近年来 GB 20071/ECE R95 侧碰法规和 NCAP 标准提高，对其设计要求也越来越苛刻。车门锁在进行总布置时就必须充分考虑侧面碰撞问题，在 GB 20071 中不允许车门开启，在 C－NCAP 2018 中明确指出车门落锁和解锁的罚分项，这都是设计中重点关注项。设计中往往根据不同的车型，基本相同的锁模块加以不同的防撞块设计，以此来消除车门开启的潜在风险，同时保证车门锁结构和电子功能正常，试验后能自动解锁。同时，尽量避开在锁模块活动范围内变形，尽可能保证锁结构的正常运行，防止在碰撞中车门开启。例如某款新车在造型上采用“风暴式”腰线风格，甚至为了保证门锁安全性而采用“双腰线”设计。各种车型门锁开发中，除了保证车型品牌外观统一之外，还基于模块锁在具体车型中的布置、不同车型中碰撞块的结构设计和布置方式等。

四　侧碰乘员保护开发

（一）侧面门护板（内把手）的结构设计

门护板（内把手）结构设计与侧面前、后排假人有密切的关系，在总布置安全标准输入后，对门护板特征曲线的设计显得尤为重要。在发生侧碰时，门护板区域直接与假人的胸部、腹部、髋骨和髂骨发生直接或间接的接触，特别关键部位如内把手结构对于 ES2 假人或者 WS 假人胸部更加敏感，在结构细节上更应重点关注，内把手的结构走向和形状往往直接影响胸部肋骨的压缩量，安全设计的准则是尽可能避免出现过多的坚硬部位，局部弱化和预设碰撞过程中损坏是经常采用的手段，但应该保证破损后不要在折断或者破损处产生尖点带来假人二次伤害。图 3 为某款车型通过模拟仿真改变内把手后部转角处刚度，从而降低对胸部伤害的示例。

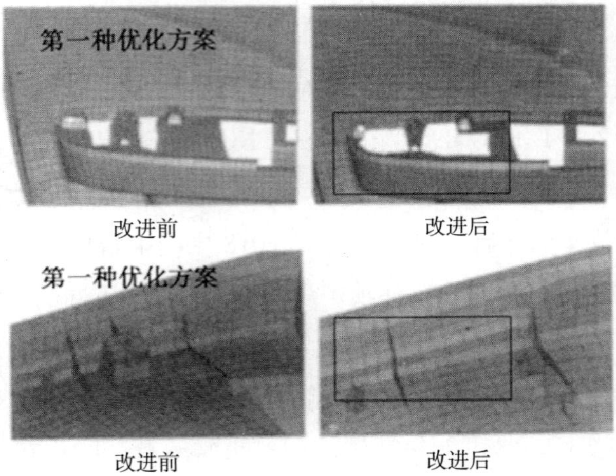

图 3　某车型内把手结构强度优化方案实例

（二）座椅侧气囊、前后乘员安全带开发

在 MDB 可变形壁障侧碰和欧洲标准柱碰中，座椅侧气囊对前排司机或乘员的胸部、腹部和骨盆至关重要。座椅侧气囊的充气速度、排气口位置和直径大小、折叠和展开方式是影响安全性能的重要指标。在 MDB 可变形壁障侧碰和前柱碰中，ES2 假人设计原则是重点保证胸部肋骨和髋骨、髂骨部位，因为腹部不容易失分不重点考虑。从 C－NCAP 2018 开始，因为前排采用 WS 假人，其生物力学特性发生根本变化，随之安全设计理念也发生变化，重点关注胸部第一根肋骨、胳膊抬起、腹部肋骨和骨盆力。相比于其他几项，胸部第一根肋骨的压缩量和胳膊抬起程度极其重要，特别容易失分。在座椅侧气囊开发中首先保证充气速度，使气囊将胳膊快速顶起，同时合理设计出气口的大小和位置。在前柱碰中，因为 B 柱侵入速度更大，要求座椅侧气囊的充气速度更快，气囊硬度更高，但反过来影响 MDB 或 AE－MDB

可变形壁障对假人的伤害。因此，在兼顾柱碰和侧碰座椅侧气囊开发中，必须充分考虑二者的平衡关系。一汽－大众在新车开发中均兼顾侧碰和柱碰二者之间的平衡关系。图 4 为某车型座椅侧气囊折叠方式。

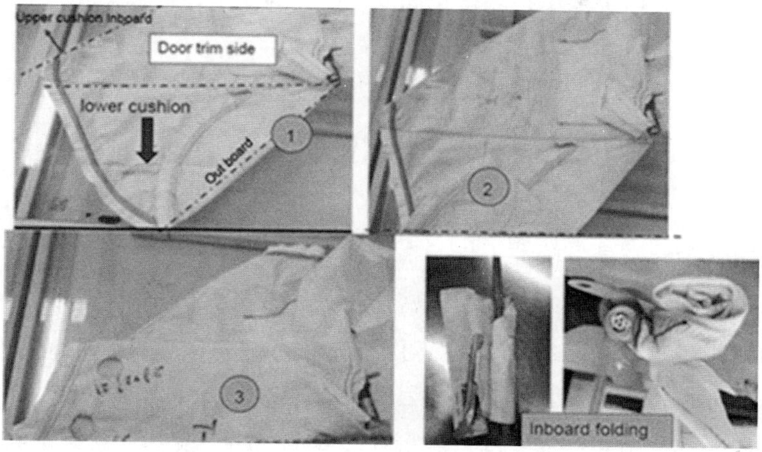

图 4　某款车型座椅侧气囊折叠方式示意

（三）头部气帘与顶棚安全开发

随着车辆安全性要求越来越高，头部气帘的采用也越来越广泛。头部气帘的作用主要是在前、后柱碰中保护乘员头部。目前市场上安全装备较高的车型均装配头部气帘，各个厂家的标准也不尽相同。一汽－大众开发的头部气帘是前后贯通式一体设计，其安全理念是在柱碰中首先保护前后乘员头部，同时充气区域安全余量必须符合一汽－大众内部安全标准，尽可能地考虑头部运动包络区域，避免出现头部移出设计区域等缺陷。与头部气帘匹配的顶棚区域设计也有其内部的企业安全标准。

（四）A、B、C、D 柱护板的设计开发

对于侧面乘员保护，A、B、C、D 柱护板的设计也十分重要，尤其是在 C－NCAP 2018 年版新规则中，对柱护板设计提出更高要求。在碰撞中柱护

板不仅要求牢固不脱落，同时还需要满足碰撞侧假人伤害指标和头部气帘的正常展开。譬如，在 AE－MDB 大壁障可变形侧碰中，C 柱护板在材料、硬度、固定方式等方面的设计与 B 柱护板为同等安全标准，因为在新标准中其前、后排假人伤害部位是完全相同的，C 柱的安全设计理念也应该随着新的标准的更新而改变。

五　小结

侧面安全开发是系统性工程，不仅涉及侧面结构安全开发，同时也广泛涉及与人体生物力学、人机工程学密切相关的乘员保护开发。开发出一款高品质的家用轿车或者 SUV 车型，不仅要充分考虑各领域交叉工程学科，而且还必须具备多款车型开发的成熟经验。一个企业内部安全标准，是建立在充分考虑安全法规和标准基础上，更高安全程度的、适合大多数车型开发的安全准则。这在侧面结构和乘员保护开发中效果尤为显著，能有效地缩短开发周期，同时开发出高品质、高安全性的车型。

参考文献

伍素珍、郑刚、李光耀等：《汽车车身结构安全部件材料匹配优化设计》，《锻压技术》2015 年第 11 期。

王骞、刘军、张亚军、谢书港：《基于侧面碰撞安全性的电动汽车车身结构件轻量化设计》，《汽车技术》2017 年第 2 期。

熊明：《汽车侧面碰撞中次要防撞结构和乘员损伤保护的研究》，湖南大学硕士学位论文，2011。

李晓明、杨絮、张向磊：《碰撞试验中侧气囊对假人头胸部的保护效果》，《汽车工程》2014 年第 4 期。

B.11
"群体智能"研究对汽车信息安全的影响分析

田大新*

摘　要： 随着物联网的普及，车辆入网也十分普遍，车联网已经被认为是未来智能交通的核心技术之一。同时随着车联网的发展、车辆上无线技术部署的增加，车联网中的安全问题也日益显现，因此，越来越多的智能算法开始应用于解决车联网信息安全问题，作为一个新兴领域，群体智能自20世纪80年代出现以来，受到多个学科领域研究人员的关注，并已成为人工智能及社会、经济、生物等交叉学科的前沿领域，在车联网网络安全问题中群体智能也有着越来越重要的作用。本文从多个方面阐述了群体智能算法以及群体智能算法在车联网信息安全方面的具体应用，这对车联网信息安全的提升有重要的作用。

关键词： 群体智能算法　车联网信息安全　入侵检测系统　移动自组织网络

* 田大新，长江学者青年学者，博士生导师，北京航空航天大学交通科学与工程学院副院长，IEEE Senior Member、IEEE Intelligent Transportation Systems Society Member、IEEE Vehicular Technology Society Member、中国计算机学会高级会员、中国智能交通协会高级会员，车路协同与安全控制北京市重点实验室副主任，城市交通管理集成与优化技术公安部重点实验室车联网研究室主任。发表学术论文109篇，其中SCI检索27篇、EI检索55篇。获国家科学技术进步奖二等奖1项，教育部技术发明奖一等奖1项。主要研究方向包括：智能交通系统、车路协同控制、车辆自组织网络、群体智能、车联网信息安全。

随着网络技术的发展，人们对网络技术的应用要求越来越高，车辆作为当前最为广泛应用的交通工具也加入了互联网的领域当中，并且随着汽车保有量的大大增加，人们对车联网的关心程度也大大增加。随着物联网的普及，车辆入网也十分普遍，车联网已经被认为是未来智能交通的核心技术之一。目前，车联网的发展已经为我们的生活提供了极大的便利，例如对连入网络的车辆进行实时监控、对驾驶员进行交通诱导等。

同时随着车联网的发展、车辆上无线技术部署的增加，车联网中的安全问题也日益显现。近几年来汽车安全事件出现得不少，例如，2015 年 7 月两位著名黑客入侵了一辆 Jeep 自由光行驶过程，这在当时引起了极大的轰动。同时，德国汽车协会（ADAC）在一份报告中指出，部分宝马品牌车型存在着一定的设计缺陷，例如宝马 i3 系列电动汽车等；据了解，部分配备 Connected Drive 数字服务系统的车辆也存在安全漏洞，利用这些漏洞，黑客可以在远程打开车门并控制汽车。同样遭到入侵的还有特斯拉 Model S，研究人员可以利用其安全漏洞向其发送“自杀”指令，使得车辆在正常行驶过程中突然关闭系统引擎，造成重大的安全事故。显而易见，随着车联网的发展，人们的出行水平得到了一定程度的提高，但是无法保障的安全问题则会威胁到人们的财产、生命安全，由此可见，保障车联网的信息安全至关重要。

现有的针对车联网的安全机制有基于预防的安全机制和基于检测的安全机制。其中基于预防的安全机制是信息安全的第一道防线，主要由密钥管理和安全认证方法来实现访问控制，但是这种安全机制对于已经加入车载网络的恶意节点的攻击是无能为力的，且这道防线一旦被攻破带来的后果十分严重。随着人们对车联网信息安全的深入研究，越来越多的智能算法被应用到这个领域当中，如车联网入侵检测系统中采用的贝叶斯分类算法、神经网络算法、决策树分类算法等数据分类方法。与此同时，基于仿生学的研究也融入了车联网的通信方式研究和信息安全保障机制中，群体智能是其中重要的一部分。

作为一个新兴领域，群体智能自20世纪80年代出现以来，受到多个学科领域研究人员的关注，并已成为人工智能及社会、经济、生物等交叉学科的前沿领域，在车联网网络安全问题中，群体智能也有着越来越重要的作用。车联网网络空间是一个复杂的系统，在整个网络中运行着海量的设备，每一个接入网的车辆、基站、用户都可以被看成特殊的"设备"，因此，相对于整个网络来说，任何单台设备都可以看作"大群体"中的一个单体。这个网络系统的协同性或稳定性如果出现了问题，整个网络将会出现安全问题。由于群体智能的方法和思路在研究巨大系统的可控性、稳定性和协同性等方面都有十分重要的作用，与车联网网络安全的研究思路很相近，因此群体智能对网络安全的研究有很大的推动作用。

一　群体智能研究现状

群体智能（Swarm Intelligence），指具有简单智能的个体通过相互协作和组织出现群体智能行为的特性，其具有天然的分布式和自组织特征，在没有集中控制且不提供全局模型的前提下表现出明显优势。生物群体行为模式及最优化算法的研究，源于自然界中广泛存在的群体协同合作现象，例如以蚂蚁、蜜蜂为代表的社会性昆虫的群体行为研究。现有的对群体智能的研究，大部分是从某一种由大量个体表现出来的群体行为出发，从这些群体行为中提取模型，建立一些规则，从而提出算法，并用于解决实际问题。1991年，意大利学者Dorigo提出的蚁群优化（Ant Colony Optimization，ACO）理论，由此，群体智能开始作为一个理论正式提出，并逐渐吸引大批学者的关注。1995年，Kennedy等学者又提出粒子群优化算法（Particle Swarm Optimization，PSO），此后，群体智能研究迅速开展起来。目前，国内外相关研究的主要工作都是围绕ACO和PSO进行的，其中应用比较多且较为成熟的有蚂蚁优化算法、蚁群分类算法、粒子群优化算法和蚂蚁分工研究，具体见表1。

表 1　群体智能算法

群体行为	智能算法	应用方向
蚁群觅食	蚁群优化算法	用于解决 TSP 问题,可推广到各种组合优化问题;实际用于网络路由的优化等
蚂蚁公墓形成幼虫分类	LS 算法 KLS 算法	用于数据分析和图的划分
蚂蚁分工	任务分配算法	任务分配
群鸟觅食	粒子群优化算法	函数优化问题

对于常见的群体智能算法，下面将进行详细的介绍。

（一）蚁群优化算法（ACO）

蚁群优化算法是最早由 M. Dorigo 等人提出的一种算法，它是从蚁群觅食过程中获得启发而建立的一种模拟进化算法。通过大量观察研究发现，蚁群中蚂蚁个体之间是通过分泌信息素（Pheromone）来传递信息的，在觅食过程中，蚁群总能找到一条从蚁巢到食物源的最优路径，虽然单个蚂蚁的觅食行为非常简单，但当多个蚂蚁组成蚁群时，其群体的行为特征将会十分复杂。单个蚂蚁会在觅食经过的路径上留下信息素，后面的蚂蚁通过感知这些信息素获知路径信息，在蚁群觅食时就会形成一种信息正反馈的现象，伴随时间的推移和信息素的挥发，整个蚁群留在最短路径上的信息素浓度将会达到最大，由此，蚁群就可确定出觅食的最短路径，见图 1。

图 1 描述了蚂蚁在觅食时具体的路径选择过程，图 1A 显示，蚂蚁在觅食过程中经过某一个交叉路口时，需要选择继续前进路线；图 1B 显示，蚂蚁随机选择长度不同的两种路径；图 1C 显示，选择在下方较短路径的蚂蚁首先找到食物，并以较快速度返回，且在返回途中释放出更多的信息素；图 1D 显示，较短路径上累积的信息素远远多于上方较长路径，因此就有更多的蚂蚁选择下方路径，从而不断循环形成正反馈。

蚂蚁优化算法中设计了转移概率P_{ij}^{k}，在蚂蚁系统中，蚂蚁从节点 i 到节点 j 进行转移的概率定义为：

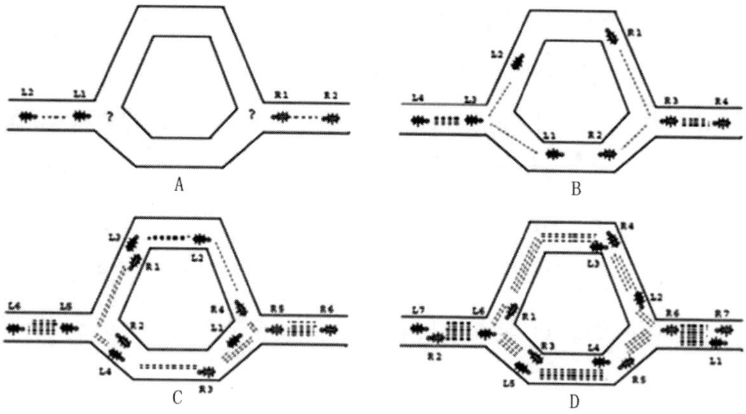

图1　蚁群优化算法原理

$$P_{ij}^{k}(t)=\begin{cases}\dfrac{\tau_{ij}^{\alpha}(t)\,\eta_{ij}^{\beta}(t)}{\sum_{u\in N_{i}^{k}(t)}\tau_{ij}^{\alpha}(t)\,\eta_{ij}^{\beta}(t)},\text{如果}\,j\in N_{i}^{k}(t)\\ 0,\text{如果}\,j\notin N_{i}^{k}(t)\end{cases} \tag{1}$$

公式（1）中，τ_{ij}是边（i，j）上信息素的值，代表从节点i移动到节点j的后延效应；η_{ij}为启发式信息，代表节点i移动到节点j的先验效应，与节点i到节点j之间的距离或者开销有关，通过启发式函数计算得出。信息素浓度τ_{ij}是对过去优质移动的记忆，表示从节点i到节点j的过去移动情况对目前的选择带来的影响。蚂蚁系统中的路径探索是在τ_{ij}和η_{ij}中寻求平衡，该方法能很好地处理蚂蚁在寻优过程的探索与开发的关系。蚂蚁对路径的搜索，既会选择过去一段时间搜索的较优路径，同时也会开发以前未涉及的路径。这种利用信息素寻找最短路径的思路，为解决各种寻优问题提供了一种新方法，同样被广泛应用于解决各种 TSP 问题、函数优化问题和背包问题等。

（二）蚁群分类算法

分类是数据挖掘中常用的一种分析手段，在信息安全领域的入侵检测中主要用到的原理就通过对数据的分类来识别正常和异常，因此蚁群分类算法也可以应用到车联网信息安全领域中。

在自然界中，某些种类的蚂蚁在打扫巢穴时，将尸体聚集形成一个“公墓”，或者将蚂蚁幼虫分成几堆，蚂蚁可以根据局部的信息拿起或者放下某种物体，这也就是蚂蚁分类方法的最简单原理。蚁群算法被应用到分类问题中是由英国学者 Parpinelli 首次提出的，这种基于蚁群算法的分类建模算法被提出之后，诸多学者给予了关注并进行深入研究，同时，在该算法基础上提出一些相应的改进算法。其中，具有代表性的有：Ant – Miner2 算法、Ant – Miner3 算法以及 ACO – Miner 算法等。

蚁群分类算法（Ant – Miner）的目标是挖掘具有一定结构形式的分类规则，而分类规则的获取是蚁群分类算法的一个主要功能。这种算法根据人工蚁群原理对分类规则进行选择，对分类规则的构造进行剪枝和优化，并去除不相关条件项，利用蚁群算法的正反馈引导规则的搜索过程。在算法初始化时，将所有训练样本放入训练集，蚂蚁构造规则集合从构造一条空规则开始，通过逐步添加属性构成一条规则，然后将该规则加入发现规则列表，同时将该规则所能覆盖的训练集样本删除。若算法未达到停机条件，即其余的样本数目大于用户定义的阈值，则会反复执行上述循环，最终算法将得到一组最优分类规则集合。分类规则的一般结构形式为：

IF < condition > THEN < class >

其中，<conditions>称作规则前件，由一系列合取项构成，包含一个预测属性的逻辑组合，其形式为：< $term_1$ AND $term_2$ AND…$term_n$ >。每个合取项都对应训练集中属性的具体取值。分类规则前件的条件项均为一个三元组，包括：属性、属性值和运算符号。属性为待分类数据的特征或属性空间，运算符号可以是一个关系运算符，属性值一般为属性特征对应的数据值，通常需要处理成离散值。<class>称为规则后件，代表某一种分类。

（三）粒子群优化算法（PSO）

1995 年，Kennedy 等学者首次提出粒子群优化算法（Particle Swarm

Optimization，PSO），该算法源于对鸟群飞行觅食行为的模拟，受到飞鸟集群活动的规律性启发，进而利用群体智能简化模型。粒子群优化算法在观察动物集群活动行为的基础上，共享群体中的个体信息，使整个群体的运动在问题求解空间中形成从无序到有序的演化过程，进而获得最优解。

与蚁群优化算法相同，PSO 也是基于生物群体行为的一种优化算法。在鸟群觅食的飞行过程中，每只鸟仅追踪有限数量的邻居，但最终的整体跟踪结果就仿佛是整个鸟群在一个中心控制的作用下行动，即复杂的群体行为是由简单而规则的相互作用而引起的。粒子群优化的基本原理就是利用他人的经验作为自己的决策依据。

粒子群优化算法在使用时，问题的最优化解对应于搜索鸟群中一只鸟的位置，而鸟群中的每一只鸟都被称为一个粒子（Particle），每个粒子都拥有自己的位置和速度，以及一个由被优化函数决定的适应值，而每个粒子追随当前的最优粒子在解空间中搜索。PSO 初始化为蚁群的随机粒子，再通过迭代找到最优解，在每一次迭代中，粒子通过追踪两个“极值”进行自我更新。其中，第一个极值就是粒子本身所找到的最优解——个体极值；另一个极值是目前整个种群找到的最优解——全局极值。当然，也可以不用整个种群而只用其中一部分作为粒子的邻居，则在所有邻居中的极值就是局部极值。在解空间中迭代搜寻最优值，迭代过程非完全随机，若搜寻到较好的解，将以该最优解作为依据寻找下一个解。

PSO 的数学模型设在一个 n 维的搜索空间中，由 m 个粒子组成的种群表示为 $X=(x_1\cdots x_{2\ldots}x_3)$，其中第 i 个粒子位置为 $x_i=(x_{i1}, x_{i2}\cdots x_{im})^{\tau}$，其速度为 $v_i=(v_{i1}, v_{i2}\cdots v_{im})^{\tau}$，其最好位置为 $P_i=(P_{i1}, P_{i2}\cdots P_{im})^{\tau}$，种群全局最好位置为 $P_g=(P_{g1}, P_{g2}\cdots P_{gm})^{\tau}$，根据粒子追随当前最优粒子的原理，对于某一个粒子 x_i 会按照以下的方式改变速度和位置：

$$v_{id}^{(t+1)} = v_{id}^{(t)} + c_1 r_1 (P_{id}^{(t)} - x_{id}^{(t)}) + c_2 r_2 (P_{gd}^{(t)} - x_{id}^{(t)}) \tag{2}$$

$$x_{id}^{(t+1)} = x_{id}^{(t)} + v_{id}^{(t+1)} \tag{3}$$

其中，$d=1, 2, \cdots, n$，$i=1, 2, \cdots, m$，m 为种群规模，t 为当前进化

代数，r_1和r_2为分布在［0，1］之间的随机数，c_1和c_2为加速常数。公式（2）中，第一部分$v_{id}^{(t)}$为粒子原本的速度，第二部分$c_1 r_1$（$P_{id}^{(t)}-x_{id}^{(t)}$）可以认为是"认知"过程，表示粒子通过自身的思考趋向目标，第三部分$c_2 r_2$（$P_{gd}^{(t)}-x_{id}^{(t)}$）可以认为是"社会"部分，表示粒子通过彼此间的信息共享和合作趋向优化目标。

这种优化算法的概念较为简单，收敛速度也比较快，且需要调整的参数也较少。因此，可直接采用实数编码，算法结构简单，对于科学研究有着很大的作用和帮助。

二　群体智能与汽车信息安全

在动物群体行为的启发下，目前已经有很多群体智能算法产生和应用，接下来这部分将主要探索群体智能算法在汽车信息安全方面的潜在应用，例如在密码学和网络入侵检测等方面可能的应用，同时探究群体智能应用于车联网环境的相关问题。

（一）车联网信息安全

"车联网"定义认为，车联网是通过装载在车辆上的可识别技术，实现相关信息在信息网络平台上进行动态和静态展示，并能够提取以及有效利用该信息，从而优化相关领域内的活动。但是随着通信、互联网技术等与车联网相关技术的发展，上述的定义内容已经不能完全涵盖"车联网"这一概念所涉及的实质内容了，因此车联网产业技术创新战略联盟提出新的定义。

"车联网"新定义指以车内通信网络、车车通信网络以及车载移动通信网络为基础的，依照通信各方事前约定的通信协议和相关的数据交互的标准，利用V2X通信技术，实现通信和相关信息的传递和交换，其目标为最终实现智能交通的一体化网络，其网络主体结构图如图2所示，目前车联网技术主要采用的是移动自组网（Ad Hoc）技术。

目前在通用的车联网模型中，车联网通信系统主要由三大部分组成，它

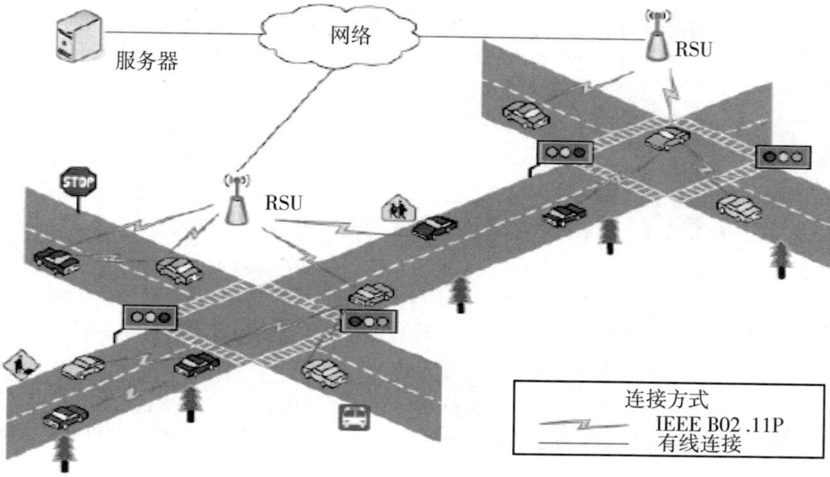

图 2　车联网网络主体结构

们分别是车载设备单元 OBU、路侧设备单元 RSU 以及 V2X 通信协议。通常 OBU 被嵌入式放置在处于移动状态的车辆上；RSU 则被人工装在道路两旁的关键节点上，可以提供给处于通信范围之内的 OBU 无线接入。

车联网环境下的信息安全隐患不仅包括传统互联网下的安全问题，并且因为采用了移动自组织网络技术以及车辆自身因素和该环境下行驶情况的特殊性，车联网环境下的信息安全也有其自身的特征：其一是本地节点信息安全问题，车联网中感知的节点大多数是暴露在室外，无人操作、无人监控的，攻击者可以较为容易地访问节点甚至通过更换其零件设备来控制该节点；其二是核心网络安全传输问题，因为车辆是在高速行驶状态中，传统的网络安全架构是以人的角度去思考、设计和管理的，并不一定适用在高速行驶状态下的 V2V 通信或者 V2R 通信。

车联网虽然是在高速行驶状态下的联网，但是其本质还是互联网，因此在互联网中常见的攻击类型也是适用于车联网的，同时由于其使用环境与传统互联网又有极大的不同，因而攻击的手段和方式也有其自己的特点，具体描述如表 2 所示。

表 2 车联网环境下所面临的信息安全攻击主要类型

攻击类型名称	攻击类型描述
伪造攻击	伪造攻击是指攻击者为了实现其特定的目的，向车联网系统发送不真实的虚假信息
信息篡改	信息篡改攻击是指攻击者有意地改变自己如车辆位置、速度和方向等信息，从而达到隐藏自己的目的，可以是交通事故相关责任的逃避，也可以是虚假消息传递的身份篡改等
车辆跟踪	车辆跟踪攻击是指攻击者通过获取车载 OBU 和路侧 RSU 之间所传递的信息，并试图通过利用其所捕获到的信息来捕捉和确认特定车辆的行踪以进行不法行为。目前该种攻击不考虑使用照相机等物理跟踪设备进行跟踪的方式，因为其不属于车联网环境下的特定攻击手段
恶意车辆	恶意车辆攻击是指车联网环境中的攻击者在使用笔名进行签名的网络认证系统中，通过改变所属车辆的真实身份来逃避监管以及监管部门进行的追踪以逃避相应的处罚
模仿攻击	该种攻击是指攻击者试图模仿车联网中的其他成员的车辆或者路旁单元以此来欺骗在道路中行驶的其他车辆和监管系统，以此来逃避相关责任

从表 2 中可以看出，在车联网环境下各种信息安全问题和可能面临的网络攻击，将使得车联网的应用不但达不到发展构建车联网环境的预期目的，甚至可能降低其可行性与实用性。因此为了保证车联网环境下的信息安全，需要对其身份的安全性需求进行分析和总结，以便减少交通事故发生概率以及优化城市交通系统。针对车联网安全性问题，群体智能算法也相应应用于认证算法或入侵检测系统中。

（二）群体智能算法与密码学

众所周知，在密码的设计和分析中，存在着很多复杂的优化问题和搜索问题，这些问题也直接关系到密码的安全强度和应用领域。随着自动驾驶技术的日益成熟以及通信技术从 4G 通信发展到 5G 通信，车联网技术已经日益成为智能交通的核心领域。为了解决如何在车联网环境下进行信息安全认证的问题，各国的专家学者都提出了各种各样的车联网信息安全认证方法。在车联网环境下敏感信息可以通过公共通信网络进行传播和交换，这种特殊的网络环境中所用到的认证技术与传统互联网采用的技术有一定的一致性，在保证信息安全方面密码学也发挥了重要的作用。

密码学作为保障车联网安全的一个重要手段，其中密钥生成是密码系统的最重要参数，直接关系到整个密码系统的安全，因此，优秀密钥的设计是十分重要的。流密码加密是通信安全的重要过程，它将明文字符串和密钥流序列作用加密，对解密密钥流进行同步解密。如果流密码密钥是一个真正随机序列，那么对应的流密码加密将会绝对安全，但是这种现象在实际中很难出现，只能使用伪随机序列来代替真正的随机序列。这种具有强随机性和不可预测性的密钥分析产生的问题，可以归结为密钥空间搜索最优序列的问题，上文已介绍了群体智能在空间搜索方面具有很大的优越性，因此，群体智能算法可用于构造流密码密钥生成器，在这方面也有很多学者进行了实践研究，例如“人工蚁群优化算法”的应用。

文本加密生成密钥用于提高系统安全性，通过二进制流明文中的字符来分布生成密钥，并通过一个互字符码表进行编码。

在车联网环境中车辆节点移动速度快，当车辆节点接入网络时需要对节点进行快速加密认证，传统的公钥密钥的最大缺点就是运行速度慢，很难适合高速拓扑的车载自组织网络，群体智能算法之所以能被用在各种密码算法中是因为这种算法可以减少加密运算量，其中典型的算法粒子群优化算法就可以用来减少模幂乘法的次数，为减少加密时间设计了一种更快的公钥密码。这对车联网信息安全的发展提供了很大的帮助，由此可见，群体智能的算法和思想，已经慢慢地渗透到了密码学的方方面面。

（三）群体智能算法与车联网入侵检测

车联网不同于传统的网络，它具有无线、开放的通信方式等特点，这种通信方式使得其更容易受到攻击，并且车辆节点在网络内移动速度快，网络拓扑频繁，网络内的车辆节点数不断地变化，使得节点之间的信任关系也在不断地发生变化，这使得传统的安全保障措施很难在车联网环境下发挥作用；同时，在车载自组织网络中不存在网络中心，也没有明确的网络边界，网络内的车辆节点随时都有可能入网或者出网，动态性很强。这种网络环境使得车联网的安全性十分薄弱，防火墙的部署遇到了很大的阻碍，传统的静态网络安全方案无法完全适用，并且传统的身份认证技术也受到极大的挑战。同时，一旦有恶意入侵，带来的后果也会十分严重，假设有攻击者在网络内发布虚假的交通信息，交通参与者就会受到影响从而直接影响到车辆的走向，进而引发交通拥堵或者交通事故甚至威胁到交通参与者的生命安全，因此在车联网中构建入侵检测系统就十分重要。

入侵检测系统主要包括四个模块：事件产生器，用来收集网络中的数据、系统日志等信息，并且将这些信息转移到其他的模块中；事件分析器，接收到信息后，进行信息与事件的分析，确定是否有异常或者攻击，若检测为异常则会发布警告信息；事件数据库，储存整个系统中的信息以及数据；响应单元，对收到的警告信息进行相应的响应，例如及时断开与网络的连接或者发出警报等。在整个系统中最核心的部分就是事件分析器中的分类方法，在分析器中将采集到的数据进行分类，以分类结果为依据判断是否为异常，现有的分类算法有基于统计学的分类算法、基于神经网络的分类算法等。通过研究表明，群体智能算法可以基于一系列能力有限的简单个体完成非常复杂的任务，同时可以在巨变环境下正常运行，因此群体智能算法也很适用于入侵检测系统。

群体智能算法在入侵检测中已经发挥了很大的作用，例如可以利用蚁群优化算法的思想来确定网络中的攻击源位置构成入侵定位系统，在该系统中，信息素服务器在网络受到入侵时，向整个网络传播警告信息，同时系统中的观察者可以在网络间随机检测信息素，当危险信息素被发现时则将其收敛到危险主机，并采取相应的防护措施。这种系统类似于蚁群系统，可以迅速有效地检测入侵，形成一个整体的分布式检测和响应系统，这与车联网的网络特点非常相似，因此可以为车辆自组织网络提供安全保障。

同时，入侵检测系统中入侵分类规则的制定至关重要，这是入侵检测系统的重要分类依据，同时，群体智能算法也可以为入侵检测系统制定分类规则，可以将正常的网络拥堵和攻击导致的网络拥堵区分开。例如，Soroush等人根据蚁群分类算法能将某些数据划分到既定类别的思想设计了 Ant -

Miner 分类规则提取算法，进而构建了相应的分类系统。考虑到车联网系统的自组织性和移动性，F. Barani 等人将人工蜂群算法和负选择算法引入移动自组织网，提出了一种动态的入侵检测系统，这种人工蜂群算法主要被运用在训练阶段，负选择算法用来产生一个负检测自己，这种算法可以更好地实现检测效率和误报表率之间的平衡。这些智能算法的不断完善，使车联网的入侵检测系统构建有了更多可选择的方法，也会使现有的分类机制更加完善，对车联网信息安全的提升有非常大的推动作用。

三　总结与展望

随着科学研究的不断深入，仿生学研究在科技中的应用也越来越深入，通过对生物界各种现象的观察和分析我们从中也得到了很多启发和帮助，群体智能算法是生物界智慧的一种体现，这种算法具有高灵活性、天然的分布性特征和强鲁棒性等优点，正是这些特征使得群体智能算法可以灵活地应用于很多领域。近年来车联网的不断发展也让人们开始重视安全性的重要性，群体智能算法与车联网信息安全的保障也不断融合，现有的一些技术已经有很不错的应用成果。当然随着技术的不断发展，车联网信息安全还面临着更大的挑战，如何精准地分析黑客攻击、隐私发现、异常入侵等行为，如何对海量的信息进行更高效的储备与管理分析，这些问题都还需解决。群体智能算法的提出也为人们的研究提出了一种新的思路，将更多复杂的问题归纳为非线性优化问题，将复杂的问题归结为简单的自然界中生物群体的生存问题，这将会是一种全新的解决问题的方法。

参考文献

冯涛：《车联网技术中的信息安全研究》，《信息安全与技术》2011 年第 8 期。

杨义先、李丽香、彭海朋、袁静、陈永刚、张浩：《群体智能算法及其在信息安全中的应用探索》，《信息安全学报》2016 年第 1 期。

任开明、李纪舟、刘玲艳、宋文颖：《车联网通信技术发展现状及趋势研究》，《通信技术》2015 年第 5 期。

J. Kennedy, J. F. Kennedy and R. C. Eberhart, *Swarm intelligence*, Morgan Kaufmann press, 2001.

Dorigo M., Gambardella L. M., "Ant colony system: A cooperative learning approach to the traveling salesman problem", *IEEE Trans on Ec*, 1997, 1 (1).

Internet Security Systems, "Security basics: what is the answer", http://ww. iss. net/security_ center/answer. php.

B.12

动力电池安全性测试评价技术研究

王 芳 林春景 刘 磊*

摘 要： 新能源汽车动力电池安全性已经成为发展新能源汽车的重中之重，如何有效地测试和评价动力电池的安全性也变得迫在眉睫。本部分针对电池单体、模块和系统的安全性测试评价方法分别进行总结，包括本征安全性、电安全性、环境安全性和机械安全性等。同时，对目前国内外主要的电池安全性标准、法规进行横向比较，重点分析其差异性和严苛程度等。

关键词： 绝热热稳定性 单体安全性测评 系统安全性测评 标准法规对比

一 电池单体安全性测试评价

相较于笔记本电脑、手机以及固定用途（如储能、备用电源）等应用

---

* 王芳，博士，教授级高工，2005 年在北京理工大学获博士学位，现担任中国汽车技术研究中心有限公司动力电池领域首席专家，试验所副总工，兼任化学与物理电源行业协会动力电池分会技术委员会副主任委员、WP29 EVS GTR 工作组中方电池技术负责专家、ISO TC22/SC37 WG3 可充电能量存储工作组专家、中国电机工程学会电力储能专委会委员、中国汽车工程学会标委会委员、《储能科学与技术》杂志编委；林春景，博士，工程师，现任职于中国汽车技术研究中心有限公司试验所能源系统室，从事动力电池测试评价和数据库应用技术研究工作，作为项目骨干完成国家级课题两项，在 *Journal of Power Sources* 等期刊发表学术论文 10 余篇，其中 SCI 论文 4 篇，EI 论文 5 篇，参与编写专著 1 本；刘磊，硕士，工程师，现任职于中国汽车技术研究中心有限公司试验所能源系统室，从事动力电池测试评价研究工作，作为项目骨干参与多项国家、省部级科研项目，同时作为项目负责人开展多项企业横向研发验证项目，参与发表 10 余篇研究论文，申请 4 项发明专利，同时参与了多项与动力电池相关的国内外标准制修订工作。

场景，电动汽车用锂离子电池的使用环境更加复杂多变和苛刻。例如电池需要暴露在极宽的温度范围内工作、持久的振动以及高倍率的充放电等。大倍率的充放电会导致极高的温度。高温会引起电池内部各种分解副反应的发生，如 SEI 膜分解、负极与电解液反应、电解液分解等，并最终导致热失控。此外，与电子产品用电池不同的是，电动汽车用动力电池的容错率更低。以 18650 型电池为例，其发生内部自发失效（或称为 Field failure，现场失效）的概率可以控制在四千万分之一到千万分之一之间，这对于消费类电子产品的电池而言是相对可靠的，但是在电动汽车上使用时，由于电池包内的电池单体数量通常数以百计甚至数以千计，因此对于动力电池而言，其电池安全性的要求更为严苛。

随着新能源汽车的推广应用及保有量的逐年增加，很多车辆已经行驶了几年或数万公里，动力电池系统则经历了几百次的充放电使用，市场中陆续出现了一些电动汽车的安全事故。针对此类安全事故进行分析统计不难发现，动力电池是导致电动汽车安全事故的主要因素之一。

根据各国针对动力电池能量密度设置的目标，在未来 5 ~ 10 年，电池能量密度需要从目前的 120 ~ 250Wh/kg 提升至 300 ~ 350Wh/kg 的水平。作为一个同时包含氧化剂（正极材料）和还原剂（负极材料和电解液）的密封体，电池的高比能化会带来潜在的电化学不稳定性，进而导致其潜在热失控危险系数的增加。因此研究动力电池的安全性演变特征及其测试评价方法，对于在设计环节提升动力电池安全性有极其重大的作用。

（一）电池单体绝热热稳定性测试评价

虽然造成电池失效的原因包括机械、环境、电气等很多方面，但是最终都会导致电池的热失控。因此热稳定性是决定电芯、模块、电池包安全性的参数中最重要的一个，也是根本上表征电池单体安全性的参数。而提升电池单体的安全性，通过从探究电池的安全阈值边界开始，即热稳定边界条件。测试电池单体的热稳定性同样在加速绝热量热仪中进行。试验中通过加速绝热量热仪模拟该过程：将电池置于加速绝热量热仪中，在实验开始阶段，通过提高 ARC 腔体温度对电池进行加热，等电池开始自放热后，ARC 腔体温度保持与电池壳体温度一致，当电池体温度达到 305℃后（此时电池已经彻底进入热失控状态），ARC 开启冷却模式。锂离子电池绝热热失控反应的典型过程如图 1 所示。

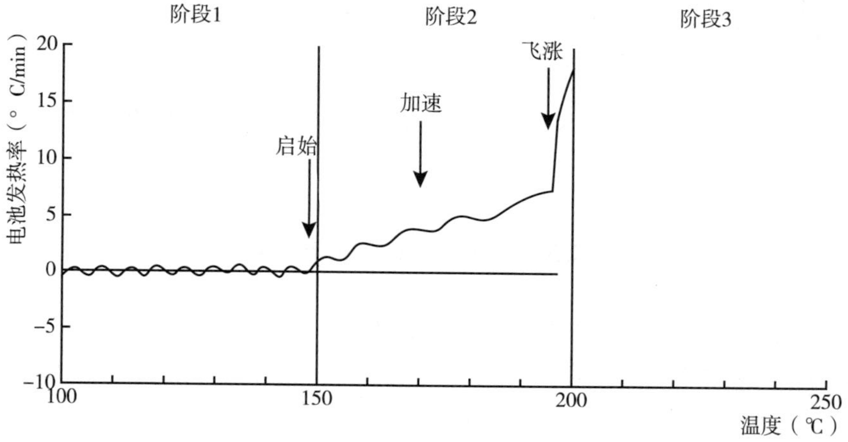

图 1　锂离子电池绝热热失控反应的典型过程

图 2 为本项目针对具有不同材料体系、容量等级、结构形状的几款锂离子动力电池单体热稳定性的量化分析结果。如图 2 所示，不同样品的绝热热失控过程均可划分为容量衰减、自产热、隔膜融化、电池内部短路、电池内部温度快速上升和剩余反应等 6 个典型阶段。对于不同材料体系的锂离子电池，磷酸铁锂电池（样品 B）发生剧烈热失控的拐点温度最高（以 10℃/min 作为发生剧烈热失控的判据），同属镍钴锰（NCM）体系的几款三元电池单体，其热稳定性的边界参数差异性明显。

（二）电池单体安全性测试评价

电池单体的安全性测试包括机械安全、电安全和环境安全测试三部分，例如针刺、挤压、过充、短路、加热、温度循环、海水浸泡等，其分类如表

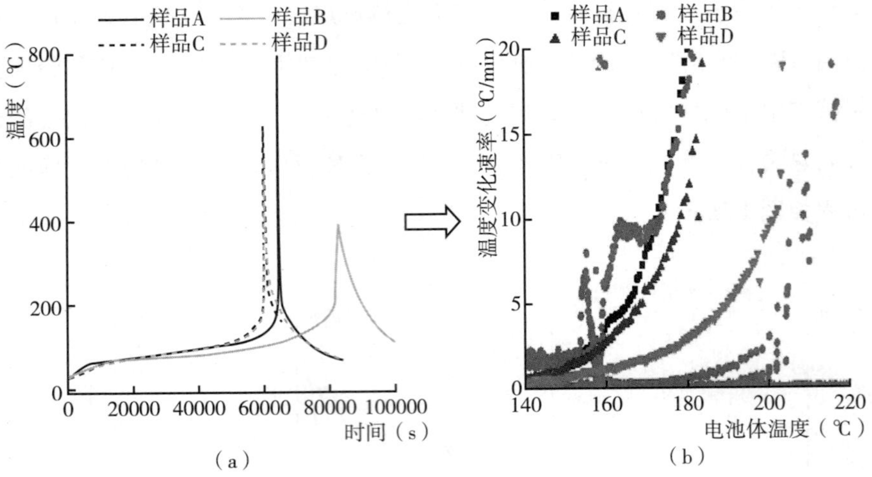

图 2　几款锂离子电池绝热热失控结果对比

1 所示。各项内容的测试规程可参考 GB/T 31485 – 2015《电动汽车用动力蓄电池安全要求及试验方法》。

表 1　电池安全性测试方法分类及方法

编号	分类	项目	评价指标	验证方法
1	电安全	过充	起火、爆炸	6. 2. 3/6. 3. 3
2		过放	起火、爆炸、漏液	6. 2. 2/6. 3. 2
3		短路	起火、爆炸	6. 2. 4/6. 3. 4
4	环境安全	加热	起火、爆炸	6. 2. 6/6. 3. 6
5		温度循环	起火、爆炸、漏液	6. 2. 10/6. 3. 10
6		海水浸泡	起火、爆炸	6. 2. 9/6. 3. 9
7		低气压	起火、爆炸、漏液	6. 2. 11/6. 3. 11
8	机械安全	挤压	起火、爆炸	6. 2. 7/6. 3. 7
9		针刺	起火、爆炸	6. 2. 8/6. 3. 8
10		跌落	起火、爆炸、漏液	6. 2. 5/6. 3. 5

针对安全性试验结果，可以对电池的安全性进行等级评定，表 2 是一种对锂离子电池安全性进行等级划分的方案。

表 2　锂离子电池安全性等级划分

危险等级	定义	分类方法依据
0	无影响	对样品无影响，无功能性损伤
1	被动保护激活	无危险或伤害，电池样品出现可逆转的毁坏情况，需要修复，被动保护装置才能恢复正常
2	毁坏	对电池造成伤害，电池样品出现不可逆转的毁坏，需要修复和替换
3	泄漏，质量损失 <50%	电池泄漏或排气，且质量损失 < 电解液质量的 50%
4	喷气，质量损失 >50%	电池泄漏或排气，且质量损失 > 电解液质量的 50%
5	破裂	电池壳体机械完整性遭到损坏，部分物质溢出，但未发生热失控现象
6	着火	产生的气体或液体持续燃烧或点火，持续时间大于 1s
7	爆炸	快速释放能量，产生压力波和飞溅物质，对电池产生严重的结构破坏

根据各项安全性测试结果和表 2，可以采用打分体系定量评价一款电池的安全性水平。图 3 为若干款锂离子电池安全性得分情况的比较。

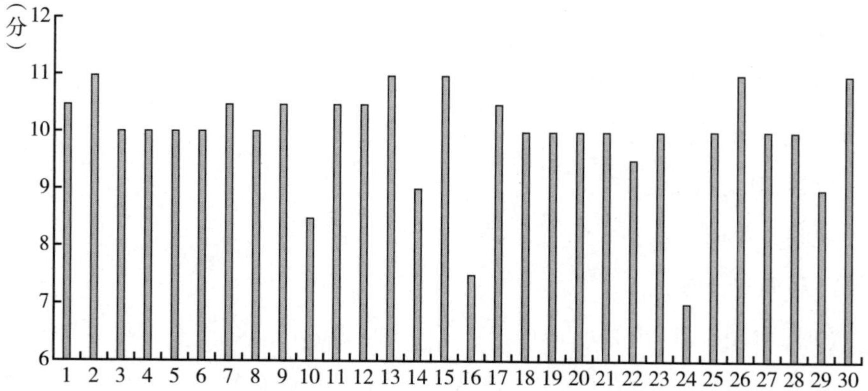

图 3　若干款锂离子电池单体安全性得分结果

（三）电池系统安全性测试评价

本部分测试的目的在于验证电池系统在滥用情况下的安全性，最重要的目的在于验证电池系统保护自身的能力以及在发生危险情况下对乘员的保护能力。安全性测试主要包括跌落、挤压、火烧、水浸、热扩散等测试。下面分别针对上述项目的测试评价方法进行描述。

1. 机械安全性

（1）跌落

1 米跌落。测试对象以实际维修或者安装过程中最可能跌落的方向，若无法确定最可能跌落的方向，则沿 z 轴方向，从 1 米的高度处自由跌落到水泥地面上，观察 2 小时。

10 米高空跌落。测试对象以最可能跌落的方向，若无法确定最可能跌落的方向，则沿 z 轴方向，从 10 米的高度处自由跌落到水泥地面上，观察 2 小时。

（2）挤压

按下列条件进行挤压：

挤压板形式：半径 75 毫米的半圆柱体，半圆柱体的长度大于测试对象的高度，但不超过 1 米；

挤压方向：x 和 y 方向（汽车行驶方向为 x 轴，另一垂直于行驶方向的水平方向为 y 轴）；

挤压程度：挤压力达到 100kN 或挤压变形量达到挤压方向的整体尺寸的 30% 时停止挤压；

保持 10 分钟；

观察 1 小时。

2. 环境安全性

（1）水浸

室温下，测试对象以实车装配状态与整车线束相连，然后以实车装配方向置于 3.5% NaCl 溶液（质量百分比，模拟常温下的海水成分）中 2 小时。水深要足以淹没测试对象。观察 2 小时。其中对于满足 IPX7 的样品，要求振动试验完成后进行海水浸泡试验。

（2）火烧

在短时耐火烧试验测试中，盛放汽油的平盘尺寸超过测试对象水平尺寸

20 厘米，不超过 50 厘米。平盘高度不高于汽油表面 8 厘米。汽油液面与测试对象的距离设定为 50 厘米，或者为车辆空载状态下测试对象底面的离地高度，或者由双方商定。平盘底层注入水。具体测试过程包括：

在距离被测设备至少 3 米远的地方点燃汽油，预热 60 秒后，将油盘放置在被测设备的下方，如油盘尺寸太大，无法移动，可移动被测样品及支架至油盘上方；

测试对象要暴露在火焰中 70 秒；

将盖板盖在油盘上，测试对象在该状态下测试 60 秒（或更长时间）；

将油盘移走，观察 2 小时；

在长时间耐火烧试验测试中，盛放汽油的平盘尺寸超过测试对象水平尺寸 20 厘米，不超过 50 厘米。平盘高度不高于汽油表面 8 厘米。汽油液面与测试对象的距离设定为 50 厘米，或者为车辆空载状态下测试对象底面的离地高度，或者由双方商定。平盘底层注入水。测试过程包括：

在离被测设备至少 3 米远的地方点燃汽油，预热 60 秒后，将油盘置于被测设备下方（如果油盘尺寸太大，无法移动，可以采用移动被测样品和支架的方式）；

测试对象要暴露在火焰中 20 分钟（或更长时间）。

（四）热扩散

当电池系统内某单体发生热失控时，热量将会通过不同方式传递到相邻电池单体中，严重时会引起连锁反应，热扩散时形成的烟雾、火灾和爆炸严重威胁乘员安全。因此热扩散测试主要验证车辆在蓄电池系统发生热失控时，能否确保车内乘客的人身安全。测试对象为整车或完整的车载可充电储能系统，或包括蓄电池及电气连接的车载可充电储能系统子系统。如果制造商选择储能系统子系统作为测试对象，则需要证明该子系统的试验结果能够合理反映完整的车载可充电储能系统在同等条件下的安全性能。如果储能系统的电子管理单元（BMS 或其他装置）没有集成在封装蓄电池的壳体内，则必须保证电子管理单元能正常运行并发送报警信号。试验条件要求：

除另有规定外，要求温度为25±5℃，相对湿度为15%~90%，大气压力为86kPa~106kPa。本节所提到的室温，是指25±2℃；

在试验开始前，测试对象的SOC（充满电使用一段时间剩余的电）应调至大于电池厂商规定的正常SOC工作范围的90%或者95%；

在试验开始前，所有试验装置均应正常运行。若选择过充作为热失控触发方法，需要关闭过充保护功能；

试验应尽可能少地对测试样品进行改装，制造商需提交所做改装的清单；

试验应在室内环境或者无风条件下进行。

考虑到试验的可行性和可重复性，建议采用加热或针刺两种方法，若由制造商自行选择其他方法来触发单体热失控时，电池单体达到如下状态则被认为是电池发生热失控：

a）触发对象产生电压下降，且下降值超过初始电压的25%；

b）监测点的温度达到制造商规定的最高工作温度；

c）监测点的温升速率 $dT/dt \geq 1℃/s$，且持续在3s以上。

当a）和c）或者b）和c）发生时，判定为发生热失控。如果未发生热失控，为确保热扩散不会导致车辆及乘员危险，需证明采用加热和针刺方法，均不会发生热失控。其中，推荐的针刺触发热失控的测试规程为：

刺针材料：钢；

刺针直径：3~8mm；

针尖形状：圆锥形，角度为20°~60°；

针刺速度：10mm/s~100mm/s；

针刺位置和方向：选择能触发锂离子电池单体发生热失控的位置和方向（如垂直于极片的方向）。

推荐的加热触发热失控测试规程如下：

使用平面状或棒状的加热装置，并且，装置表面应覆盖陶瓷、金属或绝缘层；

对于尺寸与锂离子电池单体相同的块状加热装置，可以用该装置替代其中一个锂离子电池单体，将其与触发对象的表面直接接触；

薄膜的加热装置应始终附着在触发对象的表面，其加热面积均应不大于锂离子电池单体的表面积；

将加热装置的加热面与电池单体表面直接接触，其位置应与温度传感器的位置相对应；

在安装完成后，立即启动加热装置，以其最大功率对触发对象进行加热，当发生热失控或者监测点温度达到300℃时，停止触发。

对于锂离子电池包或系统热扩散的要求是：在由单个电池热失控引起热扩散、进而导致乘员舱发生危险之前5分钟，应提供一个热事故事件报警信号（服务于整车热事故事件报警），提醒乘员疏散。如果热扩散不会产生导致车辆乘员危险的情况，则认为该要求得到满足。

二　国内外动力电池安全性标准法规对比研究

（一）概述

目前国内外动力电池安全性方面标准法规主要包括由中国（GB）、美国（UL、SAE）、欧盟（ECE、IEC）、联合国（UN）和国际标准化组织（ISO）等组织起草。本部分内容对比分析了共计12项电池单体、模组、系统相关的安全性标准法规，其中单体、模组层面的共有6个，系统层面的共有5个，覆盖单体、模组、系统层面的共有2个。在单体层面较为核心的法规包括GB/T 31485、IEC 62660、SAE J2464等，在系统层面较为核心的法规包括GB/T 31467.3、UL 2580、ISO 12504、ECE R100等。将上述标准法规的基本情况进行统计和对比，如表4所示。

（二）电池单体/模组

对国内外电池单体/模组安全性相关的标准法规进行对比分析，测试项目情况如表5所示。

表4　国内外电池安全性相关标准法规对比

序号	编号	年份	名称	用途	层级
1	GB/T 31485	2015	电动汽车用动力蓄电池安全要求及试验方法	商用	单体、模组
2	GB/T 31467.3	2015	电动汽车用锂离子动力蓄电池包和系统第3部分:安全性要求与测试方法	商用	系统
3	GB 31241	2014	便携式电子产品用锂离子电池和电池组安全要求	民用	单体、模组、系统
4	UL 1642	2012	Standard for Safety Lithium Batteries	民用	单体、模组
5	UL 2054	2009	Household and Commercial Batteries	民用	单体、模组为主
6	UL 2580	2010	Batteries for Use in Electric Vehicles	商用	系统
7	SAE J2464	2009	Electric and Hybrid Electric Vehicle Rechargeable Energy Storage System (RESS) Safety and Abuse Testing	商用	单体、模组、系统
8	SAE J2929	2013	Safety Standard for Electric and Hybrid Vehicle Propulsion Battery Systems Utilizing Lithium - based Rechargeable Cells	商用	系统
9	ECE R100 - 02	2016	Uniform Provisions Concerning the Approval of Vehicles with Regard to Specific Requirements for the Electric Power Train	商用	系统
10	IEC 62660 - 2	2010	Secondary Lithium - ion Cells for the Propulsion of Electric Road Vehicles - Part 2: Reliability and Abuse Testing	商用	单体
11	IEC 62660 - 3	2016	Secondary Lithium - ion Cells for the Propulsion of Electric Road Vehicles - Part 3: Safety Requirements	商用	单体
11	UN 38.3	2003	Lithium Battery Testing Requirements	民用	单体
12	ISO 12405 - 3	2014	Electrically Propelled Road Vehicles —Test Specification for Lithium - ion Traction Battery Packs and Systems —Part 3: Safety Performance Requirements	商用	系统

相对而言，GB/T 31485 的特点是所覆盖的内容较为全面，SAE J2464 属于国际上权威性较高的标准，覆盖了单体、模组、系统，但内容稍显杂乱，其中关于热稳定性和隔膜闭孔的测试偏研究类，试验难度也较大。GB 31241、

表 5　国内外电池单体/模组安全性相关标准法规对比

单体、模组		GB/T 31485	GB 31241	UL 1642	UL 2054	SAE J2464	IEC 62660－2	UN 38. 3
机械安全	挤压	√	√	√	√	√	√	
	针刺	√				√		
	跌落	√	√		√			
	重物撞击		√	√	√			√
	机械冲击		√	√	√	√	√	√
	振动		√	√	√		√	√
环境安全	加热	√		√	√		√	
	温度循环	√	√	√	√	√	√	√
	低气压	√	√	√				√
	燃烧喷射		√	√	√			
	热稳定性					√		
	海水浸泡	√						
电安全	短路	√	√	√	√	√	√	√
	过充	√	√	√	√	√	√	√
	过放	√	√	√	√	√	√	√
	隔膜闭孔测试					√		

UL 1642、UL 2054、UN 38. 3 的对象主要针对民用锂离子电池，其中 UL 1642 属于权威性较高的标准，UL 2054 更加强调模组的测试，UN 38. 3 主要保证运输间的安全性，相对其他要求较低。

从测试内容来看，各标准在电安全方面的测试项目基本相同，都包括短路、过充和过放三项内容。环境安全方面则各有所选择，最基本测试项目是温度循环，加热也比较常被应用，低气压则与使用条件有关，重点关注在高原或者航空运输中的使用情景。机械安全方面，挤压和机械冲击属于最基本的项目，针刺这类比较危险且较难通过的项目被选择得相对较少。

（三）电池系统

国内外电池系统安全性相关标准法规的对比情况如表 6 所示。其中，

GB 31241 和 UL 2054 主要面向民用，其对于系统的定义与动力电池不尽相同，因此不做重点考察。

表 6　国内外电池系统安全性相关标准法规对比

系统		GB/T 31467.3	GB 31241	UL 2054	UL 2580	SAE J2464	SAE J2929	ECE R100－02	ISO 12405－3
机械安全	挤压	√			√	√	√	√	√
	针刺					√			
	翻转	√			√	√			
	跌落	√	√		√	√	√		
	机械冲击	√			√	√	√	√	√
	模拟碰撞	√							√
	振动	√			√		√	√	√
环境安全	温度循环	√	√		√	√		√	√
	湿度温度循环	√					√		√
	海水浸泡	√			√	√	√		
	火烧	√			√	√	√	√	√
	盐雾	√			√				
	低气压	√	√						
	热管理失效				√	√	√		√
	热扩散				√	√			
	过温	√						√	
电安全	过充	√	√	√	√	√	√	√	√
	过放	√	√	√	√	√	√	√	√
	短路	√	√	√	√	√	√	√	√

从测试内容来看，各标准在电安全测试方面都包括过充、过放和短路，部分还包括绝缘特性、通路测试等。环境安全测试中，温度循环和火烧较为常见，火烧对系统的安全性要求更高，盐雾与湿度温度循环主要考察水蒸气等对系统的影响，被采用得较少，仅有美国的标准强制要求了热扩散。对于机械安全测试，挤压、机械冲击和振动较为常见，仅 SAE J2464 要求开展电池包层面的针刺测试，但不强制要求通过。

从严苛程度上来看，以 GB/T 31476.3、SAE J2929、ECE R100－2 与 ISO 12405－3 为对标关系，总体看来 GB/T 31476.3 标准涵盖范围最广，严

苛程度与 SAE J2929、ISO 12405－3 基本相当，ECE R100－2 从项目内容涵盖及严格程度上看都稍微逊色（例如其他法规要求满电测试的项目，ECE 仅要求 50% 以上 SOC）。

目前动力电池系统层级标准、法规中存在的一些争议点，以及未来需要进一步开展研究的方向包括热失控热扩散试验方法、是否需要整车级测试（尤其对于热失控热扩散）、振动测试工况、海水浸泡试验方法、火烧实验油量标准以及毒气分析等。

参考文献

Doughty D，H.，"Vehicle Battery Safety Roadmap Guidance"，*Hybrid Vehicles*，2012.

GB/T 31485－2015：《电动汽车用动力蓄电池安全要求及试验方法》。

GBT 31467. 3－2015：《电动汽车用锂离子动力蓄电池包和系统 第 3 部分 安全性要求与测试方法》。

GB 31241：《便携式电子产品用锂离子电池和电池组 安全要求》。

Proposal for a new UN GTR on Electric Vehicle Safety（EVS）.

UL 1642：*Standard for safety lithium batteries.*

UL 2054：*Household and Commercial Batteries.*

UL 2580：*Batteries for Use in Electric Vehicles.*

SAE J2464：*Electric and Hybrid Electric Vehicle Rechargeable Energy Storage System*（*RESS*）*Safety and Abuse Testing.*

SAE J2929：*Safety Standard for Electric and Hybrid Vehicle Propulsion Battery Systems Utilizing Lithium－based Rechargeable Cells.*

ECE R100－02：*Uniform provisions concerning the approval of vehicles with regard to specific requirements for the electric power train.*

IEC 62660－2：*Secondary lithium－ion cells for the propulsion of electric road vehicles－Part 2：Reliability and abuse testing.*

IEC 62660－3：*Secondary lithium－ion cells for the propulsion of electric road vehicles－Part 3：Safety requirements.*

UN 38. 3：*Lithium Battery Testing Requirements.*

ISO 12405－3：*Electrically propelled road vehicles —Test specification for lithium－ion traction battery packs and systems —Part 3：Safety performance requirements.*

B.13
钢铝混合车身结构开发中的关键技术研究

孟宪明　方 锐　杨 帅*

摘　要：　本文共分六个部分，分别介绍了国内外钢铝混合车身结构的应用进展、开发技术、连接技术，阐述了我国在发展钢铝混合车身应用技术上面临的机遇和挑战，描述了钢铝混合车身技术的未来发展趋势。结论指出，突破铝合金相关压铸成型技术以及异种材料的连接技术等，是需要解决的关键工艺技术。随着我国新能源汽车的发展以及国家政策的支持，相关基础技术研发也得到了高速的发展，国内研发人员要紧紧抓住时代机遇，迎接挑战，在技术创新上实现弯道超车。

关键词：　汽车轻量化　钢铝混合车身　性能开发

一　前言

随着汽车工业的发展，汽车与环保问题矛盾日益突出，对汽车轻量化方

* 孟宪明，博士，高级工程师，中国汽车技术研究中心有限公司汽车工程研究院第一开发部副总工程师，主要从事汽车轻量化技术、多材料混合车身开发技术、新型车身连接技术、材料与零部件应用性能开发技术、结构和材料力学性能及碰撞失效行为研究等；方锐，高级工程师，中国汽车技术研究中心有限公司汽车工程研究院第一开发部主任，主要从事整车被动安全性、维修性研究，整车主动安全与智能驾驶性能研究，整车安全相关零部件开发研究等；杨帅，博士，高级工程师，中国汽车技术研究中心有限公司汽车工程研究院第一开发部副主任，主要从事国内外整车被动安全及相关领域法规研究，整车被动安全性能评价、分析与开发研究，安全相关零部件开发研究等。

面的研究也提出了更为苛刻的需求，汽车轻量化是一个复杂、系统的工程，涉及汽车的各个系统和总成，但不同系统和总成对轻量化的贡献率各不相同。对于纯电动轿车，车身、内饰和底盘约占总质量的2/3，通过车身和底盘的轻量化可以有效达成电动汽车整车的轻量化。在车身轻量化方面，以先进高强钢为主要技术路线的国际钢协 ULSAS、ULSAC、ULSAB、ULSAB - AVC、FSV 项目的研究表明，对于钢制车身，通过采取轻量化设计、工艺技术升级等措施能够实现的轻量化水平有限，如以 ULSAB - AVC 项目为例，其高强度钢应用比例达到 90% 以上，并且车身部件中 31% 采用激光拼焊技术、7% 采用液压成型技术等，其白车身较同级别车减重 17% 。可见，即使采用高强度钢及相应的先进加工工艺，其减重潜力仍然有限。近年来，除高强钢技术路线外，国际铝协极力推进铝合金在汽车中的应用；钢铝混合车身技术研究即为轻量化技术其中之一，新型钢铝混合车身技术的大范围应用也为汽车车身轻量化开发带来了机遇与挑战。

世界上许多国家纷纷将钢铝混合车身技术应用到车身结构轻量化和安全设计开发中，如捷豹、福特、通用、奔驰、宝马等对于油耗的降低和材料绿色应用技术也有更多的规范和方法，中国作为一个汽车大国，国内相关主机厂已开展了相关研究与工程实践工作，但是设计基本依赖国外的技术或者借助国外的设计开发团队，因此加紧对我国自主知识产权技术的钢铝混合车身结构轻量化的研究迫在眉睫。

二　国内外钢铝混合车身结构的应用进展

多材料混合车身结构的发展是未来汽车车身结构的主要发展方向，现阶段的多材料车身设计以钢铝混合车身为主流设计方式。一方面，钢与铝的成型方式、连接方式以及相关属性相对比较成熟，已经得到了相关主机厂的应用。另一方面，钢铝混合车身性能在工程实践中也得到了很好的工程评价。然而，国内钢铝混合车身技术开发方面尚未形成相关标准流程与开发体系，还有很多工作迫切需要开展。

在钢铝混合车身结构开发与实际应用方面，国外已经有很多公司进行了相关混合车身的开发工作。例如，宝马公司在新 BMW5 系开发上采用了钢铝混合车身技术，这也是世界上首款采用钢铝混合结构的车身结构，车辆前舱吸能部分采用铝材，大覆盖件中的侧面板和发动机罩也使用冲压铝制造，A 柱之后的成员舱部分则由钢制成。这一新技术的采用，使 BMW5 系平台车型比上一代车型的整车重量减少了 60kg。除了新 BMW5 系外，钢铝混合车身技术在奥迪 Q7 四轮驱动 SUV 上也得到了应用，其白车身结构如图 1 所示。

图 1　奥迪 Q7 钢铝混合车身结构

在最新款的奥迪 A8 中，如图 2 所示，其同样采用了以钢铝为主的混合车身结构设计理念，铝合金在其中的比例得到了大幅度的提升，车身钢结构中主要采用了冲压成型工艺制备相关零部件，铝合金则采用挤压成型和压铸成型的工艺方法来进行相关位置零部件的制备，从车身的材料分布信息来看，其主要承力位置采用的是高强钢组件，前端吸能部位采用的是挤压成型工艺的铝合金材料，在前端结构分力部分（前纵梁与下弯纵梁的连接位置）采用的是压铸成型铝合金部件，另外基于集成化与轻量化的要求，车身部分位置也采用了压铸铝合金的工艺，这样可以使原来多个零部件集成到一个压铸的零部件上，在减少转配复杂度的同时也使零部件进一步得到轻量化。

图 2　奥迪 A8 的钢铝混合车身结构

目前，国内各大主机厂均在开展轻量化相关工作，但与国外先进水平相比仍存在较大差距，未突破以钢制车身为主的基本材料架构，多是增加超高强度钢、先进高强钢和热成型钢的应用，并辅以塑代钢轻量化技术和部分零部件的铝合金轻质材料替换。在铝合金车身结构件的应用方面，宇通客车公司与美铝公司在 2009 年联合推出了国内第一台铝制公交客车，车身骨架全部由铝挤压型材焊接而成，并通过铆接与钢制底盘连接；新型全铝车身的减重效果十分显著，整车重量降低约 11.6%，车身减重率达到 46%。厦门金龙有限公司以普通公交车为对象，研究采用全铝车身的纯电动公交客车在续驶里程方面的优势，得出的结论是，车身铝化后可使续驶里程增加 8% ~ 10%。蔚来汽车完成了 ES8 全铝 SUV 车身的车型开发，奇瑞小蚂蚁完成了一款全铝车身框架 4 座的 A0 级车型开发，北汽新能源开发了全铝 A0 级车型 E150，东风风神 E30 完成了一款全铝车身框架 2 座的 A0 级车型开发。同时，长城华冠纯电动超跑汽车采用全铝合金车身，其车身外覆盖件全采用碳纤维复合材料。

但上述应用案例仍处于概念车开发阶段，钢铝合金等多材料混合车身结构尚未取得实质性进展。迄今为止，国内尚未有量产车型的钢铝混合材料车身的报道。可见，先进轻量化技术的研发是国内汽车行业的关注焦点，但钢铝混合材料车身还未实现在汽车中的产业化应用。同时可以看出，轻质材料的规模应用及多材料混合车身新结构是目前汽车轻量化的主流趋势，辅以关键底盘、内外饰等系统的轻量化开发，是解决汽车大幅减重现实需求的必由之路。

综上所述，国外部分汽车公司，特别是欧洲汽车公司已在混合材料车身方面开展了先导性基础研究，部分车型已开始尝试使用钢铝混合材料车身；而美国也已将多材料车身的轻量化设计和制造技术的研发纳入日程。在国内，部分客车制造商已开始对钢铝一体化车身结构进行初步探索，而在乘用车领域鲜有报道及研究，更没有成功的实际应用案例。由此看出，这种车身结构的开发研究及其应用尚处于起步阶段，远没有形成标准的开发方法、设计规范和制造工艺，还有很多工作迫切需要开展。

三　国内外钢铝混合车身结构技术发展现状

（一）钢铝混合车身结构的开发技术解析

当今世界上汽车技术最发达的几个地区主要集中在美国、欧洲、日本和韩国，我国汽车产业规模较大，钢铝混合车身结构的理念虽已引起国内外汽车企业的高度重视，并在实际的车身制造中有了一定应用，但这种车身结构的开发方法与传统的单一材料白车身结构相比有很大的不同，仍面临一些关键问题亟待解决，在关键技术领域也谈不上强。美国和欧洲是最早进行钢铝混合车身技术开发的国家，相关钢铝混合车身的正向开发技术、工艺技术、连接技术都比较成熟，钢铝混合车身的量产车型也相对较多，其开发经验丰富。图 3 为美国通用公司旗下品牌凯迪拉克开发的钢铝混合车身案例，这里结合这个经典案例对钢铝混合车身技术进行详细解析。

在这款 GT6 凯迪拉克钢铝混合车身中，体现了将合适的材料应用在合适的位置、用合适的工艺进行实现的设计与开发理念，图 3a 是钢铝混合车身的材料分布方式，其覆盖件采用的是冲压成型铝合金，实现了覆盖件的成型特性与轻量化设计理念。图 3b 为钢铝混合车身中钢铁材料的应用部位，可以看出钢铁材料的分布主要在乘员舱部分，起到了对乘员保护的作用，其零部件的制造工艺为冲压成型工艺，连接方式为电阻焊和二氧化碳保护焊连接方式。采用这种结构是应用了高强钢的抗变形性能，相较与铝合金材料，钢铁材料的变形能力要远高于铝合金材料，乘员舱的高强钢骨架式设计一方面可以满足碰撞安全性能要求，另一方面可以提高白车身的扭转刚度与相应的模态频率，使在车身性能开发方面比铝合金更具有材料性能优势，这个设计理念也体现了钢铝混合车身“将合适的材料应用到合适的位置实现优秀的性能”的核心。

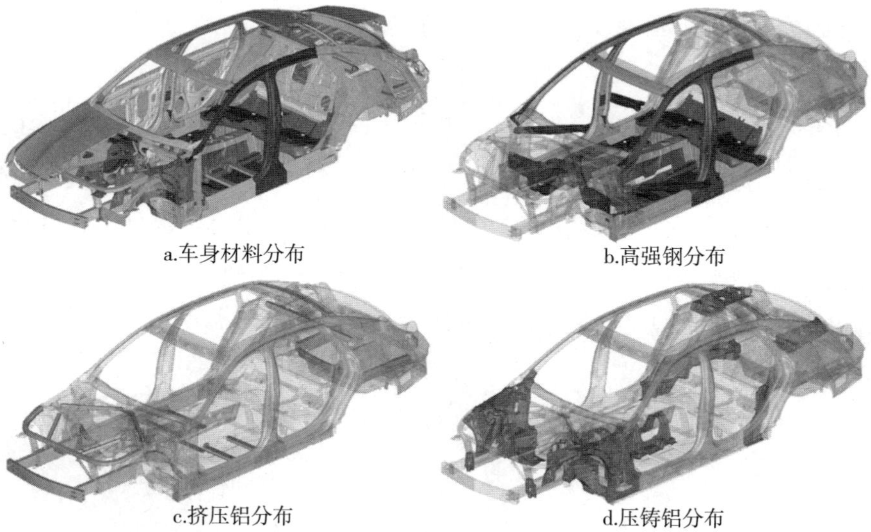
a.车身材料分布　b.高强钢分布　c.挤压铝分布　d.压铸铝分布

图 3　凯迪拉克钢铝混合车身结构特点

图 3c 为在车身前舱与后舱部位的主要传力吸能部件上采用了挤压成型的铝型材，其中也包含了前舱中协调车身左右刚度的悬置横梁。这种设计的目的是应用了铝合金型材的优秀吸能特性，铝合金型材具有其特殊的成型特性，通过设计型材的断面可以实现更为稳定和优秀的吸能特性。对于

钢铁材料来说，其梁结构断面一般为几字形，很难实现断面的复杂设计，但是铝合金型材的成型工艺可以实现日字形、目字形、田字形、六边形及蜂窝形等多种截面形状，而且采用挤压成型的铝型材没有焊点或者焊接边，这种结构使梁的结构更加稳定封闭，容易使碰撞的吸能特性更好。因此，通常铝合金型材被应用在车身传递路径中的吸能位置，使其优秀的吸能特性得到更好的应用，同时也达到了车身轻量化的效果。图 3d 所示为压铸铝合金零部件的分布位置，从中可以看出，压铸铝合金的分布位置在悬架塔包、中央通道以及前后下弯纵梁的位置。在钢铝混合车身中，压铸成型铝件一般应用在车身接头位置或者是零部件的集成位置，通过压铸铝件中筋的优化设计可以实现其在车身中的力学性能要求，同时可以将多个零部件集成为一个铝合金压铸件，实现材料轻量化与集成轻量化的目的。铝合金铸件的应用是现在钢铝混合车身与全铝车身的一个工艺应用热点与难点问题。

图 4 所示为凯迪拉克 GT6 的 A 柱采用铝合金压铸成型工艺后，与上一代凯迪拉克 A 柱设计的比较优势。可见，上一代凯迪拉克的 A 柱为传统的多个钢铁材料零部件，大约有 22 个部件，采用压铸铝合金部件后，零部件的数量减少到 4 个，不仅实现了部件的轻量化，还实现了部件集成化设计，使装配变得更加容易，成本更低，效率更高。

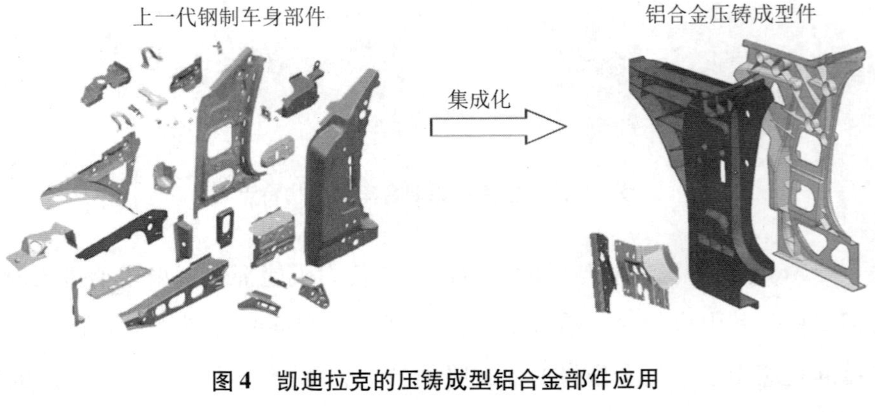

图 4　凯迪拉克的压铸成型铝合金部件应用

综上所述，对比国外相关成熟技术方案，我国在钢铝混合车身面临多种材料合理匹配以及多种成型方式相互配合的优化解决方案等关键技术上有待提高，对于试图在成本约束下进一步减轻车身重量的汽车工业而言，这些问题的解决都是迫切需要的，另外，对于材料成型、结构拓扑优化设计等相关技术也需要进一步提升。

（二）国内外钢铝混合车身的连接技术解析

在钢铝混合材料的车身结构中，多种材料的连接采用传统的电阻点焊完成有很大难度，需采用多种现代连接方法来克服，研发新的连接技术是铝合金等轻质材料得以扩大应用的前提。从目前来看，比较适于混合材料车身框架的连接方式主要有机械连接、粘接、焊接、复合连接技术等。其中，机械连接样式繁多，但真正适合钢铝混合车身的连接方式主要是半空心铆钉自穿孔铆接（SPR）和压力连接技术（Clinch Joints）；焊接的种类也比较多，而相对适合钢、铝连接的焊接主要有搅拌摩擦焊、激光焊等；另外，为适应钢铝连接对耐疲劳、防腐蚀和密封性的需要，出现了复合连接技术，其中铆/粘复合连接在钢铝混合车身中得到了广泛的应用。在车身连接方案中，国外的连接方案相对应用的车型比较多，例如图 5 所示的奥迪 Q7 钢铝混合车身中，大概有 15 种连接方式，而且针对钢与铝的连接，将钢的抗拉强度进行了分类，1000MPa 以上和以下的情况会有不同连接方式与其对应，针对铝与钢之间的连接方案，大部分为机械连接的模式，这是因为铝和钢是两种不同的金属，如果进行焊接会在铝和钢之间形成金属间化合物降低焊点的性能。另外，铝和钢之间的电化学位不同，容易形成电化学腐蚀，因此在做铝和钢之间的连接方案时一般会在铝和钢之间的接触位置涂上一层胶，一方面加强机械连接的结构强度，另一方面，可以增强接头的耐腐蚀性能。

国内自主的车身连接中还没有公开报道钢铝混合车身的连接方案，但是国内的一些自主汽车企业已经进行了相关全铝车身的开发，并已经量产，相对于国外的多种连接方案而言，国内的蔚来汽车在其全铝车身中采用了大量的 SPR、FDS、螺接、胶粘、TIG 与 MIG 焊接的方式，实现了不同部位采用

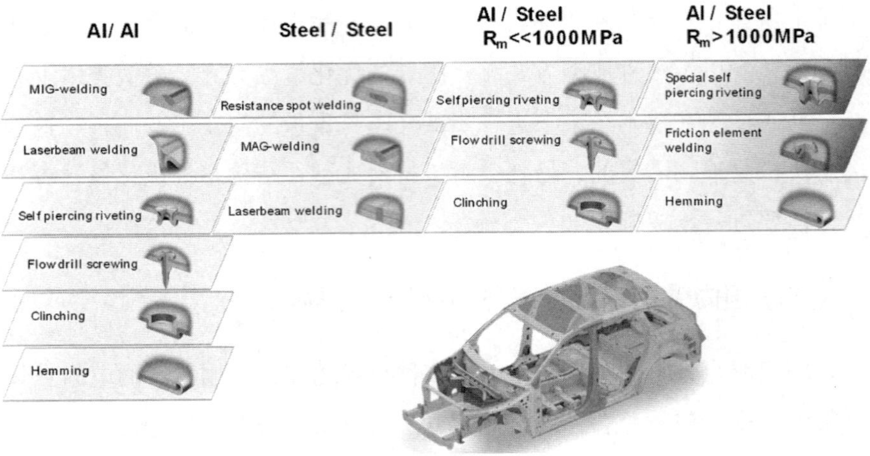

图 5　奥迪 Q7 钢铝混合车身连接方案

不同的连接方案。一些小型的全铝车身例如奇瑞的小蚂蚁则采用 TIG 与 MIG 焊接为其主要连接方式。

综上所述，对于铝和钢之间的连接方式，国外已经在量产车上应用了大量的机械连接的相关解决方案，我国在钢铝混合车身中的异种材料连接方面还处于研究阶段，还没有大量量产的工程案例，因此解决工程中遇到的实际连接方案问题，开发具有自主知识产权的铆枪及铆钉具有重要的现实意义。

四　我国在发展钢铝混合车身应用技术上所面临的机遇和挑战

我国的汽车产业大而不强，很多核心技术都被国外企业掌控，那么，如何根据我国自身汽车企业特点来开发未来的汽车结构轻量化设计与新材料应用，在当前的汽车电动化的潮流中既有机遇又有挑战，车身的轻量化对于新能源车和传统燃油车都起着举足轻重的作用，随着国家补贴政策的推动以及汽车购买者对续航里程要求的提高，300km 及以上的续航能力已经成为现阶段新能源汽车开发的基本要求。但是，由于现阶段动力电池单体的能量密度比较低，在未来一段时间内也没有突破性的技术，新能源汽车如果要满足续航里程的要求，就必须大幅度地进行车身结构轻量化开发。相比于传统燃油车的单一钢质材料白车身轻量化开发技术，已经不能满足新能源汽车轻量化的开发目标要求，钢铝混合材料车身结构一体化技术能更好地兼顾车身结构各方面的要求，达到轻量化、工艺性、安全性和成本等各方面的最优技术效果，是今后新能源汽车车身结构开发的主要技术手段。

国外一些著名的新能源汽车公司都建立了相应的设计规范、工艺流程和相关开发技术，并用于新能源汽车的车身结构设计开发中；国内汽车公司主要借鉴国际大公司的方法，依靠标杆车对标逆向分析来进行车身结构的设计，或者基于传统燃油车平台进行新能源车结构改型设计，因而对于方法理论的研究浅显，缺少足够的案例和系统的钢铝混合车身结构开发技术，结果造成设计不深入，也不具备提出优化整改的能力。

而且，当前基于全铝车身的轻量化设计在生产制造中成本过高，对国内企业来讲可行性不高。但铝合金在轻量化方面有得天独厚的优势，经过合理设计有着与钢一样的刚强度，重量却只有其1/3。因此，通过钢铝材料的合理组合，实现“将合适的材料应用到合适的位置实现优秀的性能”的理念，实现车身轻量化要求，同时又满足车身性能指标要求，具有重要意义。

五　钢铝混合车身技术的未来发展趋势

钢铝混合车身技术是国际主流汽车厂商的主攻方向。除上述研究项目外，国际知名汽车企业均以量产为目标，在车身轻量化技术应用方向开展了深入研究。奥迪 A8 采用铝合金空间框架式车身，轻量化系数达到 1.6（含封闭件）。宝马车身采用多材料混合的技术理念，主体车身框架采用铝合金，同时使用高强钢结构进行加强，下部车身也采用超高强钢材料，车身在减重 130kg 的同时，仍保持了良好的刚度和强度。可以看到，多材料混合车身以其充分利用材料特性、平衡成本与重量的关系，成为轻量化车身产业化的重要发展方向。通过研究多种材料混合结构的设计理论、方法和相应工艺，在车身不同部位采用不同的材料，充分发挥各种材料的优势，可最终实现选材与零部件功能的最优组合。另外，未来的车身一定是基于多材料的混合车身结构，多种材料耦合多种成型工艺实现性能的最佳匹配，例如基于奥迪 R8 全铝车身框架开发的 R8 e - tron 采用铝/CFRP 多材料混合设计，实现了较 R8 减重 23kg 的效果，因此多材料车身是未来车身轻量化的主要发展方向，我国要加紧开发相关基础工艺以及与多材料车身整体开发技术相关的研究与工程应用工作，实现在电动汽车领域的技术超车。

六 结语

钢铝混合车身技术是现代汽车轻量化技术中比较热点的应用技术，而在实现钢铝混合车身技术中还有一些关键的工艺技术需要解决，其中包含铝合金挤压技术、压铸技术、冲压技术以及同种材料连接技术与异种材料连接技术，这些基础技术在国外已经有很好的技术储备，但对我国来说，一些技术难点还要进一步解决，其中压铸成型技术与异种材料连接技术是待解决的技术难点问题。随着我国新能源汽车的进一步发展以及国家政策的支持，车身轻量化技术得到在新能源汽车领域的大量应用，相关基础技术的研发也得到了国家的大力支持，这样会在较短时间内实现人力与物力的集中去攻克相关技术难点问题，抓住机遇，迎接挑战，迎头赶上发达国家，实现“弯道超车”的目标。

参考文献

国务院发展研究中心产业经济研究部等：《中国汽车产业发展报告（2010）》，社会科学文献出版社，2010。

Waurzyniak，Patrick，“Advanced materials in automotive：Newer steels，aluminum，magnesium，and other materials lead to more lightweight，economical vehicles”，*Manufacturing Engineering*，2009，143（3）.

R. Porcaro，A. G. Hanssen，M. Langseth，et al.，“The behaviour of a self - piercing riveted connection under quasi - static loading conditions", *International Journal of Solids and Structures*, 2006, 43.

羊拯民:《汽车车身设计》，机械工业出版社，2008。

《2015 欧洲车身会议会议论文集》。

《2017 欧洲车身会议会议论文集》。

B.14
基于交通事故数据的中国汽车翻滚安全性发展研究

尤嘉勋　秦丽蓬*

摘　要： 本文从分析中国不同车型对应的 SSF 系数入手，讨论中国近年来由车型保有量结构变化导致的汽车翻滚事故发生率的变化趋势，并通过分析单起翻滚事故造成的平均死亡人数的变化曲线，说明翻滚事故是一种发生率低但是致死率高的道路交通事故形态。文章基于汽车翻滚事故数据，分别分析了汽车翻滚事故的环境特征、翻滚形式特征、车辆特征、乘员损伤特征。同时，建议汽车翻滚安全标准法规测试可以选择路缘石试验、螺旋翻滚试验以及边坡翻滚试验，分别对应绊翻、抛翻和坠翻。

关键词： 汽车翻滚　事故特征　安全技术

一　概述

汽车翻滚是一种发生率较低的交通事故形态。汽车翻滚事故发生的倾向

* 尤嘉勋，硕士，高级工程师，中国汽车技术研究中心有限公司汽车技术情报研究所信息咨询中心主任，主要从事汽车前瞻技术领域与产业规划研究；秦丽蓬，硕士，工程师，任职中国汽车技术研究中心有限公司汽车技术情报研究所信息咨询一室，主要从事汽车主被动安全技术、汽车座椅舒适性研究。

性与汽车参数 SSF 之间具有强相关性。自 2012 年开始，中国汽车市场上，SUV 销量快速攀升，保有量也相应地增长。由于 SUV 车型的 SSF 偏小，发生翻滚事故的倾向性较高，如图 1 所示，这样也造成了自 2012 年以来汽车翻滚事故占比的上升，同时，也可以预测在近几年 SUV 保有量会持续增大的影响下，中国的汽车翻滚事故占比也会持续上升，如图 2 所示。

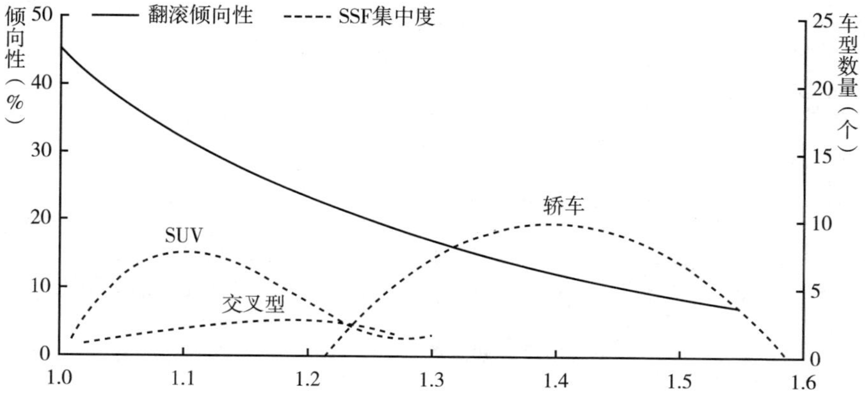

图 1　不同车型翻滚倾向性及 SSF 分布集中度

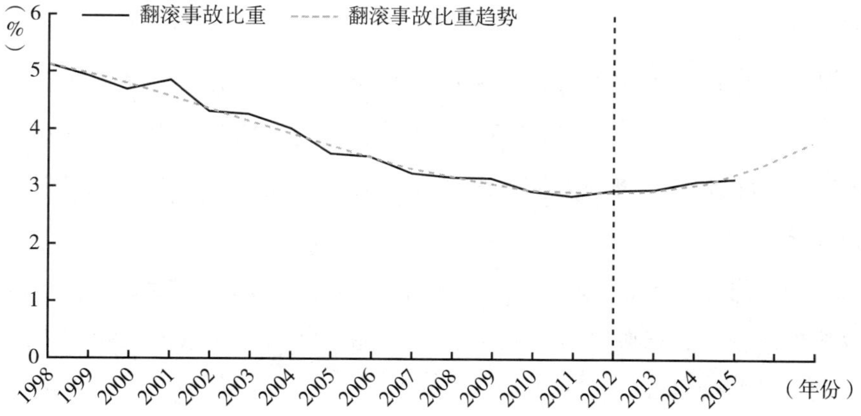

图 2　中国历年翻滚事故占比变化及趋势

SSF（Static Stability Factor）指的是静态稳定性系数，用于衡量车辆的抗翻滚稳定性。计算公式如下：

$SSF = \frac{T}{2h}$，其中 T 为汽车轮距，h 为汽车重心高度。

汽车翻滚还是一种致死率非常高的交通事故形态。如图 3 所示，2015 年中国单起汽车翻滚事故（包括坠翻）造成的平均死亡人数是 0.71 人。

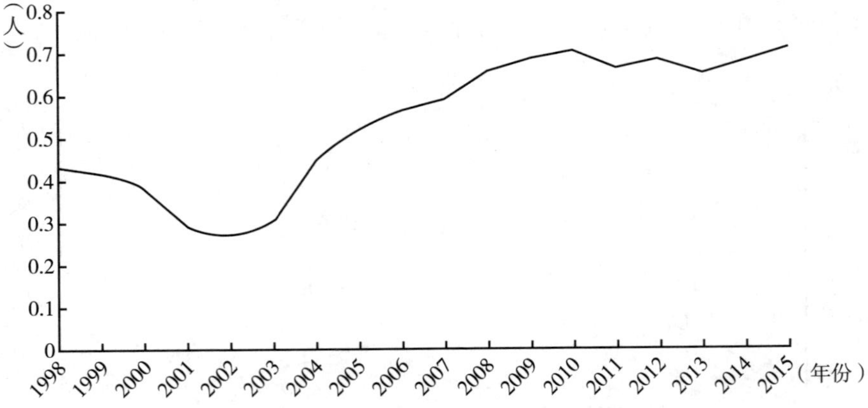

图 3　中国历年单起翻滚事故平均死亡人数变化

二　汽车翻滚事故发生的环境特征

从图 4 中可以看出，汽车翻滚事故主要发生在“正常直路”和“十字路口”，并且两种主要道路类型下所发生的汽车翻滚事故案例累计占比达到了 80%。可以认定“正常直路”和“十字路口”是中国汽车翻滚事故的主要道路特征。

从图 5 可以看出，汽车翻滚事故中有 36% 发生在夜晚光线不佳的环境。在这样的环境下，驾驶员判断失误，与其他道路参与者或者固定物发生碰撞，诱发了翻滚事故。

从图 6 可以看出，汽车翻滚事故发生时的天气特征主要是晴天，事故案例数占比超过 70%。

从图 7 可以看出，大部分的汽车翻滚事故发生在干燥的路面条件下，占比超过 80%。

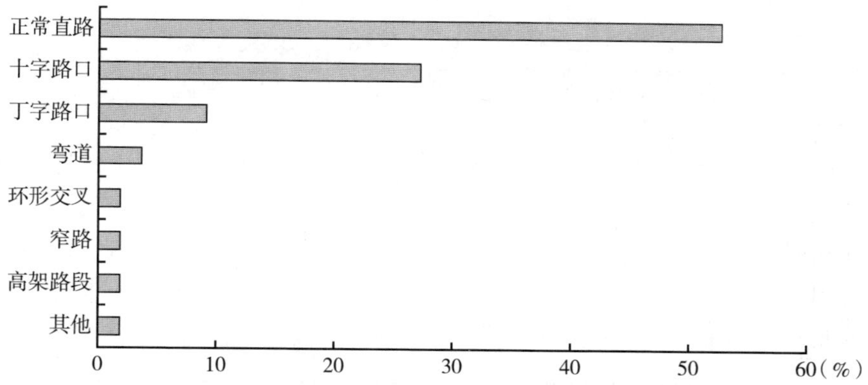

图 4　汽车翻滚事故道路特征

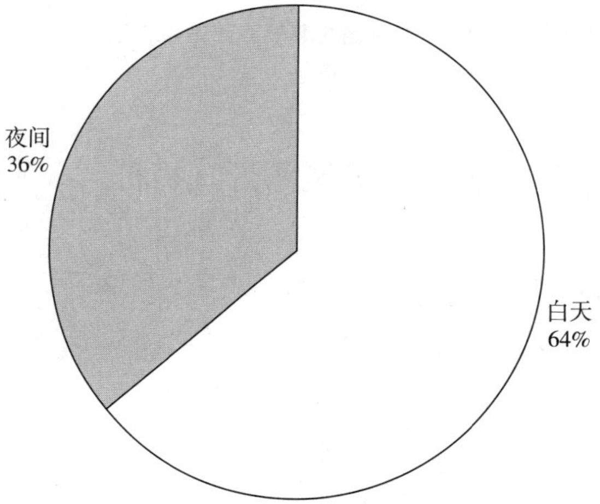

图 5　汽车翻滚事故时间特征

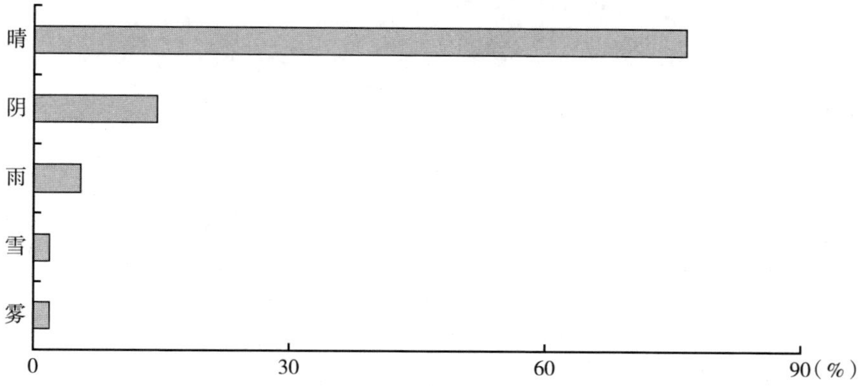

图 6　汽车翻滚事故天气特征

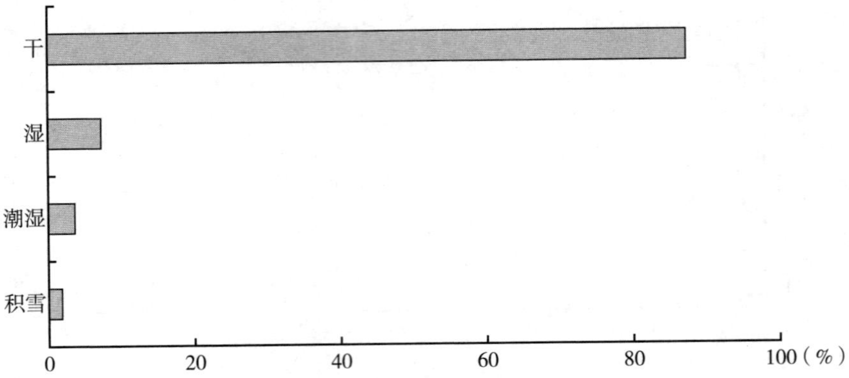

图 7　汽车翻滚事故路面湿滑特征

三　汽车翻滚形式特征

从图 8 可以看出，汽车翻滚事故的形式主要是单车事故，由多车造成的翻滚事故只占全部翻滚事故案例的 17%。

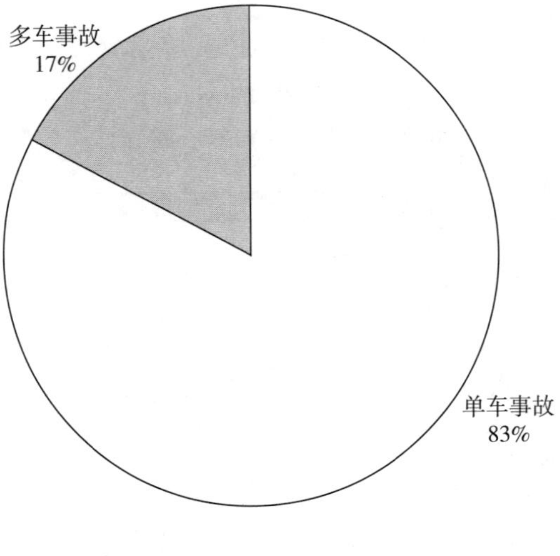

图 8　汽车翻滚事故单/多车事故分布

从图 9 可以看出，首先，“绊翻”是首位的单车翻滚事故形式；其次，“绊翻”、“抛翻”和“坠翻”三种单车翻滚事故形式累计占比达到了 72.70%，可以认为这三种单车翻滚事故形式是最主要的汽车翻滚事故形式。

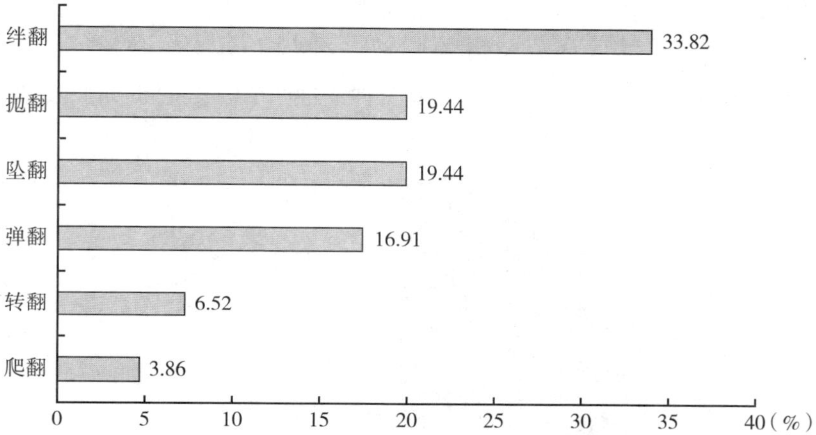

图 9　汽车翻滚事故 - 单车翻滚形式分布

从图 10 可以看出，汽车翻滚事故中车辆的绕轴方式主要是围绕纵轴。

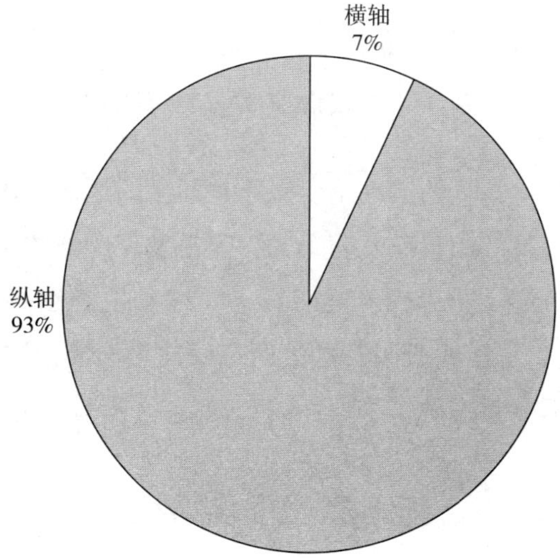

图 10　汽车翻滚事故车辆绕轴方式分布

四　车辆特征

从图 11 可以看出，按照发生翻滚的车辆类型对翻滚事故案例分布进行分析，“轿车”排在首位，“SUV”和“交叉型”乘用车分列第二和第三位。翻滚车辆类型分布是车辆保有量分布和车辆翻滚倾向性两个因素共同影响的结果。

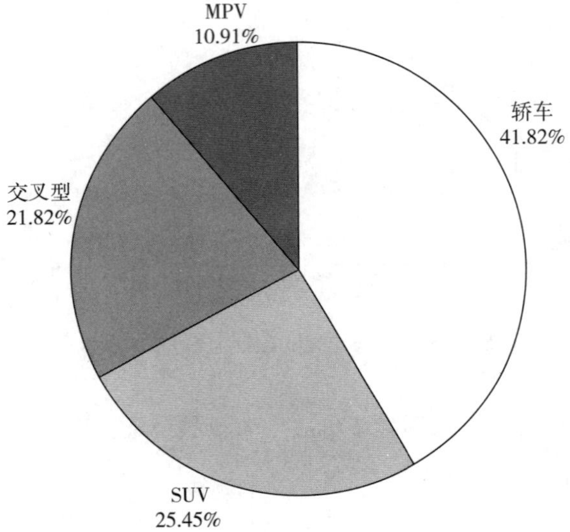

图 11　汽车翻滚事故车辆类型分布

汽车翻滚事故中车辆的运动不仅限于平面内的运动，还有基于自身轴向的运动。由于这种事故的特殊性，车辆更容易发生燃油的泄漏，使起火二次事故发生的风险上升。从图 12 可以看出，在发生翻滚事故的车辆中，有 40. 74% 的车辆发生了燃油泄漏，这表明，面向翻滚事故的车辆燃油防泄漏安全性提升也是需要重视的一个方面。

五　乘员损伤特征

从图 13 可以看出，汽车翻滚事故乘员的死亡率达到 35. 00%（判断的时间标准是交警达到事故现场的时间）。

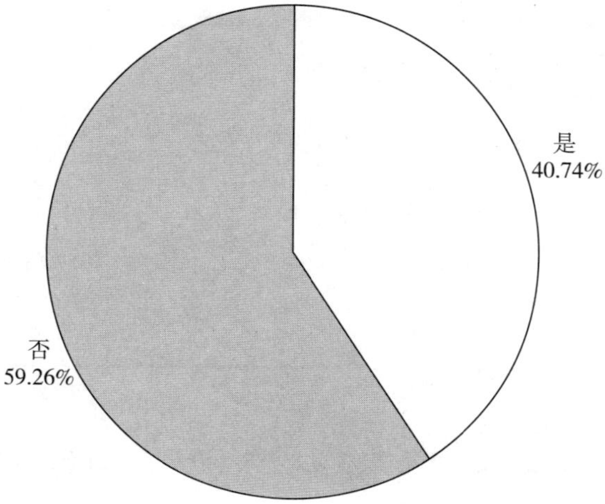

图 12　汽车翻滚事故后车辆燃油是否泄漏

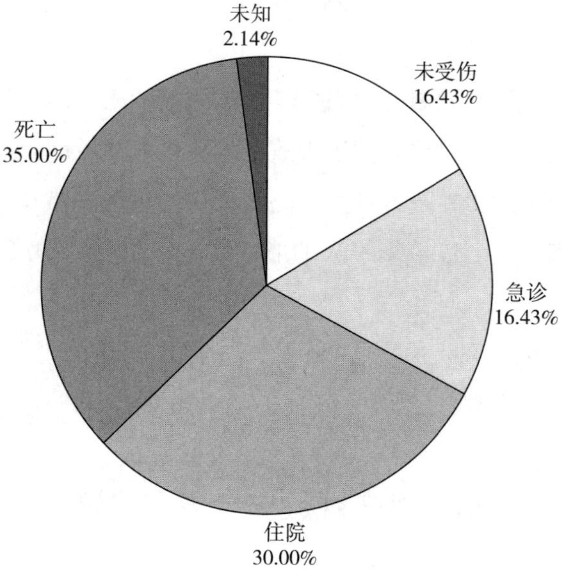

图 13　汽车翻滚事故乘员受伤情况分布

从图 14 可以看出，汽车翻滚事故乘员最严重受伤部位中，“头部”占比最高，“胸部”和“四肢”分列第二和第三位，且“头部”、“胸部”和“四肢”累计占比超过 80%。

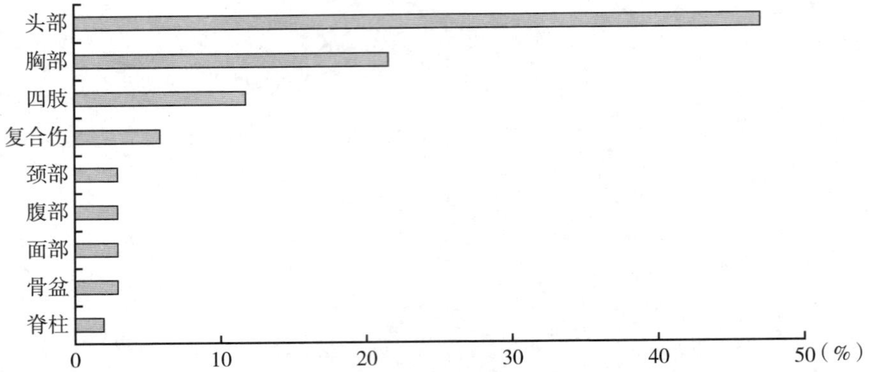

图 14　汽车翻滚事故乘员最严重损伤部位分布（最严重受伤部位 - AIS 级别最高）

六　结论

中国汽车车型结构发展变化引发了汽车翻滚事故率的上升，并在未来一段时间内继续上升，同时单起翻滚事故平均死亡人数较高。

翻滚事故通常发生在视野良好、路面干燥的正常直路和十字路口。

汽车翻滚事故主要以单车事故的形式发生，主要的翻滚形式为：绊翻、抛翻和坠翻。

翻滚事故中乘员的死亡率达到了 35%，致死伤的部位主要是头部和胸部。

七　汽车翻滚安全发展建议

（1）标准法规。汽车翻滚安全标准法规测试可以选择路缘石试验、螺旋翻滚试验以及边坡翻滚试验，分别对应绊翻、抛翻和坠翻。

（2）技术方案。可以通过增加车辆主动安全配置避免或减少汽车翻滚前的触发事件，同时可以通过增大车顶抗压强度以及增加侧面气囊（气帘）的保压时间来减少乘员头部伤害。

（3）宣传教育。使用安全带对于汽车翻滚事故中乘员保护具有极其重要的作用。

参考文献

Jang B. C. , Marimuthu R. P. , "Sensitivity Analysis of SUV Parameters on Rollover Propensity", *International Journal of Automotive Technology*, 2006, 7 (6).

John, A. , Karousos, "Comment Request for Rollover Rating", *Federal Register*, 2000, 65 (106).

Marie, C. , Walz, "Trends in the Static Stability Factor of Passenger Cars", *Light Trucks, and Vans*, USA: NHTSA, 2005.

NHTSA, "Consumer Information Regulation on Rollover Resistance", Washington DC: NHTSA, 2000.

NHTSA:《2001 – 2003 US – NCAP 翻滚评价数据》, www. safercar. gov。

公安部交通科学管理研究所：《中华人民共和国道路交通事故统计年报》（1998 – 2015）。

B.15
浅谈汽车低速碰撞可维修性技术

樊华清　崔 东　方 锐*

摘　要： 随着汽车销量的不断增长，汽车的售后维修市场也不断发展壮大。但国内目前对汽车的售后维修技术研究较少，国内主机厂也很少在汽车设计阶段将汽车的维修性能考虑进来。本文第一部分是汽车可维修性概述，对汽车可维修性的发展过程和现状进行介绍，并重点介绍国内外著名的汽车可维修性技术研究机构。第二部分是汽车可维修性技术的介绍，对汽车低速碰撞可维修试验工况进行介绍，并详细阐述汽车可维修性技术的研发流程。

关键词： 汽车可维修性技术　低速碰撞　研发流程

2017年，我国汽车产量2901.54万辆，销量达2887.89万辆，连续九年蝉联世界第一。随着汽车销量的不断增长，汽车的售后维修市场也不断发展壮大。但国内目前对汽车的售后维修技术研究较少，国内主机厂也很少在汽车设计阶段将汽车的维修性能考虑进来。

---

* 樊华清，工程硕士，中国汽车技术研究中心有限公司汽车工程研究院第一开发部可维修性技术专职工程师，主要研究方向为汽车低速碰撞试验、汽车可维修性技术等；崔东，高级工程师，中国汽车技术研究中心有限公司汽车工程研究院第一开发部副主任，主要研究方向为汽车低速碰撞可维修性技术、汽车保险风险评估等；方锐，高级工程师，中国汽车技术研究中心有限公司汽车工程研究院第一开发部主任，主要从事整车被动安全性、维修性研究，整车主动安全与智能驾驶性能研究，整车安全相关零部件开发研究等。

汽车的低速碰撞可维修性技术，是从汽车设计的前期阶段，就将汽车售后阶段的维修性能考虑进来，并结合汽车后期的维修拆解、零部件更换、易损件价格和汽车保险等因素，形成一个完整的体系，促进正向循环，不断提高中国汽车的维修性能，从而降低汽车主机厂、汽车保险公司和汽车消费者的成本。

一　汽车可维修性概述

（一）可维修性技术的发展过程

- 1966 年瑞典保险商 Folksam 开始着手研究汽车修理技术；
- 20 世纪 90 年代末期，越来越多的瑞典和斯堪的纳维亚的保险商和 Folksam 合作，组建了 Nordic Insurance Repair Committee Nirc；
- 1972 年，英国 Thatcham 和德国安联技术中心加入，和 Nirc 的成员共同组建了汽车维修研究委员会（RCAR）。

RCAR 是由保险行业提供资金支持的一个国际性技术研究机构，其主要工作内容是，研究与机动车事故维修、安全性及培训需求相关的工程设计及方案。为协助会员做好研究项目，RCAR 为会员提供了一个相互交流、沟通的平台。RCAR 秘书长保持与会员、全球性机构以及其他相关个人之间的联络与沟通。

RCAR 的总体目标是通过与汽车制造商进行对话与合作，进而影响汽车的设计，为保险公司控制成本，最终使车辆变得更安全，降低易损性，在事故发生后维修成本更合理。同时将这样的信息，通过高品质的培训报道等传递出去。

（二）汽车可维修性国内外相关研究机构

1. 英国 Thatcham 公司

Thatcham Research 于 1969 年由 30 多家保险公司共同组建，是一家汽车科研机构，致力于在控制和减少保险理赔成本的同时保障车辆安全。Thatcham 是 RCAR 的建立者之一，也是 Euro NCAP 的成员。Thatcham 的主要工作包括：汽车风险等级评估、保险定损培训、汽车配件认证、可维修性研究、安全技术研究和驾驶员视野研究等。

Group Rating 是一个汽车保险风险等级系统，用来给保险商提供车辆相对风险等级参考。例如，大众 Polo 车型的汽车保险风险等级为 10 级，而它同级别车往往在 13、14 级的水平，Polo 每年保费约为 300 英镑，而同级别车型每年保费约为 600 英镑。因此，汽车保险风险等级对汽车保费的制定有非常重要的影响。

2. 德国安联技术中心（AZT）

德国安联技术中心（Allianz Zentrum für Technik，AZT）是 RCAR 的成员之一，负责德国车辆的保险评级——Type Class。评级过程以符合 RCAR 标准的测试为基础。

为估算德国市场上车辆的风险，使用 Type Class 来评估保险商的理赔成本，并且大部分保险商依靠 Type Class 作为保费计算的基础。

安联技术中心的主要业务：维修技术、汽车技术与安全研究、事故研究与损伤预防、专家培训与交流。

安联技术中心的主要目标：致力于研究并减少交通事故及其带来的伤害，减少理赔成本（维修技术、安全等），设立行业标准（例如 Group Rating 的碰撞检测），跟厂家、维修机构、研究单位密切合作。

3. 美国 IIHS

IIHS 是美国一家独立、非营利的科研机构，致力于减少车辆事故导致的死亡、受伤和财产损失。目前 IIHS 评测项目包括：前端侧角碰撞、侧面撞击、车顶强度测试和追尾对颈椎的影响。与国内碰撞测试（如 C – NCAP）不同的是，IIHS 只会选择最低配车型进行测试，如果厂家有要求，可以对选装后的高配车重新测试，但是成绩必须与低配车型一起公布。

4. 中汽中心工程院（AERI）

中国汽车技术研究中心有限公司汽车工程研究院（简称“中汽中心工程院”，AERI）在 2017 年根据国际汽车保险测试机构的规范要求，建成了低速碰撞可维修性试验室。

图 1　低速碰撞可维修性试验室

在该试验室，可以完成（包括但不限于）：

• 15 公里 40% 偏置刚性正面碰撞

- 15 公里 40% 偏置刚性追尾碰撞
- 10 公里正面保险杠碰撞
- 10 公里追尾保险杠碰撞
- 10 公里 15% 偏置正面保险杠碰撞
- 10 公里 15% 偏置追尾保险杠碰撞

2015 年 11 月，中汽中心工程院（AERI）与英国汽车保险权威机构 Thatcham 研究中心签署战略合作协议，致力于研究适合中国国情的汽车碰撞可维修性技术。

2017 年 12 月，中汽中心工程院低速碰撞可维修性试验室获得英国汽车保险权威机构 Thatcham 研究中心的认证。中国市场的车型，在该试验室完成的汽车保险测试数据，可以直接提交给英国 Thatcham，作为汽车保险风险评估的试验数据，不需要再将汽车运输到英国进行碰撞测试试验，大大降低了项目成本，缩短了时间周期，为国内汽车厂商出口欧洲市场提供了便利。

中汽中心工程院可以进行 RCAR 所要求的全部试验内容，包括低速碰撞试验、保险杠试验、座椅的动态和静态试验、AEB 试验。

参考英国 Thatcham 研究中心在汽车保险方面几十年的研究成果与成熟经验，中汽中心工程院根据中国市场的具体特点，在充分研究论证的基础上，推出了适合中国国情的汽车保险风险评估体系，该体系包括汽车低速碰撞、座椅鞭打试验、AEB 性能测试、防盗性能测试评估和车辆参数五个方面。

5. 中保研

汽车技术研究院有限公司（简称“中保研”，CIRI），是由中国保险行业协会于 2015 年 3 月牵头发起，由行业内前八家财产保险公司与精友世纪公司共同出资，入股改制原“北京中保研汽车技术研究院”而来，总部设在北京。

2018 年 2 月，中保研和中国汽车工程研究院共同推出了“中国保险汽车安全指数”，并发布了《中国保险汽车安全指数管理办法（2018 版）》。

二　汽车可维修性技术介绍

（一）汽车可维修性试验法规

1. 标准 RCAR 低速碰撞试验

根据 RCAR 的试验流程，进行车辆前部和尾部的 15km/h 的低速碰撞试验，如图 2 和图 3 所示。

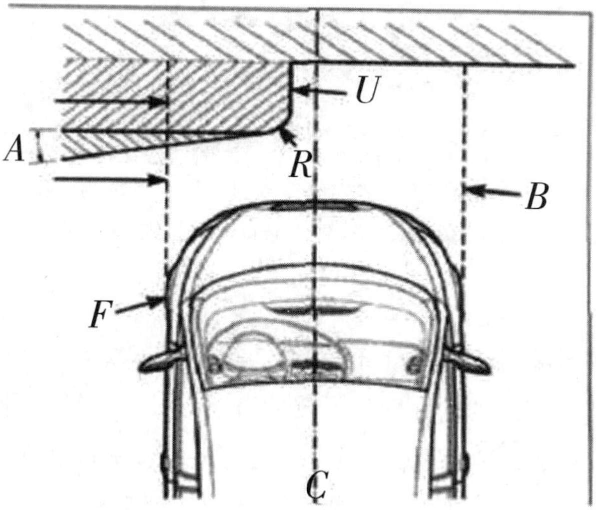

注：U为40%重叠度；B为整车宽度；圆角R=150mm；F为试验车辆；A=10°。

图 2　RCAR 标准正面 15km/h 碰撞试验工况

RCAR 的前碰测试示意如图 2 所示，目标车辆以 15km/h 的初始速度撞击刚性壁障，壁障高度高于试验车辆，碰撞车质量为整车整备质量和一个驾驶员侧 75kg 假人质量。碰撞侧为驾驶员侧，车辆与壁障的重叠率 40%，刚性壁障的几何参数如图 2 所示，壁障前端面斜角为 10°，前端面与纵向平面的圆角半径为 150mm。

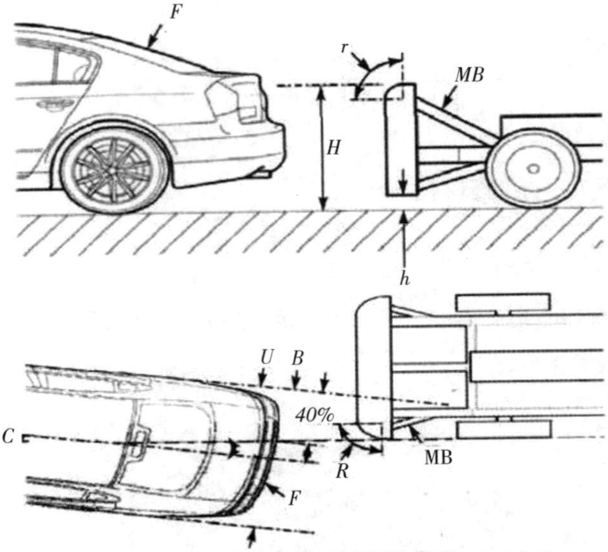

注：MB为可移动刚性壁障；壁障距地高度H=700 ± 10mm；h=200 ± 10mm；F为试验车辆；连续圆角R=150mm；连续圆角r=50mm；U为40%重叠度；B为整车宽度。

图 3　RCAR 标准尾部 15km/h 碰撞试验工况

RCAR 的尾碰测试示意如图 3 所示，碰撞台车以 15km/h 的速度撞击车辆，台车为不可变形的刚性壁障，质量为 1400kg。车辆质量为整车整备质量和驾驶员侧 75kg 碰撞假人质量。车辆与碰撞台车行进方向成 10 度角摆放，碰撞侧为乘员侧尾部，重叠率为 40%，车辆手制动处于松开位置，台车高度及几何形状如图 3 所示。

2. RCAR 保险杠试验

根据 RCAR 的试验流程，进行保险杠的静态试验和动态试验，静态试验包括全宽几何评价和拐角几何评价，动态试验包括 100% 全宽碰撞测试和 15% 重叠偏置碰撞测试，如图 4 所示。

（二）汽车可维修性技术开发

1. 可维修性技术开发流程

中汽中心依托汽车低速碰撞可维修试验室，基于在汽车碰撞安全领域十

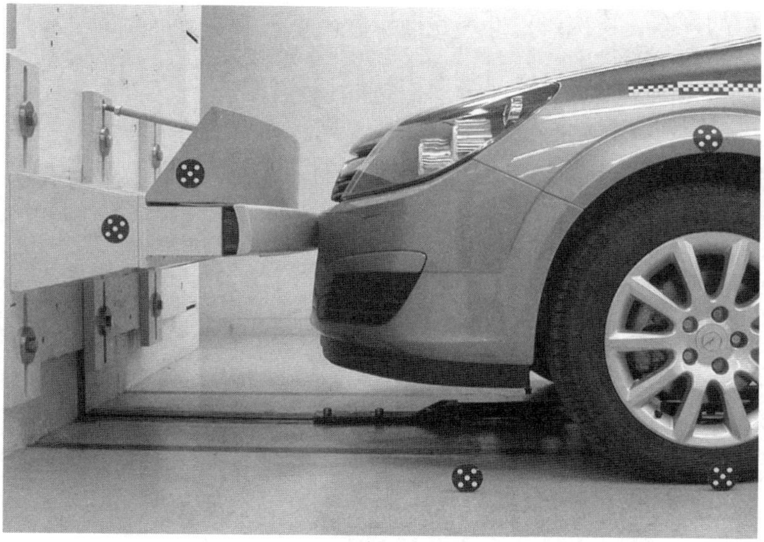

图 4　RCAR 标准正面保险杠试验

多年的深厚积累，制定了严谨细致、切实可行的汽车可维修性技术开发流程，如图 5 所示。

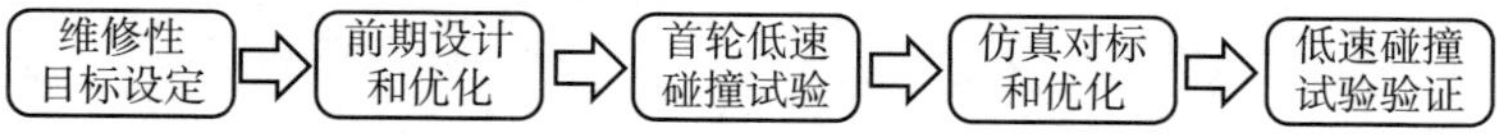

图 5　可维修性技术开发流程

（1）维修性目标设定。根据车型情况，设定车型的维修性目标。

（2）前期设计和优化。对车型的布置情况进行分析，并建立低速碰撞的仿真分析模型，进行初期的仿真分析和优化。

（3）首轮低速碰撞试验。利用试验样车，按照低速碰撞试验技术要求，完成首轮低速碰撞试验。

（4）仿真对标和优化。根据汽车的低速碰撞试验结果，对低速碰撞的仿真分析模型进行对标分析。在对标模型的基础上，根据维修性的设定目标，对汽车的维修性进行仿真优化，提供优化方案。

（5）低速碰撞试验验证。根据仿真优化的结果，对试验样车进行优化。

优化之后的样车，再次进行低速碰撞试验。试验后，对汽车的维修性进行评估，确认是否满足设定开发目标要求。

2. 可维修性技术仿真分析

CAE 技术的使用日益广泛，使用 CAE 技术建立车辆模型，进行碰撞仿真试验，可以缩短车辆的设计周期和节省费用。

（1）仿真模型搭建。如图 6 所示，根据某车型的几何数据，建立有限元分析模型。根据低速碰撞试验的要求，在车辆前方放置一个 10 度角的刚性壁障。车辆试验质量为整备质量加上 75kg 假人质量，设定重合度为车宽的 40%，碰撞速度设定为 15km/h。

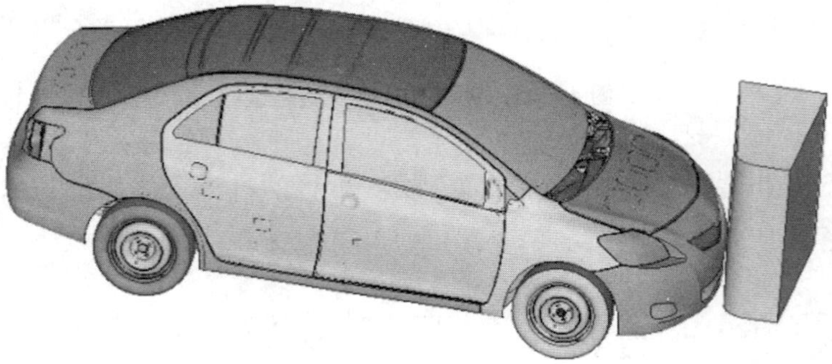

图 6　正面低速碰撞试验仿真分析模型

（2）损伤评估和维修费用计算。根据仿真结果，评价车辆结构件或者较大尺寸零部件的损伤情况，并按照表 1 计算车辆的维修费用。

表 1　车辆的维修费用

编号	损伤零部件名称	维修方法	维修费用
1			
2			
……			
合计			

（3）车辆可维修性仿真优化。根据 RCAR 的法规，车辆低速碰撞试验中，保险杠罩面、防撞梁以及吸能盒的变形损伤是合理的，这也就要求以上三个部件在低速碰撞过程中充分吸收碰撞能量，而通过焊接连接起来的车身部分等非可更换性零件，尽可能地减少损坏。

在仿真结果的基础上对车辆进行优化，来达到减少低速碰撞试验下的损伤。常见的优化方法包括：

• 优化水箱架结构，保证散热器和防撞梁之间没有易受损的部件，避免水箱架左右侧和前纵梁的刚性连接，防撞梁和保险杠之间添加吸能材料；

• 增大防撞梁的吸能特性，降低损坏。例如优化前保结构，优化吸能盒的材料，或者修改零部件的布局等。

3. 可维修性技术的试验分析方法

可维修性技术的试验分析方法如下。

（1）车辆损伤情况分析。根据碰撞试验结果，即试验中损伤的零部件情况，对车辆变形和汽车零部件的损伤情况进行评估分析。

（2）维修成本估算。根据更换零部件的成本和维修费用等，计算获得汽车的维修成本。

（3）根据低速试验结果，针对不满足要求的指标，分析主要原因，并提供分析报告和优化方案。

从汽车可维修性技术出发，在汽车的研发设计阶段，采用仿真分析和碰撞试验相结合的方法，可以较好地完成汽车可维修性能的优化设计，从而降低汽车售后阶段的维修成本，达到汽车主机厂美誉度提高、汽车保险公司理赔费用减少、消费者用车成本降低等多方共赢的局面。

参考文献

RCAR，“About RCAR”，http：//www. rcar. org/，2018－03－07.

Thatcham，“About Thatcham Research”，https：//www. thatcham. org/about，2018－06－12.

AZT，“About AZT”，http：//www. azt – automotive. com/de/，2018 – 03 – 22.

IIHS，“About IIHS”，http：//www. iihs. org/，2018 – 04 – 16.

RCAR，“RCAR Low – speed structural crash test protocol（Issue 2. 3）”，http：//www. rcar. org/ RCAR structural crash test protocol Version 2_ 3. pdf，2017 – 10 – 01.

优秀安全产品研究篇

Research Report on Excellent Safety Products

B.16
SUV 车型的整车安全性能开发

谢力哲　王福恒　伏小龙*

摘　要： 中国已经成为世界第一大汽车生产国和消费国，随着乘用车销量逐年增长，作为国内畅销的 SUV 车型在近几年的销量也是一路飙升。2017 年中国 SUV 市场销售规模已达到 1029.72 万辆，同比增长 13.9%，SUV 车型已经成为目前国内最主要的销量车型。同时，SUV 车型的安全性也越来越受到主机厂和消费者的关注。为满足消费者对高品质、高安全性德系 SUV 更大的需求，一汽 - 大众公司于 2018 年推出全新大众品牌 SUV 车型——“探歌”，并于 2018 年 7 月上市。作为一汽 - 大众 SUV

* 谢力哲，硕士，工程师，任职于一汽 - 大众汽车有限公司技术开发部车辆安全科，主要从事整车安全开发、整车安全试验、整车安全集成及优化工作；王福恒，一汽 - 大众汽车有限公司技术开发部车辆安全科产品工程师，主要从事整车安全开发、整车安全试验、整车安全集成及优化工作；伏小龙，一汽 - 大众汽车有限公司技术开发部车辆安全科主管产品工程师，主要从事整车安全开发、整车安全试验、整车安全集成及优化工作。

家族系列新品的代表，“探歌”不仅展示了大众SUV的全新家族式设计语言，也体现了大众车型最新的安全开发理念和出色的安全性能。从被动安全性能方面来看，这款SUV车型配备了包括驾驶员及前排乘员正面安全气囊在内共计6个安全气囊、预紧+限力式前后排安全带、溃缩式转向管柱、超高强度热成型钢车身框架结构、前后排安全带未系提醒、ISOFIX儿童座椅接口等被动安全措施。从主动安全性能方面来看，这款SUV车型采取全系ESP，舒适型及以上配备AEB的主动安全装备。在产品的整车安全性开发阶段，参考最新C-NCAP 2018年版规程进行星级目标开发，以保证此款SUV车型优异的安全性及可靠性。

关键词： 整车安全性能　SUV车型　C-NCAP 2018年版

在Euro NCAP公布的2017年最佳车型（Best In Class Cars of 2017）名单中，T-Roc作为“探歌”的欧洲原版车型，以其优秀的安全性能，荣获小型SUV 2017年度最佳表现奖。而引入一汽-大众进行国产加长后的“探歌”在T-Roc优秀的安全性“基因”下，针对中国C-NCAP 2018年版评价规程星级目标又进行了安全性能本地化开发和优化。

图1　T-Roc在Euro NCAP中的测试结果

考虑到 SUV 车型的特点及开发重点，本文将重点介绍以“探歌”为代表的 SUV 车型整车安全性能开发的主要过程。

一 整车安全性能开发

SUV 车型和轿车一样，在整车安全性能开发的初始阶段需要明确车辆安全性能的开发目标。其核心在于考虑制造成本、车型定位及企业战略，确定整车安全性能开发的工作范围及标准，用来指导整车安全性能开发的总方向。

根据涉及的车辆安全开发范围，可将整车安全性能开发划分为整车总布置安全性、车身结构安全性、约束系统安全性、行人保护、主动安全几大内容。为开发出高安全性的 SUV 车型，在各个部分的尺寸定义、结构设计及装备定义时都需要充分考虑整车安全性的开发目标。

二 整车安全性概念设计

在整车进行安全性开发的初期阶段，需要考虑整车安全性概念设计，主要包括整车结构概念设计及安全配置概念设计两大部分。一个合理的整车安全性概念设计方案能给整车安全性能开发提供一个坚实的基础，并且留出足够的安全开发余量，避免后期安全性能开发遇到过大的瓶颈。

在进行 SUV 车型整车安全性概念设计时，需要重点考虑前、后排不同尺寸乘员的乘坐空间，以及乘员与周围车身结构的最小安全距离，以给车身结构、约束系统安全性开发留出足够的开发空间。正面结构中，对于前排驾驶员、乘员，主要考虑胸部到方向盘中心距离、膝部到下仪表板距离、腹部到方向盘下边缘距离等测量指标。针对后排乘员，主要考虑头部到前排座椅靠背距离、胸部到前排座椅靠背距离，骨盆倾角也是一个重要考虑的因素。侧面结构中，则主要考虑乘员肩部、上肢及骨盆到门护板、轮罩护板间的距离，还要考虑头部到顶棚及侧围结构、柱护板间的距离（见图 2）。

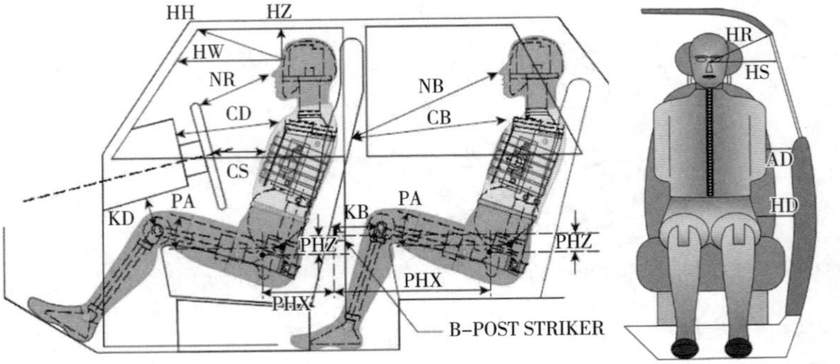

图 2　整车总布置安全相关考虑范围示意

由于 SUV 车型发动机罩的造型结构更为平直，针对行人保护方面的要求，需要考虑车辆前保险杠及发动机罩的造型设计与棱线布置满足对行人保护的基本要求（见图 3）。

图 3　SUV 车型前端造型示意

此外，在进行 SUV 车型安全配置概念设计时，需要根据开发目标及整车总布置方案确定约束系统初步配置方案及性能参数，同时根据当前法规、NCAP 等评价标准，确定主动安全及车辆安全相关辅助配置。

三　车身结构安全性

车身结构安全性开发的目的在于当汽车无法避免碰撞时，通过车身结构变形以及载荷的连续传递将碰撞中的能量进行高效吸收与分散，得到一个平缓的车体减速过程，同时通过车身关键部位的材料强化及连接关系强化实现降低乘员舱变形量，保证车内乘员的生存空间。SUV 车型车身结构安全性开发的手段主要包括模拟计算及实车试验，通过模拟计算能够提高开发效率、缩短开发周期。

由于在相同级别下，SUV 车型的质量比轿车更大，因此对结构强度的需求也更高。在大量采用材料强度超过 1000Mpa 的超高强度热成型钢材后，SUV 车型能够在保证整车质量轻量化要求的同时，明显改善整车在各试验工况下乘员生存空间的完整性，提高整车安全性能。

俯视图

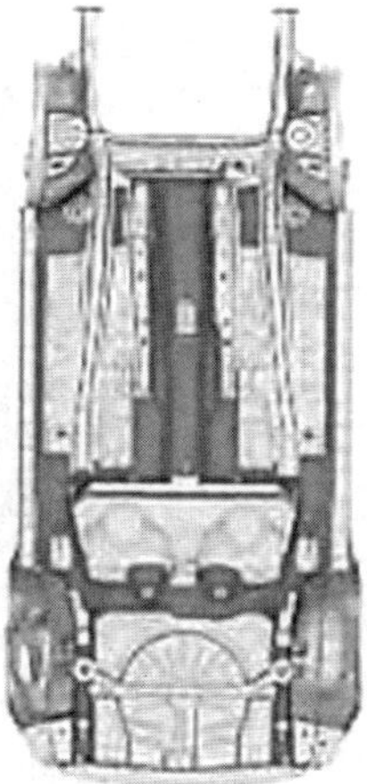

仰视图

图 4　某 SUV 车型超高强度热成型钢分布示意

（一）车身正面及后端结构安全性

在正面全宽及 ODB 碰撞发生时，车身结构产生变形，同时车辆减速，该过程导致乘员与车辆发生相对运动以及车身前端结构向乘员舱侵入，这也是乘员受到伤害的两个主要原因。而车身刚度设计则是决定车辆减速过程及乘员舱侵入的基本因素。良好的车身结构刚度设计，能够避免过高的车辆加速度峰值，同时将车身的变形集中在发动机舱，乘员舱的变形则相对较小且能基本保持完整。而在后部撞击时，则主要通过后保险杠骨架、后部行李舱地板及后纵梁等结构进行变形吸能，避免过大后部结构侵入量导致的燃油系统泄漏、车门无法打开及行李箱盖过大前移等问题。

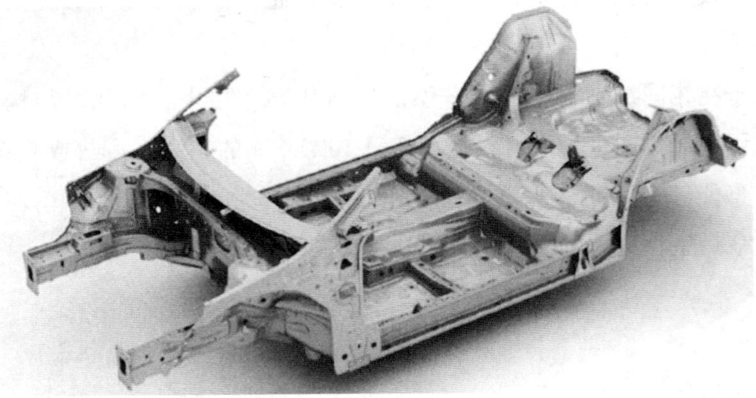

图5　车身正面及后部安全结构示意

（1）前保骨架及吸能盒开发。SUV 车型的前保骨架及吸能盒的主要作用是在碰撞初期及低速碰撞时，通过自身结构变形，吸收车辆整体动能。正面碰撞发生时，吸能盒及前保骨架将是碰撞力传递的最早结构性金属吸能部件，通过吸能盒轴向压溃产生的压缩变形，能够吸收碰撞初期及低速碰撞时的部分动能。此外，前保骨架还起到在 ODB 偏置碰撞时，将碰撞侧的碰撞力传递到非碰撞侧的作用，保证更多前端结构参与变形，避免车辆产生过高加速度。通常吸能盒上设计有控制变形模式的诱导槽，保证吸能过程的稳定性。此外，在低速碰撞时，通过吸能盒及前保险杠泡沫的作用能够减少散热器周围结构件的塑性变形，由此降低车辆在低速碰撞后的维修成本，提高整车的维修经济性。

（2）前纵梁及上纵梁开发。正面碰撞过程中，SUV 车型的前纵梁及上纵梁在发动机舱中起到关键的吸能及传递载荷作用。前纵梁及上纵梁自身的轴向压缩（前期）及弯曲（后期）变形，能够吸收部分碰撞能量。良好的焊点质量及合理的焊点布置，能够将碰撞载荷传递到车身底部及车身 A 柱等部件进行进一步吸能。

图 6　某 SUV 车型正面碰撞载荷传递路径示意

（3）副车架及悬置开发。副车架在碰撞过程中的作用主要体现在碰撞中、后期将碰撞的能量传递至地板，从而形成底部传力通道并分散碰撞力，保证车身更多部件参与吸能，避免过大的发动机舱变形。而副车架前端连接螺栓的断裂，则可以避免由于传动轴及悬置部件在副车架中卡死的情况，从而避免产生过高车体加速度峰值。发动机及变速器悬置在碰撞过程中将会失效断裂，从而产生发动机、变速箱下沉现象，避免其向前围板过大的侵入。

（4）前围板开发。前围板作为分隔发动机舱及乘员舱的关键结构，起到避免发动机、变速箱向后过大侵入乘员舱的作用，在正面碰撞中前围板的变形情况将直接影响乘员的下肢伤害情况。并且，其部分位置的侵入情况也将直接影响仪表支架、转向管柱及加速踏板的位置，进而影响驾驶员及前排乘员的伤害情况。SUV 车型在安全性开发过程中，通过局部关键结构强化及采用高强度热成型材料避免前围板过大的侵入量。

（二）车身侧面结构安全性

侧面碰撞时，由于结构件缓冲吸能部件较少，吸能空间有限，其结构安全性设计需要更多考虑车身侧面结构的强度和碰撞力传递路径。车身侧面的关键结构包括 A 柱、B 柱、C 柱、车顶纵梁、门槛梁和前、后车门等。其中，B 柱及前、后车门结构由于位于主要的撞击区域，其结构强度对侧面安全性而言尤为重要。作为侧面结构抵抗变形和耐撞性的关键部件，针对 SUV 车型，在零件材料选择、结构设计、加强筋及加强件、结构弱化区、焊点位置等方面进行反复的优化，可以获得最优的结构保护效果。

图 7　某 SUV 车型侧面碰撞载荷传递路径示意

（1）B 柱及门槛的安全开发。在 SUV 车型的侧面结构开发设计中，B 柱及门槛作为侧面支撑结构的重要部件是重点考虑对象。随着侧面安全性得到越来越多的重视，侧面碰撞试验中的壁障已经由 ECE R95、GB20071 中的 950kg EEVC－2000 壁障向 C－NCAP 2018 年版中的 1400kg AE－MDB V3.9 升级，而更大的质量意味着侧面结构将承受更大的单位面积撞击力。此外，AE－MDB 壁障的碰撞位置更高且更靠后部，这对 B

柱的强度又提出了更苛刻的要求。通常认为，移动壁障质量越大、蜂窝铝保险杠下沿离地高度越高、车门的侵入量越大，车门侵入速度也越高，对乘员保护的挑战也更大。为满足 C – NCAP 2018 年版星级开发目标，SUV 车型在 B 柱的基础结构上通过增加 B 柱的强度、加大 B 柱结构加强件的尺寸及优化 B 柱结构弱化区，来提高 B 柱抵御更大碰撞能量、更苛刻的冲击位置的能力。

门槛作为车身侧面的重要组成部分，在侧面碰撞时能起到吸收部分碰撞能量并将碰撞能量传递至地板及座椅横梁的作用。通常 SUV 车型比普通轿车离地间隙更高，因此导致在侧面碰撞标准 ECE R95、GB20071 中的 EEVC – MDB 壁障的最下沿与门槛形成部分重叠关系，在该工况中能够降低 B 柱和车门承受的冲击。

（2）前、后车门安全开发。前、后车门与壁障的接触面积最大，其结构设计也是侧面安全开发工作的核心部分。通过对前、后车门上部加强件、防撞梁材质、焊接工艺、焊接位置多轮次模拟计算和实车试验，保证其侵入量和侵入速度在合理的设计值内，同时满足结构完整性及车门保持关闭的要求。其安全设计重点考虑车门的变形区域尽可能远离前后乘员乘坐区域，并尽可能降低车门内板的侵入量和侵入速度。此外，前、后车门锁附近的车门结构变形应尽可能避免出现尖锐的折弯，以防止前、后车门锁在碰撞中失效导致车门被打开。通常 SUV 车型比普通轿车离地间隙更高，在侧碰中门锁附近更容易出现结构性弯折，从而导致车门开启的现象。SUV 车型的开发需要着重考虑该情况，在车门结构的设计之初充分考虑侧碰中车门开启的风险，并通过结构优化及增加惯性锁止机构避免车门在碰撞过程中的开启。

（三）车身顶部结构安全性

车身顶部结构安全性主要指顶盖的整体刚度能够承受一定强度的冲击及压力且保证不发生过大变形量的能力。考虑到 SUV 车型离地间隙较高，相对于重心更低的轿车，车辆在同样条件下发生翻滚事故的概率更高。顶盖静压试验结果显示，SUV 车型顶部结构表现稳定，完全满足高标准顶盖强度要求（见图 8）。

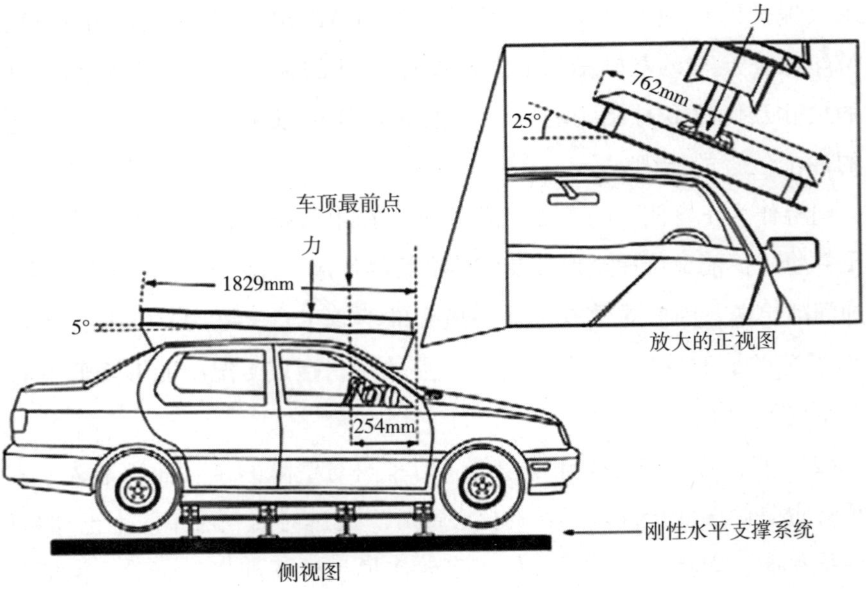

图 8　顶盖静压试验示意

四　约束系统安全性

在车身结构安全性开发过程中，虽然通过车身结构变形及载荷连续性传递能够吸收并分散大部分碰撞能量，并获得较为平缓的车辆减速过程，但乘员约束系统也起到吸收碰撞能量及降低乘员伤害的作用，同时约束系统还能降低乘员与车内结构发生二次碰撞及被抛出车外的风险。

在 SUV 车型的开发中，需要重点考虑约束系统与车辆减速、车体侵入过程之间的匹配关系，并且在充分利用乘员生存空间的基础上，尽最大可能优化约束系统的保护效果。为了获得约束系统与车辆减速过程之间的良好匹配关系，针对 SUV 车型进行大量的滑车及实车碰撞试验，来验证其匹配性能及优化结果的鲁棒性。

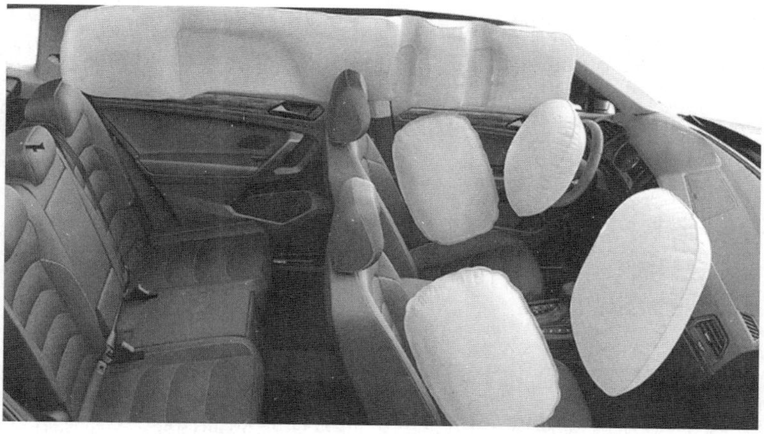

图 9　SUV 车型安全约束系统配置情况示意

（一）安全带

通过采用诸多先进、可靠的安全带及其功能配置，保证 SUV 车型优异的乘员保护效果。主要包括前、后排预紧 + 限力的安全带。在安全带保证将乘员约束在座椅的基础上，通过预紧功能能够在碰撞发生的初期消除安全带松弛带段，提高安全带约束作用效果，而通过限力功能则能够避免安全带施加给乘员胸部过高的作用力，降低乘员肋骨骨折风险。此外，后排安全带还特殊设计了 Stop 功能来避免由过大的安全带带段伸出量而引起的正面碰撞时后排乘员头、胸部与前排座椅发生的二次碰撞。此外，虽然安全带在侧面碰撞中对乘员的保护效果有限，但其约束作用能降低在侧面碰撞及车辆翻滚事故中乘员被抛出车外以及与车内结构发生二次碰撞的风险。

（二）正面气囊及转向管柱

对于前排驾驶员，不仅配备具有优异性能的正面安全气囊，还配备了可压溃式转向管柱。通过安全气囊对乘员的缓冲及可压溃式转向管柱提供的压溃空间，前排驾驶员的上躯干及头部的保护效果得到进一步改善。而对于前排副司机，则配备大尺寸的乘员正面安全气囊，以便更为充分地利用乘员正面生存空间来改善乘员伤害情况。后排乘员虽然没有正面安全气囊的保护，但 SUV 车型更大的空间，能够更为充分地利用车辆空间挖掘安全带的保护效果。通过约束系统大量的匹配及优化工作，SUV 车型后排乘员约束系统获得不弱于前排乘员的保护效果。

（三）座椅和侧气囊

SUV 车型座椅的安全开发需要充分考虑座椅骨架的正向、垂直及侧向足够的支撑刚度及结构强度，以满足正面碰撞及侧面碰撞中座椅结构的完整性及支撑性。此外，后排座椅的开发过程中还需要充分考虑后排乘员下潜风险，以避免后排乘员下潜带来的伤害。

由于侧面结构吸能空间较小、车门与乘员之间的空隙较小，侧面结构变形所产生的侵入及加速度会直接作用于乘员身体，因此作为车体结构与乘员胸部之间的吸能部件，侧气囊在侧面碰撞及柱碰时对乘员保护起到重要的作用。此外，由于侧气囊通常集成在座椅中，气体发生器、气袋面料选择、气袋折叠方式、出气口的大小和位置以及座椅弱化缝合线均应遵循相关安全设计标准，保证气囊在事故时高效稳定地展开。

（四）头部气帘

头部气帘的主要作用在于在侧面碰撞及侧面柱碰时避免乘员头部受到过大伤害。在头部气帘的安全开发中，需要对气帘的软硬点、缝合线位置、动态展开形式、钻入门护板风险、头部包络区域等关键指标加以监控，以保证头部在碰撞过程中落在设计的接触区域并处于软点上。SUV 车型在头部气帘开发中，除了以上几点指标需要满足设计要求，同时还需要考虑 SUV 车型车身高度较高的特点，对气帘固定织带的固定方式、气帘展开速度等关键因素进行重点关注。为保证充分的保护效果，SUV 车型的头部气帘为前后一体式整体结构。图 10 为 SUV 车型头部气帘展开状态，从中可以看出整个气帘完全展开且充气饱满。

图 10　头部气帘覆盖范围示意

（五）座椅挥鞭伤考虑

座椅的特性对后碰中车内乘员发生颈部挥鞭伤的严重程度有很大的影响，SUV 车型的开发需要进行鞭打试验，并对座椅的特性及结构进行优化。针对 SUV 车型，参考 C－NCAP 2018 年版鞭打试验要求及评价标准，对全系车型的座椅进行鞭打试验，并通过优化坐垫及靠背泡沫支撑刚度、座椅骨架结构、头枕刚度及调整位置等重点座椅特性指标，改善鞭打试验中乘员颈部伤害情况。

（六）儿童约束系统（CRS）

在 SUV 车型开发中也充分考虑儿童安全保护，在后排两侧座椅开发了标准的 ISOFIX 儿童座椅固定锁钩。并且针对后排 ISOFIX 固定点的需要进行静态拉力试验，对 ISOFIX 与车身的连接方式进行大量的优化，以保证 ISOFIX 固定点连接的可靠性。并且以 C－NCAP 2018 年版 Q3 儿童假人不扣分为目标对整体儿童约束系统的约束效果进行试验验证，以保证 SUV 车型儿童约束系统的安全性满足最新 C－NCAP 2018 年版要求。

五　行人保护

针对 SUV 车型，除了考虑车内乘员的保护之外，还需要充分考虑车辆在碰撞事故中对行人的保护。SUV 车型开发针对行人的保护主要考虑法规

GB/T 24550 和 C-NCAP 2018 年版规则，两种评价标准均考虑头部及腿部保护。在 SUV 行人保护开发过程中，不仅保证满足 GB/T 24550 的要求，还应当满足C-NCAP 2018 年版星级开发总体目标下行人保护的开发目标。

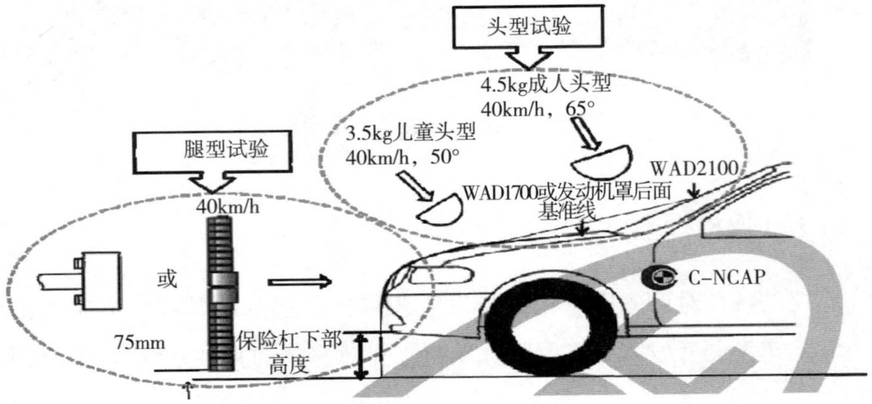

图 11　C-NCAP 2018 年版行人保护要求示意

（一）头部保护

头部作为行人死亡事故中受伤频率最高的部位，其伤害情况在行人保护事故中受到最多的重视。SUV 车型针对头部保护方面，通过优化发动机罩内部支撑结构、改善铰链连接点强度、局部结构弱化等方式对发动机罩的行人保护效果进行优化，以满足 GB/T 要求及 C-NCAP 2018 年版星级开发目标。值得一提的是，SUV 车型头部评价区域的发动机罩通常相对于发动机舱内部高刚度结构差距较大，这点有利于避免行人头部在碰撞中撞击发动机舱刚度较高的部件。

（二）腿部保护

行人腿部的伤害虽然很少危及生命，但发生频率高，且常常导致较为严重的后遗症，因此也必须重点关注行人腿部的保护情况。行人腿部与车辆前端结构撞击时，将会受到来自保险杠蒙皮、保险杠泡沫、前进气格栅等诸多前端零件产生的反作用力。其优化过程通常是通过对上述零件的刚度、缓冲特性及结构布局进行调整，以降低腿部伤害。SUV 车型进行开发需要同时考虑刚性腿型和柔性腿型两种试验工况：为了满足 GB/T 法规的要求，需要采用刚性腿型进行开发，为了满足 C-NCAP 2018 年版星级开发目标，则需要采用柔性腿型进行开发。为优化行人保护效果，SUV 车型还可考虑采用行人保护小腿支架，并通过合理布置其位置，改善上、下腿型弯曲模式，优化行人腿部伤害情况。

六　主动安全

为了满足 C-NCAP 2018 年版星级开发目标，SUV 产品还需要充分考虑主动安全性装备，主要包括以下两部分。

（一）ESP 和 AEB 主动安全装备

作为 C-NCAP 2018 年版规则中增加的主动安全装备，ESP（Electronic Stability Program）和 AEB（Autonomous Emergency Brake）的重要性也引起越来越多主机厂的关注。对于 SUV 车型，由于其自身重心更高，相对于轿车而言，其发生侧翻风险更高、横向操纵稳定性更差，因此 ESP 能很好地改善其安全性。AEB 是指自动紧急刹车系统，通过雷达监测前车距离及车速，保证安全车距，在设定车速及车距的情况下，驾驶员未采取制动措施时主动制动，防止碰撞事故。两种装备均在“探歌”车型上体现，且装车率远远超过 C-NCAP 2018 年版安全星级标准规定的最低装车率。

（二）SBR、ACC、前后倒车雷达（影像）等主动安全装备

随着主动安全装备广泛应用，SBR、ACC、前后倒车雷达（影像）也得到越来越多的普及，“探歌”也紧随安全开发的主流，在 SUV 车型上大量采用此类主动安全装备，为消费者提供更加安全的产品。目前，

SBR、ACC、前后倒车雷达（影像）等主流主动安全装备均体现在“探歌”上。

七　总结和展望

近几年，随着国内 SUV 车型销量爆发式增加，人们对 SUV 车型的安全性思考也越来越深入、越全面，对各主机厂开发的 SUV 新产品也提出更高的安全性方面的需求。C－NCAP 2018 年版评价规程对车辆的安全性能也提出了新的要求，其考虑的方面更全面、评价的标准更严格。由此可见，传统意义上满足部分安全性的片面设计思路已经不能满足消费者对车辆安全性的需求。为满足消费者对全面的、高安全性的 SUV 的需求，SUV 车型的开发需要充分考虑最新的安全开发理念和先进的安全性配置，同时针对中国地区的标准和 C－NCAP 2018 年版要求还需要进行本地化开发和优化。通过完善的开发流程和大量的开发工作来验证开发的 SUV 车型优异的、稳定的整车安全性能。

参考文献

Virupaksha V. L.，Brown S.，“Optimization of front bumper beam for RCAR performance using design of six sigma and finite element analysis”，*SAE Tech Paper*，2015（01）.

Brumbelow M. L.，Teoh E. R.，“Roof Strength and Injury Risk in Rollover Crashes of Passenger Cars”，*Journal of Crash Prevention& Injury Control*，2009，10（3）.

张君媛、刘茜、张乐：《基于多工况的乘用车前防撞梁总成轻量化设计》，《汽车安全与节能学报》2017 年第 3 期。

中国汽车技术研究中心有限公司：《C－NCAP 管理规则（2018 年版）》，2018。

唐友名、刘娜、宋名洋：《正面冲击作用下 SUV 副驾驶乘员损伤研究》，《汽车安全与节能学报》2016 年第 4 期。

张涛、喻赛、王玉超、顾彤彤：《针对行人小腿保护的 SUV 前保结构设计与优化》，《汽车工程学报》2013 第 2 期。

张冠军、秦勤、陈峥、曹立波：《SUV 前端造型对行人下肢损伤影响的定量研究》，《汽车工程》2017 年第 4 期。

张滕滕：《基于碰撞力传递的 SUV 耐撞性研究》，湖南大学硕士学位论文，2011。

王志涛、乔鑫：《基于 AE - MDB 与 MDB 的侧面碰撞对比研究分析》，载《2014 中国汽车工程学会年会论文集》，2014。

马伟杰、殷凤轩等：《基于 AEMDB 的侧面碰撞试验参数研究》，《中国公路学报》2017 年第 7 期。

借 鉴 篇

Experience and Reference Report

B.17 欧盟汽车安全技术法规与管理体系

朱 毅*

摘 要： 本文详细介绍了欧盟对汽车产品市场准入建立并实施的协调、统一的管理制度和相配套的技术法规体系与具体的项目，以及该制度和体系在整个国际汽车市场的巨大影响力。本文同时分析欧盟在构筑其汽车产品市场准入管理体制和技术法规体系时，已将自身的大部分汽车安全技术法规项目撤销，直接用联合国 ECE 法规替代，以便自身的汽车企业拓展国际汽车市场，同时又保留少部分自身特有的汽车安全技术法规，以及汽车环保节能技术法规，构筑起水准较高的市场技术壁垒，用以阻挡

* 朱毅，《汽车标准化》常务副主编，中国汽车技术研究中心有限公司汽车标准化研究所高级工程师，多年从事全球各个海外汽车市场标准、技术法规和产品认证制度的跟踪研究工作，协助我国汽车行业政府主管机关开展汽车技术法规和认证制度的多边协调工作，以及我国与其他国家、地区的双边交流合作。通过多年的专业工作和积累，对各个海外汽车市场产品准入管理制度和标准、技术法规，以及相关的政策有较全面和深入的了解和掌握。

欧盟以外汽车产品的进入，起到保护自身市场的作用。

关键词： 欧盟 汽车安全 技术法规 市场准入

欧洲联盟（简称欧盟，European Union）是由欧洲共同体（简称欧共体，European Communities）发展而来的，是一个集政治实体和经济实体于一身、在世界上具有重要影响的区域一体化组织。1991 年 12 月，欧洲共同体马斯特里赫特首脑会议通过《欧洲联盟条约》，通称《马斯特里赫特条约》（简称《马约》）。1993 年 11 月 1 日，《马约》正式生效，欧盟正式诞生，总部设在比利时首都布鲁塞尔。

欧盟原有 15 个成员国，经过几次东扩后，现成为包括 27 个成员国的一体化组织，27 个成员国如下：奥地利、比利时、丹麦、芬兰、法国、德国、希腊、爱尔兰、意大利、卢森堡、荷兰、葡萄牙、西班牙、瑞典、塞浦路斯、捷克、爱沙尼亚、匈牙利、拉脱维亚、立陶宛、马耳他、波兰、斯洛伐克、斯洛文尼亚、罗马尼亚、保加利亚、克罗地亚。

欧盟是当前国际上最大、发展最为完善的一体化市场，它以《马斯特里赫特条约》为法律基础，对汽车产品（包括传统车辆和新能源车辆）建立了统一的管理制度和与之相配套的汽车技术法规体系，它具备以下几个显著的特点。

通过立法，在整个欧盟建立了统一的汽车产品市场准入管理制度，各国间互相承认对汽车产品的批准，使汽车产品在欧盟各国间自由流通，极大地减少了企业认证和贸易的成本。

对汽车产品从整车到零部件、系统建立了完善的市场准入管理制度，其形式为汽车产品的型式批准制度，确保政府对汽车产品的安全、环保和节能实施有效的控制。

欧盟的汽车产品型式批准制度和技术法规体系，在很大程度上实现了和联合国的 ECE 汽车技术法规的对接和对等，目前已将大部分单项 EEC/EC

技术指令直接用 ECE 法规替代。

欧盟不仅对新车产品的入市建立了统一的型式批准制度，而且贯穿车辆的整个使用和生命周期，包括对车辆在用阶段的管理、定期检验；车辆 NCAP 试验和评价，车辆使用的各种税费，车辆有毒有害物质和禁限用物质的管控，直至车辆的报废和回收利用，同样建立了全欧盟统一的管理制度和相关法规体系。

在新能源车辆的发展上，欧盟同样采取统一的步调和措施，制定和出台鼓励新能源车辆和配套基础设施发展的政策法规。

欧盟作为世界上最为完善的汽车一体化市场，对汽车产品（M、N 和 O 类车辆）[①] 从整车到部件、系统建设了完善的、统一的汽车市场准入管理制度及其与之相配套的汽车技术法规体系，并贯穿汽车产品市场准入和入市后使用的全生命周期，成为世界其他各国、各地区建设统一的汽车产品准入管理体制借鉴的范例，因此深入研究欧盟汽车技术法规及其未来的发展，不仅对欧盟自身的市场，对全球其他地区的市场，诸如俄罗斯和独联体国家市场、大洋洲市场、东盟和南亚市场、西亚和 GCC 市场、拉美市场、非洲市场等，都具有十分重大的意义。

本文将针对欧盟汽车技术法规的特点，详细列举该地区汽车市场以技术法规为主要表现形式的汽车产品贸易壁垒。

一　欧盟汽车整车型式批准框架性技术法规/指令

欧盟整车型式批准制度及其技术法规的发展也是一个逐渐完善、不断加严的过程，欧共体最早于 1970 年 2 月 6 日发布技术指令 70/156/EEC《就机动车辆及其挂车的型式批准各成员国的法律一致性》，开始建设欧盟内统一的汽车产品（包括 M、N、O 类车辆）整车型式批准制度。从 1998 年 1 月 1

① 欧盟除了对汽车产品，对摩托车与轻便摩托车产品（L 类车辆）、轮式农林拖拉机产品（T 类车辆）也同样建立了完善的、统一的整车型式批准制度，本文对这两类产品不做涉及。

日开始，欧盟依据70/156/EEC及其随后的修订本对M_1类车辆（即包括驾驶员座位在内，座位数不超过9座的载客车辆）及某些由M_1车辆改装的特种车，如某些防弹车辆、旅居车辆、救护车、殡仪车等，开始强制实施各成员国统一的整车型式批准制度。这一统一的整车型式批准制度从1998年开始只适用于M_1类车辆，欧盟各个成员国仍然对其他类车辆，即中、大型客车（M_2、M_3类车辆），载货车（N类车辆），挂车（O类车辆）实施各自的整车强制认证和注册制度，即各国都各自在其有关车辆交通的法典中规定了这些类别车辆应满足的安全、环保、节能方面的法规项目要求，其政府主管部门对车辆经过整车型式批准，确认其满足这些法规要求，车辆才能被准入，才能在该国进行注册、上路行驶，这也称为各国的国家整车型式批准方案。

2007年9月5日，欧盟议会及理事会发布EC指令2007/46/EC《建立机动车辆及其挂车，和用于这类车辆的系统、部件和单独技术单元的批准框架的指令》。该指令的发布和实施意味着欧盟汽车产品型式批准和准入制度的重大变革，将欧盟对M_1类车辆的统一整车型式批准制度扩展到其他车辆类别（M_2、M_3、N、O类），即对所有M、N、O类车辆在欧盟实施统一的整车型式批准制度，所有的M、N、O类车辆在欧盟所有成员国中的任何一国所获得的整车型式批准，其他欧盟国家必须予以承认，无须再进行其他的认证或批准，这一变化对我国汽车产品进入欧盟市场具有重大影响。

在法规编印上，2007/46/EC是对70/156/EEC的再版，它基本上保留了70/156/EEC及其各修订本的原有基本框架，该指令的主要内容包括：

- 欧盟整车型式批准的要求和规程；
- 车辆进行整车型式批准需要填写申报的车型资料信息；
- 不同车型的分类；
- 整车型式批准应满足的各单项零部件技术指令；
- 欧盟对技术服务机构的评价规程；
- 欧盟型式批准证书和批准标志；
- 欧盟的车辆一致性证书；

• 生产一致性规程；

• 对某些专用车或特种车进行型式批准的要求，包括：机动旅居（房）车、救护车、殡仪车、军车、可使用轮椅的 M_1 类车辆、旅居挂车、机动起重车等。

2007/46/EC 发布后，历经多次修改，以适应政府对汽车安全、环保、节能和防盗等社会公众利益不断加严的管理要求和汽车产业、技术的进步，表 1 为截止到 2018 年 5 月，欧盟汽车整车型式批准框架性技术指令 2007/46/EC 及其历次修订本清单。

表 1　欧盟汽车整车型式批准框架性技术指令 2007/46/EC 及其历次修订本

整车型式批准框架性指令(基础指令)	指令修订本
2007/46/EC《建立机动车辆及其挂车，和用于这类车辆的系统、部件和单独技术单元的批准框架的指令》 (2007/46/EC 的实施日期为：2009 年 4 月 29 日，自该日起，欧盟原汽车产品的整车型式批准框架性指令 70/156/EEC 及其修订本被撤销)	(EC)1060/2008 (EC)78/2009 (EC)79/2009 (EC)385/2009 (EC)595/2009 (EC)661/2009 2010/19/EU (EU)371/2010 (EU)183/2011 (EU)582/2011 (EU)678/2011 (EU)65/2012 (EU)1229/2012 (EU)1230/2012 (EU)143/2013 (EU)171/2013 (EU)195/2013 2013/15/EU (EU)133/2014 (EU)136/2014 (EU)214/2014 (EU)540/2014 (EU)1171/2014 (EU)2015/45 (EU)2015/166 (EU)2015/758 (EU)2017/1151 (EU)2017/1154 (EU)2017/1347 (EU)2017/2400

二 欧盟汽车零部件和系统型式批准技术法规/指令

欧盟有不同于美国的汽车技术法规体系，它对汽车产品的整车和零部件、系统同时建立了型式批准技术法规体系，而且两者之间既相互独立，又相互补充，共同构成完整的汽车产品型式批准技术法规体系。欧盟整车产品要获得型式批准，前提是需要按照欧盟整车型式批准框架技术法规 2007/46/EC 的要求，确保各个单项零部件和系统技术法规得到满足。而 2007/46/EC 中所要求的各个汽车零部件和系统的单项安全、环境保护和节能等方面的 EEC（EC）技术法规/指令又可以是单独存在，即根据这些技术指令开展对车辆产品的零部件和系统的单项型式批准，而这些车辆零部件和系统的单项型式批准既单独存在，作为零部件和系统产品进入欧盟市场的前提条件，同时又构成欧盟整车产品型式批准必不可少的一部分。

本文现针对欧盟汽车整车型式批准框架中单项部件和系统的技术法规/指令予以介绍。

（一）欧盟汽车产品零部件和系统技术法规/指令体系分类和项目

表 2 为欧盟针对汽车产品零部件、系统和独立的技术单元的技术法规/指令及其修订本的完整项目清单，以及项目所适用的车型。根据欧盟新法规（EC）661/2009 的要求，大部分项目的欧盟自身技术法规已经予以撤销，并用联合国 ECE 法规直接替代（表 2 中黑体字项目）。但目前欧盟有 23 个项目为欧盟仍保留使用的自身独有的单项技术法规项目，下面将予以详细介绍。

（二）欧盟（EC）661/2009 及其欧盟仍保留使用的自身独有的单项技术法规项目

2009 年 7 月 13 日，欧盟议会及理事会正式发布法规（EC）661/2009

表 2　正常批量生产的车辆获取欧盟整车型式批准应满足的各个单项技术法规项目及其各个法规项目适用的车型

序号	项目	法规	适用范围										单独技术单元或部件
			M_1	M_2	M_3	N_1	N_2	N_3	O_1	O_2	O_3	O_4	
1A	允许声级	(EU)540/2014	X	X	X	X	X	X					X
2A	轻型车辆排放(欧Ⅴ和欧Ⅵ)/信息的获取	(EC)715/2007	$X^{(1)}$	$X^{(1)}$		$X^{(1)}$	$X^{(1)}$						X
3A	**防火(液体燃料箱)**	**(EC)661/2009 ECE R34**	X	X	X	X	X	X	X	X	X	X	
3B	**后下部防护装置(RUPDs)及其安装;后下部防护(RUP)**	**(EC)661/2009 ECE R58**	X	X	X	X	X	X	X	X	X	X	X
4A	后牌照板的安装及固定空间	(EC)661/2009 (EU)1003/2010	X	X	X	X	X	X	X	X	X	X	
5A	**转向装置**	**(EC)661/2009 ECE R79**	X	X	X	X	X	X	X	X	X	X	
6A	车辆进入及操纵性(台阶、踏板和扶手)	(EC)661/2009 (EU)130/2012	X			X	X	X					
6B	**门锁及门保持件**	**(EC)661/2009 ECE R11**	X			X							
7A	**声响报警装置及信号**	**(EC)661/2009 ECE R28**	X	X	X	X	X	X					X
8A	**间接视野装置及其安装**	**(EC)661/2009 ECE R46**	X	X	X	X	X	X					X
9A	**车辆及其挂车的制动**	**(EC)661/2009 ECE R13**		$X^{(3)}$	$X^{(3)}$	$X^{(3)}$	$X^{(3)}$	$X^{(3)}$	$X^{(3)}$	$X^{(3)}$	$X^{(3)}$	$X^{(3)}$	
9B	**乘用车制动**	**(EC)661/2009 ECE R13 - H**	$X^{(4)}$			$X^{(4)}$							
10A	**电磁兼容性**	**(EC)661/2009 ECE R10**	X	X	X	X	X	X	X	X	X	X	X
12A	**内饰件**	**(EC)661/2009 ECE R21**	X										

续表

序号	项目	法规	适用范围										单独技术单元或部件
			M_1	M_2	M_3	N_1	N_2	N_3	O_1	O_2	O_3	O_4	
13A	**机动车辆防盗保护**	**(EC)661/2009 ECE R18**		X$^{(4A)}$	X$^{(4A)}$		X$^{(4A)}$	X$^{(4A)}$					X
13B	**机动车辆防盗保护**	**(EC)661/2009 ECE R116**	X			X							X
14A	**在碰撞中防止转向机构对驾驶员的伤害**	**(EC)661/2009 ECE R12**	X			X							
15A	**座椅，及其固定点和头枕**	**(EC)661/2009 ECE R17**	X	X$^{(4B)}$	X$^{(4B)}$	X	X	X					
15B	**大型乘用车座椅**	**(EC)661/2009 ECE R80**		X	X								
16A	**外部凸出物**	**(EC)661/2009 ECE R26**	X										X
17A	车辆进入和操纵性（倒车装置）	(EC)661/2009 (EU)130/2012	X	X	X	X	X	X					
17B	**车速表装置及其安装**	**(EC)661/2009 ECE R39**	X	X	X	X	X	X					
18A	制造商法定铭牌及车辆识别代号	(EC)661/2009 (EU)19/2011	X	X	X	X	X	X	X	X	X	X	
19A	**安全带固定、ISOFIX 固定系统及 ISOFIX 上拉带固定点**	**(EC)661/2009 ECE R14**	X	X	X	X	X	X					
20A	**车辆灯光及光信号装置的安装**	**(EC)661/2009 ECE R48**	X	X	X	X	X	X	X	X	X	X	
21A	**机动车辆及其挂车回复反射装置**	**(EC)661/2009 ECE R3**	X	X	X	X	X	X	X	X	X	X	X
22A	**机动车辆及其挂车前后位置灯、驻车灯、示廓灯**	**(EC)661/2009 ECE R7**	X	X	X	X	X	X	X	X	X	X	X

续表

序号	项目	法规	适用范围										单独技术单元或部件
			M_1	M_2	M_3	N_1	N_2	N_3	O_1	O_2	O_3	O_4	
22B	机动车辆昼间行驶灯	(EC)661/2009 ECE R87	X	X	X	X	X	X					X
22C	机动车辆及其挂车侧标志灯	(EC)661/2009 ECE R91	X	X	X	X	X	X	X	X	X	X	X
23A	机动车辆及其挂车方向指示器	(EC)661/2009 ECE R6	X	X	X	X	X	X	X	X	X	X	X
24A	机动车辆及其挂车后牌照板照明	(EC)661/2009 ECE R4	X	X	X	X	X	X	X	X	X	X	X
25A	发射不对称远光或近光或两者的机动车辆封闭式前照灯(SB)	(EC)661/2009 ECE R31	X	X	X	X	X	X					X
25B	机动车辆及其挂车已批准的灯具单元中使用的白炽灯	(EC)661/2009 ECE R37	X	X	X	X	X	X	X	X	X	X	X
25C	车辆安装气体放电光源的前照灯	(EC)661/2009 ECE R98	X	X	X	X	X	X					X
25D	机动车辆已批准的气体放电灯具单元中使用的气体放电光源	(EC)661/2009 ECE R99	X	X	X	X	X	X					X
25E	发射不对称远光、近光或两者,并安装白炽灯和/或LED模块的机动车辆前照灯	(EC)661/2009 ECE R112	X	X	X	X	X	X					X

续表

序号	项目	法规	适用范围										单独技术单元或部件
			M_1	M_2	M_3	N_1	N_2	N_3	O_1	O_2	O_3	O_4	
25F	**车辆自适应前照明系统（AFS）**	**(EC)661/2009 ECE R123**	X	X	X	X	X	X					X
26A	**机动车辆前雾灯**	**(EC)661/2009 ECE R19**	X	X	X	X	X	X					X
27A	牵引装置	(EC)661/2009 (EU) 1005/2010	X	X	X	X	X	X					
28A	**机动车辆及其挂车后雾灯**	**(EC)661/2009 ECE R38**	X	X	X	X	X	X	X	X	X	X	X
29A	**机动车辆及其挂车倒车灯**	**(EC)661/2009 ECE R23**	X	X	X	X	X	X	X	X	X	X	X
30A	**机动车辆及其挂车驻车灯**	**(EC)661/2009 ECE R77**	X	X	X	X	X	X					
31A	**安全带，约束系统，儿童约束系统和ISOFIX儿童约束系统**	**(EC)661/2009 ECE R16**	X	X	X	X	X	X					X
32A	**前向视野**	**(EC)661/2009 ECE R125**	X										
33A	**手控制器、信号装置和指示器位置和标识**	**(EC)661/2009 ECE R121**	X	X	X	X	X	X					
34A	风窗玻璃除雾和除霜系统	(EC)661/2009 (EU)672/2010	X	(5)	(5)	(5)	(5)	(5)					
35A	风窗玻璃刮刷和清洗系统	(EC)661/2009 (EU) 1008/2010	X	(6)	(6)	(6)	(6)	(6)					X

续表

序号	项目	法规	适用范围										单独技术单元或部件
			M_1	M_2	M_3	N_1	N_2	N_3	O_1	O_2	O_3	O_4	
36A	**加热系统**	**(EC)661/2009 ECE R122**	X	X	X	X	X	X	X	X	X	X	X
37A	护轮板	(EC)661/2009 (EU) 1009/2010	X										
38A	**头枕,包含或不包含于车辆座椅内**	**(EC)661/2009 ECE R25**	X										
41A	重型车辆排放(欧Ⅵ)/信息的获取	(EC)595/2009	X[9]	X[9]	X	X[9]	X[9]	X					X
42A	**货车侧面防护**	**(EC)661/2009 ECE R73**					X	X			X	X	X
43A	喷溅抑制系统	(EC)661/2009 (EU)109/2011				X	X	X	X	X	X	X	X
44A	质量和尺寸	(EC)661/2009 (EU) 1230/2012	X										
45A	**安全玻璃材料及其安装**	**(EC)661/2009 ECE R43**	X	X	X	X	X	X	X	X	X	X	X
46A	轮胎的安装	(EC)661/2009 (EU)458/2011	X	X	X	X	X	X	X	X	X	X	
46B	**机动车辆及其挂车气压轮胎(C1类)**	**(EC)661/2009 ECE R30**	X			X			X	X			X
46C	**商用车及其挂车气压轮胎(C2和C3类)**	**(EC)661/2009 ECE R54**		X	X	X	X	X			X	X	X
46D	**轮胎滚动噪声,湿地附着力和滚阻(C1、C2、C3类)**	**(EC)661/2009 ECE R117**	X	X	X	X	X	X	X	X	X	X	X

续表

序号	项目	法规	适用范围										单独技术单元或部件
			M_1	M_2	M_3	N_1	N_2	N_3	O_1	O_2	O_3	O_4	
46E	**备胎、漏气续驶轮胎/系统和胎压监测系统**	**(EC)661/2009 ECE R64**	X[9A]			X[9A]							X
47A	**车辆速度限制**	**(EC)661/2009 ECE R89**		X	X		X	X					X
48A	质量和尺寸	(EC)661/2009 (EU) 1230/2012		X	X	X	X	X	X	X	X	X	
49A	**商用车驾驶室车厢后面板之前的外凸物**	**(EC)661/2009 ECE R61**				X	X	X					
50A	**车辆列车的机械耦合部件**	**(EC)661/2009 ECE R55**	X[10]	X[10]	X[10]	X[10]	X[10]	X[10]	X	X	X	X	X
50B	**紧耦合装置(CCD),已认证CCD的安装**	**(EC)661/2009 ECE R102**					X[10]	X[10]			X[10]	X[10]	X
51A	**某类车辆中内饰材料的燃烧特性**	**(EC)661/2009 ECE R118**			X								
52A	**M_2 和 M_3 类车辆**	**(EC)661/2009 ECE R107**		X	X								
52B	**大型乘用车上部结构强度**	**(EC)661/2009 ECE R66**		X	X								
53A	**前碰撞中的乘员保护**	**(EC)661/2009 ECE R94**	X[11]										
54A	**侧碰撞中的乘员保护**	**(EC)661/2009 ECE R95**	X[12]			X[12]							

续表

序号	项目	法规	适用范围										单独技术单元或部件
			M_1	M_2	M_3	N_1	N_2	N_3	O_1	O_2	O_3	O_4	
56A	**运载危险货物的车辆**	**(EC)661/2009 ECE R105**				X[13]	X[13]	X[13]	X[13]	X[13]	X[13]	X[13]	
57A	**前下部保护装置(FUPDs)及其安装,前下部防护(FUP)**	**(EC)661/2009 ECE R93**					X	X					X
58	行人保护	(EC)78/2009	X			X							X
59	再利用	2005/64/EC	X			X							
61	空调系统	2006/40/EC	X			X[14]							
62	氢能系统	(EC)79/2009	X	X	X	X	X	X					
63	一般安全	(EC)661/2009	X[15]	X[15]	X[15]	X[15]	X[15]	X[15]	X[15]	X[15]	X[15]	X[15]	
64	换挡指示器	(EC)661/2009 (EU)65/2012	X										
65	紧急制动预警系统	(EC)661/2009 (EU)347/2012		X	X		X	X					
66	道路偏离警示系统	(EC)661/2009 (EU)351/2012		X	X		X	X					
67	**液化石油气部件要求及其安装**	**(EC)661/2009 ECE R67**	X	X	X	X	X	X					X
68	**车辆警示系统(VAS)**	**(EC)661/2009 ECE R97**	X			X							X
69	**电气安全**	**(EC)661/2009 ECE R100**	X	X	X	X	X	X					
70	**CNG部件要求及其安装**	**(EC)661/2009 ECE R110**	X	X	X	X	X	X					X
71	**驾驶室强度**	**(EC)661/2009 ECE R29**				X	X	X					

续表

序号	项目	法规	适用范围										单独技术单元或部件
			M_1	M_2	M_3	N_1	N_2	N_3	O_1	O_2	O_3	O_4	
72	e－Call 系统	(EU)2015/758	X			X							

注：X 表示法规适用于该车辆类型。

（1）对于基准质量不超过 2610kg 的车辆，应制造商要求（EC）715/2007 法规可适用于基准质量不超过 2840kg 的车辆。

（2）若车辆安装有 LPG 或 CNG，需要按照 ECE R67 或 R100 做车辆的型式认证。

（3）电子稳定控制（ESC）系统的安装要求与法规（EC）661/2009 的第 12 条和第 13 条一致。

（4）ESC 系统的安装要求与法规（EC）661/2009 的第 12 条和第 13 条一致。

（4A）如果安装，其保护装置应满足 ECE R18 的要求。

（4B）本法规适用于不在 ECE R80 范围内的座椅。

（5）该类车辆应安装合适的风挡玻璃除霜除雾装置。

（6）该类车辆应安装合适的风挡玻璃清洗和刮刷装置。

（9）对于基准质量超过 2610kg，且其没有在法规（EC）715/2007 下获得型式认证的车辆（应制造商的要求且其基准质量不超过 2840kg）。

（9A）仅适用于 ECE R64 中要求的车辆装置。M_1 类车辆胎压监测系统作为强制性要求，应满足法规（EC）661/2009 第 9（2）条的要求。

（10）仅适用于安装耦合（连接）装置的车辆。

（11）适用于技术允许最大负载质量不超过 2.5 吨的车辆。

（12）仅适用于最低座椅的“座椅基准点”（R 点）离地不超过 700mm 的车辆。

（13）仅适用于当制造商申请危险物品运输车辆的型式认证。

（14）仅适用于（EC）715/2007 附录 I 中描述的 N_1 类 I 级（Class I）车辆。

（15）必须符合法规 EC 661/2009，但是，本项目号下的型式认证是不可预见的，因为其囊括了如下项目系列：3A，3B，4A，5A，6A，6B，7A，8A，9A，9B，10A，12A，13A，13B，14A，15A，15B，16A，17A，17B，18A，19A，20A，21A，22A，22B，22C，23A，24A，25A，25B，25C，25D，25E，25F，26A，27A，28A，29A，30A，31A，32A，33A，34A，35A，36A，37A，38A，42A，43A，44A，45A，46A，46B，46C，46D，46E，47A，48A，49A，50A，50B，51A，52A，52B，53A，54A，56A，57A 及 64～71。适用于强制性要求的联合国 ECE 法规修正本系列详见（EC）661/2009 附录 IV。随后采纳的修正本系列则作为替代而被接受。

《就机动车辆及其挂车，它们所使用的系统、部件和单独技术单元的一般安全性的型式批准要求的欧盟议会和理事会法规》。该法规的制定和发布意味着欧盟对其汽车产品技术指令体系和型式批准制度继发布实施新的整车型式批准框架技术指令 2007/46/EC 后的又一次重大的变革。在未来相当长的一段时期内，对汽车产品进入欧盟市场将产生巨大的影响，具体体现在以下两个方面。

（1）简化现行的欧盟车辆型式批准体系，撤销现行的欧盟汽车产品型式批准制度中 50 项安全和环保零部件单项技术指令，直接用相应的联合国 ECE 汽车技术法规代替，以适应欧盟进一步融入国际化的进程。

（2）进一步提高车辆的安全要求，增加具有先进安全技术的部件和装备，对车辆提出新的技术要求。

随着欧盟法规（EC）661/2009 的贯彻和落实，欧盟逐步将大部分单项零部件、系统和独立的技术单元的原有欧盟技术指令废除，用相应的 ECE 汽车技术法规予以替代，但目前仍然保留 23 个单项技术法规项目使用欧盟自身固有的技术指令或法规，其余的法规项目则都按照法规（EC）661/2009 的规定，直接采用现行的联合国 ECE 汽车技术法规项目。仍然保留使用的 23 项欧盟自身技术法规项目如表 3 所示。

（三）对欧盟整车型式批准汽车技术法规体系和项目的分析

从前面对欧盟整车型式批准的技术法规体系和具体项目列表中，可以看出欧盟已将其整车型式批准技术法规体系中大部分的汽车安全技术法规项目，包括灯具、制动等主动安全技术法规项目，座椅、安全带、前后侧面碰撞等大部分被动安全技术法规项目废除，而直接用联合国的 ECE 法规替代，这些项目一般都属于国际上比较容易协调一致的项目，或已经在国际上有了较好的协调一致的基础，因此欧盟对这些项目直接采用联合国的 ECE 法规，能在很大程度上便利欧盟的汽车企业拓展国际汽车市场，在进入欧盟以外的其他汽车市场时，直接使用 ECE 法规的认证批准结果，节省市场准入成本和时间。

与此同时，欧盟在其整车型式批准技术法规体系中，仍保持 23 项自身独有的技术法规，这 23 项中，除了少数项目是 ECE 法规中缺项的项目，如风挡玻璃除霜、除雾、清洗、刮刷系统，车辆质量和尺寸、车辆法定铭牌等项目外，其他项目欧盟依旧坚持采用自身独有的法规项目，而不使用与之相对应的联合国 ECE 技术法规项目，这些项目涉及汽车产品较为关键的安全

表 3 欧盟仍保留使用的自身独有技术法规项目

目次	法规项目	EC 指令法规号和名称、发布时间	主要内容和相关说明
1	汽车噪声	(EU)540/2014 关于机动车辆声级以及可替换消声系统，修订指令 2007/46/EC 并撤销指令 70/157/EEC 的欧盟议会及理事会法规 2014 年 4 月 16 日发布	修正指令 2007/46/EC，废除指令 70/157/EEC。 该法规项目属于汽车环保范畴，但为了保持欧盟汽车技术法规体系的完整性，因此本文仍列入
		(EU)540/2014 的最新修订本： (EU)2017/1576	
2	轿车和轻型车辆排放（欧Ⅵ）	(EC)715/2007 就轻型乘用车和轻型商用车的排放（欧Ⅴ和欧Ⅵ排放）以及车辆维修和保养信息的获取方面对机动车辆的型式认证 2007 年 6 月 20 日发布	该法规项目属于汽车环保范畴，但为了保持欧盟汽车技术法规体系的完整性，因此本文仍列入
		对(EC)715/2007 及其具体实施法规(EC)692/2008 的最新的修订本包括：(EU)2017/1151、(EU)2017/1154、(EU)2017/1347、(EU)2017/1221	
3	车辆的入口和操作	(EU)130/2012 在机动车辆入口和操作的型式批准要求方面实施(EC)661/2009 的委员会法规 2012 年 2 月 15 日发布	(EC)661/2009 已就关于车辆进入方面的进入阶梯、扶手和脚踏板及操作方面的倒车装置给出了基本的型式批准要求，而本法规将就这类型式批准给出特定的规程、试验和要求。本法规适用于 M 和 N 类车辆。法规要求设计车辆可在完全安全的条件下进出乘员舱，车轮的护板、轮毂等其他部件不应视作车辆的踏板或阶梯，车辆入口的高度由阶梯正下方地面或水平面的纵向距离确定，法规另外对 N_2 类最大质量超过 7.5 吨和 N_3 类车辆做了特殊规定；法规同时要求所有车辆应在驾驶员可操作位置安装倒车装置

续表

目次	法规项目	EC 指令法规号和名称、发布时间	主要内容和相关说明
4	制造商法定铭牌和 VIN 号	(EU)19/2011 机动车辆及其挂车的制造厂法定铭牌和车辆识别代码(VIN)型式批准,和实施法规(EC)661/2009 的型式批准要求 2011 年 1 月 11 日发布	根据(EC)661/2009 的规定,原有的欧盟技术指令 76/114/EEC(机动车辆及其挂车的法定铭牌及其内容,以及铭牌安装的位置和方法)将被撤销,该新法规将代替 76/114/EEC。 与 76/114/EEC 相比,新法规有一显著变化,及对于 M_3、N_3、O_3 和 O_4 类重型车辆,厂家可在铭牌上分左右两栏,分别标注车辆注册/使用的最大允许质量(左栏)和车辆技术允许最大载质量(右栏)。同时在左栏的首行,标注车辆注册国家的国家代码。对于 N_3、O_3 和 O_4 类重型车辆,还应标注车轴组的最大允许质量
		(EC)249/2012 在机动车辆及其挂车制造厂法定铭牌的型式批准要求方面修订(EU)19/2011 的委员会法规 2012 年 3 月 21 日发布	(EU)19/2011 引入了车辆制造商使用自粘标签制作法定铭牌的可能性。为了通过数据处理使这类标签易于制作(如采用电子方式喷涂),有必要加入此类新技术条款,因此对法规进行了修订。仅车辆识别代号(VIN)的字高为不小于 4mm,其他法定铭牌上字符不小于 2mm
5	后牌照板及其安装	(EC)1003/2010 机动车辆及其挂车后牌照板安装空间和固定型式批准,和实施(EC)661/2009 的要求 2010 年 11 月 8 日发布	欧盟原指令 70/222/EEC 及其修订本:2003/76/EC 被撤销 附件 1:型式批准管理性文件; 附件 2:后牌照板安装空间和固定的要求
6	车辆牵引装置	(EU)1005/2010 机动车辆牵引装置型式批准和实施(EC)661/2009 的要求 2010 年 11 月 8 日发布	欧盟原指令 77/389/EEC 及其修订本:96/64/EC 被撤销。 附件 1:型式批准管理性文件; 附件 2:牵引装置的要求。 所有机动车辆必须在前部安装牵引装置; 除了不适合拖挂载荷的车辆外,M_1 类车辆也必须在车辆的后部安装拖挂装置; 后部的拖挂装置可以使用 ECE R55 规定的机械连接装置。 牵引装置必须承受至少等于车辆最大技术允许载质量一半的牵引力和静态压力

续表

目次	法规项目	EC 指令法规号和名称、发布时间	主要内容和相关说明
7	风窗玻璃除霜除雾系统	(EU)672/2010 某类机动车辆(M_1)风挡玻璃除霜除雾系统型式批准和实施(EC)661/2009 的要求 2010 年 7 月 27 日发布	欧盟原指令 78/317/EEC 被撤销。 附件 1:型式批准管理性文件; 附件 2:对风挡玻璃除霜除雾系统的要求。 R 点或座椅基准点按照 ECE R17 附件 3 确定; 三维坐标系中主要基准标志的确定规程:ECE R125 附件 4; 车辆风挡玻璃视野区按照 ECE R43 附件 18 确定
8	风窗玻璃刮刷和清洗系统	(EU)1008/2010 某类机动车辆(M_1)风挡玻璃刮刷清洗系统型式批准和实施(EC)661/2009 的要求 2010 年 11 月 9 日发布	欧盟原指令 78/318/EEC 及其修订本:94/68/EC 和 2006/96/EC 被撤销。 附件 1:车辆型式批准管理性文件; 附件 2:部件型式批准管理性文件; 附件 3:风挡玻璃刮刷清洗系统技术要求。 R 点或座椅基准点按照 ECE R17 附件 3 确定; 三维坐标系中主要基准标志的确定规程:ECE R125 附件 4; 车辆风挡玻璃视野区按照 ECE R43 附件 18 确定
9	护轮板	(EU)1009/2010 某类机动车辆(M_1)护轮板型式批准和实施(EC)661/2009 的要求 2010 年 11 月 9 日发布	欧盟原指令 78/549/EEC 及其修订本:94/78/EEC 被撤销。 附件 1:车辆型式批准管理性文件; 附件 2:对护轮板的要求
10	重型车辆排放(欧Ⅵ)	(EC)595/2009 关于重型车辆排放(欧Ⅵ)机动车辆和发动机的型式认证以及车辆维修和保养信息的获取 2009 年 6 月 18 日发布	该法规项目属于汽车环保范畴,但为了保持欧盟汽车技术法规体系的完整性,因此本文仍列入
11	防飞溅系统	(EU)109/2011 就某类机动车辆及其挂车防飞溅系统的型式批准要求实施(EC)661/2009 的委员会法规 2011 年 1 月 27 日发布	根据(EC)661/2009 的规定,原有的欧盟技术指令 91/226/EEC(某类机动车辆及其挂车防飞溅系统)将被撤销,(EU)109/2011 将代替 91/226/EEC

续表

目次	法规项目	EC 指令法规号和名称、发布时间	主要内容和相关说明
12	M_1 类车辆质量和尺寸	(EU)1230/2012 关于机动车辆及其挂车的质量和尺寸的型式认证要求 2012 年 12 月 12 日发布	实施(EC)661/2009 就机动车辆及其挂车，它们所使用的系统、部件和单独技术单元的一般安全性的型式批准要求的欧盟议会和理事会法规
13	轮胎和轮胎的安装	(EU)458/2011 机动车辆及其挂车轮胎安装方面型式批准要求和实施法规(EC)661/2009 的委员会法规 2011 年 5 月 12 日发布	根据(EC)661/2009 的规定，原有的欧盟技术指令 92/23/EEC(机动车辆及其挂车轮胎及其安装)将被撤销，该新法规将代替 92/23/EEC。 (EU)458/2011 规定机动车辆及其挂车的轮胎应满足(EC)661/2009 对车辆轮胎提出的新的安全和节能要求，在其他方面，诸如轮胎的安装、载荷能力、速度等，则应符合相应的 ECE 法规的要求
14	M_1 类以外车辆的质量和尺寸	(EU)1230/2012 关于就机动车辆及其挂车质量和尺寸的型式批准要求方面实施(EC)661/2009，并修订 2007/46/EC 的委员会法规 2012 年 12 月 12 日发布	欧盟新的车辆尺寸和质量法规。修改并增加了大量的术语和定义，明确了制造商责任及车辆质量和尺寸的 EC 型式认证要求、注册/在用车最大允许总质量等要求
15	行人保护	(EC)78/2009 关于行人及其他弱势道路使用者保护的机动车辆型式认证 2009 年 1 月 14 日发布	修正指令 2007/46/EC，废除指令 2003/102/EC 和 2005/66/EC
16	可回收利用率	2005/64/EC 关于机动车辆可再使用性，可回收利用性和可再利用性的型式认证 2005 年 10 月 26 日发布	修正指令 70/156/EEC; 为适应技术进步，指令 2009/1/EC 修正了 2005/64/EC
17	空调系统	2006/40/EC 关于机动车辆空调系统排放的指令 2006 年 5 月 17 日发布	修正指令 70/156/EEC
18	车辆氢能系统	(EC)79/2009 关于氢动力车辆的型式认证 2009 年 1 月 14 日发布 该法规的实施法规为:(EU)406/2010	修正指令 2007/46/EC

续表

目次	法规项目	EC 指令法规号和名称、发布时间	主要内容和相关说明
19	车辆一般安全性	(EC)661/2009 就机动车辆及其挂车，它们所使用的系统、部件和单独技术单元的一般安全性的型式批准要求的欧盟议会和理事会法规 2009 年 7 月 13 日发布	(EC)661/2009 的后续修订本包括： (EU)407/2011 (EU)523/2012 (EU)2016/1004 (EU)2015/166
		(EU)407/2011 为在机动车辆及其挂车、它们所使用的系统、部件和单独技术单元的型式批准中纳入联合国 ECE 法规修订法规(EC)661/2009 2011 年 4 月 27 日发布	(EC)661/2009 的核心内容之一就是简化现行的欧盟车辆型式批准体系，撤销现行的欧盟汽车产品型式批准制度中 50 项安全和环保零部件单项技术指令，直接用相应的联合国 ECE 汽车技术法规代替，以适应欧盟进一步融入国际化的进程。因此，欧盟法规 EU 407/2011 修订(EC)661/2009，明确规定欧盟强制采用的 ECE 法规项目及其版本号，具体的 ECE 法规包括：ECE R1，R3，R4，R6，R7，R8，R10，R11，R12，R13，R13H，R14，R16，R17，R18，R19，R20，R21，R23，R25，R26，R28，R31，R34，R37，R38，R39，R43，R44，R46，R48，R55，R58，R61，R66，R67，R73，R77，R79，R80，R87，R89，R90，R91，R93，R94，R95，R97，R98，R99，R100，R102，R105，R107，R110，R112，R116，R118，R121，R122，R123 和 R125
		(EU)523/2012 修订(EC)661/2009 有关机动车辆及其挂车、系统、部件和独立技术单元 2012 年 6 月 20 日发布	修改了(EC)661/2009 的附件 4，规定了对 ECE R30、R54、R117、R64 的引用实施时间、引用的版本号和引用章节
		(EU)2016/1004 修订欧盟议会及理事会法规(EC)661/2009 2016 年 6 月 22 日发布	主要修订(EC)661/2009 的附件 4，针对 ECE 法规最新修订版本的实施
		(EU)2015/166 为引入特定的规程、评价方法和技术要求而增补并修订法规(EC)661/2009，同时修订欧盟议会及理事会指令 2007/46/EC，以及欧盟委员会法规(EU)1003/2010、(EU)109/2011 和(EU)458/2011 2015 年 3 月 2 日发布	该法规同时修改(EC)661/2009，欧盟议会及理事会指令 2007/46/EC，以及(EC)661/2009 的配套法规：欧盟委员会法规(EU)1003/2010、(EU)109/2011 和(EU)458/2011

续表

目次	法规项目	EC 指令法规号和名称、发布时间	主要内容和相关说明
20	换挡指示器	(EU)65/2012 在换挡指示器方面实施(EC)661/2009,并修订指令 2007/46/EC 的委员会法规 2012 年 1 月 24 日发布	法规适用于安装手动变速箱,基准质量不超过 2610kg 或根据(EC)715/2007 扩展型式批准的 M_1 类车辆。法规对 GSI 的外观性能和功能要求、制造商应向型式批准主管机关提供的信息、GSI 推荐的换挡点对燃料经济性影响的确定规程等内容做了详细的规定,并将 GSI 的内容补充到 2007/46/EC 的附录中
21	提前紧急制动系统	(EU)347/2012 关于就提前紧急制动系统某类型机动车辆型式批准要求方面实施(EC)661/2009 的委员会法规 2012 年 4 月 16 日发布	法规适用于 2007/46/EC 中定义的 M_2、N_2、M_3 和 N_3 类车辆。 2015 年 4 月 8 日(EU)2015/562 对(EU)347/2012 修正
		(EU)2015/562 就提前紧急制动系统某类型机动车辆型式批准要求方面实施(EC)661/2009 并修订(EU)347/2012 的委员会法规 2015 年 4 月 8 日发布	该法规为(EU)347/2012 的修订法规
22	车道偏离报警系统	(EU)351/2012 在车辆安装车道偏离警示系统安装的型式批准要求方面实施(EC)661/2009 的委员会法规 2012 年 4 月 23 日发布	法规适用于 2007/46/EC 中定义的 M_2、N_2、M_3 和 N_3 类车辆。对车道偏离报警系统(LDW)的一般要求和性能要求、功能要求、示警方式和试验程序给出了相应的说明
23	车辆 e-Call 系统	(EU)2015/758 关于基于 112 服务的 e-Call 系统在车辆内布置的型式批准要求,并修改指令 2007/46/EC 的欧盟议会和理事会法规 2015 年 4 月 29 日发布	该法规为欧盟 e-Call 系统的基础法规
		(EU)2017/78 针对车内 e-Call 系统和在使用者的隐私性和数据保护方面实施法规(EU)2015/758 的统一条件,对机动车辆的 EC 型式批准建立管理性规定	该法规为欧盟 e-Call 系统基础法规(EU)2015/758 的实施法规(管理性规定)
		(EU)2017/79 针对车内 e-Call 系统、独立的技术单元和零部件,对机动车辆的 EEC/EC 型式批准制定详细的技术要求和试验规程;同时就豁免和采用标准方面,对(EU)2015/758 进行增补和修订	该法规为欧盟 e-Call 系统基础法规(EU)2015/758 的实施法规(详细的技术要求和试验规程)

和环保要求，如汽车噪声、排放、行人保护、报废车辆及其回收再利用、汽车空调系统，以及一些近年来国际上新的汽车安全法规项目，如换挡指示器、紧急制动系统、车道偏离报警系统、e－Call系统等。通过这些独有的、具有较高水准的法规项目，欧盟构筑起水准较高的市场技术壁垒，用以阻挡欧盟以外汽车产品的进入，起到保护自身市场的作用。

三 欧盟汽车产品型式批准制度及其具体实施

（一）欧盟汽车产品型式批准制度

欧盟通过汽车产品的型式批准来实施EEC/EC汽车技术指令，随着2007/46/EC的实施，欧盟28国已逐步对所有M、N、O类汽车产品强制实施统一的型式批准制度。

欧盟汽车产品型式批准在程序上和联合国ECE汽车产品型式批准程序极其类似，与ECE法规体系不同，EEC/EC技术指令是在所有欧盟成员国内强制执行。欧盟对汽车产品统一的型式批准制度具体运作仍然依托各个成员国，由各成员国自行确定一个负责的政府主管机关，大部分国家都确定主管运输的部门（运输部）作为各自国家负责欧盟汽车产品型式批准的主管机关。该机关一般只一家，但也有少数国家同时指定两家主管机关，如卢森堡。因此汽车产品生产厂家可向任何一个欧盟成员国的主管机关申请EEC/EC型式批准，接受申请的欧盟成员国在验证该汽车产品型式的样品符合EEC/EC技术指令要求并具有足够的生产一致性控制能力后，即颁发EEC/EC型式批准，其标志为“e”，该批准在所有欧盟成员国中都被承认。与ECE型式批准所不同的是，尽管仍由颁发EEC/EC型式批准的成员国负责厂家的生产一致性，但在必要时也可由该成员国联合其他成员国共同对厂家的生产一致性进行监督，其监督检验形式主要为现场检验；ECE型式批准是针对汽车各零部件进行的，并涉及几个整车项目，如制动、排放，而EEC/EC型式批准除了汽车零部件和系统外，还发展了整车认证，并针对所有M、N、O类车辆及某些特种车强制实施。所谓“EEC/EC整车型式批准”概念，即厂家在EEC/EC型式批准时一次性做完整车型式批准指令2007/46/EC中所规定的各个单项零部件检验项目（以M_1类车辆为例，共计53个项目，检验按照相应的EEC/EC单项技术指令进行），合格后即获得EEC/EC整车型式批准，也可以由厂家在不同的时间内进行所规定的53个单项零部件项目认证，再凭这些项目的认证批准书直接获取EEC/EC整车型式批准。已获得EEC/EC整车型式批准的厂家，对其批量生产的车辆还必须完成生产一致性证书，每一辆车带有一份生产一致性证书，欧盟各成员国根据该证书对投入使用的车辆进行注册。

欧盟在开展汽车整车型式批准的同时，仍保留有汽车零部件的型式批准，与整车认证不同的是，EEC/EC各成员国可以根据汽车零部件产品本身所粘贴的认证批准标志，也可以根据该产品的生产一致性证书予以认可。

在欧盟的整车型式批准制度中，整车的生产一致性证书（COC证书）在其中起着非常重要的作用，企业生产的某一车辆型式获得批准后，企业将获得型式批准证书，随后企业将对该型式的每一辆出厂的车辆制作一份COC证书，以证明该车辆通过稳定的生产一致性控制，与型式批准的样车相一致。COC证书上列举了许多车辆的基本数据和性能指标。欧盟各国的车辆注册机关只根据COC证书对车辆进行注册和登记，没有该证书的车辆也就无法进入欧盟的市场。

COC证书除了在欧盟所有成员国作为车辆注册登记、上牌的凭证，还在部分成员国中作为交税、定期检验的重要凭证（以COC证书的数据和指标作为税收和检验评判的依据），因此，COC证书一般在欧盟作为重要的随车文件，在车辆注册、上牌时一般不收回，在车辆作为二手车交易或出口到其他国家时，必须将COC证书交给新的车主。车主如果丢失COC证书，只能由车辆的原生产企业根据原始数据重新制作补发，但在实际操作中是很麻烦的事情。

对于生产一致性的管理和控制，包括两部分，第一为进行型式批准时的审查，第二为批准后监督审查。这两部分的审查原则上要保证批准机关对企业的生产一致性控制达到满意的程度，为此，企业要确保向批准机关提供相关的资料，如在批准前审查时，要提供质量体系认证证书和相关材料（如 ISO 9000、TS 16949 系列认证证书，质量控制文件等），在批准后的监督审查中，企业要能提供为保证生产一致性做过的试验数据和检查记录等。在生产一致性审查中，现在已没有固定的频次，主管机关可以随时到企业进行现场检查，可以在企业随机抽取样车在厂家的试验室或技术服务机构进行验证试验，如果主管机关对企业的生产一致性控制不满意，将要求企业整改。

在欧盟的汽车产品型式批准具体运作中，往往企业的信誉度决定了一致性检查的频次，同时这项工作常常由主管机关委托技术服务机构进行。

对出现的生产不一致的处理，EEC/EC 型式批准与 ECE 型式批准大致相同。对某一汽车产品颁发型式批准的成员国要始终负责该产品的生产一致性控制，可在任何时候对此进行验证和审查，如发现不满意的地方，必须采取必要措施进行纠正。即使该成员国后来对某一法规停止颁发型式批准，仍应对以前获得认证批准的产品，进行产品的一致性监督。如果发现某一汽车产品在任何成员国出现产品不一致，该产品的原型式批准成员国应采取必要的措施使其达到一致性要求，并将所采取的措施通知其他成员国，这些措施包括撤销该产品的型式批准。

欧盟的汽车产品型式批准制度中，已建立了完善的各成员国之间的相互通报机制，各成员国必须在规定时限内，将汽车产品型式批准的有关材料送达其他所有成员国，如所颁发的批准、对原有批准的扩展、对批准的撤销等。信息资料传递的方式可以是书面文本或电子文本。

（二）欧盟汽车整车型式批准程序

1. 基本程序

根据欧盟的汽车型式批准程序，车辆生产厂家可以任意采取下列两种方式之一获取欧盟的整车型式批准。

方式 1：在欧盟的整车型式批准时一次性做完 2007/46/EC 中所规定的各个零部件检验项目（检验按照相应的 EEC/EC 技术指令进行），合格后即获得 EEC/EC 整车型式批准，具体流程如图 1 所示。

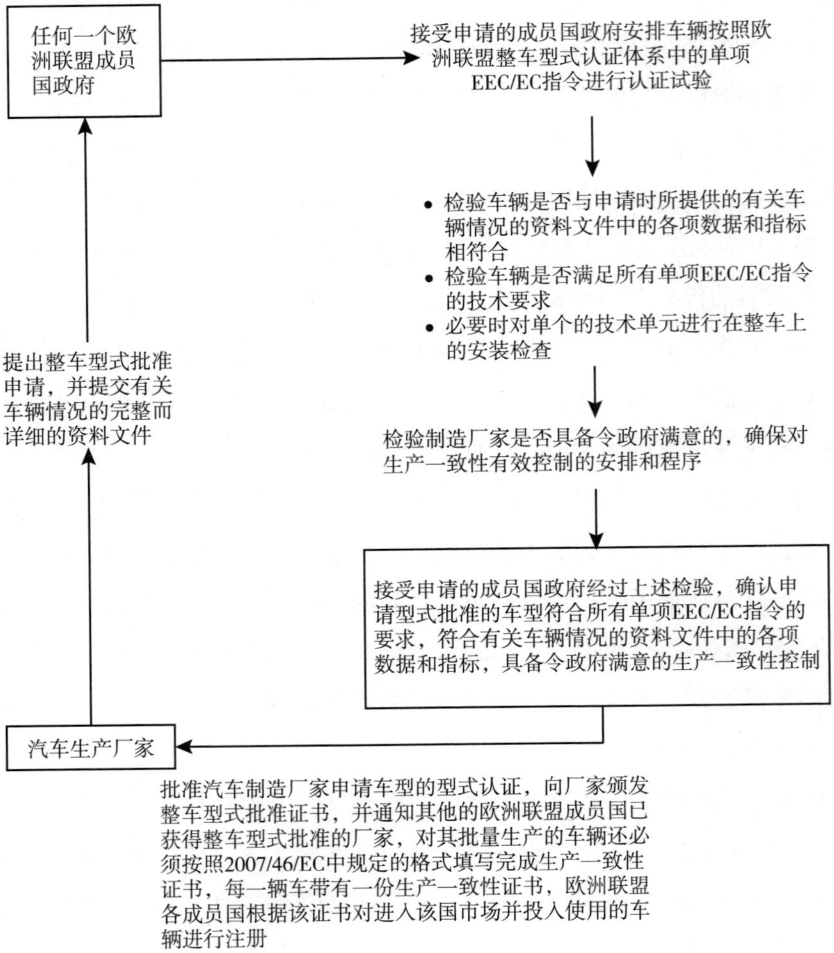

图1　欧盟汽车产品型式批准流程（方式1）

方式2：由厂家先在不同的时间内分阶段、分步骤进行2007/46/EC中规定的所有零部件项目的单项EEC/EC指令的认证，再凭这些项目的型式批准证书获取EEC/EC整车型式批准，具体流程如图2所示。

尽管按照欧盟汽车产品型式批准框架的规定，汽车的制造厂家可采取上述任何一种方式申请整车的型式批准，但一般制造厂家都选择第2种方式获取整车产品的型式批准，而且从某一新车型的开发、试制过程开始就有步

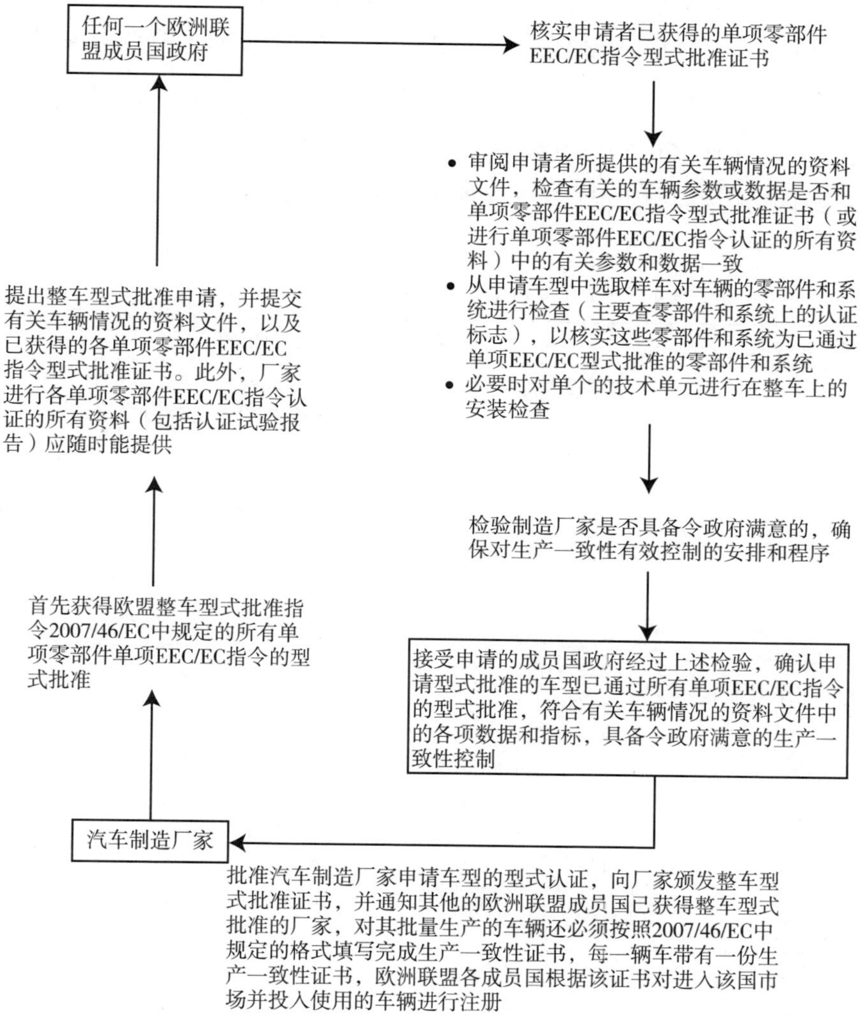

图 2　欧盟汽车产品型式批准流程（方式 2）

骤、分阶段、有计划地开始各单项零部件的 EEC/EC 型式批准，或者在整车产品的开发中就直接选用已经型式批准的零部件产品，到整车产品可以进入批量生产时，就已经完成了各单项 EEC/EC 指令的型式批准，再凭这些零部件的型式批准证书，完成整车的型式批准。这样，就大大缩短了型式批准的周期，确保新车型开发试制出来后，产品能迅速地进入市场。

2. 制造厂家申请整车型式批准时应提交的有关车辆情况的资料文件

汽车制造厂家在提出欧盟整车型式批准申请时，应同时提交有关车辆情况的资料文件，表 4 以欧盟整车型式批准框架性技术指令 2007/46/EC［修订本（EC）1060/2008］为例，分别列举了制造厂家按照两种不同方式获取欧盟整车型式批准时应提交的有关车辆情况的资料文件。

表 4　制造厂家应提交的有关车辆情况的资料文件

整车型式批准方式	所提供的有关车辆情况的资料文件
方式 1： 一次性做完整车型式批准指令 2007/46/EC 中所规定的各个单项零部件检验项目	必须提供完整而详细的有关车辆情况的资料，包括以下方面： (0)车辆一般情况(包括厂牌、车辆型式及识别方法、车辆类别等) (1)车辆一般结构特性 (2)车辆的质量与尺寸 (3)车辆的动力系统(如果能同时燃用不同的燃料，则应重复描述相关的项目内容。如果是非传统发动机和系统，制造厂商应提供相关细节) (4)传动系统 (5)车轴 (6)悬架 (7)转向 (8)制动 (9)车身 (10)灯光和光信号装置 (11)牵引车与挂车、半挂车之间的连接 (12)其他 (13)大客车和长途大客车的特殊条款 (14)用于运输危险物品的车辆的特殊条款 (15)车辆的再利用、再循环和再回收
方式 2： 先分阶段、分步骤进行所规定的各个单项零部件项目认证，再获取欧盟整车型式批准	项目上同第 1 种方式，但内容上较第 1 种方式要大大简化

（三）欧盟统一的汽车产品型式批准制度在国家层面上的落实

欧盟是目前国际上发展得最好的一体化组织，对汽车产品建立了全欧盟统一的市场准入管理制度——欧盟汽车产品型式批准制度，在该制度的具体实施上，欧盟层面和各成员国层面有着明确的分工。在欧盟层面，负责汽车技术法规和实施的机关：欧盟委员会内部市场、工业、企事业和中小企业总司C分司（工业分司）4处（汽车与机动工业处）。主要负责整个汽车产品型式批准制度的修订（包括该制度下的所有相关技术法规和程序）工作，在具体实施上，则更多地是由各成员国负责汽车安全、防盗、环保和节能的政府主管部门作为欧盟汽车产品型式批准的主管机关，各国主管机关又分别指定数量不等的技术服务机构，作为汽车产品型式批准中的试验、检验、审查机构。一般欧盟各成员国也都是对汽车产品的安全、防盗、环保和节能进行统一的管理，指定一家政府机关作为该国开展欧盟统一的汽车产品型式批准的主管机关。表5为欧盟原有15个成员国的汽车产品型式批准主管机关和技术服务机构名称和示例，从中可以看出，欧盟各成员国一般都是指定负责交通运输或车辆管理的部门作为这样的主管机关，极少数国家是指定负责工业的部门作为这类主管机关，这类主管机关一般每个国家只指定一家。

表5　欧盟原有15个成员国的汽车产品型式批准主管机关和技术服务机构名称和示例

序号	国家	型式批准主管机关	技术服务机构(示例)
1	德　国	KBA(联邦交通管理局)	TUV
2	法　国	装备、运输和旅游部	UTAC
3	英　国	VCA(车辆认证局)	VCA、MIRA、BSI
4	意大利	运输和基础设施部	各个大区(省)的汽车试验中心
5	荷　兰	RDW(道路交通局)	RDW、KEMA、TNO
6	奥地利	联邦运输、创新和技术部	联邦机动车检测所
7	比利时	SPF(联邦公共服务部)	比利时道路安全研究院(I. B. S. R.)
8	卢森堡	运输部SNCH(国家认证和批准协会)	Applus汽车技术
9	爱尔兰	国家标准机关	车辆和部件试验研究院
10	希　腊	运输和交通部	运输和交通部
11	西班牙	工业、旅游和商务部	汽车应用调查研究院(IDIADA)
12	瑞　典	国家道路管理局	国家试验与研究院
13	葡萄牙	车辆总局	葡萄牙质量协会
14	丹　麦	道路安全和交通局	DELTA灯光与光学试验室
15	芬　兰	车辆管理中心	VTT工艺/发动机和车辆

四　欧盟汽车新车型式批准制度之外的安全性技术法规

除了上述针对汽车新车市场准入的型式批准制度中所包含的汽车整车和零部件、系统的技术法规外，欧盟还针对车辆在用阶段，以及在用车辆定期检验等方面制定了相关安全性技术法规，主要的法规项目如下。

1. 对欧盟境内在用车辆的尺寸、质量、轴荷的要求

在欧盟，商用车辆常常在跨国境的国与国之间运行，因此欧共体早在1984年12月19日就对获得车辆型式批准后进入市场并投入使用的在用商用车辆的尺寸、质量（重量）和轴荷制定实施了统一的技术指令，即85/3/EEC《某些道路车辆的尺寸、质量和其他技术特性》，其后该技术指令被多次修订。

1996年7月25日，欧盟发布新的技术指令：96/53/EC《对某些在欧共体境内运行的道路车辆规定在国家和国际交通中的最大允许尺寸，和在国际交通中最大允许质量的理事会指令》，该指令撤销并替代原有的85/3/EEC及其所有修订本，96/53/EC后被技术指令2002/7/EC所修订。

目前该议题的最新法规为：（EU）2015/719《修订欧盟理事会指令96/53/EC，该法规对某些在欧共体境内运行的道路车辆规定在国家和国际交通中的最大允许尺寸，和在国际交通中最大允许质量》。

（EU）2015/719为96/53/EC的最新修订本，发布于2015年4月29日。

2. 欧盟对在用车管理环节制定并实施的车辆限速器法规

由于商用车辆，尤其是重型车辆，体积大、质量大，如果行驶速度过快，在紧急情况下会因为惯性过大导致制动距离过大，给行车安全带来较大的隐患，此外也给车辆排放和节能带来不利影响，因此欧盟在在用车管理的环节上对商用车辆的限速问题针对车辆本身制定实施了相应的技术指令。

1992年2月10日，欧共体发布技术指令92/6/EEC《在欧共体内某类机动车辆安装和使用限速装置的理事会指令》，该技术指令规定在欧盟道路

上使用某些类别商用车辆必须安装和使用限速装置，否则不得上路行驶。

2002 年 11 月 5 日，欧盟发布 92/6/EEC 的修订本：欧盟议会及理事会指令 2002/85/EC，该修订本将 92/6/EEC 的适用范围对于载货车从 N_3 扩展到 N_2（对于客车则从 M_3 扩展到 M_2），同时删去 92/6/EEC 中对允许误差的规定，统一规定 N_2 和 N_3 类车辆的限速装置的设定应保证车辆最大车速不超过 90km/h。

3. 欧盟对在用车统一的年检制度及其技术指令

1977 年，欧洲经济共同体制定并发布技术指令 77/143/EEC——各成员国在机动车辆及其挂车的道路运行适宜性试验（Roadworthiness Test）方面法律的一致性，该道路运行适宜性试验实际上就是欧盟成员国对在用车的年检。77/143/EEC 的适用范围只包括：载货车、大客车、出租车和救护车。后来，该技术指令不断被修订。1996 年，欧盟发布新的在用车管理技术指令 96/96/EC，该技术指令取代原有的法规 77/143/EEC 及其所有修订本（原有这些技术指令相应作废）。

96/96/EC 将欧盟统一的年检向其他车型扩展，包括：旅游客车、质量大于 3.5 吨的挂车和半挂车、质量不大于 3.5 吨的轻型商用车（皮卡车和厢式车）、除驾驶员座椅外座位数不大于 8 的私人轿车（Private Car）。这样，欧盟统一的年检制度就基本上包括其市场中的绝大部分产品。1999 年，欧盟又制定发布 96/96/EC 的修订本——1999/52/EC，该修订本主要针对柴油车的排放对原指令中的试验规程和限值做出了修改。2001 年欧盟制定并发布 96/96/EC 的最新修订本 2001/11/EC，增加了对商用车辆限速装置（RSL）功能性试验。

随着欧盟汽车产业和市场的发展，欧盟对其在用车的年检法规又做了进一步完善，2009 年 5 月 6 日，欧盟发布技术指令 2009/40/EC《对机动车辆及其挂车道路运行适宜性试验的欧盟议会及理事会指令》，该指令同时也是对 96/96/EC 的再版，即替代 96/96/EC 及其随后的所有修订本。

目前欧盟最新的在用车辆年检技术法规为 2014/45/EU，该法规撤销并替代原有的技术指令 2009/40/EC 及其修正本。

4. 欧盟对在用商用车辆的路检制度及其技术指令

2000年，欧盟制定并发布了一项新的技术指令2000/30/EC《在共同体境内运行的商用车辆的道路运行适宜性的技术性路边检验》，该技术指令是主要针对在欧盟各成员国范围内运输旅客或货物的商业运行车辆进行路检的框架性法规，它与欧盟的年检技术指令96/96/EC及其新指令2009/40/EC的关系是：96/96/EC及其新指令2009/40/EC规定了包括商用车辆在内的各种在用车在试验站（检测单位）进行定期检验（年检）的试验规程和限值指标，而2000/30/EC作为2009/40/EC的补充，要求欧盟各成员国在对在用车进行年检的基础上，同时还应按照2000/30/EC专门再对“商用车辆”进行路边检查，进一步确保车辆运行的安全性和满足环保、节能要求。

目前欧盟最新的在用商用车辆路检技术法规为2014/47/EU，该法规撤销并替代原有的技术指令2000/30/EC及其修正本。

2017年11月29日，欧盟委员会发布实施法规（EU）2017/2205，该法规的具体内容如表6所示。

表6　欧盟对在用商用车辆路检技术法规的新发展

法规号	法规名称/内容	备注
(EU)2017/2205	商用车辆路边检验中发现重大或危险缺陷的通知程序详细规则	该法规于2017年11月29日发布，详细规定了对商用车辆在路边检验中发现重大或危险缺陷进行通报的规程

5. 欧盟对危险货物运输车辆的管理与技术法规

在该议题下，欧盟主要使用联合国框架下的ADR协议对危险货物道路运输进行管理：ADR协议为联合国欧洲经济委员会（UN/ECE）制定实施的具有法律效力的协定书，《危险货物国际道路运输方面的欧洲协定书》，简称为ADR协议。

6. 车辆行驶记录仪法规

早在1985年，欧盟对商用车辆[①]驾驶员的作息时间制定了专门的技术

① 本文中所指的商用车为3.5吨以上的载货车和9座以上的客车。

法规：（EEC）3820/85《协调有关道路运输的某些社会立法的欧盟理事会法规》[该法规的最新修订本为（EC）561/2006]。为了有效记录和监督驾驶员是否遵守作息时间要求，欧盟又发布与（EEC）3820/85相配套的技术法规（EEC）3821/85《道路运输中记录装置的欧盟理事会法规》，这就是我们常说的欧盟车辆行驶记录仪法规，根据此法规要求，在欧盟使用运行的商用车辆必须强制安装经过型式批准的行驶记录仪。

欧盟的车辆行驶记录仪法规为（EEC）3821/85《道路运输中记录装置的欧盟理事会法规》，该法规出台后，被欧盟多次修订。

（EEC）3821/85历次的修订本包括：欧盟委员会法规（EEC）3314/90、欧盟理事会法规（EEC）3572/90、欧盟委员会法规（EEC）3688/92、欧盟委员会法规（EC）2479/95、欧盟委员会法规（EC）1056/97、欧盟理事会法规（EC）2135/98、欧盟委员会法规（EC）1360/2002、欧盟议会及理事会法规（EC）1882/2003、欧盟委员会法规（EC）432/2004、欧盟议会及理事会法规（EC）561/2006、欧盟理事会法规（EC）1791/2006、欧盟委员会法规（EC）68/2009、欧盟议会及理事会法规（EC）219/2009、欧盟委员会法规（EU）1266/2009、欧盟理事会法规（EU）517/2013、欧盟委员会法规（EU）1161/2014、欧盟委员会法规（EU）2016/130。

目前该项目法规的升级版本为：（EU）165/2014《道路运输中行驶记录仪的欧盟议会和理事会法规》，该法规撤销原有的欧盟理事会法规（EEC）3821/85，同时修订欧盟议会和理事会有关道路运输的某些社会立法的协调法规（EC）561/2006。

新法规（EU）165/2014对数字型的行驶记录仪引入了一些新的特点，包括：

- 更加完善的安全机制，使篡改变得更为困难，并减少管理方面的负担，每年可节约企业5.15亿欧元的费用；
- 具备和卫星导航系统的接口，特别是欧洲的伽利略卫星系统和欧洲卫星导航系统管理局的接口；

- 具备远程通信功能，可以在车辆行驶的过程中将行驶记录仪数据传输给路边的警察执法者，这样可避免检查时一定要停车。
- 具备车辆 ITS 接口，以便将行驶记录仪与其他 ITS 应用相连接。

尽管车辆行驶记录仪新的法规（EU）165/2014 将最终完全替代原有的法规（EEC）3821/85 及其所有修订本，但在法规规定的过渡期内，这两套法规仍将并行使用，因此欧盟也依然在继续完善原有的法规（EEC）3821/85，这也就是为什么 2016 年又新出台一项对原法规（EEC）3821/85 的更新法规：（EU）2016/130。

2016 年 3 月 18 日，欧盟发布实施法规（EU）2016/799《实施欧盟议会和理事会法规（EU）165/2014，规定行驶记录仪及其部件的结构、试验、安装、运行和维修要求》。（EU）2016/799 为（EU）165/2014 的具体实施法规，或为（EU）165/2014 各项相关要求和试验、维修的细化法规。

2018 年 2 月 28 日，欧盟发布（EU）2018/502，该法规为实施法规（EU）2016/799 的修订本。根据欧盟法规（EU）165/2014 第 8、9 和 10 条要求，2019 年 6 月 15 日以后首次安装的车辆行驶记录仪必须是智能行驶记录仪（Smart Tachograph）。因此，必须对欧盟（EU）2016/799 法规进行修订，以保证其中规定的技术条款在此日期后能适用于智能行驶记录仪。

7. 对轻型车辆轮胎磨损程度的要求

在车辆各部件中，轮胎是一个非常重要的安全部件，对环保和节能也有着非常直接的关系，因此国际惯例通常将车辆轮胎列为重要的法规部件，欧盟也不例外，除了在新车的市场准入管理制度中列有车辆的轮胎项目外，欧盟还专门针对 M_1、N_1、O_1、O_2 类车辆的在用阶段制定轮胎磨损程度方面的技术指令：89/459/EEC《某类机动车辆及其挂车的轮胎花纹深度》，要求这些车辆在使用过程中，其轮胎胎面的花纹槽深度不得小于 1.6mm。

参考文献

欧盟议会及理事会指令 2007/46/EC:《建立机动车辆及其挂车，和用于这类车辆的系统、部件和单独技术单元的批准框架的指令》。

欧盟议会及理事会法规（EC）661/2009:《就机动车辆及其挂车，它们所使用的系统、部件和单独技术单元的一般安全性的型式批准要求的欧盟议会和理事会法规》。

专项研究篇（行人保护篇）

Special Research Report（Chapter of Pedestrian Protection）

B.18 汽车行人保护技术发展综述

左培文　张立淼　王学磊*

摘　要：　本文从道路交通环境与事故情况、主要地区和国家行人保护评价体系、行人保护技术发展等方面系统性、综合性分析了汽车行人保护技术发展现状与未来趋势。并结合我国国情，指出了在我国开展汽车行人保护研究的现实意义和在我国发展行人保护技术的机遇和挑战。我国亟须把握发展契机，推动汽车行人保护技术进步，提升中国汽车行人保护技术水平。

关键词：　道路交通安全　行人保护　评价体系　主动安全

---

* 左培文，中国汽车技术研究中心有限公司汽车技术情报研究所信息咨询一室总工程师，主要从事汽车产品与技术情报研究；张立淼，中国汽车技术研究中心有限公司汽车技术情报研究所工程师，主要从事汽车安全技术研究；王学磊，中国汽车技术研究中心有限公司汽车技术情报研究所工程师，主要从事汽车产品数据库与系统开发。

经过几十年的发展，我国汽车乘员保护技术日趋成熟，相比较而言，汽车行人保护技术发展相对滞后，显著制约了道路交通安全事故中对行人安全的保障。因此，汽车对行人的碰撞保护能力受到了政府、企业、消费者的共同关注，成为世界范围内的研究热点。

一 开展汽车对行人碰撞保护研究的意义重大

1. 道路交通伤害已经逐渐成为造成人类死亡的最重要原因之一，受到世界范围的关注

随着全球汽车保有量的迅速增加，交通事故也日益严重，目前，道路交通伤害已成为造成人类死亡的最重要的原因之一。根据世界卫生组织（World Health Organization，WHO）2015 年 10 月发布的《道路安全全球现状报告 2015》，全球每年约有 125 万人在道路交通事故中死亡以及 2000 万 ~ 5000 万人在道路交通事故中受伤甚至终身残疾。此外，道路交通事故已经成为 15 ~ 29 岁年轻人死亡的主要原因。世界卫生组织同时指出，如果仍不持续采取行动，预计到 2030 年，道路交通事故将成为人类第七大死因。

基于此，2015 年联合国大会通过的《2030 年可持续发展议程》中，新的可持续发展目标中的一项具体目标是，到 2020 年将全球道路交通碰撞死亡和伤害数量减半，这表明道路交通伤害给个人、家庭和国家带来的沉重负担和巨大损失已经受到全世界的关注，并且努力采取措施来降低道路交通伤害。

2. 行人等弱势道路交通参与者是道路交通事故中主要受害者，亟须改善其在交通事故中生存概率和受伤害程度

行人、骑自行车者、骑摩托车者等道路使用群体作为道路交通参与中的弱势群体，是道路交通事故中最主要的受伤害群体。世界卫生组织研究表明，2013 年全球道路交通死亡情况中，行人占比达到 22%，行人与骑摩托车者、骑自行车者综合死亡人数占比达到 50%。可以说，行人等弱势道路交通参与者已经成为能否加强道路交通安全的关键因素，如何改善其在交通

事故中生存概率和受伤程度成为全世界相关研究人员共同关注的问题。

3. 中国道路交通环境复杂多变，开展汽车对行人碰撞保护研究具有重大现实意义

随着中国汽车工业的高速发展，中国汽车产销量呈现持续增长的态势，中国已经连续九年成为全球最大的汽车生产国和新车消费市场，中国的汽车保有量和汽车驾驶人数量均位居世界前列。随之而来的是道路交通事故不断增加和交通安全状况的日益恶化。相关研究表明，中国道路交通事故中，汽车对行人的碰撞事故发生率超过 20%，道路交通事故伤亡人数中，死亡人数中行人事故占比高达 30%。

中国国情决定了中国道路交通事故的错综复杂，交通安全意识和道路设施建设与城市化发展的不协调、国家巨大的领土面积导致各地区经济状态、地理条件和社会环境差异较大，造成中国的道路交通环境复杂多变。与此同时，中国特色的人、车混合型道路交通模式导致行人在交通事故中受伤害概率和程度进一步加深，而共享单车、平衡车等新型短途交通出行方式的出现和普及也加剧了中国道路交通环境的复杂程度，汽车与行人的碰撞问题愈加凸显。开展汽车对行人碰撞保护研究顺应中国社会发展趋势，具有重大现实意义。

二　汽车行人保护评价体系逐步建立

1. 汽车行人保护标准法规日趋完善，但中国标准相对滞后

欧洲经济共同体欧洲试验车委员会（EEVC）先后于 1984 年、1994 年成立 WG10、WG17 工作组进行行人保护试验方法研究。1994 年，WG10 提出行人碰撞保护的试验方法及碰撞模拟器，采用假人模块的试验方法考核车辆与行人发生碰撞的保护性能；1998 年，WG17 提出全球最早的行人碰撞保护试验草案，并成为 ISO、欧盟、全球统一技术法规（GTR）及日本等制定行人碰撞保护试验标准的参考。

欧洲先后发布了 EEC 74/483、EC 102/2003、EC 78/2009、ECE R127

等指令和法规；日本于2004年颁布并实施了TRIAS 63《行人头部保护基准》，并在2011年对其进行修订，颁布了TRIAS 18－J099（2）－1《步行者头部及腿部保护技术标准》；联合国世界车辆法规协调论坛（UN/WP29）于2009年发布实施了GTR 9《全球技术法规关于机动车碰撞时对行人及弱势道路使用者加强保护和减轻严重伤害的认证统一规定》（2008年版）。可以说，经过几十年的发展，汽车工业发达国家已经陆续制定较为完善的行人保护标准法规，以促进汽车行人保护进步，降低行人在道路交通事故中的伤害。

中国于2009年和2013年分别颁布了国家推荐性标准GB/T 24550－2009《汽车对行人的碰撞保护》、汽车行业标准QC/T 938－2013《汽车对行人的碰撞保护试验规程》，并分别于2010年和2014年实施。与其他实施行人碰撞保护法规的国家相比，虽然中国的发展水平相对滞后，中国行人碰撞保护标准的发布与实施时间较晚，标准所包含的内容反而较为全面，这个标准在中国行人碰撞保护技术发展方面起到了一定的促进作用。然而由于中国标准仅为推荐性标准，在促进行人保护技术提升方面推动力仍显不足。

2. 新车评价规程（NCAP）陆续将行人保护列入评价内容，助推行人保护技术应用和进步

2003年，欧洲新车评价规程（Euro NCAP）率先把行人碰撞保护列为新车星级评定的一项内容。2018年，Euro NCAP将原有的行人保护评价单元扩展为弱势道路交通使用者保护评价单元，包含儿童头型和成人头型冲击发动机罩试验、下腿型冲击保险杠试验、上腿型冲击发动机罩前缘试验和AEB VRU试验等方面，对车辆行人保护性能进行评价。

2018年7月1日实施的中国新车评价规程（C－NCAP）2018年版管理规则中，将行人保护试验作为正式评价试验的三个部分之一进行考核，且占比达到15%。C－NCAP主要通过头型试验和腿型试验结果，评价在车辆碰撞行人时，车辆前部对行人的保护效果。其中，头型试验分别采用成人头型和儿童头型，并以40km/h的速度按照规定的角度冲击被测试车辆的特定部位，将每次获得的HIC_{15}值进行综合评分；腿部试验是根据被测试车辆保险

杠下部的高度选择上腿型或下腿型冲击器，以40km/h的速度按照规定方向撞击保险杠，针对每次获得的腿部弯矩以及膝部韧带伸长量等性能指标进行评分。

可以说，通过标准法规、新车评价规程等的制定和实施，汽车行人保护评价体系已经逐步建立，有力地促进了汽车行人保护技术的进步，汽车安全性能显著提高，道路交通安全状况明显改善。

三 行人保护被动安全技术趋于成熟，主动安全技术成为研究和应用重点

1. 行人保护被动安全技术趋于成熟，成为企业常规技术手段

当前，通过造型优化、结构优化、溃缩式吸能设计、合理空间布置等方法和手段，车辆前端结构设计的被动安全技术已经较为成熟，成为各汽车企业的常规技术方案。

造型优化上，头型区域主要是前面基准线（大灯位置及特征线和分缝线优化）、后面基准线（机罩及雨刮盖板相关胶条造型优化）、侧面基准线（翼子板、大灯及机罩特征线优化和分缝线优化）等的造型优化；腿型区域主要是保险杠角优化、腿部变形优化、大灯及格栅与机罩前缘设计等。

在结构优化上，头型区域优化主要包括发动机罩内板结构、大灯安装结构、翼子板安装结构、铰链结构、锁钩结构、内部支撑硬点结构等的优化；小腿型区域主要是防撞横梁吸能泡沫结构及倍率和上下支撑结构的优化；大腿型结构优化主要从前端模块上横梁位置、大灯安装结构、进气格栅与保险杠结构、内部安装支撑结构等方面进行。

溃缩式吸能设计主要是可压溃翼子板支架、可压溃头灯支架、可压溃雨刷支架等可压溃支架的应用以及溃缩式前大灯设计、进气格栅压溃设计、吸能式保险杠等的设计方案。

目前，中国汽车企业经过多年的技术积累，已经逐步掌控了行人保护被动安全的开发流程和方法，显著提升了汽车的行人保护水平，取得了良好

效果。

2. 主动弹起式发动机罩、行人保护气囊等主动安全技术成为研究热点

随着汽车被动安全技术的不断成熟和完善，以及电子控制等技术的不断进步，主动安全技术成为汽车技术的发展方向和研究热点，对于行人保护技术而言，主动弹起式发动机罩、行人保护气囊等主动式行人保护技术和产品成为行业的研究热点。

主动式行人保护系统由探测与传感系统、控制系统、弹起执行系统三部分组成。目前，探测与传感系统主流技术方案是将压力传感器和加速度传感器安装在汽车保险杠前端，技术较为成熟，但是存在探知范围较窄、误判率较高的问题。弹起执行系统主要包括铰链和弹起执行机构，其中，铰链在系统中起到导向和限位的作用，对铰链的强度和释放力的控制精度要求较高，国内企业虽然具备一定的设计开发能力，但是仍与世界先进水平存在较大差距；弹起执行机构主要有烟火式、烟火－连杆式、SMA－弹簧式、弹簧－铰链一体式、电动马达式、气缸式等，其中，烟火－连杆式目前应用较广。

自动紧急制动系统（AEB）通过对前方环境的感知和判断，当前方碰撞危险加剧到一定程度时，如果驾驶员仍未及时有效地做出反应，AEB 会通过制动执行器对汽车进行自动制动，使车辆主动避开碰撞或降低碰撞造成的伤害程度。目前，通过单目/双目摄像头环境感知技术，可以精确识别行人，实现 AEB 行人保护功能，较大程度提高了车辆行人保护水平。

3. 主被动安全技术集成是行人保护技术未来发展趋势

将传统的被动安全技术与逐渐成熟的主动安全技术相结合，系统性提高汽车行人保护水平成为未来的发展趋势。同时，随着 AEB 技术的不断成熟和应用，通过使用 AEB 的单目/双目摄像头提高主动弹起式发动机罩、行人保护气囊的探测和感知能力，更加精确判断碰撞物体，已经成为主动安全技术集成的研究热点。AEB 与主动弹起式发动机罩、主动式行人保护气囊融合是未来行人保护技术重要发展方向。

四 我国汽车行人保护技术发展机遇与挑战并存

我国汽车行人保护技术发展机遇与挑战并存，亟须把握发展契机，推动汽车行人保护技术进步，提升中国汽车行人保护技术水平。

从机遇上来说，首先，政府对汽车安全性能要求不断提高、消费者对汽车安全性能认识和重视程度不断增加等因素驱动汽车企业在安全技术上加大研发力度，促进汽车产品安全技术水平的快速发展，为汽车行人保护技术进步奠定基础；其次，汽车电动化、轻量化的发展使碳纤维复合材料、树脂材料等新型材料在汽车上的应用逐渐增多，这些新材料的应用为汽车行人保护的设计提供了新的解决方案；最后，智能化、网联化的技术发展趋势与先进驾驶辅助技术的不断推广和应用，显著提升了汽车行驶安全性，也为汽车行人保护水平提升带来了新的技术路线。

从挑战上来说，首先，中国道路交通环境复杂，导致汽车面临交通事故工况多且杂，加大了行人保护技术解决方案的难度；其次，中国汽车零部件产业虽然规模较大，但是关键部件核心技术缺失等问题制约了行人保护新技术和新产品的应用。比如，主动弹起式发动机罩所需铰链，国内零部件企业虽然具备一定设计开发能力，但是尚不具备配套生产能力，一定程度上制约了主动弹起式发动机罩系统在国内的应用和普及。

参考文献

Margie Peden：《预防道路交通伤害世界报告》，世界卫生组织，2004。

孙振东、李海斌：《国内外行人碰撞保护标准最近进展与发展趋势分析》，载《中国汽车安全发展报告（2016）》，社会科学文献出版社，2016。

中国汽车技术研究中心有限公司：《C－NCAP 管理规则（2018 年版）》，2018。

B.19

车辆行人保护安全技术开发及未来规划

侍绍娟*

摘　要： 行人保护一直是车辆安全技术领域中的重要研究方向及热点问题，随着国内外法规及标准的不断升级，国内各大汽车制造厂对行人保护的开发越来越重视。本文综合阐述了国内外行人保护技术开发的现状，分别介绍了行人头部保护安全技术、行人腿部保护安全技术以及智能安全系统，并对未来行人保护安全技术开发进行展望，如何预防以及避免车辆与行人碰撞事故发生的主动安全技术成为新的研究趋势。

关键词： 行人保护　头部保护　腿部保护　主动安全技术

一　引言

行人及两轮车使用者是所有交通参与者中的弱势群体，通过对中国道路交通事故的研究发现，汽车与行人碰撞事故中发生死亡及重伤的比例较大。当行人与车辆发生碰撞事故时，行人头部与发动机罩、挡风玻璃以及车顶发生碰撞造成的伤害是导致死亡及重伤的主要原因。腿部是行人与汽车发生碰撞时的第一接触位置，对腿部及膝盖的伤害是导致重伤致残的主要原因。目前对于车辆行人保护安全技术的开发主要集中在降低对行人头部和腿部的伤

* 侍绍娟，硕士，一汽－大众汽车有限公司车辆安全科产品工程师，负责行人保护、摆锤试验工作。

害，其中降低对头部的伤害可以采用优化发动机罩结构，以及采用主动式发动机罩、行人安全气囊等技术；降低腿部伤害则需要对保险杠等前端结构进行改进和优化，对发动机罩前缘造型进行优化；车辆智能安全系统应能够识别行人，主动避免碰撞的发生，从而降低对行人的伤害程度。

20 世纪 90 年代，欧洲开始对行人保护重视起来，随后日本、韩国等国家也逐渐执行行人保护法规，我国在 2010 年颁布了 GB/T 24550 – 2009 行人保护法规，并在 2018 年将行人保护纳入 C – NCAP 的测试评分体系中。在 C – NCAP 2018 年版评价体系中，行人保护部分的权重为 15%，总分为 15 分，其中头型试验为 12 分，下腿型试验为 3 分。行人保护法规及标准的不断完善也引起了汽车企业的重视，使行人保护安全技术得以不断发展和广泛应用，例如，日产、本田、通用、奔驰及大众等公司的主动式发动机罩技术，福特、沃尔沃公司的行人保护安全气囊技术，沃尔沃公司的碰撞警示和制动系统（CWAB），丰田公司的预碰撞安全系统（PCS）等。

行人保护安全技术开发需要考虑车辆前端造型、发动机舱布置、结构以及材料的设计，同时还要兼顾低速碰撞以及整车耐撞性能等。为满足 C – NCAP 2018 年版五星标准，汽车厂商在车辆的前期开发过程中就要考虑到行人保护的要求，在车辆造型设计中，应尽可能缩小行人保护的碰撞区域并合理布置硬点分布，确保有效变形空间，从而达到有利于行人保护的目的。

在行人保护安全技术开发过程中需要通过模拟计算和试验来验证设计的结构是否满足要求。此外，通过对交通事故进行深度研究分析，研究车辆与行人碰撞运动学及力学关系，可以为行人保护安全技术开发提供现实依据。行人保护安全技术开发的成功与否也与人体损伤生物力学有一定关系，通过对人体损伤力学的研究，可以完善人体仿真模型，从而通过模拟计算获得更可靠的安全技术开发信息。

二　行人头部保护技术开发

行人头部与车辆发生碰撞的区域包含发动机罩、挡风玻璃、翼子板等，行人头部所受的伤害通常是与发动机罩及发动机舱内刚度较大的零件发生二次碰撞或与翼子板边缘处的硬点碰撞导致，位于挡风玻璃下部的雨刮区域也能对头部造成严重伤害。因此，在车辆造型开发及总布置阶段，应该避免将发动机罩盖锁、铰链、大灯、翼子板及雨刮器转轴等刚度较大零件划入头型碰撞区，并保证发动机罩与发动机舱内零部件有足够的空间距离。按照行业经验，当碰撞速度为40km/h时，要使头部伤害HIC值小于1000，成人头型和儿童头型对于发动机罩到发动机舱内部的空间要求至少需要满足70mm和50mm。但在实际车型开发中，不一定能够完全满足该要求，可以采用主动式发动机罩技术提高行人保护性能。

（一）发动机罩的优化

发生碰撞时，行人头部会首先与发动机罩外板接触，发动机罩为头部主要撞击区域，所以发动机罩的结构直接影响行人头部碰撞伤害程度，为了降低行人头部的碰撞伤害，发动机罩可以采用吸能式结构设计以及采用新型材料设计。

在发动机罩中间位置，发动机舱内部的零部件布置应尽量满足空间间隙要求，从而可以适当弱化发动机罩内板，减弱发动机罩内板加强筋；在发动机罩周边区域，应该适当增加发动机罩内板强度，增大内外板之间的截面空间来吸收更多的碰撞能量；此外，还可以采用蜂窝状发动机罩内板设计，使发动机罩内板均匀弱化，增加吸能，减少对行人头部的伤害。

图1所示为某款车型发动机罩内板优化后的结构，优化后的发动机罩内板能够有效地吸收头部撞击的能量，通过试验验证，优化后的发动机罩内板能够降低行人头部伤害值（HIC值）。

对发动机罩的改进优化除了结构上的改进，也可以采用新型材料设计，如采用碳纤维复合材料、铝材等，在保证安全性能的同时也降低了发动机罩的重量。

发动机罩铰链区域通常强度较高，且试验结果表明，发动机罩铰链区域对行人头部能够造成较大伤害，因此，在布置发动机罩铰链时，应该使

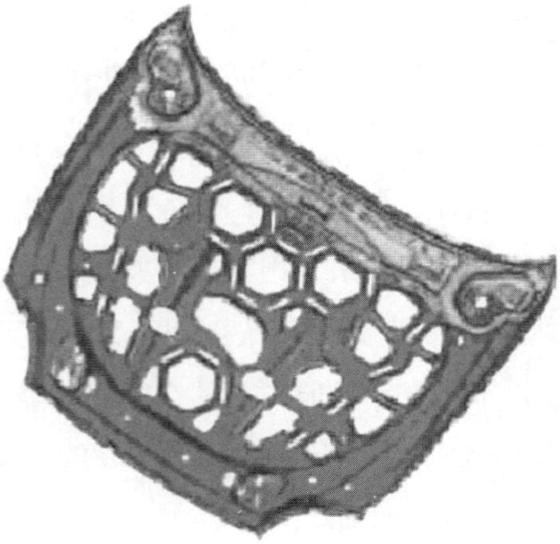

图1　优化发动机罩内板结构

其尽量分布在头型试验区域外。如果不能将铰链布置在碰撞区域之外，可以通过优化铰链结构或采用可压溃或可断裂铰链结构，使铰链有足够的变形空间和较低的强度，降低对行人头部的伤害。图2所示为一种可压溃式铰链结构。

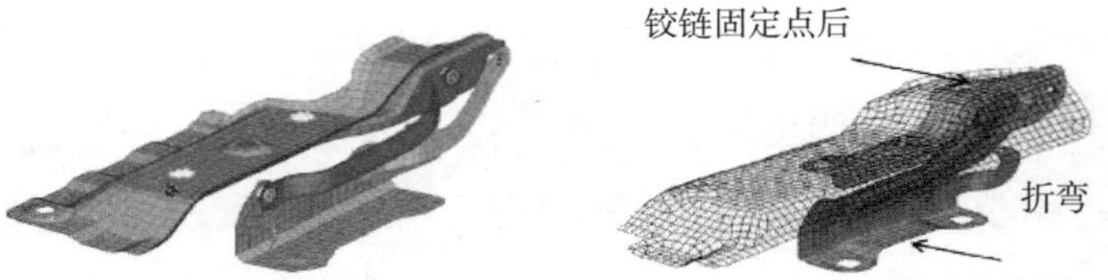

（a）优化前的结构　　（b）优化后的结构

图2　可压溃变形铰链结构

此外，为了降低对行人头部的伤害，还可以进行以下改进：①翼子板区域，尽量将翼子板与发动机罩分缝线区域布置在碰撞区外，或使翼子板上部的安装支架采用可变形弹性元件；②采用可压溃式雨刮轴或通过合理的造型布置，将雨刮轴布置在发动机罩盖下方；③前照灯一般刚度较大，且周围布置空间小，会对头部造成较大伤害，可以采用可压溃式前照灯支架，使其在撞击过程中断裂，实现碰撞时前照灯掉落，减少对头型的伤害；

还可以在前照灯周围预留溃缩空间用来吸收碰撞能量，设计碰撞导向槽，引导碰撞时前照灯运动，减少前照灯锐角设计；④雨刮喷嘴布置在发动机罩内板下部。

图 3　翼子板可变形弹性元件

（二）主动式发动机罩技术

主动式发动机罩系统是由安装在前保险杠上的传感器系统（压力传感器、加速度传感器）、发动机罩弹起系统（如带有起爆器的主动式铰链）以及控制器等部分组成，当行人撞击到车辆前端时，传感器采集碰撞信息并传递到控制器，控制器分析采集到的信号并给出点爆起爆器的指令，使发动机罩后部弹起至一定高度，增加发动机罩到发动机舱内部的空间，从而避免行人头部与发动机舱内的硬点接触，并通过发动机罩的变形吸收部分能量，有效降低行人的受伤程度。图 4 所示为某款奥迪车主动式发动机罩的工作原理。

在主动式发动机罩技术的开发过程中，需要考虑除行人以外的其他物体撞击车辆的情况，为了避免发动机罩误弹起，需要进行不同工况下的传感器误作用试验，例如用小动物、篮球、树枝等撞击车辆前保险杠并采集相应的数据，设计传感器参数，使传感器能够准确判断碰撞物类型。安装在车辆前保险杠中的压力传感器用来判断与车辆发生碰撞的是行人还是其他障碍物，而加速度传感器则用来判定是行人碰撞还是路面不平造成的干扰。

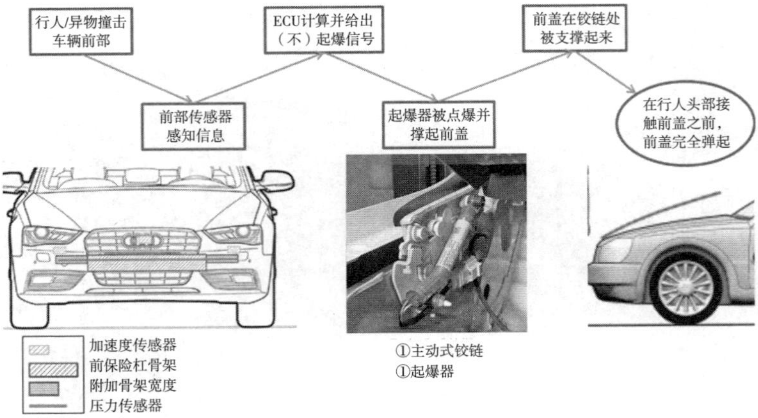

图4　某款奥迪车主动式发动机罩工作原理

对于主动式发动机罩系统还需要通过仿真计算和试验获得系统作用的时间条件。行人腿部与车辆前端传感器接触时刻为t0，传感器触发感知信号并将信号传至控制器，控制器给出指令点爆起爆器需要的时间（起爆器触发时间）为tSensor，tBonnet为起爆器点爆后使发动机罩完全抬起所需要的时间，主动式发动机罩系统的总反应时间tSystem = tSensor + tBonnet。HIT为行人与车辆碰撞后其头部碰到发动机罩的时间，实际碰撞发生过程中，行人头部与发动机罩发生碰撞前，主动式发动机罩系统应该已经处于展开状态，即系统时间条件需满足tSystem < HIT（见图5）。

（三）行人保护气囊

为了降低碰撞事故中对行人头部的伤害，一些汽车厂商开发了行人保护气囊技术，如某车型装备的行人安全气囊PAT（Pedestrian Airbag Technology），气囊展开后能够覆盖风挡雨刮区域及A柱等区域，降低对行人头部的伤害。行人安全气囊的工作原理是当行人与车辆前保险杠发生碰撞时，通过安装在

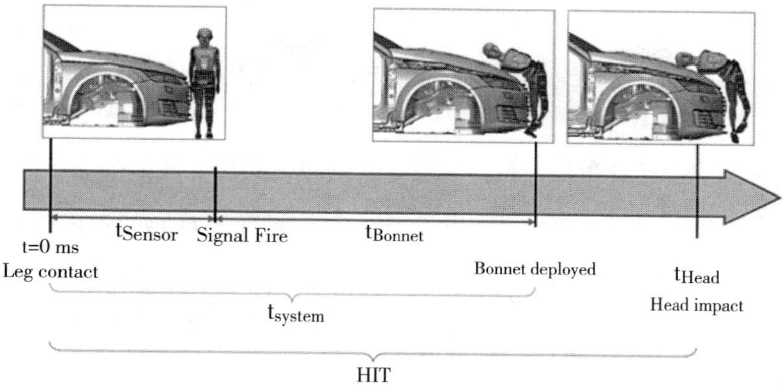

图5　主动式发动机罩的时间条件

车辆前端的传感器感知碰撞信号，并将信号传至控制单元，经过控制器分析判断，展开行人安全气囊。

图6所示为某车型行人安全气囊的工作过程。碰撞发生后，发动机罩后部被抬高，同时激活位于风挡玻璃下部的行人安全气囊并充气，使发动机罩保持被抬高的高度不变，增加发动机罩和发动机舱内部组件的空隙，对撞击的行人起到缓冲作用。

图6　行人安全气囊系统工作原理

三　行人腿部保护技术开发

汽车的前端系统包括前保险杠蒙皮、散热器格栅、吸能泡沫、前保险杠横梁、保险杠下部横梁等部件，是车辆与行人碰撞中首先与人接触的部件，是造成行人小腿骨折和膝盖韧带损伤的主要原因。车辆与行人发生碰撞后，通常情况下，行人的大腿及髋部会与发动机罩前缘接触，造成伤害。车辆前部的造型决定了大腿模块的撞击能量、撞击速度与角度，因此发动机罩前沿区域的造型设计将直接影响行人大腿保护性能的好坏。

（一）小腿保护技术

C－NCAP 2018 年版行人保护评价规程中只考虑下腿型（小腿）对保险杠的撞击，其碰撞区域由 2 个保险杠角之间的区域或保险杠横梁两侧的最外侧之间区域决定，取为两个区域中的最大者（见图 7）。为了缩小碰撞区域，应该控制前保险杠横梁的长度，且前保险杠造型应该尽量采用圆滑的造型，尽量避免将前照灯、前雾灯区域包含在碰撞区域里。奥迪采用的“大嘴”式格栅设计，将前保险杠与格栅融合在一起，使造型更加圆润，有利于降低对行人腿部的伤害。奥迪的一些车型在前保险杠造型上增加了突出的造型，如图 8 所示，有利于缩小小腿的碰撞区域，提升了行人小腿的碰撞性能。在车辆前端部件的布置中应预留足够的变形吸能空间，并增加泡沫缓冲结构，可以降低碰撞对小腿的伤害。增加小腿保护横梁（副保险杠），能够在碰撞过程中对小腿起到较好的支撑作用，阻止小腿向车底翻转。

行人小腿的伤害形式为膝盖韧带的拉伤，胫骨、腓骨的骨折。在 NCAP 的评价体系里采用柔型腿来考察行人腿部伤害，其对小腿伤害指标分为 2 类，共计 6 个：韧带伸长量，包括内侧副韧带伸长量 MCL，前十字韧带伸长量 ACL，后十字韧带伸长量 PCL；胫骨弯矩，包括胫骨上部弯矩 Tibia 1，胫骨中上部弯矩 Tibia 2，胫骨中下部弯矩 Tibia 3 和胫骨下部弯矩

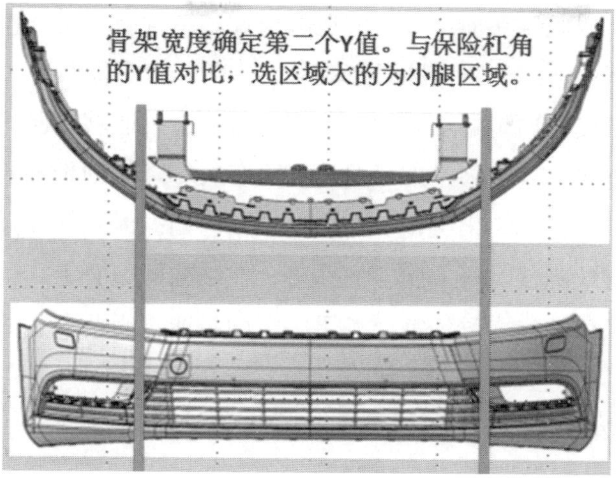

图 7　小腿碰撞区域

图 8　奥迪前保险杠造型

Tibia 4。经过试验验证，前保险杠中间区域，柔型腿的胫骨中上部和中下部弯矩较难满足伤害指标，在保险杠边缘区域，柔型腿的胫骨上部弯矩、前韧带和内侧韧带伸长量较难满足伤害指标；车辆相对于柔型腿的高低，也影响小腿的伤害值，车辆相对高度越高，胫骨弯矩和内侧韧带伸长量均有较差结果，因此，在前保险杠的造型设计和结构布置过程中，应当综合考虑行人腿部的伤害，降低胫骨弯矩的伤害值，应在蒙皮格栅后部、保险杠扰流板区域安装均匀的承载件，如小腿保护横梁能够控制小腿在碰撞过程中的运动姿态，避免因过度弯曲而侵入车底；降低韧带伸长量，应使蒙皮格栅表面连贯且无突出尖角。在前保险杠内侧，保险杠横梁外侧安装吸能泡沫能够有效降低对行人膝盖的伤害，在结构的布置上，前保险杠蒙皮与吸能泡沫及保险杠横梁均需要满足一定的吸能空间要求，如图 9 所示。

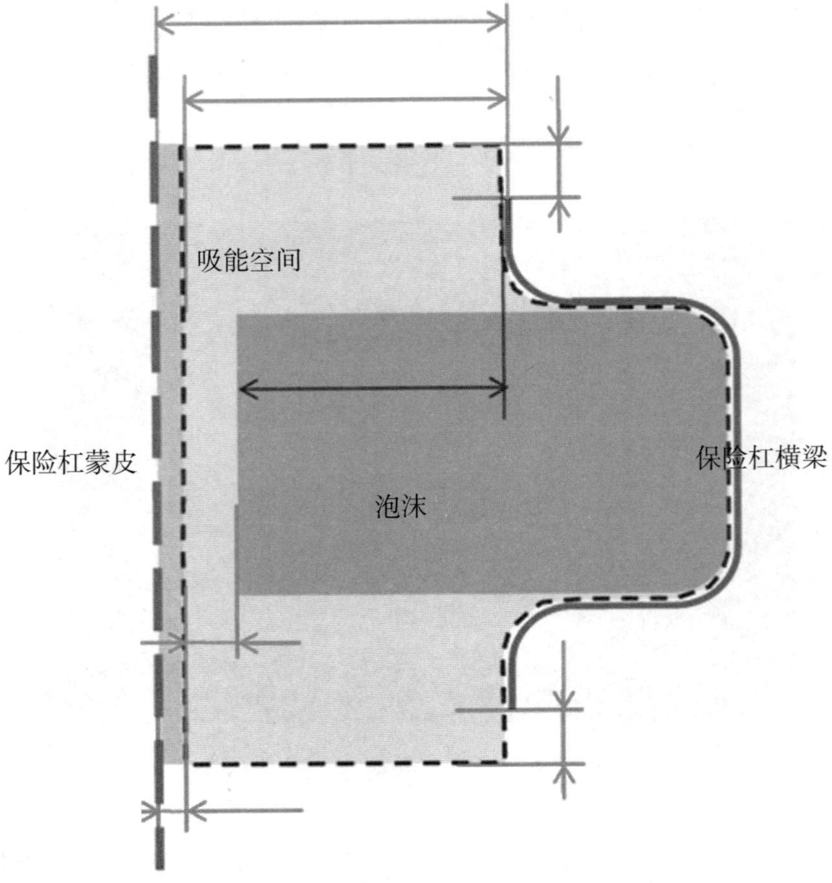

图 9　前保险杠的空间布置

（二）大腿保护技术

Euro NCAP 评价体系中还对上腿型（大腿）进行考察，根据 Euro NCAP 官方数据统计，大多数车型在大腿碰撞环节得分较差，随着标准的不断提高，在车辆开发阶段应该注重行人的大腿保护。在 Euro NCAP 评价体系中，包络线 WAD775 用于大腿测试网格点划分以及选取测试点，冲击角度 α 由 WAD930 包络线和内部防撞梁参考线共同决定。冲击角度与冲击能量及冲击速度成反比关系，故在车辆前端造型设计时，应该获得较大的冲击角度，从而降低冲击能量（见图 10）。

行人大腿保护的评价与车辆前端造型有密切关系，对于大腿保护的安全设计应该使发动机罩前缘有更加圆滑的造型设计，增大大腿模块与发动机罩前沿区域的接触面积，降低发动机罩前沿参考线高度，合理布置发动机罩锁、水箱横梁以降低接触刚度，增大变形空间。在大腿测试区域内，应确保支撑大腿的上、中、下部刚度均匀分布，尽量避免有较大的刚度差，从而降低对大腿的冲击伤害。

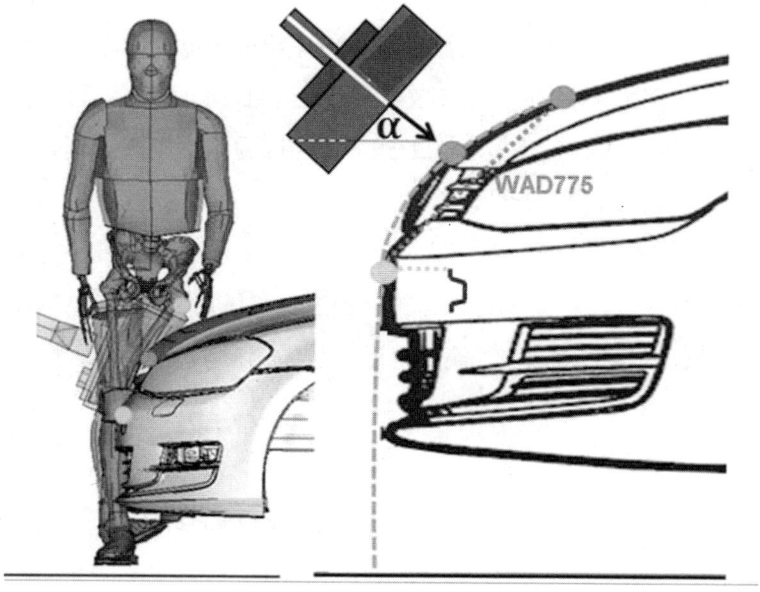

图 10　大腿保护

四　智能安全系统

车辆智能安全系统可以对行人采取主动保护，在事故发生前能够给驾驶员及时预警，以便驾驶员采取一定措施，避免碰撞事故的发生，将事故伤害降到最低，在危急时刻，智能安全系统还可以直接接管车辆，采取紧急制动或转向来避免碰撞事故的发生。车辆智能安全系统通过安装在车身上的雷达、传感器、红外线等识别车外的行人，对潜在的行人碰撞事故进行预判和预处理，从而主动避免车辆与行人发生碰撞。

沃尔沃具备的主动刹车和行人探测功能的行人安全系统，使用雷达和摄像头，可以探测到车辆前方的行人。当车辆接近行人，前风挡玻璃会亮起红色指示灯，同时发出警报声用来提醒驾驶员。如果碰撞危险进一步增加，且驾驶员未对车辆采取制动措施，系统认为即将发生碰撞并对车辆进行自动全力刹车，降低车速，最大可能减少碰撞对行人的伤害。

应用在奔驰 C 级、E 级和 S 级上的 Pre－Safe 预安全系统和车辆自适应巡航系统配合工作，雷达将探测到的信号传递给系统电脑，电脑判断出车辆与前方物体有碰撞的可能性，会对车辆进行自动制动。像这种智能化安全保护系统，能够主动发现行人及潜在的碰撞，但因为其高昂的成本，这项技术一般只应用在较高级的车型上。

目前，很多车型已经配备行人探测和 AEB 主动制动系统，Euro NCAP 在 2016 年开始对车辆的主动行人保护系统进行测试评价，C－NCAP 2018 也将 AEB 主动行人保护功能纳入测试范围，从而测试 AEB 系统对行人的保护能力。

五　行人保护安全技术发展趋势

对比现行 Euro NCAP 评价体系，C－NCAP 2018 年版行人保护评价体系中并未考察上腿型（大腿）的碰撞要求，国内的汽车厂商在车辆开发设计阶段可能会忽略行人大腿保护的性能。中国将结合国内实际交通状况，借鉴国外法规与标准不断完善中国的行人保护法规与标准，逐步推出强制性行人保护法规并不断完善 C－NCAP 评价标准，对于行人大腿的保护要求势必将纳入考察范围。

随着法规与标准的不断升级，新的测试方法、新的冲击器以及新的测试项目也将在未来行人保护安全技术开发中得到应用，未来的行人保护安全技术开发中将对具有更高生物仿真性能的冲击器进行研究，从而能够更准确、更客观地反映车辆的行人保护性能的好坏。

随着科技的不断进步与互联网技术的发展，智能化的车辆安全系统是车辆安全技术发展的最终方向。未来汽车上将装有高级驾驶辅助系统 ADAS，在汽车行驶过程中随时感知周围环境，对各种静态、动态物体进行识别与检测，经过系统的分析预先让驾驶者察觉潜在危险，避免发生碰撞事故。ADAS 系统包括行人检测系统，可以检测行人的动作与姿态，给出行人位置和速度信息，能够有效避免发生行人碰撞事故。

车联网技术也将被广泛应用到行人保护安全技术中，通过车联网技术，建立车辆、道路和行人的信息交互网络，通过传感器和摄像头，汽车可以感知周围环境并将信息通过互联网传递到数据处理中心，数据处理中心将对车辆行驶状态进行识别并将信息传递给驾驶员，以便驾驶员对车辆速度、行驶路线进行调整，避免发生碰撞。

自动化、智能化的安全系统不仅可以减轻驾驶员对车辆操控的负担，也会降低碰撞事故的发生率，大大提高了汽车安全性能。

六　结论

随着法规及标准对行人保护要求越来越严苛，在车辆开发阶段要始终考虑行人保护的设计要求，通过以上对车辆行人保护安全技术开发的研究得出以下结论。

（1）对于行人头型的保护，可以通过优化发动机罩结构与采用新型材料，合理布置发动机罩铰链、雨刮轴、翼子板与发动机罩分界面以及前照灯，采用可压溃变形的结构设计，有效降低行人头部的伤害。

（2）越来越多的车型采用主动式发动机罩，在行人与车辆发生碰撞时，发动机罩后部能够抬起一定高度，增大发动机罩到发动机舱内硬点的变形空间，有利于吸收碰撞能量，避免头型与机舱内硬点发生二次碰撞，降低头型的伤害值。

（3）行人安全气囊的应用也可以起到保护行人的作用，碰撞发生后，在挡风玻璃下部及 A 柱区域展开的气囊，对行人头部起到很好的缓冲作用，防止行人头部与挡风玻璃下部、雨刮、发动机罩后缘以及 A 柱等硬点发生二次碰撞。行人安全气囊与主动式发动机罩的结合能够更好地提升车辆行人保护性能。

（4）对于行人小腿的保护，应该采用圆润的前保险杠造型，避免尖锐凸起，在保险杠扰流板处增加小腿下部支撑结构，尽量将前照灯及前雾灯布置在碰撞区外，确保前端各部件之间有充足的变形空间，在保险杠适当位置安装吸能泡沫，从而降低对行人小腿的碰撞伤害。

（5）对于行人大腿的保护，应使发动机罩前缘有较圆滑的造型，以提高大腿冲击器的冲击角度和与车辆前端的接触面积。对于大腿的支撑结构应使其刚度均匀分布，合理布置发动机罩锁，确保足够的变形空间，从而降低对行人大腿的伤害。

（6）属于主动安全范畴的智能安全系统是未来行人保护安全设计的发展趋势，自动化、集成化与智能化的汽车安全技术将得到广泛的应用，车联网与汽车技术的结合是未来行人保护开发的主流，将主动安全技术与被动安全技术相结合，两者协同作用，可以使车辆具有更好的安全性能和获得更好的行人保护效果。

（7）我国行人保护法规的 C－NCAP 的标准将不断完善，不断趋于严格化，这将积极引导汽车生产厂和科研机构合作，不断改进和更新行人保护安全技术，提高行人保护技术水平。

参考文献

郭烈、赵宗艳、聂倩、张广西：《汽车安全行人保护技术的研究现状及展望》，《汽车与安全》，2011 年第 8 期。

刘庭志、陈吉清：《汽车行人保护开发与研究进展》，《汽车实用技术》2012 年第 1 期。

Xiaomin Zeng, Xiongqi Peng, "Optimization Design of Bonnet Inner Based on Pedestrian Head Protection and Stiffness Requirements", 13th International LS - DYNA Users Conference.

B.20 基于主动安全的汽车行人保护技术发展现状与趋势

于永志*

摘　要： 我国汽车行人保护研究起步较晚，目前国内各主机厂仍然采用被动式行人保护策略，尚未开发主动式行人保护系统，如行人保护气囊，而在欧洲市场，已经得到了实际应用。主动式行人保护系统包括两个主要模块，一是行人/两轮车感知机构（包括各种传感器），二是执行机构。随着行人保护系统技术的提升，AEB技术与被动行人保护的结合会越来越紧密。AEB的单目/双目摄像头不仅可以帮助行人保护系统识别行人，使行人保护装置PHL/PPA更有效地起爆，当AEB与PPA结合到一起时，还可以有效提高行人保护装置的有效性。

关键词： 行人保护技术　行人保护气囊　AEB　行人探测感知

一　概述

自1959年起瑞典人发明了三点式“V”字安全带开始，车内乘员保护渐渐成为全球主机厂以及第三方的评测机构重点关注的研究领域。安全技术

* 于永志，硕士，资深系统集成工程师，任职于奥托立夫（上海）汽车安全系统研发有限公司安全集成部。

产品日趋完善，评测方法也愈加严格。尤其自1970年以来，全球汽车保有量每隔15年都会增长一倍，但是乘员的死亡率并没有随着汽车保有量的增加而增加，就是因为乘员被动安全产品的快速发展以及整车技术的日趋完善。行人保护方面的研究就没有像乘员保护一样受到全球如此高的关注，尤其是在20世纪90年代之前。世界卫生组织（WHO）在2013年发布的一份道路交通状况报告中提到，2010年至少有125万人在交通事故中死亡，其中行人/两轮车驾驶员占62万人，比例高达50%。图1为各个类型的人在道路交通事故中死亡所占的比例，从中可以看出，随着汽车内乘员安全保护技术的进步，车内乘员在交通事故中死亡所占的比例已经低于车外行人/两轮车驾驶员。这一健康报告足以引起大家对于道路交通弱势使用者的关注。

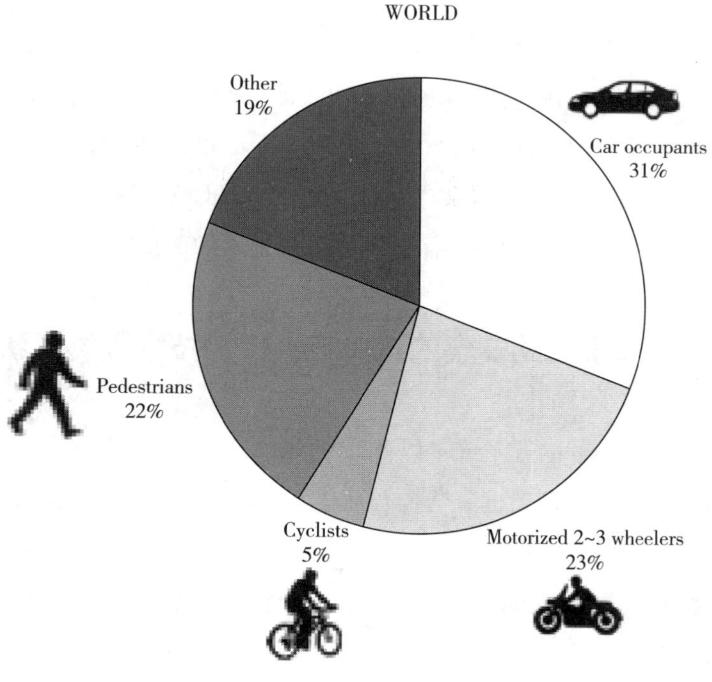

图1　各类人在道路交通事故中死亡所占比例

实际上，从1987年开始，欧洲EEVC组织就已经成立了行人保护工作组。重点研究道路交通弱势使用者在交通事故中的伤害形成机理，量化评价方法，提供用于测试的工具以及完善测试方法。从 1997 年开始，Euro NCAP 评价机构基于 EEVC 的一些测试规则和评价方法推出了 Euro NCAP 版本的行人保护评价标准，并且开始进行行人保护试验测试（只做数据收集记录，不影响最终星级评价）。2009 年开始 Euro NCAP 组织正式将行人保护试验引入星级评价体系，行人保护性能正式进入了可以量化评价阶段。我国汽车工业起步相对较晚，行人保护研究也起步较晚。伴随中国汽车技术研究中心有限公司在 2018 年将行人保护测试评价正式引入 C - NCAP 评价体系，汽车生产厂家也相继着手研究行人与机动车发生碰撞时如何降低行人受伤的风险。当前行人保护主要有两种策略：一种是直接优化发动机罩结构，优化发动机舱内各部件的布局以及铰链结构等的被动式行人保护策略；另一种是通过火药或弹簧等部件将发动机罩顶起，以此获得更多头部冲击缓冲空间的主动式行人保护策略，比如奥托立夫的活塞杆式顶起机构和行人保护气囊都属于此种保护方案。行人保护气囊不仅可以将发动机罩顶起使发动机罩获得更多的缓冲空间，同时还可以覆盖风窗玻璃下沿以及 A 柱区域。此区域伤害值较大，在 NCAP 评价体系中属于默认红点区域。通过行人保护气囊（PPA）这类主动式行人保护产品，可以得到很好的保护效果。

二　基于主动安全的汽车行人保护技术发展现状

当前考虑到实际的开发成本以及 C - NCAP 的评价体系规则，国内各主机厂仍然采用以优化发动机罩结构、优化发动机舱内各部件的整体布局以及溃缩式铰链结构为主的被动式行人保护策略。只有少数厂商正在尝试引入主动顶起式机罩来提供更好的行人保护性能。而对于保护效果更好的行人保护气囊，由于其开发难度更大，开发成本更高，目前国内尚未了解到有主机厂有开发此类产品的计划。但在欧洲市场，行人保护气囊已经得到了实际应用（沃尔沃汽车上已经配备此产品），并且在真实事故调查中已经得到了验证。图 2 是发生在国外的真实案例，一个骑自行车的人在横过马路的时候被一辆汽车撞倒，行人保护气囊弹出，很好地保护了行人。

图 2　国外行人保护气囊在人车碰撞中的作用

三　基于主动安全的汽车行人保护技术关键技术解析

主动式行人保护系统包括两个主要模块，一是行人/两轮车感知机构，二是执行机构。感知机构依靠各种力学、光学传感器，结合具体算法来判断发生碰撞的是行人还是其他东西。如果不是行人，就不会触发执行机构，以节约维修成本。如果算法判断撞击物与行人类似，那么执行机构就会被触发，以达到保护行人的目的。

行人保护的感知机构目前属于难点。因为对于感知系统来说，它不仅要判断在什么样的条件下起爆，同时还需要判断什么样的条件下关闭起爆系统。对于保护车外行人的安全产品，产品的误爆更容易遭到车辆使用者的投诉，使实际产品使用体验变差，所以整车厂家对避免行人保护产品的误爆要求更高。图 3 是判断行人保护装置是否起爆的一个常规示意图。图 3 中由三块深灰色不点火区域及一块浅灰色点火区域组成，从图中可以清晰地看到有一些小质量物品撞击的情况，比如说小动物、小鸟、路边突然出现的各种球以及剐蹭到垃圾桶等都是需要避免行人保护机构触发的情况。而对于一些大质量高速运动撞击的情况，比如说车子的对撞，通常消费者也会不希望行人保护机构触发。所以在感知机构标定时，需要用更多的可能会发生碰撞的物品与感知机构进行碰撞，识别出其撞击特性，将其与行人撞击的信号区分出来，避免误爆。图 4 是以压力传感器为例采到的不同物品撞击产生的信号。从信号图中可以看出，小动物 SA（Small Animal）在 15 ~ 20ms 区间的信号明显小于 PDI 信号（PDI 用来表征行人），PDI 信号标定为起爆信号，SA 标定为不起爆信号。所以当小动物与车辆发生撞击时，行人保护装置不会被触发。

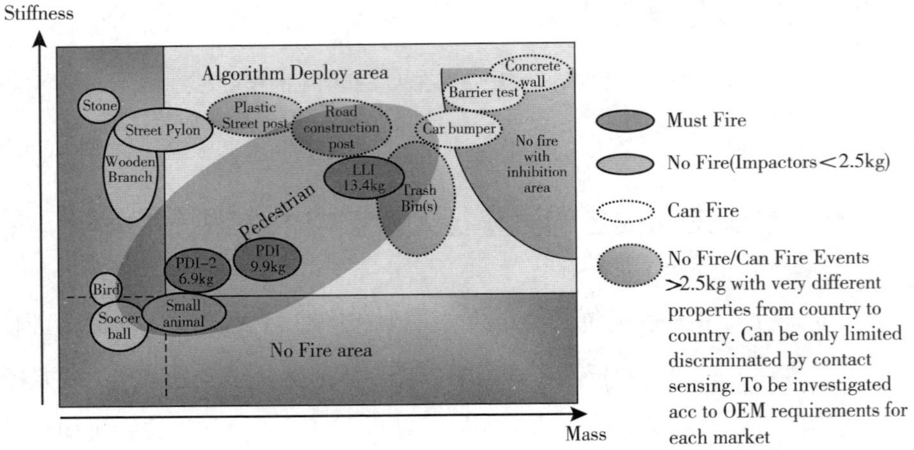

图 3　行人保护装置起爆条件示意

通常在对感知机构进行标定的时候，无法穷尽所有可能与车辆发生碰撞的物品，并且有很多物品与车辆撞击时产生的信号又十分接近，所以一般会选取一些典型物品，如图 5 中的几种物品，用于模拟真实生活中出现的一些撞击工况。这些工况中包含避免起爆的工况和一定要起爆的工况以及部分处于模糊状态的工况。而在图 3 中也可以看到，即便是在可以点火的浅灰色区域，仍然包含着一些不希望触发点火装置的物品，例如道路隔离护栏。但它们的信号强度又与行人的信号强度极其类似，所以这类信号有时候不得不被标记成点火信号。

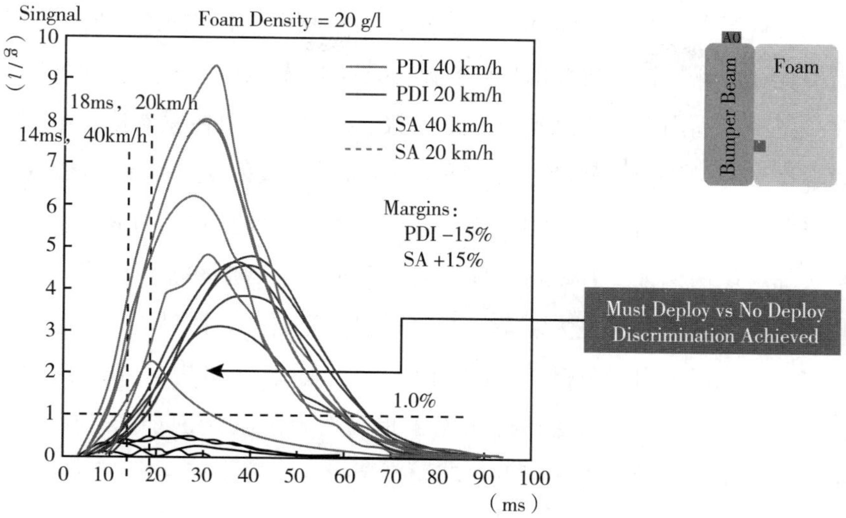

图4　压力传感器采集的不同物品撞击产生的信号

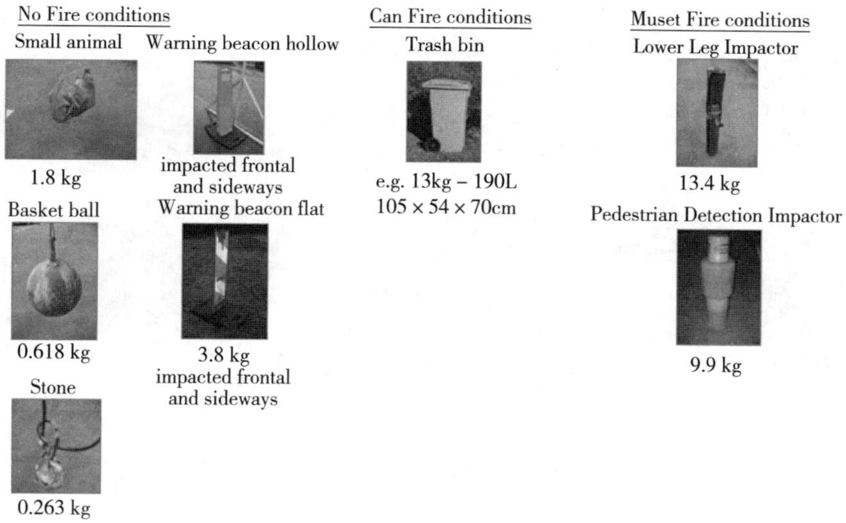

图5　模拟真实生活中出现的撞击工况

当前行人保护传感器以压力传感器和加速度传感器为主，可以单独使用加速度传感器（成本低廉），如图6所示。根据实际汽车前保险杠位置宽度和成本控制，可以选择3加速度传感器或者5加速度传感器进行布置。也可以以压力传感器为主（成本稍高），辅以加速度传感器。如图 7 所示，压力管需要埋在前保险杠蒙皮和前保险杠横梁之间的发泡内。发泡的密度需要控制在一定的范围内，不可过硬也不可过软。过硬会导致传感器接收不到有效的力学信号，过软会导致信号传递的时间过晚，致使执行结构不能及时到位。这两种传感器的优点是相对成本会低一些，当前技术较为成熟，目前已经有实际应用的例证。其缺点是探知范围较窄，误判概率相对较高。尤其是在我国，道路交通状况更为复杂，其误爆的风险更高。针对这一状况，国内的一些 OEM 和零部件供应商已经开始研究将行人保护机构与 AEB 系统相结合，引入 AEB 的单目/双目摄像技术来提高对行人的判断能力。随着 AEB 技术的快速发展以及成本的降低，辅助判断行人的功能将会成为主流。如图 8a 和图 8b 所示，当引入摄像头辅助判断后，可以修改算法，调整原来的起爆门槛。也就是说，如果摄像头判断前方区域是行人，那就降低起爆门限值，使执行机构易于触发。如果摄像头判断前方区域不是行人时，就提高起爆门限值，使执行机构在某一区域内不会被触发。

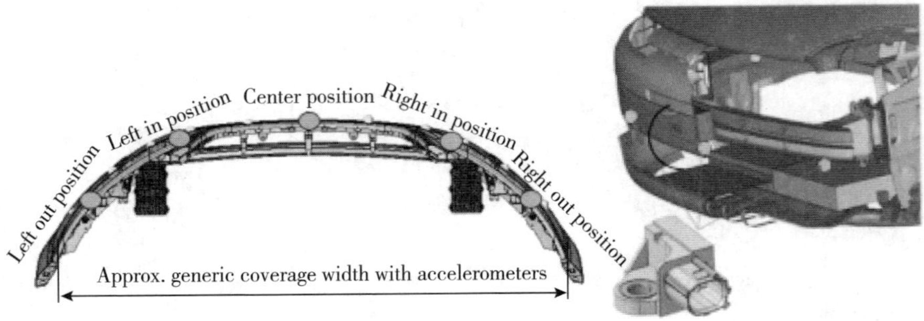

图 6　单独使用加速度传感器的行人保护传感器

执行机构包括主动式铰链和顶起执行机构。主动式铰链在行人保护机构释放过程中起到导向和限位的作用。从而保证发动机罩能够在固定的运动轨迹内运行，到达指定高度后被锁止。其对铰链的强度和释放力的控制精度要求较高，目前国内只有少数铰链供应商有设计开发能力。图 9a 和图 9b 的铰链是国外一款量产的早期主动式铰链，由于引入了火药系统，其优点是响应

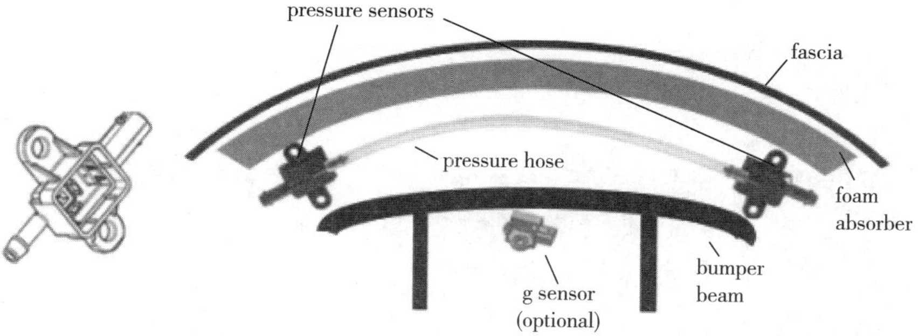

图 7　埋在前保险杠蒙皮和前保险杠横梁之间发泡内的压力管

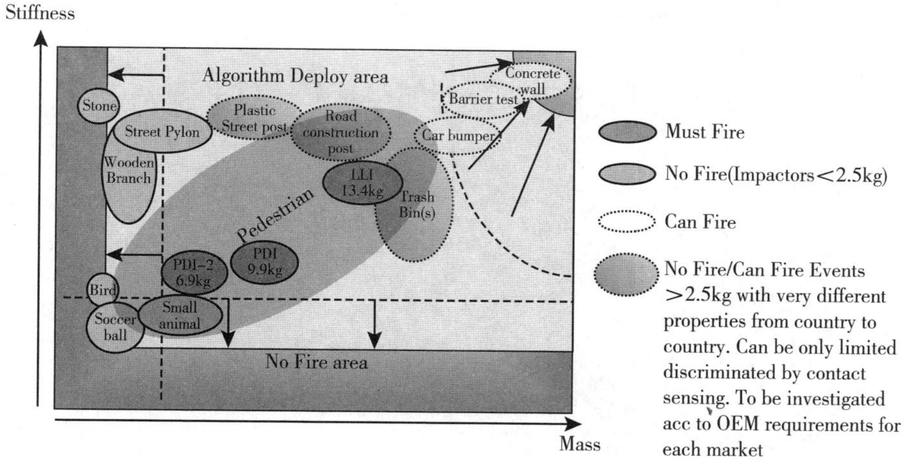

图 8a　摄像头判断前方区域是行人就降低起爆门限值

准确，释放力控制精度高，受高低温工况影响较小。缺点也很明显，需要多引入两个点火回路以及火药执行单元，开发成本偏高。目前被动式释放功能的铰链将成为主流产品。如图 10 为另一款主动式铰链结构，圈内标记的是剪切销。发动机罩顶起执行机构为该类铰链提供释放力，通过剪切销钉来控制释放力的大小。其优点是开发流程相对简单，结构简单，不需要额外的点火单元，成本低，通常可以在短期内开发完成。缺点是释放力受剪切销钉材料以及铆接工艺影响较大，释放力精度会有所下降。响应会有迟滞效应，甚至出现左右侧铰链释放时间不一致的情况，尤其是在低温工况中会更为明显（3 ~ 8ms 释放时间差）。

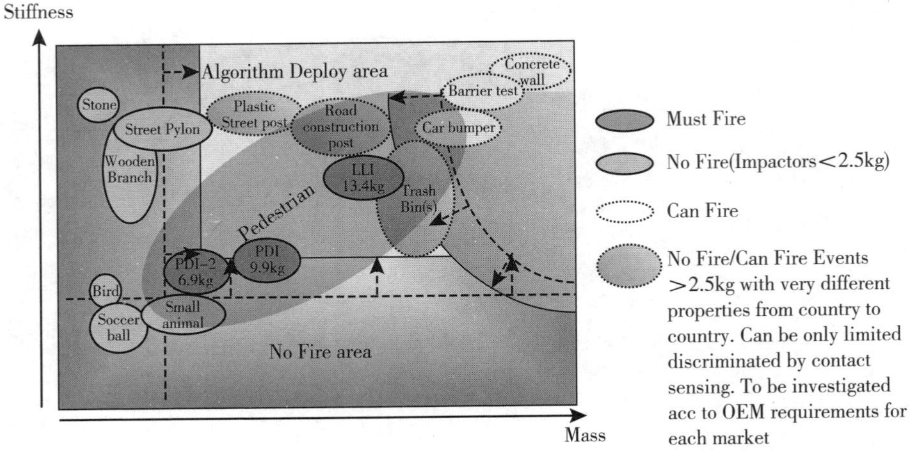

图 8b 摄像头判断前方区域不是行人就提高起爆门限值

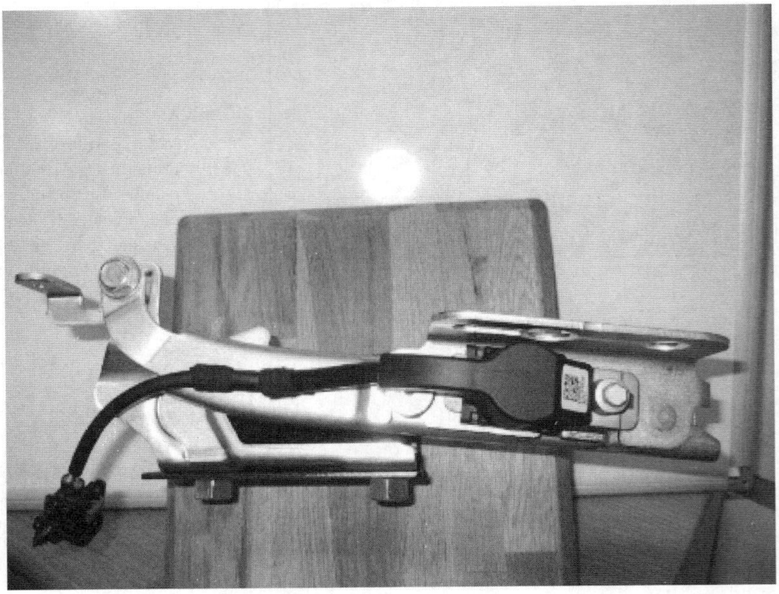

图 9a 国外早期主动式铰链

顶起执行机构需要引入动力单元来完成发动机罩顶起动作。一种是以弹簧作为动力单元的执行机构，其特点是可反复使用，在触发后可以手工复位，所以使用成本和维护成本都较低。因为可重复使用的执行机构更容易被

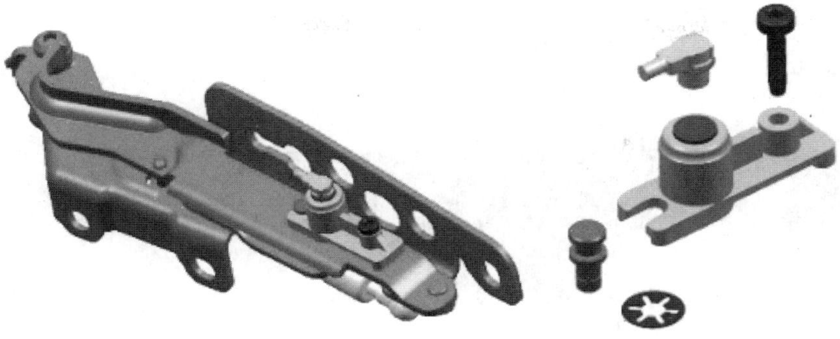

图 9b　国外早期主动式铰链

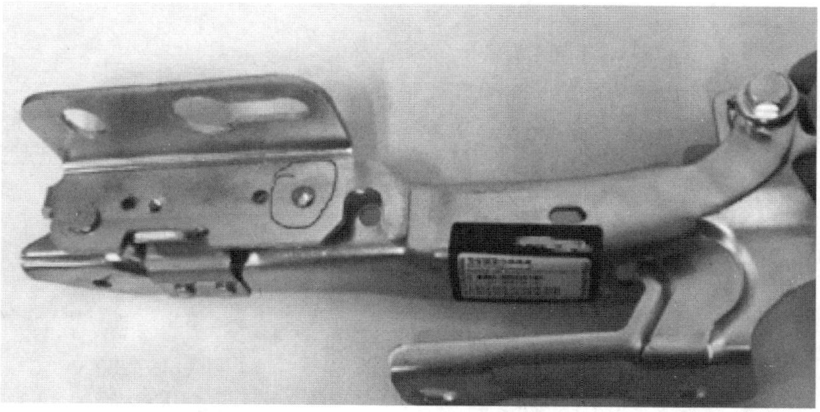

图 10　国外近期主动式铰链结构

市场接受，在主动式行人保护发展初期比较受欢迎。欧洲奔驰汽车上曾经使用过该类产品（该车型的铰链释放是通过电磁阀来完成，属于另一种电控释放单元）。缺点是响应较慢，结构重量较高，体积大。目前行人保护对执行机构的反应速度要求日益提高，使弹簧式顶起执行机构的缺点更加明显。另一种是以火药为动力输出单元的不可重复性执行机构。其特点是响应较快，结构简单，体积小，重量低。图 11a 和图 11b 是奥托立夫开发的一款火药式顶起装置 PHL（Pedestrian Hood Lift），它可以在15 ~ 30ms 的时间将发动机罩抬起 50 ~ 140mm 的距离，为头部提供足够的缓冲空间。在触发后也可以手工复位。缺点是在火药触发后不可重复使用，使用成本和维护成本较高。随着行人保护标准的日趋严格，此种执行机构更有利于提高在发动机罩区域内的行人保护性能。

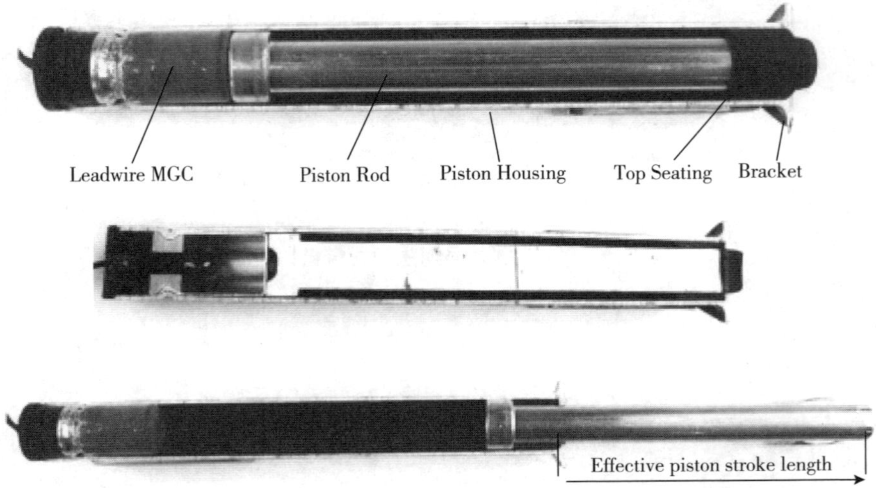

图 11a　奥托立夫开发的火药式顶起装置 PHL

图 11b　奥托立夫开发的火药式顶起装置 PHL

以上的开发策略，无论是被动式还是主动式，都是依据法规以及开发成本的一种开发策略。奥托立夫基于 GIDAS 事故统计数据的调查研究发现，实际发生死亡或者重伤的事故中，行人头部与发动机罩的撞击概率较低。更多的是行人头部与风窗玻璃下沿或汽车 A 柱发生撞击。如图 12 所示，AIS3 + 级以上伤害中，头部伤害中只有 9%/6% 来自发动机罩，而 67%/58% 则来自风窗玻璃下沿和 A 柱。结合 CIDAS 关于行人伤害部位和伤害等级的事故统计数据（见表 1）可以看出，AIS3 + 级以上伤害主要发生在头部。也就是说，在 AIS3 + 级以上伤害主要发生在风窗玻璃下沿和汽车 A 柱区域。

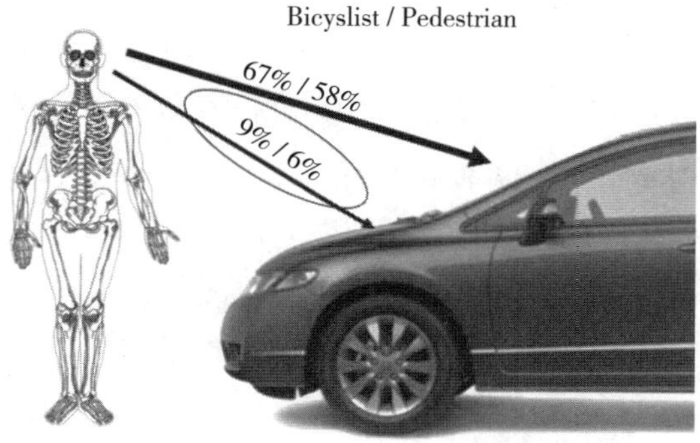

图 12　AIS3 + 级以上伤害造成头部伤害的位置比例

表 1　CIDAS 对行人伤害部位和伤害等级的事故统计数据

单位：次，%

受伤部位	所有伤	百分比	AIS1、AIS2	百分比	≥AIS3	百分比
头部	465	29.54	224	19.24	241	58.78
面部	217	13.79	212	18.21	5	1.22
颈部	17	1.08	17	1.46	0	0.00
胸腔	179	11.37	105	9.02	74	18.05
腹部	74	4.70	55	4.73	19	4.63
脊椎	34	2.16	22	1.89	12	2.93
上肢	155	9.85	153	13.14	2	0.49
下肢	294	18.68	250	21.48	44	10.73
骨盆	47	2.99	36	3.09	11	2.68
全身体表	92	5.84	90	7.73	2	0.49
合计	1574	100.00	1164	100.00	410	100.00

而对于发动机舱内各零部件布局的优化以及发动机罩结构强度的优化并不影响风窗玻璃下沿和 A 柱区域。所以针对现实工况的行人保护，对风窗玻璃下沿以及 A 柱区域的行人保护开发显得尤为重要。行人保护气囊（Pedestrian Protection Airbag，PPA）就是在这种工况中开发出来的。它的优点是既可以起到对发动机罩的顶起作用，为发动机罩区域撞击提供充足的缓冲空间，又可以覆盖风窗玻璃下沿以及 A 柱，从而更好地保护车外行人。如图 13 所示，在气囊充气阶段，行人保护气囊因为充气而膨胀，当膨胀力达到主动铰链的释放条件时，主动铰链就会释放（见图 14），发动机罩随之被顶起。发动机罩顶起后行人保护气囊继续释放，会覆盖风窗玻璃下沿以及 A 柱区域（见图 15），以达到保护效果。

图 13　行人保护气囊因为充气而膨胀

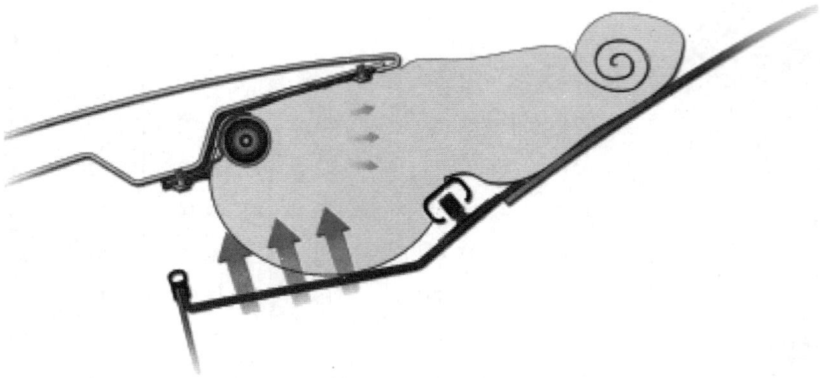

图 14　当膨胀力达到释放条件时主动铰链释放

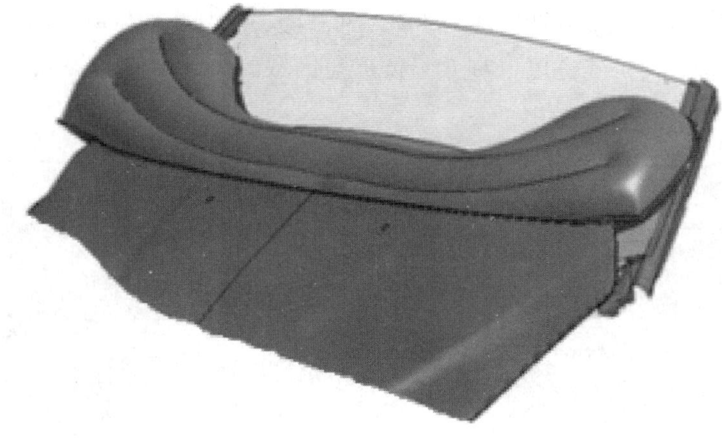

图 15　发动机罩顶起后行人保护气囊继续释放

行人保护气囊保护区域的开发与侧面气帘开发有类似之处。如图 16a 为某款车开发中的仿真示意图，图 16b 为未使用任何主动产品的仿真预测伤害值分布图。如果增加了发动机顶起执行机构（PHL），发动机罩抬起后，碰撞缓冲空间增加，该区域得分会有明显改善（见头部伤害值分布图 16c），如果使用两种体积的行人保护气囊，分别覆盖风窗玻璃下沿或延伸覆盖到 A

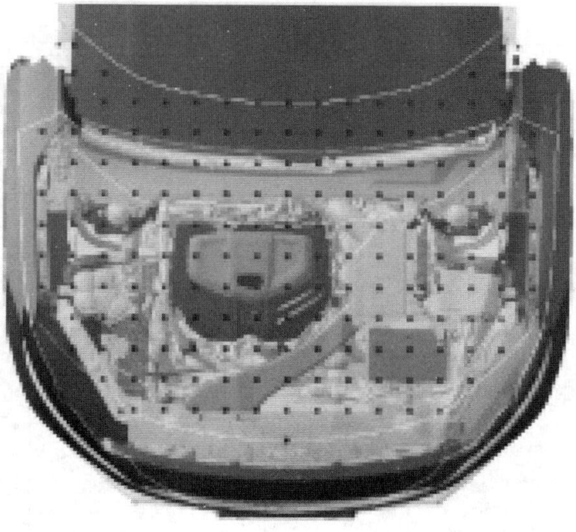

图 16a　某款车开发中的仿真示意

柱区域，其头部伤害值分布分别如图 16d 和图 16e 所示。从仿真预测结果可以看出，行人保护气囊可以有效降低覆盖区域的头部 HIC 值，获得更好的行人保护性能。

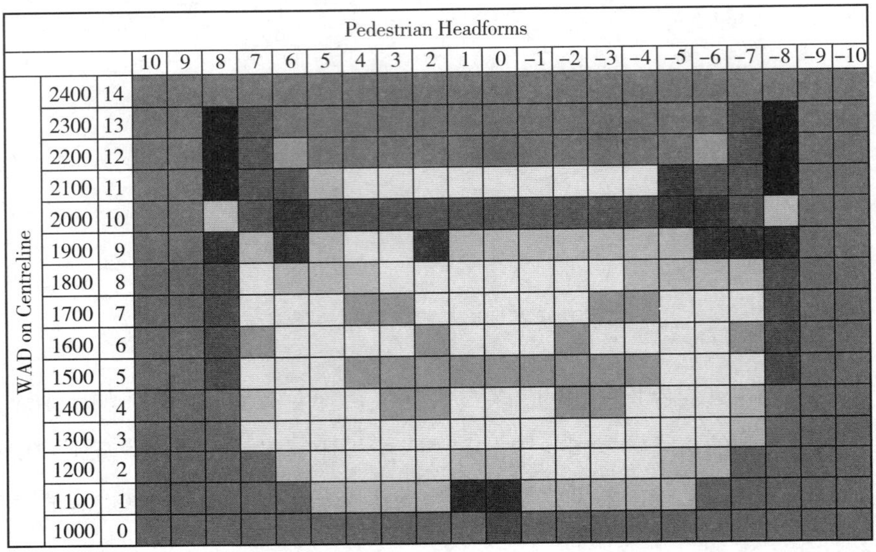

图 16b　未使用任何主动产品的仿真预测伤害值分布

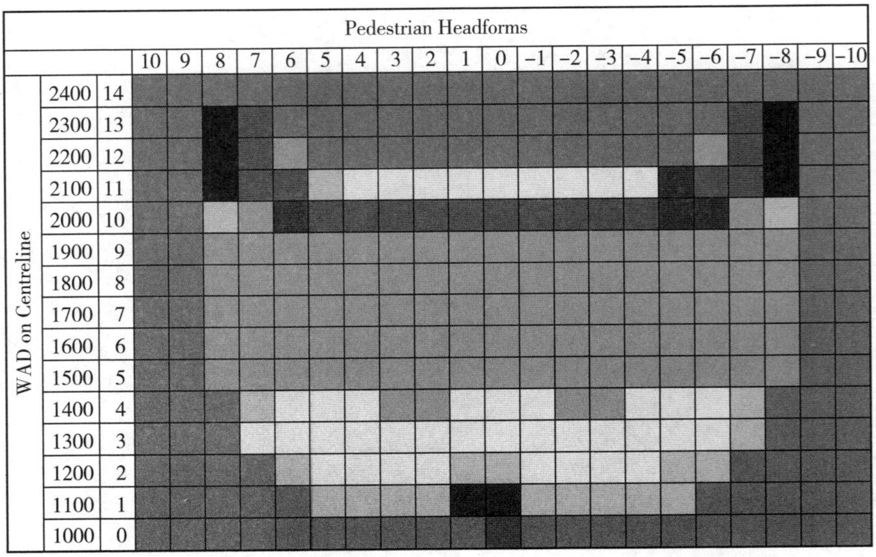

图 16c　增加了发动机顶起执行机构（PHL）的头部伤害值分布

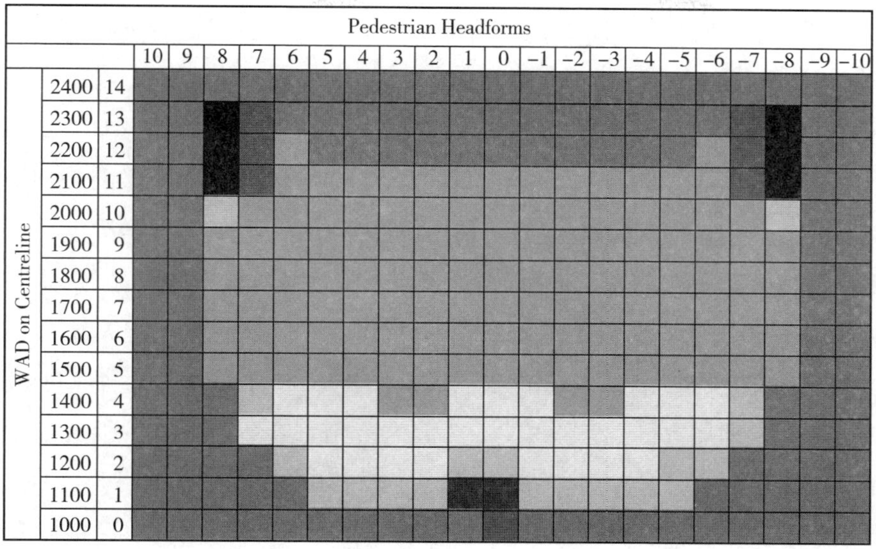

图 16d 使用一种体积的行人保护气囊的头部伤害值分布

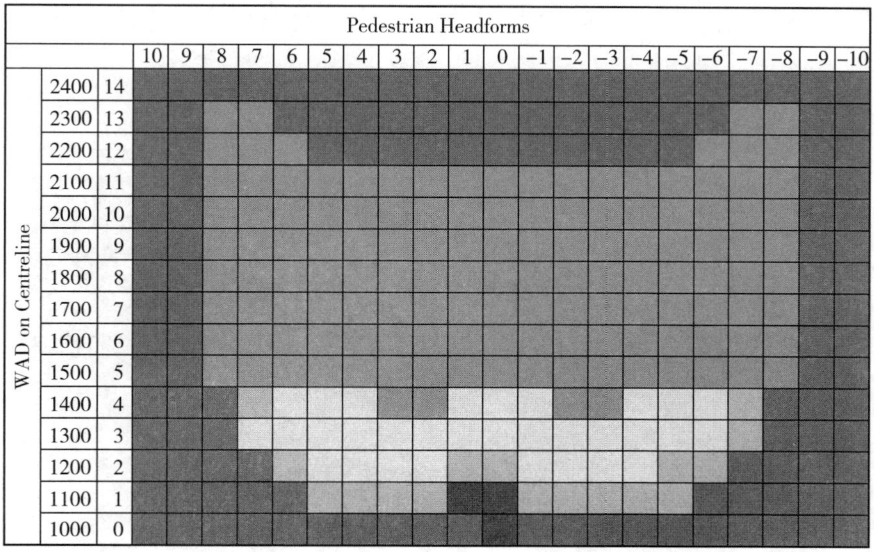

图 16e 使用另一种体积的行人保护气囊的头部伤害值分布

四　基于主动安全的汽车行人保护技术未来发展趋势

基于奥托立夫的研究，碰撞速度的升高对于头部伤害值的影响较大。现以宝马某车型 A 柱的一个测点和风窗下沿中心测点为例，如图 17a 所示，箭头所指位置为研究目标测点。当使用成人头型以不同速度冲击测点时，得到了冲击速度与头部 HIC 值之间的关系曲线。如图 17b 和图 17c 所示，AP Ref 为 A 柱没有行人保护气囊的情况，AP Bag 是 A 柱测点有行人保护气囊的情况。CL 是风玻璃下沿位置测点。从图 17b 中可以看出，当速度超过 40km/h 时，即便有行人保护气囊，头部 HIC 值都会急速上升。所以在行人保护中如何降低碰撞速度是关键因素。随着 AEB - 行人技术的提升，AEB - 行人技术与被动行人保护的结合会越来越紧密。AEB 的单目/双目摄像头不仅可以帮助行人保护系统识别行人，使行人保护装置 PHL/PPA 更有效地起爆，也可以帮助降低行人撞击速度，尤其是当碰撞速度超过 40km/h 后，这些被动的行人保护装置 PHL/PPA 的作用大为降低，AEB 的减速就更为重要。

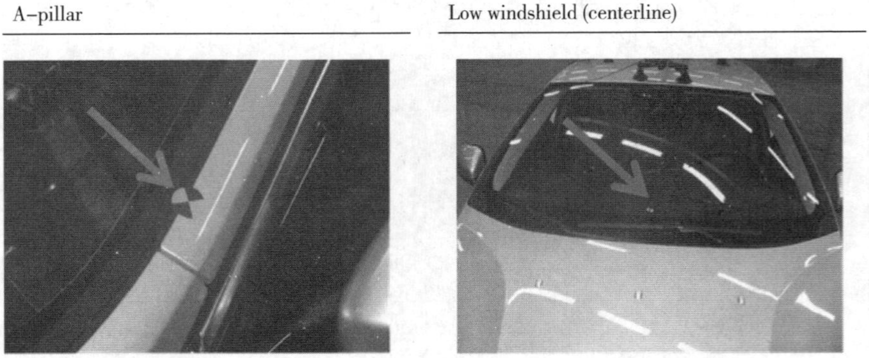

图 17a　箭头所指宝马标位置为研究目标测点

如图 18 所示，当 AEB 与 PPA 结合到一起，可以有效提高行人保护装置的有效性，更有效地降低头部受到 AIS3 + 伤害的风险。从图 18 可以看

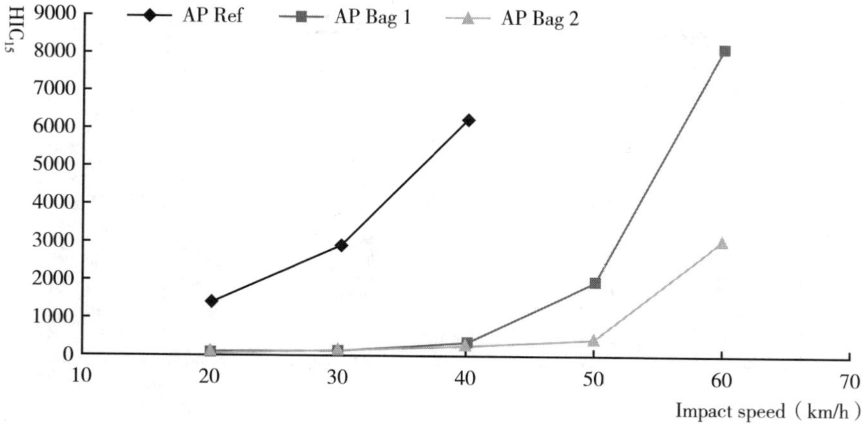

图 17b　A 柱位置测点

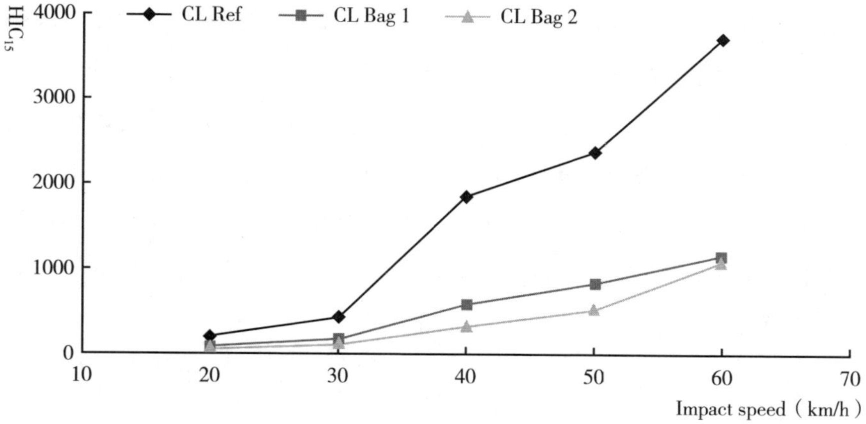

图 17c　风玻璃下沿位置测点

出，当与不同效率的 AEB 结合后，可以让 PPA 的有效性提高 7%～34%。同时也可以发现，虽然 AEB 致力于避免车辆与行人/两轮车发生撞击，但限于当前技术，AEB 无法避免所有工况条件下的撞击，例如光线较弱的夜晚、大雨天等自然条件。另外，行人/两轮车横向快速进入车道后，车辆或行人速度达到一定数值时，撞击是不可避免的。所以 AEB 对行人保护的效能也不能够达到 100%。AEB 与主动式行人保护气囊融合会是今后的发展方向。

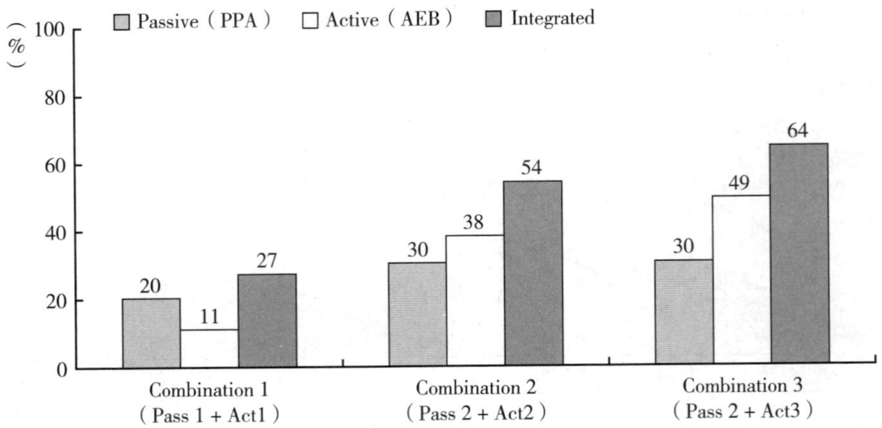

图 18　AEB 与 PPA 结合可提高行人保护装置的有效性

目前国内主流的行人保护研究集中在对头部伤害的优化。主要原因是市场上的主要车型都集中在前保险杠下参考线低于 425mm 的轿车或 SUV 上。这类车型的腿部伤害值比较好优化，一般结构设计得合理，都可以得到高分甚至满分。图 19 展现了防止小腿伤害的常规优化思路，比如调节 L1 ~ L5 的距离。这种优化思路在行人保护概念提出初期就已经被广泛研究，不论是应对最初的刚性小腿测试冲击器，还是目前的柔性小腿冲击器，其基本优化原理始终有效。

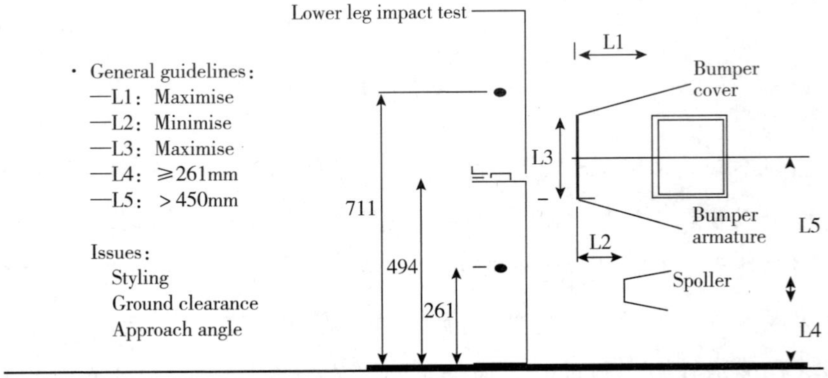

图 19　防止小腿伤害的常规优化思路

但是为什么汽车技术领先的美国，在行人保护技术推进上远远落后于发展如火如荼的欧洲和日本，就是因为在美国的广袤地区，皮卡、全尺寸SUV以及通过性很好的越野车占了很大比例。这类车前部形状对于行人尤其是对腿部十分不友好。如图20所示，L0的高度过高，对行人的小腿完全没有支持，必然会导致较严重的膝关节韧带拉伤。而且这类车的保险杠横梁往往都是外露的，表面没有覆盖可以用于缓冲的蒙皮及发泡结构，易引起腿部骨折。鉴于这些技术难点和高市场占有率，美国迟迟没有推出相关法律。目前奥托立夫开发的一款前部保护气囊可以解决这一问题，其开发理念类似于行人头部保护气囊，但是气袋结构和布置更加复杂，如图21所示。这种气囊会将汽车头部充分包裹，避免行人小腿与外露的坚硬的前保险杠横梁相撞，充分保护行人小腿安全。通过一些拉带控制气袋的形状和走向，令气囊产生类似于一个直角的转向。所以该气囊对于发动机罩前沿也有很好的保护。儿童/矮个成人头部可能会撞击到发动机罩前沿区域，但这一区域包含发动机罩锁和前端框架等较硬的内部结构，很难被优化，而这一新概念的气囊能够很好地解决这一问题。

图20　皮卡、全尺寸SUV及越野车的L0过高

行人保护仍然在快速发展，随着两轮车的加入、工况的细分，会有很多需要解决的问题出现。各方需要一起努力为行人保护提供更好的产品和开发理念。

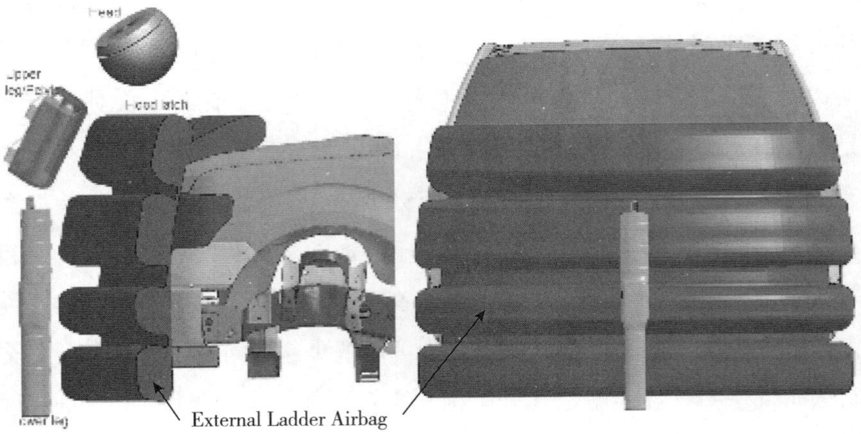

图 21　气囊将汽车头部充分包裹在发生碰撞时可充分保护行人小腿安全

参考文献

Fredriksson, R. , A. Ranjbar, et al. , "Integrated bicyclist protection systems – potential of head injury reduction combining passive and active protection systems", 24th International Technical Conference on the Enhanced Safety of Vehicles (ESV) . Gothenburg, Sweden, 2015.

B.21 满足行人保护车型开发方法研究

仇 磊*

摘　要： 道路行人作为交通事故中的弱势群体，在交通事故中伤亡占比高，且头部和下肢是在事故中受伤害最多的部位。为此当前国内外车企及相关研究机构均加大了对行人安全的投入和技术研究，主要表现在四个方面：一是汽车前端结构的设计和布置；二是发动机盖的设计及机舱硬点布置要求；三是主动式发动机罩及行人安全气囊配置开发应用；四是智能安全系统开发应用。随着人工智能的发展，行人保护技术将向着自动化、智能化方向发展，智能、网络和汽车技术的结合，将成为将来行人保护技术的主流。

关键词： 行人保护　造型设计　空间布置　Flex－PLI 腿型

一　概述

世界卫生组织统计数据表明，在道路交通中弱势道路使用者占总死亡人数的50%，其中行人占总死亡人数的22%，而中国由于混合式交通状况严重，行人往往受到更大威胁。在车撞行人的事故中，行人头部是最易受伤部

* 仇磊，安徽江淮汽车集团股份有限公司技术中心碰撞分析主管，主要研究方向为碰撞安全及行人保护性能开发。

位，且多为致命伤害，另外下肢及膝盖作为第一碰撞接触位置，受伤概率分别高达 52% 和 8.9%，通常受伤也较严重，极易导致腿部的长期残疾。因此，多国行人保护法规均已将车辆对行人头部、下肢及膝部的保护情况纳入了考察范围。另外 2002 年至今全球 NCAP 逐步将行人保护作为独立安全测评项，评价上市车辆安全星级，2018 年中国新车评价规程（C－NCAP）也正式将行人保护列入安全星级测评项。

评价腿型主要有以下两种：第一种为欧盟 EC 78/2009 法规及全球技术法规 GTR 9 所使用的 TRL－LFI 腿型；第二种为中国新车评价规程（C－NCAP）所使用的 Flex－PLI 腿型。

（一）行人头部评价

目前使用最广泛的头部损伤评价指标是 HIC（Head Injury Criterion）值，其是由 WSTC 曲线建立，WSTC 也是最早将头部耐受极限通过线性加速度进行量化的，定义公式如下：

$$HIC = (t^2 - t^1)\left[\frac{\int_{t^1}^{t^2} Ar dt}{(t^2 - t^1)}\right]^{2.5}$$

式中 Ar 代表头部质心合成加速度，t 代表 HIC 值达到最大时的时间间隔，在行人保护计算中计算值最大为 15ms。

（二）行人下腿部评价

由于 Flex－PLI 腿型能够更好地表现行人下肢的生物力学性能，其正逐步取代 TRL－LFI 腿型。腿型的替代使相应的评价指标也发生了变化，以 ECE R127 法规为例，其在 2014 年 7 月开始将 TRL－LFI 腿型替换为 Flex－PLI 腿型，替换前后的评价指标见表 1。

表 1　TRL－LFI 腿型与 Flex－PLI 腿型指标对比

分类	小腿工况及法规评价指标	
试验腿型	柔性小腿(Flex－PLI)	刚性小腿(TRL－LFI)
冲击速度	40km/h	40km/h
腿型质量	13.2±0.4kg	13.4±0.2kg
评价指标	内侧副韧带拉伸量 MCL≤22mm	加速度 α≤170g
	后交叉韧带拉伸量 PCL≤13mm	弯曲角 β≤19°
	前交叉韧带拉伸量 ACL≤13mm	剪切位移 s≤6mm
	腿部弯矩 T≤340(N·m)	
	可指定最大宽度为 264mm 的保险杠试验区域,腿部最大弯矩≤380(N·m) 可指定最大宽度为 264mm 的保险杠试验区域,腿部最大加速度≤250g	

二　满足行人保护要求的 MPV 车型开发要点和难点解析

在行人保护开发中存在的造型、空间及结构上的共性问题也是难点问题，尤其在 MPV 车型上体现得更加明显，主要表现在以下几方面。

（1）造型设计：通风盖板结构与风挡玻璃和引擎盖间间隙的匹配以及 Z 向断面高度设计是否有足够的头部缓冲空间；保险杠前脸造型设计以及翼子板造型设计。

（2）空间要求：头碰区域的缓冲空间和腿碰区域缓冲空间，引擎盖锁扣到外板的头碰缓冲空间。

（3）结构材料：内板及铰链的刚度及结构设计，前防撞梁、引擎盖结构和新材料应用，上、下小腿保护梁的开发应用及其刚度优化。如图 2，示意了其在造型、空间及结构上存在的如上共性问题，通风盖板裸露且 C 线到风挡玻璃距离过远，大于 165mm 头型直径，导致雨刮轴及通风盖板等硬点区落在头碰区域内，既不利于法规通过也不利于头碰 NCAP 得分。引擎盖锁体位于头碰区域内，且缓冲空间不足。防撞梁距保险杠空间不足 50mm，且无吸能垫和小腿保护梁，不利腿碰的吸能和弯矩控制。

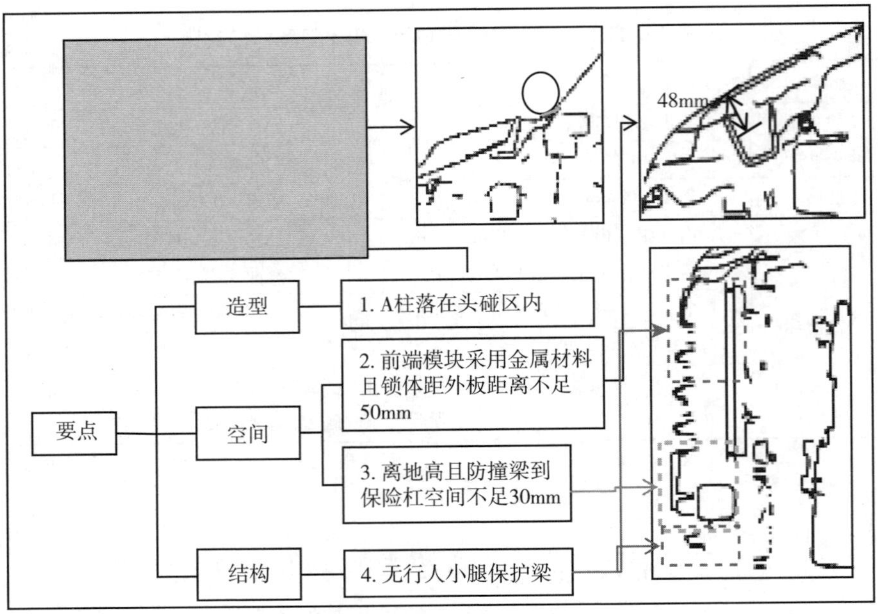

图2　结构材料

以某款MPV车型一代产品（2010年上市车型，设计阶段未考虑行人保护性能）的相关测试工作为例。

（1）造型问题验证。行人头碰区域划线，A柱落入行人头碰划线区域内，如图3所示，依据法规标准进行测试，CH13头碰点HIC为3087，远超法规限值1700，头碰性能不达标。为此需考虑如何采用成本更低更易实现的方案解决该问题或规避风险，而在CAS设计阶段的优化和约束将至关重要。

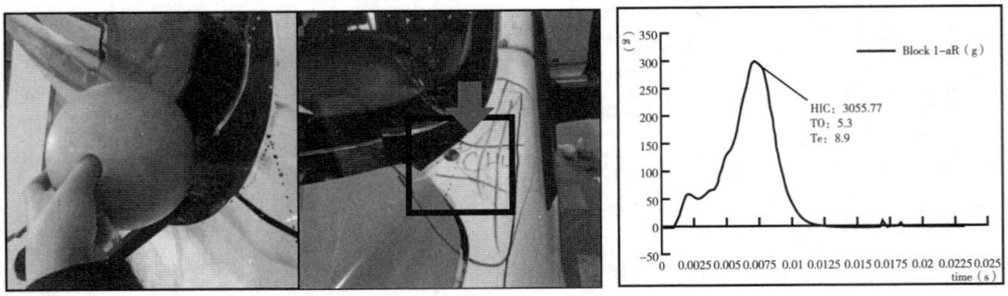

图3　A柱落入行人头碰划线区域内

（2）空间问题验证。车辆前端空间，受限于横贯车辆左右的金属横梁及引擎盖锁体等布置因素，空间不足 50mm，且基于车辆高可靠性要求，MPV 车型的前端区域本身刚度在设计上也偏大，因此我们选取了 WAD100 位置部分点进行头碰验证，如图 4 所示，测试速度 35km/h，其中 CH7 测试结果 HIC 为 1795。

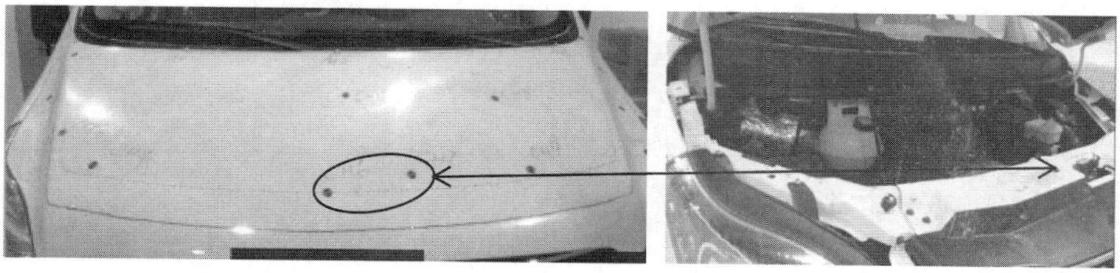

图 4　选取 WAD100 位置部分点进行头碰验证

（3）结构问题验证。在行人保护性能开发中，在造型和空间能基本满足的情况下，相关结构设计及其材料的应用将极其关键，其中也包括大灯结构和材质的选型。由于一代车系侧重于抗凹强度性能，相对引擎盖刚度均偏大，故在此次测试中头部 HIC 值的表现均偏高。鉴于一代车系前端保险杠最低处离地高度均大于 320mm，测试车型离地高度更是达 350mm，无行人小腿保护梁和吸能泡沫结构，且防撞梁与纵梁是一体式设计，如图 5 所示。

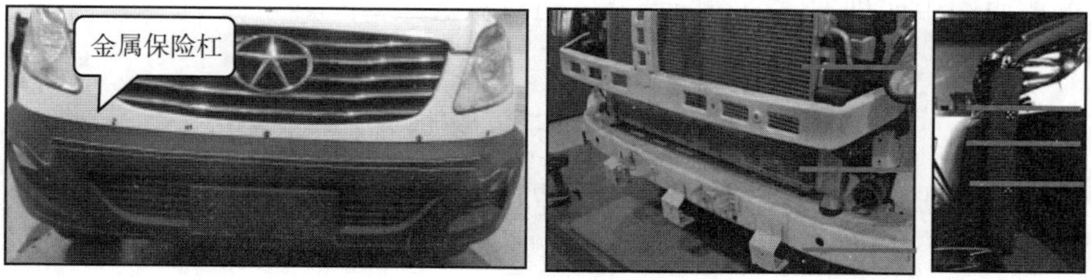

图 5　一代车系前端保险杠

为了尽可能充分地识别柔性小腿的影响因素，这是共选取了 5 个腿碰点开展测试，试验结果如下，如表 2 所示。

表 2 选取 5 个腿碰点测试柔性小腿的影响因素

分类		某车型腿碰测试结果					
		法规限值	FLEX1	FLEX2	FLEX3	FLEX4	FELX5(最外侧点)
Tibia Moment	1	<340	294.1	242.8	239.5	304.2	344.3
	2		278.1	222.1	240.3	258.2	308
	3		192.9	160.5	166.2	165.7	203.2
	4		90.7	80.9	81.3	82.2	98.2
PCL		<13	5.7	5.1	3.6	5.8	9.6
ACL			8.1	9.3	9	9.3	9.5
MCL		<22	18.9	16.9	14.9	17.7	16.7

基于测试结果，可以发现，除最外侧腿碰点不满足 ECE R127 外，其他位置各项值均能满足指标。经过对车辆前端进行拆解，发现该车辆不同于一般车辆前端用于支撑小腿的典型三段式结构设计，其底部用于连接保险杠的 L 型金属支架，中间采用金属 T 型支架设计，上部保险杠利用 U 型金属材质。由于其有别于一般车型的前端结构，因此选择其作为测试车型，以便考察不同结构对腿碰性能的影响，得益于其非典型式三段结构，既保证了碰撞时需要的一定溃缩空间，又能很好地起到对小腿的支撑和能量吸收作用。最外侧点由于位于最外侧，无底部 L 型支架和中部 T 型梁结构且缓冲空间不足，这是造成 T1 指标略超法规限值的主要原因。故针对车辆不同的前端结构形式而采用何种方案应对将非常紧迫且有意义。

三 满足行人保护头部性能要求的 MPV 车型优化设计方法

基于某款 MPV 二代新开发车型，围绕主要难点问题，在产品开发 CAS 阶段做了充分校核，优化设计引擎盖 C 线位置、通风盖板造型及其布置位置，确保在行人头部后缘划线过程中与直径 165mm 的球头无接触，后缘线与引擎盖 C 线重合，这样既不影响整体的造型风格，又能避开 A 柱、雨刮等硬点区，如图 6 所示。

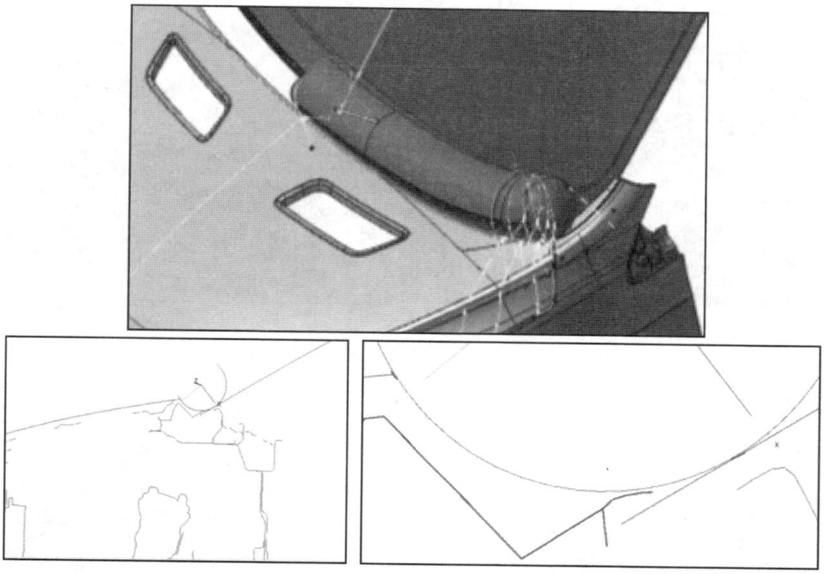

图 6　头碰后缘区域校核示意

在空间和结构设计上，为改善头部冲击缓冲空间，推荐在冲击方向上大于 80mm，翼子板区域则采用易变形和吸能的“几”字形支架结构设计来提升空间，而针对前段模块区域则采用分体式锁体下沉布置设计和发动机盖总成前端内板结构优化设计来提升缓冲空间，如图 7 所示。

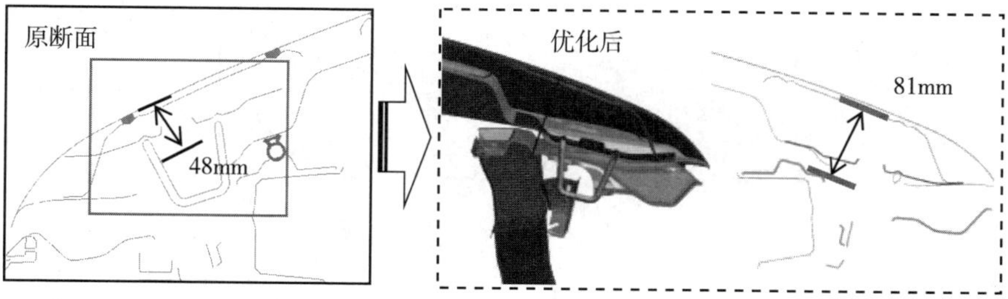

图 7　前端锁体缓冲空间

为了改进车灯区域头碰性能，通过对影响空间和周边刚度的结构件进行优化设计，如图 8 所示，对缓冲垫块位置及尺寸进行了调整和优化，该区域头碰性能有了较大的提升，如图 9 所示。

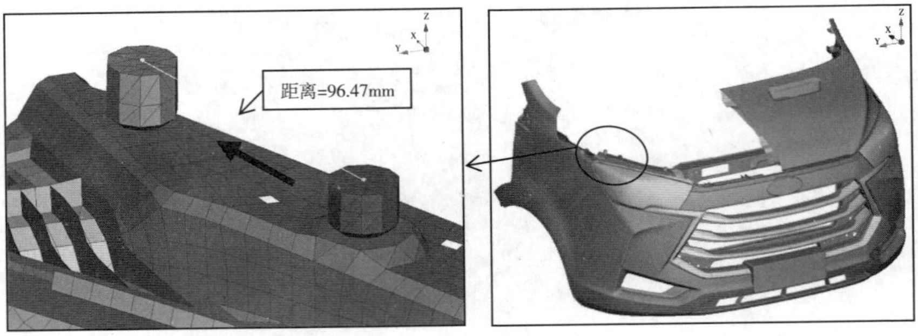

图 8　车灯位置结构优化

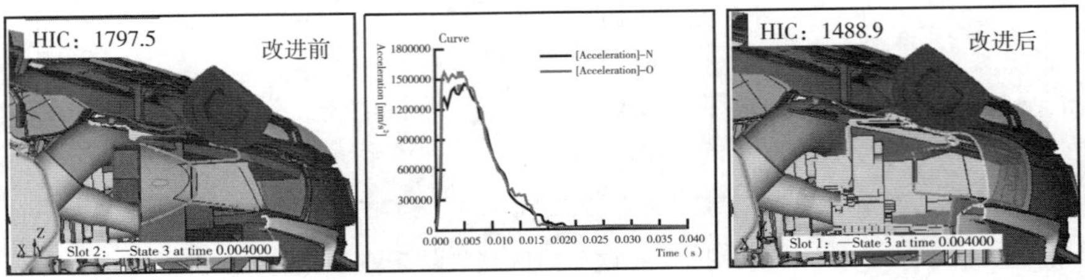

图 9　垫块位置、尺寸优化

在充分评估影响行人保护性能要素基础上，重点针对难点、要点问题进行技术应对，保障了该款车型行人头碰性能达成开发目标，结果如图 10 所示。

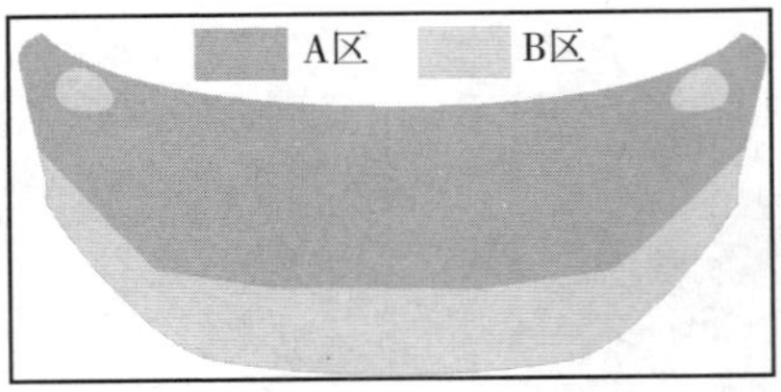

行人头碰结果（面积）				目标要求
A区	HIC<1000	a=696556.98 mm²	67.68%	>66.67% OK
B区	1700>HIC>1000	a=332537.18 mm²	32.31%	<33.33% OK

图 10　某车型头碰分析结果

四　满足行人保护腿部性能要求的 MPV 车型优化设计方法

基于某款 MPV 二代新开发车型的行人腿部保护性能开发，通过对保险杠等车辆前端的结构设计和空间约束，可以有效地减轻车辆对行人腿部的伤害，具有较高的可行性。

表3所示结果列表，为该车型行人腿部性能初版结构数据的仿真结果，从结果中可知，腿碰性能不能满足指标限值要求，尤其多个碰撞点位置的MCL和T_1值远超限值要求。

表3　某车型基础模型腿碰仿真结果

考察点	考察点坐标	膝盖韧带拉长量(mm)			胫骨弯矩(N·m)			
		MCL	ACL	PCL	T_1	T_2	T_3	T_4
L+5	500	19.6	9.5	5.8	362.1	273.5	170.7	79.3
L+4	400	22.5	11.3	7.7	421.7	328.3	214.7	102.7
L+3	300	24.3	12.2	8.1	452.8	347.6	219.8	106.4
L+2	200	24.4	12.5	8.0	459.6	361.6	229.1	102.9
L+1	100	22.3	11.6	7.8	440.8	367.5	241.9	104.8
L0	0	22.1	11.1	7.7	440.7	340.5	218.8	100.3
L-1	-100	22.5	11.8	8.0	441.0	367.7	242.1	105.0
L-2	-200	24.6	12.7	8.2	459.8	361.8	229.3	103.1
L-3	-300	24.5	12.4	8.3	453.0	347.8	220.0	106.6
L-4	-400	22.7	11.5	7.9	421.9	328.5	214.9	102.9
L-5	-500	19.8	9.7	6.0	362.3	273.7	170.9	79.5

仿真结果表明，在腿模撞击过程中，上、下部的支撑不足，造成较大弯矩值发生，腿模撞击时姿态不好，膝盖韧带拉长量超标。

（一）设计方法

在车辆前脸造型及空间结构基本满足要求的情况下，主要从小腿保护梁和吸能泡沫结构设计上进行改进优化。

1. 增加腿部保护支撑横梁

车辆增加小腿上下支撑保护梁，结构如图11所示。其中上部腿保支撑做双面加筋处理，2个加强筋宽度与Flex－PLI腿型宽度一致，这组加强筋从车辆中间位置开始沿y向每隔100mm设置一组，与Flex－PLI腿型碰撞点位置对应，共设置11组加强筋。

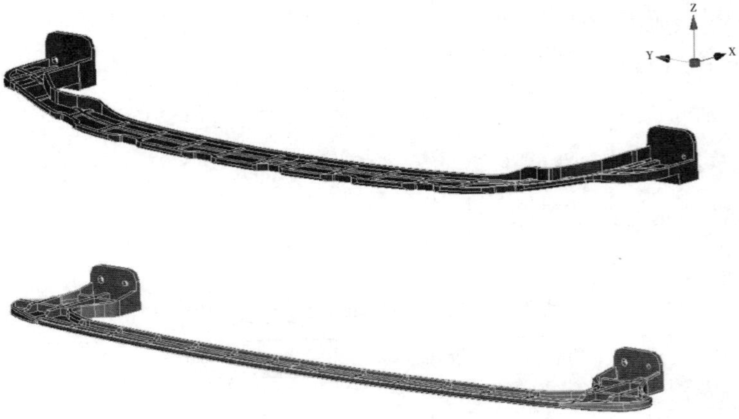

图 11　腿部保护支撑优化结构

2. 调整吸能泡沫形状尺寸

根据柔性腿膝部韧带传感器布置位置，对原车型保险杠吸能泡沫 Z 向尺寸进行优化，从而调整保险杠吸能泡沫对柔性腿膝盖部位的支撑刚度，如图 12 所示。

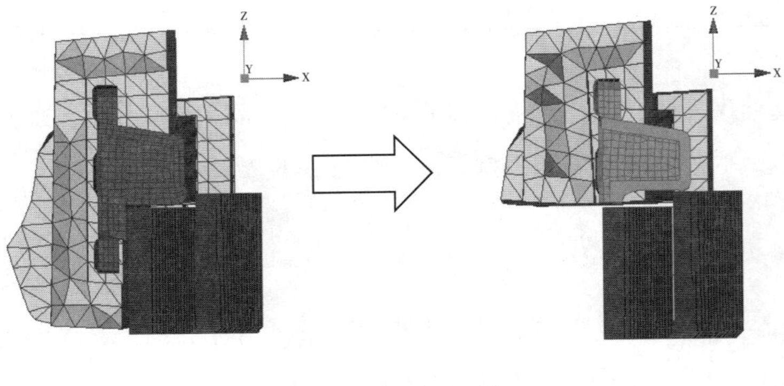

图 12　保险杠吸能泡沫调整前（左）后（右）

（二）改进结果

优化改进方案仿真结果见表 4，可以看出，车辆前端结构的合理设计及保险杠性能泡沫形状尺寸对降低腿型伤害指标至关重要。

表 4 改进结构的腿型分析结果

考察点	考察点坐标	膝盖韧带拉长量(mm)			胫骨弯矩(N·m)			
		MCL	ACL	PCL	T_1	T_2	T_3	T_4
L+5	500	11.7	6.4	2.0	260.3	273.2	191.6	99.9
L+4	400	13.5	7.1	2.7	266.5	307.2	208.7	98.5
L+3	300	15.2	7.0	2.7	257.9	260.2	161.3	71.2
L+2	200	19.1	8.7	3.7	296.2	259.2	164.2	76.1
L+1	100	15.0	8.2	2.5	283.4	262.7	168.2	78.1
L0	0	17.3	9.1	3.4	325.1	313.8	224.1	106.2
L-1	-100	14.4	8.2	2.6	284.7	262.9	168.5	78.3
L-2	-200	17.8	8.5	3.3	292.1	258.9	163.2	75.9
L-3	-300	14.3	6.9	2.2	257.0	259.1	158.9	71.6
L-4	-400	13.9	6.8	3.1	266.8	317.6	214.0	100.5
L-5	-500	12.3	6.3	1.9	265.6	276.8	196.0	99.7

通过对比 L-5 点优化前后的试验及工况曲线，如图 13 到图 16 所示，可以得到更直观的结果。

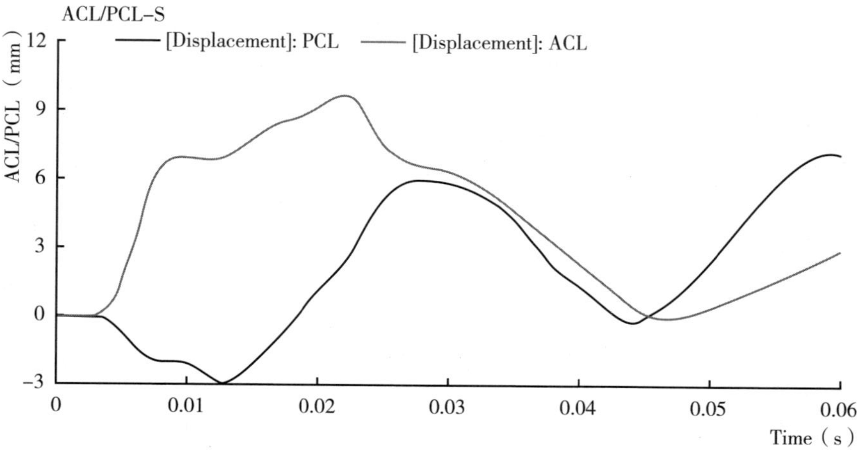

图 13 优化前胫骨弯矩

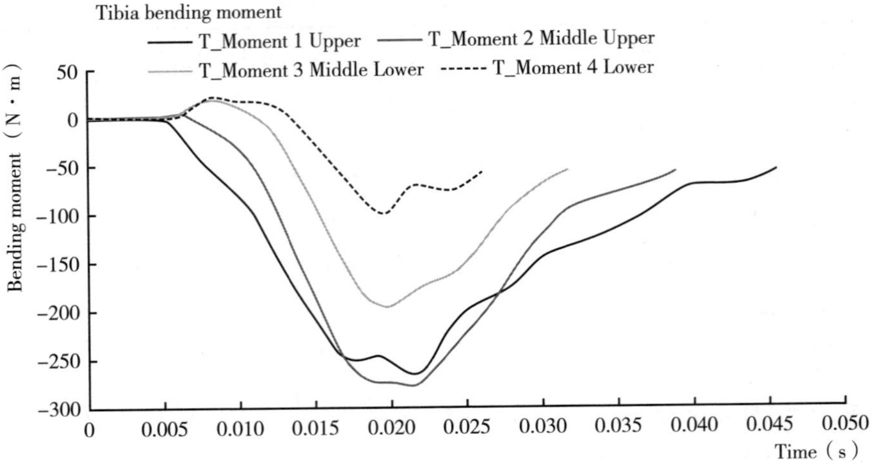

图 14　优化后胫骨弯矩

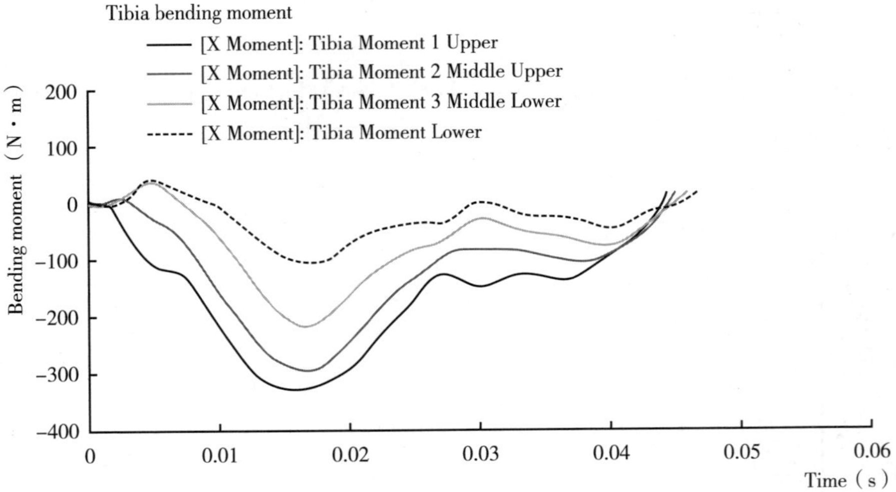

图 15　优化前 ACL/PCL 曲线

优化前弯矩曲线峰值超出标准限值，ACL/PCL 曲线走势较差，而优化后的弯矩曲线峰值更低，满足标准限值要求，ACL/PCL 曲线走势也更加合理。

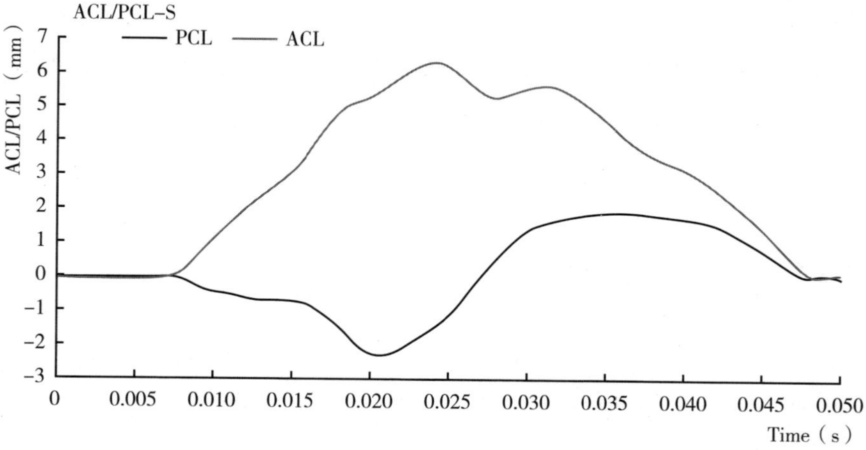

图 16　优化后 ACL/PCL 曲线

五　总结与展望

在某款 MPV 车型行人保护性能开发中，针对存在的要点、难点问题，采取了一系列的应对措施，归纳起来包括如下几点。

（1）造型设计：在概念设计阶段通过局部造型优化，在不影响整体设计风格基础上，规避可能的风险点，如大灯、雨刮轴、铰链、A 柱等风险区域，本文介绍车型通过局部造型的优化设计规避了 A 柱等难以通过结构设计来达标的风险点。

（2）空间要求：足够的缓冲空间是确保碰撞能量有效得到吸收分解的前提。头部区域内保障引擎盖外板到发舱硬点有足够的缓冲空间，推荐在头碰冲击方向上大于 80mm、腿碰区域内推荐防撞梁到保险杠之间预留 70mm 以上缓冲空间。

（3）结构材料：引擎盖内板结构的设计及如何平衡刚度和抗凹性能将至关重要，设计时需根据各性能权重大小进行相关性能平衡。另外，小腿保护梁的设计及刚度匹配则是腿碰性能的关键，改进的结构设计和吸能材料（如高密度泡沫）应用，确保了腿部冲击过程中能量的吸收和入侵的可控，有效降低伤害指标。

随着人工智能的发展，行人保护技术将向着自动化、智能化方向发展，智能、网络和汽车技术的结合，将成为未来行人保护技术的主流。

参考文献

World Health Organization, "Global Status Report on Road Safety 2013: Supporting a Decade of Action", Switzerland: World Health Organization, 2013.

Informal Group on Pedestrian Safety Phase 2 (IG PS2), "History of Development of the Flexible Pedestrian Legform Impactor, GTR9 – C – 04", Bonn: Working Party on Passive Safety (GRSP), 2011.

Europe Union, "Regulation (EC) No 78/2009 of the European Parliament and of the Council of 14 January 2009: on the Type – Approval of Motor Vehicles with Regard to the Protection of Pedestrians and Other Vulnerable Road Users, Amending Directive 2007/46/EC and Repealing Directives 2003/102/EC and 2005/66/EC", *Europe Official Journal of The European Union*, 2009, 4 (2).

United Nations, "Global Technical Regulation No. 9 Pedestrian Safety", Geneva, 2009.

刘卫国、吕晓江、孙立志等:《国外行人柔性腿型冲击器的发展及现状》,《汽车工程学报》2014 年第 6 期。

许伟、李凡、刘琦:《车辆行人碰撞事故中小腿骨折伤害的研究》,《汽车工程》2011 年第 4 期。

专项调查篇

Special Survey Report

B.22

不同细分市场汽车安全性表现及差异

贺　畅　顾洪建　张　衡　张春燕*

摘　要： 本文通过对比不同细分市场消费者对安全性的满意度和关注度，了解不同细分市场之间的安全性表现和差异。通过结合消费者对产品指标的满意度和关注度，确定不同细分市场的安全性在其产品指标中的竞争力，帮助企业了解自身产品的安全性以及未来是否需要重点关注和改进。

* 贺畅，中国汽车技术研究中心有限公司汽车技术情报研究所工程师，主要研究领域为我国汽车客户满意度评价、汽车消费者人群分析、消费者评价模型建立等，其中在消费者满意度评价上，针对汽车产品和服务相关指标进行深入挖掘和分析，最终判断需要改进的要素；顾洪建，中国汽车技术研究中心有限公司汽车技术情报研究所高级工程师，主要研究领域为汽车消费者满意度调查与评价，建立汽车企业－消费者的信息服务平台，帮助企业切实、全面地了解汽车市场和消费者，并提供策略建议和解决方案；张衡，中国汽车技术研究中心有限公司汽车技术情报研究所助理工程师，主要研究领域为消费行为研究，对用户车辆选择、车辆购买行为的分析，特别是在车辆使用中用户对产品性能的主观感受和关注因素方面有深入的研究和独到的见解；张春燕，中国汽车技术研究中心有限公司汽车技术情报研究所助理工程师，主要研究领域为我国汽车产品评价体系构建、汽车消费者需求分析、调研数据质量分析等。

关键词： 汽车安全性　细分市场　关注度　竞争力

一　汽车消费者与安全性概述

（一）行业整体安全性表现

汽车自诞生以来，一直朝着舒适、便捷、耐用的方向发展。随着汽车工业的不断发展，汽车的外观、质量工艺、功能都出现翻天覆地的变化。2018年，CATARC 调研从汽车产品的安全性、驾驶性、外观内饰、舒适性、质量和经济性六个指标进行研究，了解消费者对汽车产品各个指标的满意度及相关评价（见图 1）。从调研结果来看，在各项指标中，消费者对汽车安全性的满意度相对较高，可见，目前汽车安全性还是得到消费者普遍认可的。随着汽车安全性配置的不断完善和加强，消费者对汽车安全满意度将越来越高。

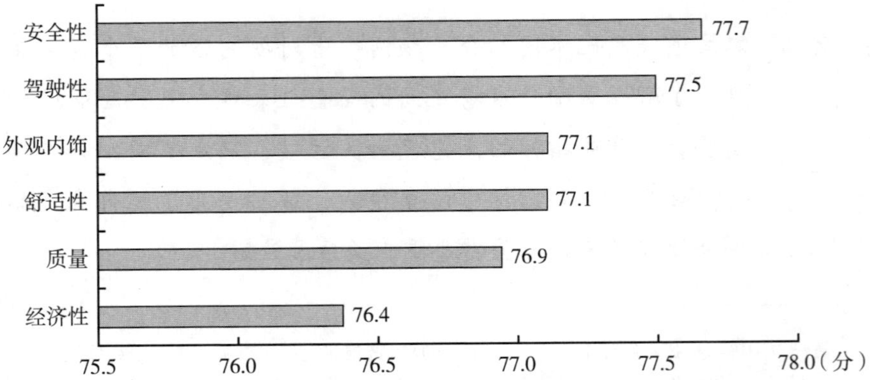

图 1　整体市场产品各指标满意度表现

安全性指标下又细分为 5 个细项指标，分别为刹车稳定灵敏、照明能力、车身强度、主动安全配置和被动安全配置。从 CATARC 调研结果来看（见图 2），行业整体在刹车稳定灵敏和被动安全装置两个方面表现较好，消费者较为认可；在照明能力和车身强度方面表现相对较差，消费者满意度较低。

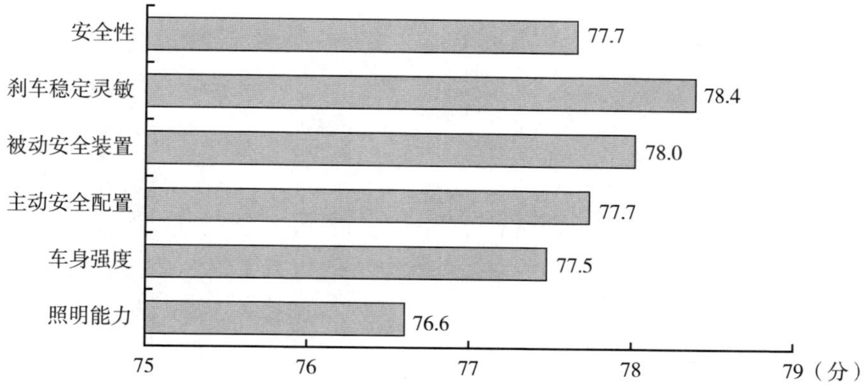

图 2　整体市场安全性细项指标满意度表现

被动安全配置在保护驾驶人员的安全上起到了很大的作用，目前汽车在被动安全配置方面相对较为完善，常见的被动安全配置如安全气囊、安全带、防撞钢梁、头颈保护装置等已成为绝大部分车型的标配，这也是当前消费者对被动安全装置满意度较高的原因之一。然而消费者对车辆的照明能力满意度较低，大灯就相当于汽车的眼睛，关乎行车安全，尤其是夜间行驶时，可以帮助车辆照亮前进的道路。然而，目前市场销售的中低端车型大多配备的是卤素大灯，优点是穿透力相对较强，但是亮度和照明能力远远不如氙气灯和 LED 大灯，这也是未来车型需要改进的方面。

（二）近年来消费者对安全性关注度的变化

此外，从近几年消费者对安全性的满意度表现来看，汽车安全性越来越受到消费者的认可（见图 3），这与我国汽车行业技术水平的提高不无关系。尤其是技术层面，各汽车厂商和科研机构不断实验和创新，逐步开发出科技含量高的安全性配置并普遍应用到乘用车上，从早年的制动防抱死系统、电子制动力分配系统到如今的车身电子稳定系统、刹车辅助系统，技术的发展对汽车安全性的提升起到了相当大的推动作用，这些技术的运用使人们的安全保障越来越高。这也是消费者对汽车安全性满意度越来越高、越来越放心的根本原因。

随着中国汽车保有量的持续增长，我国汽车交通安全问题逐渐凸显，汽车产品的安全性能正在成为汽车潜在消费者关注的重要购买因素。汽车的安

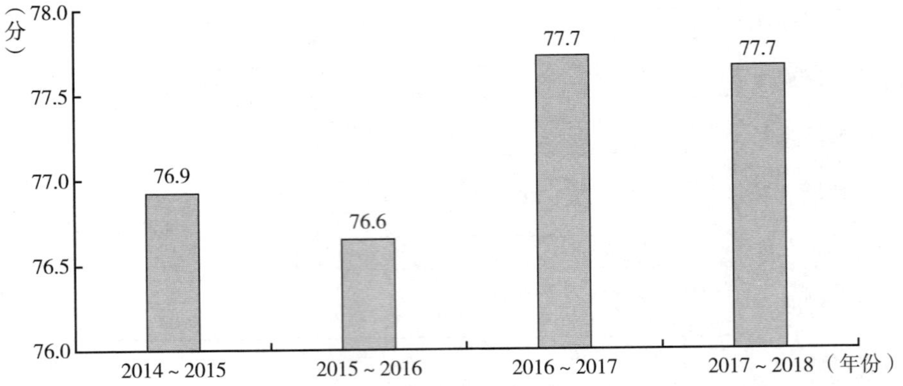

图3　近年来安全性满意度变化

全性作为一个重要的课题在业内被高度重视，而且随着市场的不断成熟，消费者眼中的汽车安全标准也在不断地提高、升级。

二　不同细分市场安全性表现与差异

（一）调研细分市场及车型介绍

虽然整体市场消费者对安全性满意度较高，但不同细分市场的消费者对安全性评价存在较为明显的差异。CATARC 调研共选取 11 个细分市场，覆盖了轿车、SUV 和 MPV，其中轿车共调研 4 个细分市场，SUV 共调研 6 个细分市场，MPV 共调研 1 个细分市场，车型覆盖全面（见表 1 和表 2）。

表1　CATARC 调研细分市场划分

分类	细分市场	分类	细分市场
轿车市场(4 个)	小型轿车	SUV 市场(6 个)	微型 SUV
	入门级紧凑型轿车		入门级小型 SUV
	中级紧凑型轿车		紧凑型 SUV
	中型轿车		中级小型 SUV
MPV 市场(1 个)	紧凑型 MPV		中型 SUV
			中大型 SUV

表 2　不同细分市场车型分布

小型轿车	Polo	入门级紧凑型轿车	帝豪 GL	中级紧凑型轿车	速腾	中型轿车	迈腾
	飞度		艾瑞泽 5		思域		雅阁
	威驰		逸动		英朗		蒙迪欧
	赛欧 3		荣威 i6		卡罗拉		帕萨特
	瑞纳		帝豪		轩逸		凯美瑞
	宝骏 310		海马 M3		朗逸		君越
	金刚		荣威 360		马自达 3 - 昂科塞拉		新天籁
	新奔奔		全新爱丽舍		福克斯		迈锐宝
微型 SUV	宝骏 510		奔腾 B50		雷凌		马自达 6 阿特兹
	CS15		悦翔 V7		威朗		第九代索纳塔
	北汽绅宝 X25		长城 C30		高尔夫 7		C5
	元		启辰 R50		科鲁兹		名图
	哈弗 H1		远景		福睿斯		标致 508
	瑞风 S2		H330		博瑞		K5
入门级小型 SUV	哈弗 H2		骏派 A70		K3	紧凑型 SUV	传祺 GS4
	长安 CS35	中级小型 SUV	XR - V		明锐		荣威 RX5
	瑞虎 3		缤智		凌派		博越
	名爵 ZS		逍客		标致 408		哈弗 H6
	帝豪 GS		昂科拉		领动		长安 CS75
	海马 S5 1.5T		翼博	中型 SUV	奇骏		宝骏 560
	奔腾 X40		自由侠		指南者		名爵 GS
	绅宝 X35		维特拉		途观		海马 S7
	东南 DX3		C3 - XR		翼虎		瑞虎 7
	瑞风 S3		IX25		自由光		东南 DX7
	中华 V3	中大型 SUV	汉兰达		RAV4		瑞虎 5
	风神 AX3		锐界		CR - V		风光 580
	幻速 S3		传祺 GS8		CX - 4		优 6 SUV
	骏派 D60		昂科威		CX - 5		风神 AX7
	力帆 X60		冠道		途胜		众泰 T600
紧凑型 MPV	宝骏 730		哈弗 H7		标致 3008		启辰 T90
	瑞风 M3		长安 CS95				陆风 X7
	海马 V70						
	欧尚						
	幻速 H3						

（二）各细分市场安全性满意度表现

SUV是国内最热销的车型，没有之一。除了通过性、大空间与多用途之外，大家购买SUV车型的另一个主要因素可能就是安全了。相对轿车而言，SUV车型尺寸更大、重量更大、重心也相对较高，给人以更加厚实可靠的感觉。然而，从CATARC调研结果来看，并不是各个SUV细分市场的安全性满意度都高于轿车。从各细分市场对比结果来看，中大型SUV、中型SUV、中型轿车和中级紧凑型轿车的消费者对安全性满意度相对较高，而小型轿车、微型SUV和入门级紧凑型轿车的安全性满意度偏低，可见，无论是轿车还是SUV，级别相对较高的车型消费者对安全性越满意度，反之，低级别的车型安全性表现较差（见图4）。

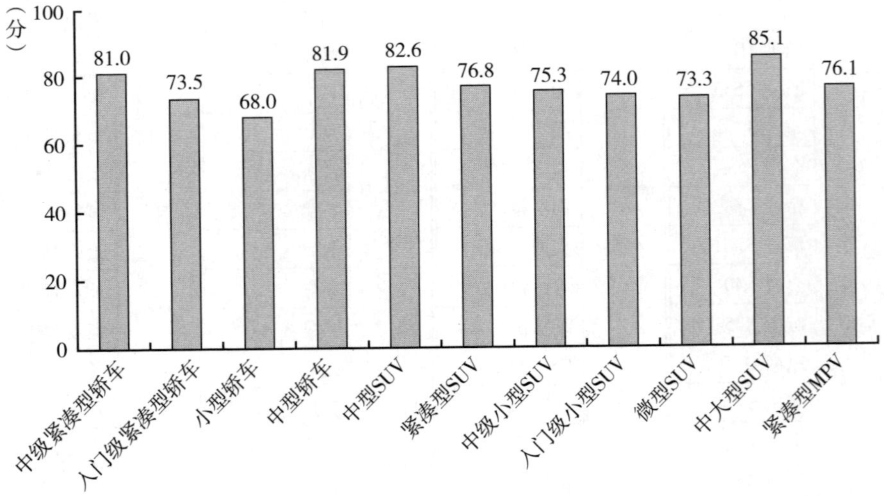

图4　不同细分市场安全性满意度

（三）各细分市场消费者对安全性的关注度

随着我国车辆安全标准的不断更新换代，越来越多的车辆安全技术正在从高配走向标配，消费者对车辆安全的关注度也在日益提升。影响消费者对安全性重视程度的因素很多，包括车型的系别、级别、价位等。

从 CATARC 调研结果来看，消费者的车型级别对其评价汽车产品安全性具有较大的影响。从各细分市场消费者对安全性的关注度来看，入门级小型 SUV 细分市场对安全性的关注度最高，微型 SUV 和小型轿车两个细分市场对安全性的关注度也较高（见图 5）。与此同时，这三个细分市场的安全性满意度表现也不尽如人意，在 11 个细分市场中排名靠后。由此可知，入门级小型 SUV、微型 SUV 和小型轿车这三个细分市场是消费者对安全性关注度较高，但是满意度又较低的细分市场。因此，这三个细分市场的汽车安全性是需要给予重点关注的，如果安全性有所改进，会对提高消费者的满意度有较大的帮助。

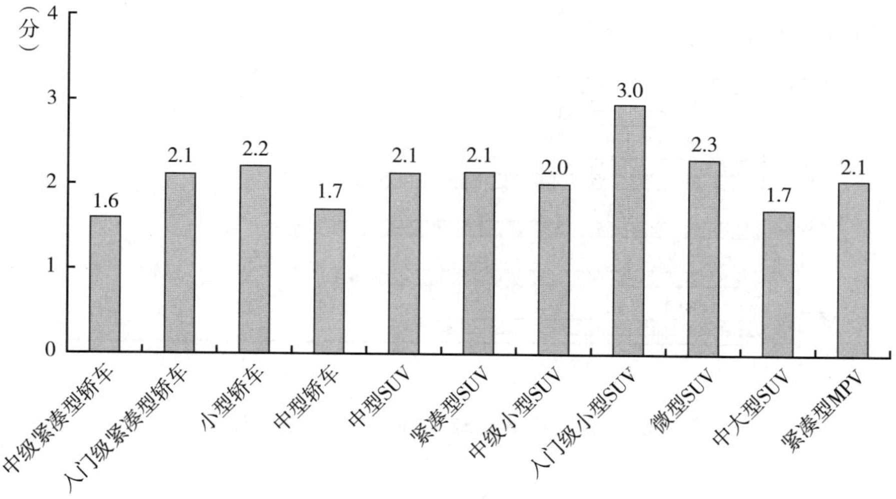

图 5　各细分市场安全性关注度

三　入门级小型 SUV、微型 SUV 和小型轿车细分市场安全性分析

（一）入门级小型 SUV 细分市场安全性满意度表现

目前，有不少年轻人把 SUV 车型作为自己的购车首选，不过对于动辄

十万的价格来说的确是个负担，而近几年逐渐火爆的入门级小型 SUV 车型价位相对较低，尤其给预算不足又想购买 SUV 的消费者群体带来了较大的吸引力。那么入门级小型 SUV 的产品表现如何呢？消费者对其评价如何呢？

从 CATARC 调研结果来看（见图 6），入门级小型 SUV 细分市场产品各指标中，安全性满意度较高，而经济性满意度相对较低，但是相对于 SUV 市场整体而言，产品各指标满意度均相对较低。可见，虽然入门级小型 SUV 细分市场消费者对安全性的满意度低于 SUV 整体乃至行业整体，但相对自身产品的其他指标而言，还是较为满意的。

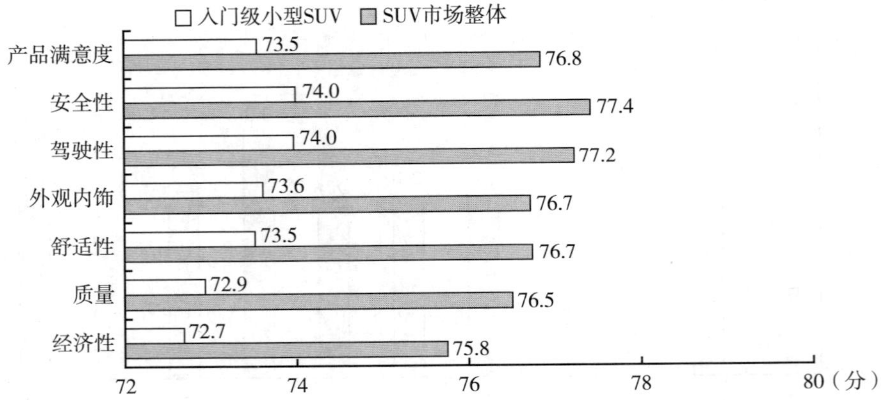

图 6　入门级小型 SUV 细分市场产品表现

从安全性的各个细项指标来看，入门级小型 SUV 的车身强度和照明能力满意度相对较低，而刹车稳定灵敏、主被动安全配置满意度相对较好。和 SUV 市场整体相比，入门级小型 SUV 安全性各细项指标的满意度均相对较低（见图 7）。

结合入门级小型 SUV 产品各指标的满意度和关注度，可以进一步分析产品各指标的竞争力表现（见图 8）。目前，安全性指标为消费者关注度最高，且满意度也较高的指标，可定义为该细分市场的优势因子，但由于消费者对其关注度较高，如果未来安全性的满意度进一步下降，那么很有可能落入第四象限，因此不能放松警惕。

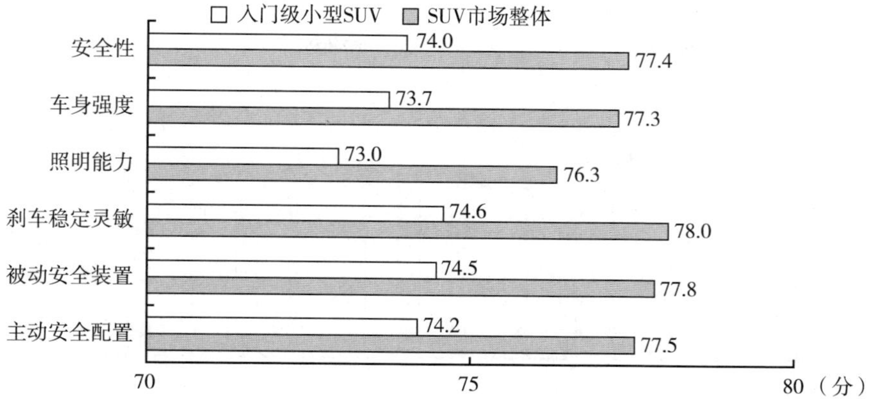

图 7　入门级小型 SUV 安全性各指标满意度表现

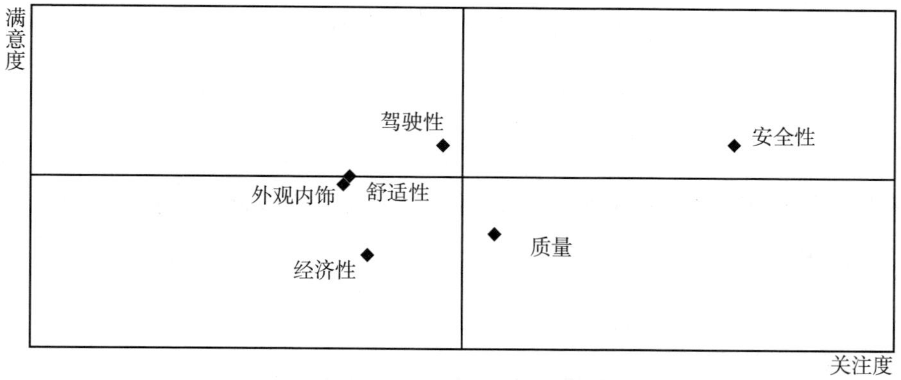

图 8　入门级小型 SUV 细分市场产品指标竞争力分析

另外，入门级小型 SUV 细分市场各车型在安全性上的表现有一定差异（见图9）。哈弗 H2 安全性满意度较高，远远领先其他车型；而幻速 S3 和骏派 D60 安全性满意度较低，需要重点改进。作为自主品牌 SUV 的标杆车型，哈弗 H2 不仅消费者对其安全性满意度较高，客观实验结果也表现较好，“安全”始终是哈弗品牌的核心元素。根据 C－NCAP 碰撞结果，哈弗 H2 依照严苛的碰撞标准和规则，获得 C－NCAP 五星评价，所以消费者对其安全性满意度高也是名副其实的。

（二）微型 SUV 细分市场安全性满意度表现

从 CATARC 调研结果来看（见图 10 和图 11），微型 SUV 细分市场产品

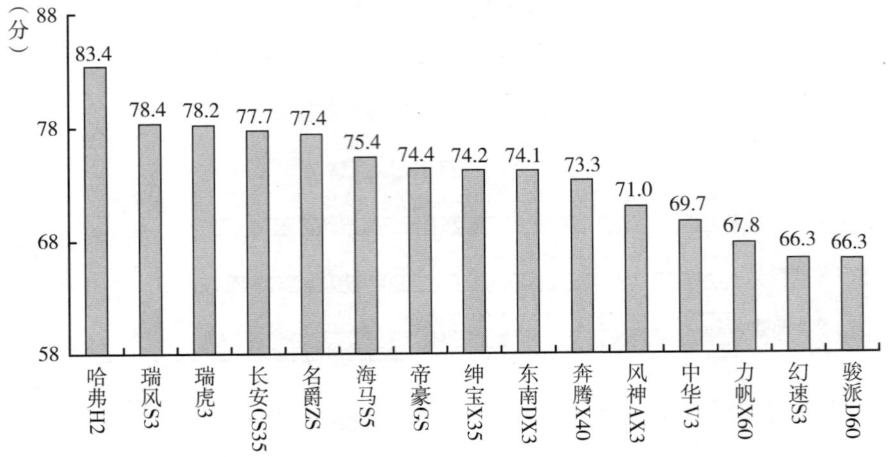

图9　入门级小型 SUV 细分市场各车型安全性满意度

的各项指标中，表现相差不大，安全性相对略高。安全性的各细项指标中，刹车稳定性满意度相对较高，车身强度和照明能力满意度相对较低。相对于 SUV 市场整体而言，微型 SUV 产品各指标满意度均较低，相对于 SUV 产品整体的表现还是存在一定差距的。

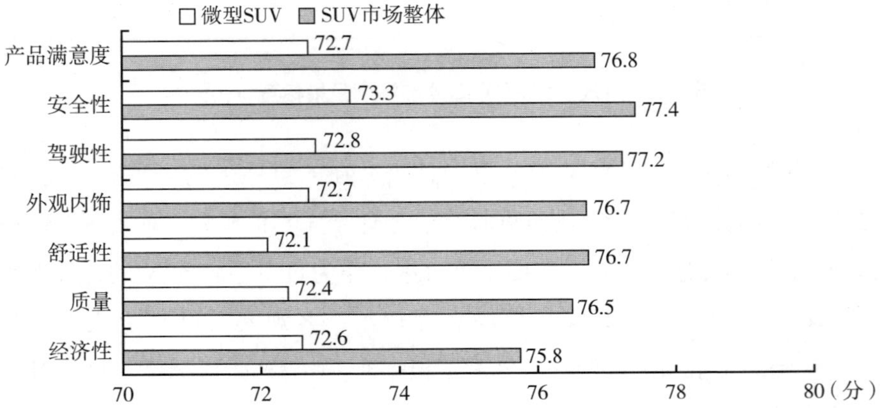

图10　微型 SUV 细分市场产品表现

从微型 SUV 细分市场产品各指标的竞争力分析结果来看（见图 12），安全性指标属于消费者关注度较高，且满意度也很高的指标，属于该细分市

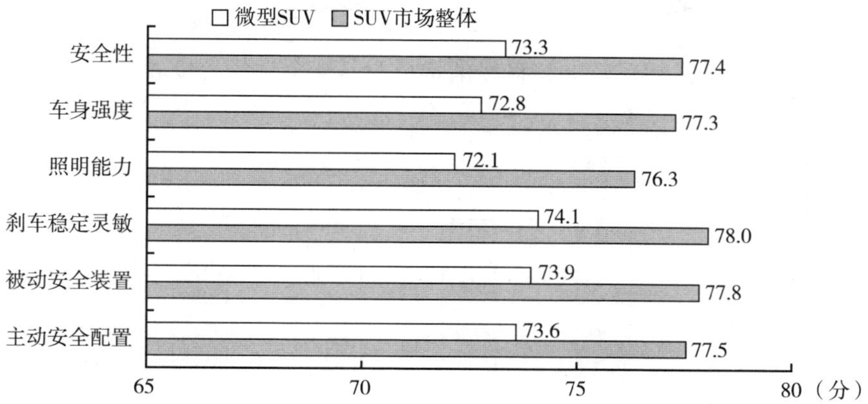

图 11　微型 SUV 细分市场安全性各指标表现

场的优势指标，继续保持即可。虽然相对 SUV 市场整体还存在一定差距，可能是微型 SUV 群体的消费者期望相对较高，按照 SUV 车型的标准来评判，但是毕竟微型 SUV 车型价格相对较低，各方面表现相对 SUV 整体存在一定差距还是可以接受的。

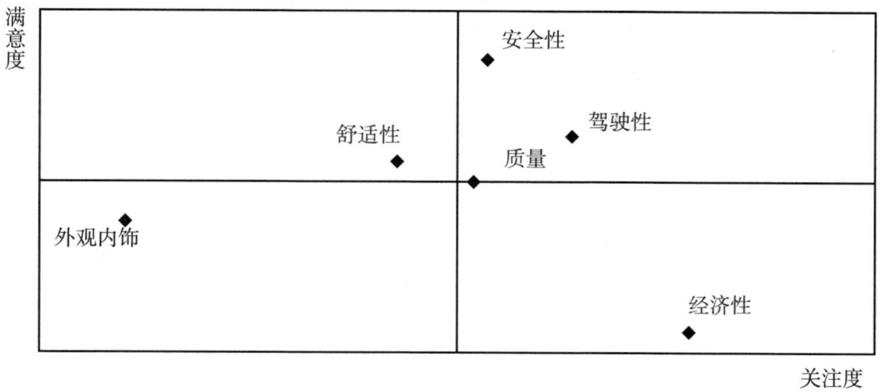

图 12　微型 SUV 细分市场产品指标竞争力分析

微型 SUV 细分市场共调研 6 款车型，其中宝骏 510 和瑞风 S2 安全性满意度较高，而哈弗 H1 满意度相对较低（见图 13）。和入门级小型 SUV 中的哈弗 H2 相比，哈弗 H1 作为微型 SUV，安全性表现截然相反。主要是因为在微型 SUV 细分市场中，哈弗 H1 在配置和性价比层面优势不突出，消费者的高期望没有被满足，导致满意度水平较低。然而，宝骏 510 底盘相对高、视野较好，价格又相对较低，自然消费者对其安全性满意度较高。

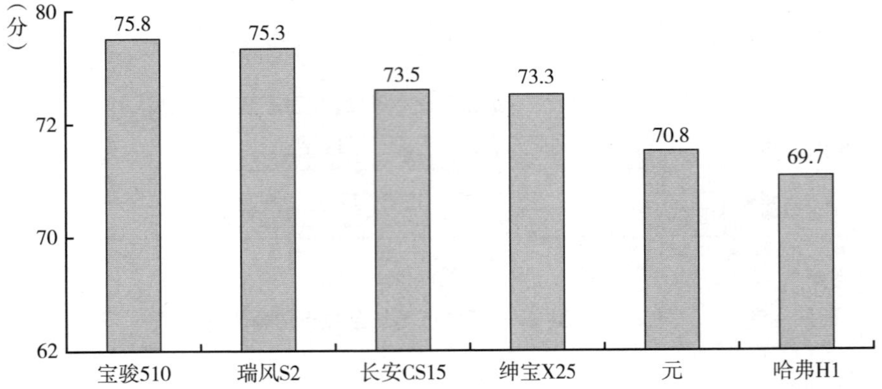

图 13　微型 SUV 细分市场各车型安全性满意度

（三）小型轿车细分市场安全性满意度表现

随着国内消费水平的提高，近几年国内汽车市场一路高涨，但是在整体增长的大背景下，除了中型及以上、紧凑型轿车市场容量较大外，小型轿车市场表现不佳，销量呈现逐年下滑趋势。

小型轿车产品表现相对不容乐观，产品各指标相对轿车市场均有较大差距。小型轿车的安全性满意度低于产品满意度均值，尤其是照明能力和车身强度满意度较低，需要给予重点关注和改进（见图 14 和图 15）。小型轿车往往是人们的第一辆车或代步车，为了让消费者更容易达到购车目的，小型轿车的售价往往较为便宜，那么在生产制造过程中为了控制其成本，安全配置方面有些确实不是很完善或先进，这也是导致小型轿车消费者安全性满意度较低的原因之一。

从小型轿车的产品竞争力分析可知（见图 16），安全性指标属于消费者关注度较高，满意度却较低的指标，目前位于第四象限，因此需要企业重点关注。对于小型轿车的消费者而言，如果安全性有微小的改善，那么对产品

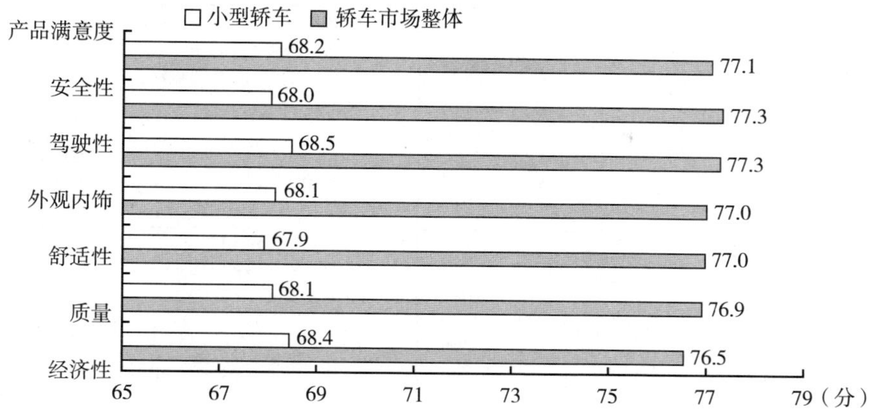

图 14　小型轿车细分市场产品各指标满意度

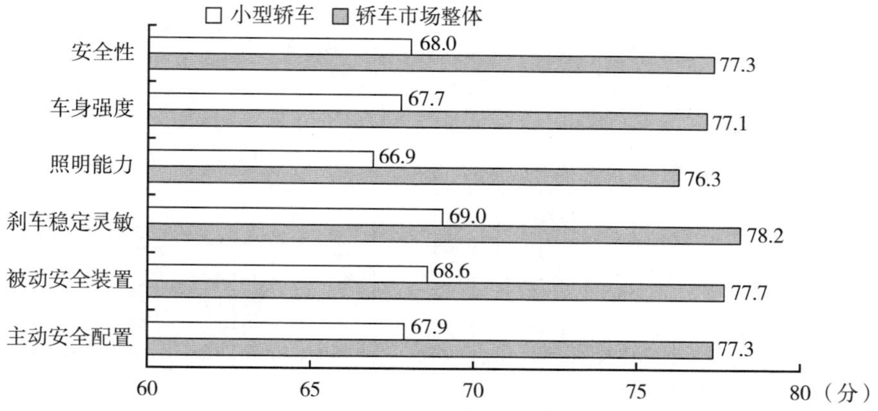

图 15　小型轿车细分市场安全性各指标表现

满意度的提升就会有较大的影响。因此，安全性指标的改进也是小型轿车细分市场未来提升产品满意度的机会点之一。

小型轿车细分市场中各车型安全性满意度差距较大，Polo 满意度得分遥遥领先其他车型，其次是威驰和飞度得分也相对较高，可见合资品牌小型轿车的安全性相对更能得到消费者的认可。相反，新奔奔、金刚等自主品牌小型轿车的安全性满意度较低，相对于表现较好的合资品牌车型得分差距接近 10 分，未来需要重点改进，从而提升产品竞争力（见图 10）。

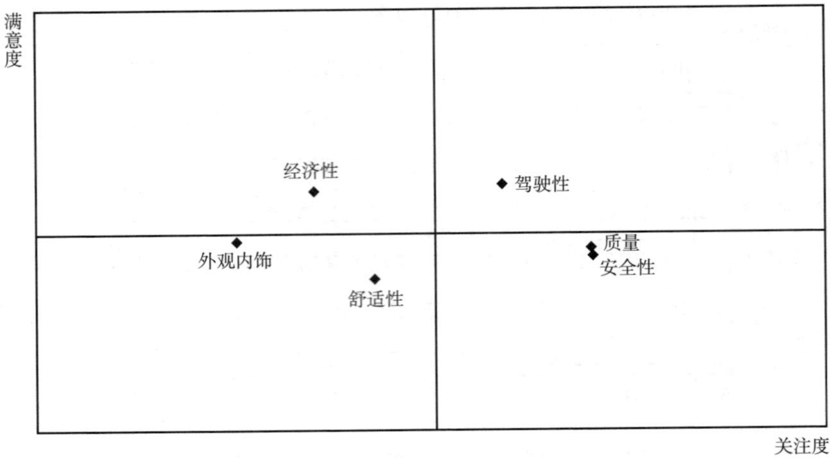

图 16　小型轿车细分市场产品指标竞争力分析

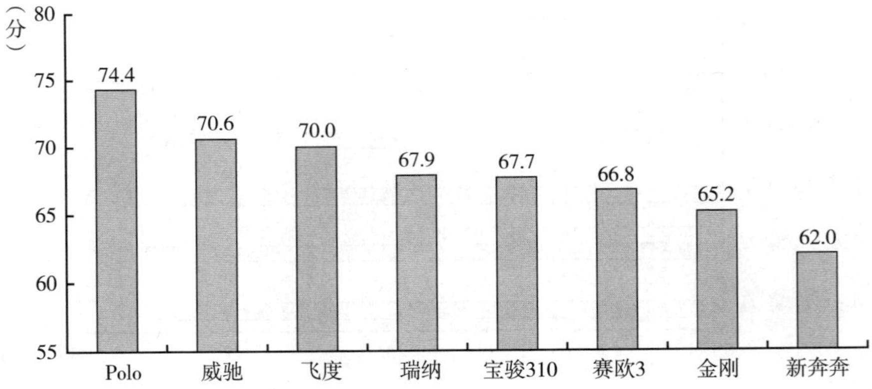

图 17　小型轿车细分市场各车型安全性满意度

四　结论及建议

通过此次调研发现，不同细分市场的消费者对车辆安全性的满意度不尽相同，小型轿车、微型 SUV、入门级紧凑型轿车和入门级小型 SUV 安全性满意度相对较低，而入门级小型 SUV、微型 SUV 和小型轿车的安全性关注度相对较高，因此需要给予重点关注。

从入门级小型SUV和微型SUV产品竞争力分析可得，相对于细分市场产品的其他指标而言，安全性是其满意度较高并且关注度也较高的指标，因此这两个细分市场的安全性均是优势因子，相对于产品其他指标而言，改进优先级并不是第一位的，继续保持即可。然而，从小型轿车的产品竞争力分析可知，相对于细分市场产品的其他指标而言，安全性指标属于消费者关注度较高，满意度却较低的指标，改进优先级处于第一位，因此需要重点关注。

通过以上分析，对于不同细分市场而言，不仅消费者对安全性的满意度和重视程度有所不同，而且安全性指标是否需要企业重点改进以及改进的优先级也有所差异，这与消费者的评价和关注重点息息相关。

参考文献

封进甫:《汽车满意度调查评估分析》，吉林大学硕士学位论文，2014。
乔维高:《汽车被动安全研究现状与发展》,《汽车科技》2008年第4期。
王小甜:《经济型SUV安全性有待提高》,《消费日报》2007年2月。
夏海鳌:《轿车安全指数系统的研究》，沈阳航空工业学院硕士学位论文，2006。

附　　录

Appendix

B.23
各国新车评价规程测试评价统计

附表 1　《C－NCAP 管理规则（2015 年版）》测试评价统计（2017 年第二批至 2018 年第一批）

序号	生产企业	测试年度	测试车型号	正面100%重叠刚性壁碰撞试验	正面40%重叠可变形壁碰撞试验	可变形移动壁障侧面碰撞试验	鞭打试验	加分项	总分	星级
A 类乘用车										
1	上海汽车集团股份有限公司	2017 年第二批	CSA7151SDAP(i6 20T 互联网智享版)	16.05	15.05	16.81	3.76	2.00	53.7	★★★★

续表

序号	生产企业	测试年度	测试车型号	正面100%重叠刚性壁碰撞试验	正面40%重叠可变形壁碰撞试验	可变形移动壁障侧面碰撞试验	鞭打试验	加分项	总分	星级
2	华晨宝马汽车有限公司	2017 年第三批	BMW7154AC(1 系 118i 运动型)	16.34	16.02	18.00	3.00	3.00	56.4	★★★★★
3	一汽吉林汽车有限公司	2017 年第三批	CA7167RA(森雅 R7 2017 款 1.6L 自动尊贵型)	14.45	12.06	16.73	3.54	1.50	48.3	★★★★
4	东风汽车有限公司	2017 年第四批	DFL7152VAL1(劲客 1.5L XL CVT 酷享版)	16.37	14.16	17.00	3.67	3.00	54.2	★★★★★
5	上海汽车集团股份有限公司	2018 年第一批	CSA7152SDAQ(名爵 6 20T 自动 Trophy 尊享互联网版)	16.79	16.88	18.00	3.33	0.00	58.0	★★★★★
B 类乘用车										
1	东风汽车有限公司	2017 年第二批	DFL7206VAL2(T90 2.0L CVT 智尚版)	17.52	16.19	18.00	3.76	3.00	58.5	★★★★★
2	中国第一汽车集团公司	2017 年第三批	CA7202ATE5(CX-4 2.0L 自动两驱蓝天活力版)	15.44	15.08	18.00	3.66	2.00	54.2	★★★★★
3	安徽江淮汽车股份有限公司	2017 年第四批	HFC7151CTV(瑞风 A60 豪华商务型)	17.13	16.71	18.00	3.41	3.00	58.3	★★★★★
4	东风汽车公司	2017 年第四批	DFM7180PC1A(A9 1.8T 豪华型)	17.04	16.30	18.00	3.00	3.00	57.3	★★★★★
5	华晨宝马汽车有限公司	2017 年第四批	BMW7201MM 5 系 530Li 领先型 M 运动套装	17.45	17.79	18.00	3.22	3.00	59.5	★★★★★

续表

序号	生产企业	测试年度	测试车型号	正面100%重叠刚性壁碰撞试验	正面40%重叠可变形壁碰撞试验	可变形移动壁障侧面碰撞试验	鞭打试验	加分项	总分	星级
6	一汽－大众汽车有限公司	2018 年第一批	FV7187BBDBG（迈腾 330TSI DSG 豪华型）	15.67	16.66	18.00	3.52	3.00	56.9	★★★★★
7	北京奔驰汽车有限公司	2018 年第一批	BJ7205JXL（E300L 豪华型）	17.53	17.67	18.00	3.18	3.00	59.4	★★★★★
多功能乘用车（MPV）										
1	重庆力帆汽车有限公司	2017 年第三批	LF6470（轩朗 1.8L 手动舒适型）	8.61	10.06	16.83	3.15	1.00	39.7	★★★
2	重庆比速汽车有限公司	2017 年第四批	BKC6470HKV2Z2（T5 1.5T 手动豪华型）	16.09	13.77	18.00	4.00	2.00	53.9	★★★★
运动型乘用车（SUV）										
1	重庆长安汽车股份有限公司	2017 年第二批	SC6491A5（CS95 2.0T 两驱智远版）	15.99	13.47	18.00	3.63	3.00	54.1	★★★★★
2	广州汽车集团乘用车有限公司	2017 年第二批	GAC6480J2F5（传祺 GS8 320T 两驱豪华智联版）	16.37	16.73	18.00	3.57	3.00	57.7	★★★★★
3	安徽猎豹汽车有限公司	2017 年第二批	LBA6460CQE（CS10 1.5T CVT 尊贵型）	12.37	12.26	17.88	2.85	2.00	47.4	★★★
4	上汽大众汽车有限公司	2017 年第二批	SVW6474CED（途观 L 330TSI 自动两驱旗舰版）	14.29	16.10	18.00	3.22	3.00	54.6	★★★★★

续表

序号	生产企业	测试年度	测试车型号	正面100%重叠刚性壁碰撞试验	正面40%重叠可变形壁碰撞试验	可变形移动壁障侧面碰撞试验	鞭打试验	加分项	总分	星级
5	上汽通用五菱汽车股份有限公司	2017 年第二批	LZW6421CJY(510 1.5L 手动豪华型)	14.83	15.06	17.27	3.09	2.00	52.3	★★★★
6	江铃汽车股份有限公司	2017 年第二批	JX6460PB5(驭胜 S330 自动两驱旗舰版)	16.38	11.95	18.00	3.35	3.00	52.7	★★★★
7	上汽通用汽车有限公司	2017 年第三批	SGM6479DAA1(探界者 535T 驭界版)	17.05	15.39	18.00	3.30	3.00	56.7	★★★★★
8	荣成华泰汽车有限公司	2017 年第三批	SDH6442GFM5(新圣达菲 1.5T 手动两驱精英型)	14.35	15.01	16.70	2.79	1.00	49.9	★★★★
9	海马轿车有限公司	2017 年第四批	HMA7160GA4W S5(Young 1.6L 5MT 尊贵型)	15.38	16.93	18.00	3.55	2.00	55.9	★★★★★
10	汉腾汽车有限公司	2017 年第四批	GXQ6450T(X5 1.5T CVT 豪华型)	16.07	14.80	17.60	3.70	3.00	55.2	★★★★★
11	奇瑞汽车股份有限公司	2017 年第四批	SQR7150T152(瑞虎 7 1.5T 手动耀臻版)	15.52	16.49	18.00	3.58	3.00	56.6	★★★★★
12	湖南江南汽车制造有限公司	2017 年第四批	JNJ6460Q1ATK(T700 1.8T DCT 尊贵型)	16.12	15.72	17.00	3.51	3.00	55.4	★★★★★
13	江铃汽车股份有限公司	2017 年第四批	JX6460PB5(驭胜 S330 自动两驱旗舰版)	14.21	15.67	18.00	3.26	3.00	54.1	★★★★★

续表

序号	生产企业	测试年度	测试车型号	正面100%重叠刚性壁碰撞试验	正面40%重叠可变形壁碰撞试验	可变形移动壁障侧面碰撞试验	鞭打试验	加分项	总分	星级
14	广州汽车集团乘用车有限公司	2017 年第四批	GAC7130H2A5A(GS3 200T 6AT 手自一体豪华版)	16.74	16.97	18.00	3.89	2.00	57.6	★★★★★
15	东风悦达起亚汽车有限公司	2017 年第四批	YQZ6443TNE5(KX5 1.6T DLX 7DCT 2WD 型)	15.49	15.65	18.00	2.83	2.00	54.0	★★★★★
16	广汽菲亚特克莱斯勒汽车有限公司	2017 年第四批	GFA7140EKCA(指南者 200T 自动家享版)	16.81	16.10	18.00	3.67	3.00	57.6	★★★★★
17	神龙汽车有限公司	2017 年第四批	DC6456TLAB16(4008 1.6T 精英版)	15.37	14.64	18.00	3.76	3.00	54.8	★★★★★
18	福特汽车公司	2017 年第四批	MKC 2.0F RESN(MKC 2017 款 2.0T 两驱尊雅版)	16.65	16.08	18.00	3.09	3.00	56.8	★★★★★
19	北京宝沃汽车有限公司	2017 年第四批	BW7180A1X5(BX5 25T GDI 自动两驱智享型)	16.67	16.23	18.00	3.37	3.00	57.3	★★★★★
20	广汽本田汽车有限公司	2017 年第四批	GHA7150JAD5A(CDX 1.5T 两驱尊享版)	15.02	14.50	18.00	3.24	3.00	53.8	★★★★
21	中国第一汽车集团公司	2018 年第一批	CA7166MTE5(奔腾 X40 网红版 1.6MT 豪华型)	17.00	17.15	16.69	3.53	1.00	55.4	★★★★★
22	华晨汽车集团控股有限公司	2018 年第一批	SY6460F3ZQ1BZ(V6 1.5T 自动尊贵型)	14.62	14.34	16.38	2.34	2.00	49.7	★★★★

续表

序号	生产企业	测试年度	测试车型号	正面100%重叠刚性壁碰撞试验	正面40%重叠可变形壁碰撞试验	可变形移动壁障侧面碰撞试验	鞭打试验	加分项	总分	星级
23	神龙汽车有限公司	2018年第一批	DC6456TXAB16（天逸 C5 AIRCROSS 350THP 时尚型）	16.18	16.24	18.00	3.38	3.00	56.8	★★★★★
24	东风小康汽车有限公司	2018年第一批	DXK6451AF1F（风光 S560 1.8L 手动舒适型）	14.41	13.53	18.00	3.68	2.00	51.6	★★★★
25	广汽本田汽车有限公司	2018年第一批	GHA6480KAC5A（冠道 240TURBO CVT 豪华版）	14.59	14.80	18.00	3.76	3.00	54.2	★★★★★
26	重庆长安汽车股份有限公司	2018年第一批	SC7155ABBH5（CS55 1.5T 6AT 炫动型）	16.89	16.99	18.00	3.75	3.00	58.6	★★★★★
27	浙江豪情汽车制造有限公司	2018年第一批	JL6453C10（领克 01 2.0T 两驱型 Pro 版）	17.72	17.33	18.00	4.00	3.00	60.1	★★★★★☆
28	东风雷诺汽车有限公司	2018年第一批	DFR6470SCE3（科雷傲 2.0L 两驱豪华版）	17.48	16.23	18.00	3.37	3.00	58.1	★★★★★
29	长安马自达汽车有限公司	2018年第一批	CAM6461B（CX-5 2.0L 自动两驱智尚型）	17.26	16.61	18.00	3.99	3.00	58.9	★★★★★
30	长城汽车股份有限公司	2018年第一批	CC6464RM06A（新 H6 红标 2.0GDIT 自动智尚型）	16.74	16.66	18.00	3.51	3.00	57.9	★★★★★

附表 2　Euro NCAP 新车评价规程测试评价统计（2017 年）

单位：%

序号	生产企业	测试年度	测试车型号	成人保护	儿童保护	行人保护	安全辅助	星级
			微型车					
1	美国福特汽车公司	2017 年 9 月	Ford Fiesta	87	84	64	60	★★★★★
2	日本日产汽车公司	2017 年 5 月	Nissan Micra 0.9 Acenta，LHD	91	79	79	72	★★★★★
3	西亚特	2017 年 7 月	SEAT Ibiza1.0 Style,LHD	95	77	76	60	★★★★★
4	丰田	2017 年 12 月	Toyota Yaris Hybrid	83	80	63	57	★★★★★
5	大众	2017 年 11 月	VW Polo 1.0 TSI Comfortline，LHD	96	85	76	59	★★★★★
6	标致雪铁龙	2017 年 3 月	Citroën C3 1,2 PureTech 82 FEEL，LHD	88	83	59	58	★★★★
7	起亚	2017 年 9 月	Kia Picanto 1.0 GLS，LHD	79	64	54	47	★★★★
8	日产	2017 年 5 月	Nissan Micra 0.9 Acenta，LHD	91	79	68	49	★★★★
9	铃木	2017 年 5 月	Suzuki Swift 1.2L GL，RHD	88	75	69	44	★★★★
10	丰田	2017 年 12 月	Toyota Aygo 1.0 x－play，LHD	82	63	64	57	★★★★
11	标致雪铁龙	2017 年 12 月	DS 3 1,2 Puretech 82 So Chic	69	37	55	29	★★★
12	菲亚特	2017 年 3 月	Fiat 500 1.2 Pop，LHD	66	49	53	27	★★★
13	美国福特汽车公司	2017 年 3 月	Ford Ka＋ 1.2，LHD	73	61	57	29	★★★
14	起亚	2017 年 9 月	Kia Picanto 1.0 GLS，LHD	79	64	54	25	★★★
15	欧宝	2017 年 12 月	Opel Karl 1.0 Enjoy，LHD	61	60	58	25	★★★
16	铃木	2017 年 5 月	Suzuki Swift 1.2L GL，RHD	83	75	69	25	★★★
17	丰田	2017 年 12 月	Toyota Aygo 1.0 x－play，LHD	74	63	64	25	★★★
			小型家用车					
1	本田	2017 年 11 月	Honda Civic 1.0 SE，RHD	92	75	75	88	★★★★★
2	现代	2017 年 7 月	Hyundai i30 1. 6CRDi GLS Comfort，LHD	88	84	64	68	★★★★★

续表

序号	生产企业	测试年度	测试车型号	成人保护	儿童保护	行人保护	安全辅助	星级
3	起亚	2017 年 9 月	Kia Rio 1.2 GLS，LHD	93	84	71	59	★★★★★
4	起亚	2017 年 12 月	Kia Rio 1.2 GLS，LHD(Kia Stonic)	93	84	71	59	★★★★★
5	斯巴鲁	2017 年 11 月	Subaru Impreza 2.0i – S EyeSight，LHD	94	89	82	68	★★★★★
6	斯巴鲁	2017 年 11 月	Subaru XV 2.0i – S EyeSight，LHD	94	89	84	68	★★★★★
7	本田	2017 年 7 月	Honda Civic 1.0 SE，RHD	92	67	75	88	★★★★
8	欧宝	2017 年 9 月	Opel Ampera – e，LHD	82	73	75	72	★★★★
9	阿尔法·罗密欧	2017 年 12 月	Alfa Romeo Giulietta1.6 Mjet Super，LHD	72	56	59	25	★★★
10	标致雪铁龙	2017 年 11 月	Citroën e – Mehari，LHD	74	78	48	25	★★★
11	起亚	2017 年 9 月	Kia Rio 1.2 GLS，LHD	85	84	62	25	★★★
12	起亚	2017 年 12 月	Kia Rio 1.2 GLS，LHD(Kia Stonic)	85	84	62	25	★★★
13	上汽	2017 年 12 月	MG ZS	71	51	59	29	★★★
14	菲亚特	2017 年 12 月	FIAT Punto 1.2 6v 65 CV E4 5p Easy	51	43	52	0	
			大型家用车					
1	奔驰	2017 年 9 月	Mercedes – Benz C 220d Cabriolet，LHD	89	79	66	53	★★★★★
2	欧宝	2017 年 7 月	Insignia Grand Sport 1.6CDTi Edition	93	85	78	69	★★★★★
			商务车					
1	宝马	2017 年 4 月	BMW 520d，LHD	91	85	81	59	★★★★★
2	宝马	2017 年 12 月	BMW 630d GT，LHD	86	85	81	59	★★★★★
3	起亚	2017 年 12 月	Kia Stinger 2.2 CRDi，GT – Line，LHD	93	81	78	82	★★★★★
4	沃尔沃	2017 年 1 月	Volvo S90 D4 Momentum，LHD	95	80	76	93	★★★★★

续表

序号	生产企业	测试年度	测试车型号	成人保护	儿童保护	行人保护	安全辅助	星级
5	沃尔沃	2017 年 1 月	Volvo S90 D4 Momentum, LHD(V90)	95	80	76	93	★★★★★
6	大众	2017 年 7 月	VW Arteon 2,0 TDI 110kW, LHD	96	85	85	82	★★★★★
小型 MPV								
1	标致雪铁龙	2017 年 11 月	Citroën C3 Aircross Feel Puretech 82, LHD	85	82	64	60	★★★★★
2	宝马	2017 年 5 月	MINI Countryman Cooper D, RHD	90	80	64	51	★★★★★
3	欧宝	2017 年 11 月	Opel/Vauxhall Crossland X 1.2 Edition, LHD	85	84	62	57	★★★★★
4	菲亚特	2017 年 4 月	Fiat Doblo' 1.6 mjt EASY	75	46	57	25	★★★
5	福特	2017 年 12 月	Ford Grand C - MAX 1.5 diesel Titanium, LHD	76	60	59	29	★★★
6	福特	2017 年 12 月	Ford Grand C - MAX 1.5 diesel Titanium, LHD	76	60	59	29	★★★
小型越野								
1	宝马	2017 年 11 月	BMW X3 2.0d, LHD	93	84	70	58	★★★★★
2	标致雪铁龙	2017 年 11 月	DS 7 Crossback BlueHDi 1,51 Manual 6 Be Chic, LHD	91	87	73	76	★★★★★
3	现代	2017 年 12 月	Hyundai KONA 1.0 T - GDI, LHD	87	85	62	60	★★★★★
4	捷豹路虎	2017 年 11 月	Jaguar E - Pace 2.0 diesel R Dynamic SE, RHD	86	87	77	72	★★★★★

续表

序号	生产企业	测试年度	测试车型号	成人保护	儿童保护	行人保护	安全辅助	星级
5	捷豹路虎	2017 年 12 月	Jaguar F – Pace 20d AWD, RHD	93	85	80	72	★★★★★
6	克莱斯勒	2017 年 9 月	Jeep Compass 4 x 4 Limited, 2.0, LHD	90	83	64	59	★★★★★
7	马自达	2017 年 9 月	Mazda CX – 5 Sports – Line	95	80	78	59	★★★★★
8	三菱	2017 年 11 月	Mitsubishi Eclipse Cross 1.5 Invite, 4x2, LHD	97	78	80	71	★★★★★
9	欧宝	2017 年 9 月	Opel/Vauxhall Grandland X 1. 6 diesel, LHD	84	87	63	60	★★★★★
10	捷豹路虎	2017 年 10 月	Range Rover Velar 2.0 diesel 4x4, RHD	93	85	74	72	★★★★★
11	西亚特	2017 年 11 月	SEAT Arona 1.0 Excellence, LHD	95	80	77	60	★★★★★
12	大众	2017 年 11 月	Skoda Karoq 1.6 diesel Ambition, LHD	93	79	73	58	★★★★★
13	丰田	2017 年 3 月	Toyota C – HR Hybrid	95	77	76	78	★★★★★
14	大众	2017 年 11 月	Volkswagen T – Roc 1.0 TSI Comfortline, LHD	96	87	79	71	★★★★★
15	达西亚	2017 年 12 月	Dacia Duster 1.5 diesel, LHD	71	66	56	37	★★★
			大型越野					
1	阿尔法·罗密欧	2017 年 7 月	Alfa Romeo Stelvio 2. 2 diesel Super, 4x4, LHD	97	84	71	60	★★★★★
2	大众	2017 年 3 月	Audi Q5 2. 0 TDI S tronic (140 kW), LHD	93	86	73	58	★★★★★
3	捷豹路虎	2017 年 3 月	Land Rover Discovery, 2. 0 diesel HSE, RHD	90	80	75	73	★★★★★

续表

序号	生产企业	测试年度	测试车型号	成人保护	儿童保护	行人保护	安全辅助	星级
4	大众	2017 年 11 月	Porsche Cayenne 3.0 diesel, LHD	95	80	73	62	★★★★★
5	雷诺	2017 年 9 月	Renault New Koleos 1.6dci, LHD	90	79	62	75	★★★★★
6	大众	2017 年 5 月	Skoda Kodiaq 2.0 TDI Ambition, LHD	92	77	71	54	★★★★★
7	沃尔沃	2017 年 11 月	Volvo XC60 D4 AWD Momentum, LHD	98	87	76	95	★★★★★
皮卡								
1	奔驰	2017 年 11 月	Mercedes – Benz X 250d POWER, LHD	90	87	80	77	★★★★★

附表 3　美国国家公路交通安全管理局（NHTSA）新车评价规程测试评价统计（2017 款车型）

序号	年款/生产企业/型号	综合评价	正面碰撞	侧面碰撞	翻滚试验
Passenger Car					
1	2018 Honda Civic Si 4 DR FWD	★★★★★	★★★★★	★★★★★	★★★★★
2	2018 Honda Civic 2 DR FWD	★★★★★	★★★★	★★★★★	★★★★★
3	2018 Honda Civic Si 2 DR FWD	★★★★★	★★★★	★★★★★	★★★★★
4	2018 Acura ILX 4 DR FWD	★★★★★	★★★★	★★★★★	★★★★
5	2018 Acura RLX 4 DR FWD	★★★★★	★★★★★	★★★★★	★★★★★
6	2018 Genesis G80 4 DR AWD	★★★★★	★★★★★	★★★★★	★★★★★
7	2018 Genesis G80 4 DR RWD	★★★★★	★★★★★	★★★★★	★★★★★
8	2018 Honda Accord 4 DR FWD	★★★★★	★★★★★	★★★★★	★★★★★

续表

序号	年款/生产企业/型号	综合评价	正面碰撞	侧面碰撞	翻滚试验
		Passenger Car			
9	2018 Hyundai Sonata Hybrid 4 DR FWD	★★★★★	★★★★★	★★★★★	★★★★
10	2018 Genesis G80 Sport 4 DR AWD	★★★★★	★★★★★	★★★★★	★★★★★
11	2018 Hyundai Sonata 4 DR FWD	★★★★★	★★★★★	★★★★★	★★★★
12	2018 Volkswagen Alltrack SW AWD	★★★★★	★★★★	★★★★★	★★★★
13	2018 Audi A5 Sportback 4 DR AWD	★★★★★	★★★★	★★★★★	★★★★★
14	2018 Volkswagen Golf 4 DR FWD	★★★★★	★★★★	★★★★★	★★★★
15	2018 Volkswagen Golf GTI 4 DR FWD	★★★★★	★★★★	★★★★★	★★★★
16	2018 Volkswagen Golf R 4 DR AWD	★★★★★	★★★★	★★★★★	★★★★
17	2018 Volkswagen Golf Sportwagen SW FWD	★★★★★	★★★★	★★★★★	★★★★
18	2018 Volkswagen Jetta 4 DR FWD	★★★★★	★★★★	★★★★★	★★★★
19	2018 Volkswagen Jetta GLI 4 DR FWD	★★★★★	★★★★	★★★★★	★★★★
20	2018 Volkswagen Passat 4 DR FWD	★★★★★	★★★★	★★★★★	★★★★
21	2018 Kia Optima 4 DR FWD	★★★★★	★★★★★	★★★★★	★★★★★
22	2018 Kia Forte 4 DR FWD	★★★★★	★★★★	★★★★★	★★★★
23	2018 BMW 3 Series 4 DR RWD	★★★★★	★★★★	★★★★★	★★★★★
24	2018 BMW 3 Series 4 DR AWD	★★★★★	★★★★	★★★★★	★★★★★
25	2018 BMW 3 Series SW AWD	★★★★★	★★★★	★★★★★	★★★★★
26	2018 BMW 3 Series GT 5 HB AWD	★★★★★	★★★★	★★★★★	★★★★★
27	2018 Subaru Legacy 4 DR AWD	★★★★★	★★★★★	★★★★★	★★★★★
28	2018 Subaru Impreza 4 DR AWD	★★★★★	★★★★★	★★★★★	★★★★★
29	2018 Subaru Impreza SW AWD	★★★★★	★★★★★	★★★★★	★★★★★

续表

序号	年款/生产企业/型号	综合评价	正面碰撞	侧面碰撞	翻滚试验
30	2018 Lexus ES350 4 DR FWD	★★★★★	★★★★	★★★★★	★★★★
31	2018 Lexus IS350 4 DR AWD	★★★★★	★★★★	★★★★★	★★★★★
32	2018 Lexus IS350 4 DR RWD	★★★★★	★★★★	★★★★★	★★★★★
33	2018 Lexus IS300 4 DR RWD	★★★★★	★★★★	★★★★★	★★★★★
34	2018 Lexus IS300 4 DR AWD	★★★★★	★★★★	★★★★★	★★★★★
35	2018 Genesis G80 Sport 4 DR RWD	★★★★★	★★★★★	★★★★★	★★★★★
36	2018 Toyota Avalon 4 DR FWD	★★★★★	★★★★	★★★★★	★★★★
37	2018 Toyota Avalon Hybrid 4 DR FWD	★★★★★	★★★★	★★★★★	★★★★
38	2018 Toyota Camry 4 DR FWD	★★★★★	★★★★★	★★★★★	★★★★★
39	2018 Toyota Camry Hybrid 4 DR FWD	★★★★★	★★★★★	★★★★★	★★★★★
40	2018 Toyota Corolla 4 DR FWD	★★★★★	★★★★	★★★★★	★★★★
41	2018 Toyota Prius 5 HB FWD	★★★★★	★★★★	★★★★★	★★★★
42	2018 Honda Civic 4 DR FWD	★★★★★	★★★★★	★★★★★	★★★★★
43	2018 Buick LaCrosse 4 DR FWD	★★★★★	★★★★★	★★★★★	★★★★★
44	2018 Buick LaCrosse 4 DR AWD	★★★★★	★★★★★	★★★★★	★★★★★
45	2018 Chevrolet Malibu 4 DR FWD	★★★★★	★★★★★	★★★★★	★★★★
46	2018 Chevrolet Malibu HEV 4 DR FWD	★★★★★	★★★★★	★★★★★	★★★★
47	2018 Chevrolet Impala 4 DR FWD	★★★★★	★★★★★	★★★★★	★★★★
48	2018 Chevrolet Camaro 2 DR RWD	★★★★★	★★★★	★★★★★	★★★★★
49	2018 Chevrolet Camaro SS 2 DR RWD	★★★★★	★★★★	★★★★★	★★★★★
50	2018 Toyota C – HR 5 HB FWD	★★★★★	★★★★	★★★★★	★★★★
51	2018 Honda Civic 5 HB FWD	★★★★★	★★★★★	★★★★★	★★★★★

续表

序号	年款/生产企业/型号	综合评价	正面碰撞	侧面碰撞	翻滚试验
52	2018 Honda Fit 5 HB FWD	★★★★★	★★★★★	★★★★★	★★★★
53	2018 Kia Optima Hybrid 4 DR FWD	★★★★★	★★★★★	★★★★★	★★★★★
54	2018 Tesla Model X 60D SUV AWD	★★★★★	★★★★★	★★★★★	★★★★★
55	2018 Tesla Model X 75D SUV AWD	★★★★★	★★★★★	★★★★★	★★★★★
56	2018 Tesla Model X 90D SUV AWD	★★★★★	★★★★★	★★★★★	★★★★★
57	2018 Tesla Model X P100D SUV AWD	★★★★★	★★★★★	★★★★★	★★★★★
58	2018 Tesla Model X P90D SUV AWD	★★★★★	★★★★★	★★★★★	★★★★★
59	2018 Cadillac ATS 4 DR RWD	★★★★★	★★★★★	★★★★★	★★★★★
60	2018 Cadillac ATS 4 DR AWD	★★★★★	★★★★★	★★★★★	★★★★★
61	2018 Cadillac CTS 4 DR RWD	★★★★★	★★★★★	★★★★★	★★★★★
62	2018 Cadillac CTS 4 DR AWD	★★★★★	★★★★★	★★★★★	★★★★★
63	2018 Mercedes - Benz C - Class 4 DR RWD	★★★★★	★★★★	★★★★★	★★★★
64	2018 Mercedes - Benz C - Class 4 DR 4WD	★★★★★	★★★★	★★★★★	★★★★
65	2018 Audi A3 4 DR AWD	★★★★★	★★★★	★★★★★	★★★★
66	2018 Audi A3 4 DR FWD	★★★★★	★★★★	★★★★★	★★★★
67	2018 Audi S3 4 DR AWD	★★★★★	★★★★	★★★★★	★★★★
68	2018 Audi A4 4 DR FWD	★★★★★	★★★★	★★★★★	★★★★★
69	2018 Audi A4 4 DR AWD	★★★★★	★★★★	★★★★★	★★★★★
70	2018 Audi A6 4 DR AWD	★★★★★	★★★★★	★★★★★	★★★★★
71	2018 Mercedes - Benz E - CLASS SW 4WD	★★★★★	★★★★★	★★★★★	★★★★★
72	2018 Mercedes - Benz E - Class 4 DR RWD	★★★★★	★★★★★	★★★★★	★★★★★
73	2018 Mercedes - Benz E - Class 4 DR 4WD	★★★★★	★★★★★	★★★★★	★★★★★

续表

序号	年款/生产企业/型号	综合评价	正面碰撞	侧面碰撞	翻滚试验
74	2018 Mercedes – Benz E – CLASS SW RWD	★★★★★	★★★★★	★★★★★	★★★★★
75	2018 Audi A6 4 DR FWD	★★★★★	★★★★★	★★★★★	★★★★★
76	2018 Audi S6 4 DR AWD	★★★★★	★★★★★	★★★★★	★★★★★
77	2018 Lincoln MKZ 4 DR FWD	★★★★★	★★★★	★★★★★	★★★★
78	2018 Lincoln MKZ 4 DR AWD	★★★★★	★★★★	★★★★★	★★★★
79	2018 Lincoln MKZ HEV 4 DR FWD	★★★★★	★★★★	★★★★★	★★★★
80	2018 Lincoln Continental 4 DR FWD	★★★★★	★★★★★	★★★★★	★★★★
81	2018 Lincoln Continental 4 DR AWD	★★★★★	★★★★★	★★★★★	★★★★
82	2018 Nissan Maxima 4 DR FWD	★★★★★	★★★★	★★★★★	★★★★★
83	2018 Chevrolet Cruze 4 DR FWD	★★★★★	★★★★★	★★★★	★★★★
84	2018 Chevrolet Cruze 5 DR FWD	★★★★★	★★★★★	★★★★	★★★★
85	2018 Ford Mustang GT350R 2 DR RWD	★★★★★	★★★★★	★★★★★	★★★★★
86	2018 Acura TLX 4 DR AWD	★★★★★	★★★★★	★★★★★	★★★★★
87	2018 Acura TLX 4 DR FWD	★★★★★	★★★★★	★★★★★	★★★★★
88	2018 Mazda Mazda2 5 HB FWD	★★★★★	★★★★★	★★★★★	★★★★
89	2018 Mazda Mazda3 5 HB FWD	★★★★★	★★★★★	★★★★★	★★★★
90	2018 Mazda Mazda3 4 DR FWD	★★★★★	★★★★★	★★★★★	★★★★
91	2018 Toyota Yaris iA 4 DR FWD	★★★★★	★★★★★	★★★★★	★★★★
92	2018 Buick Cascada C FWD	★★★★★	★★★★	★★★★★	★★★★
93	2018 Buick LaCrosse Hybrid 4 DR FWD	★★★★★	★★★★★	★★★★★	★★★★★
94	2018 Chevrolet Sonic 5 DR FWD	★★★★★	★★★★★	★★★★★	★★★★
95	2018 Cadillac XTS 4 DR FWD	★★★★★	★★★★★	★★★★★	★★★★

续表

序号	年款/生产企业/型号	综合评价	正面碰撞	侧面碰撞	翻滚试验
96	2018 Cadillac XTS 4 DR AWD	★★★★★	★★★★★	★★★★★	★★★★
97	2018 Mazda Mazda6 4 DR FWD	★★★★★	★★★★★	★★★★★	★★★★
98	2018 Nissan Altima 4 DR FWD	★★★★★	★★★★★	★★★★★	★★★★
99	2018 Ford Focus 4 DR FWD	★★★★★	★★★★★	★★★★★	★★★★
100	2018 Ford Focus 5 HB FWD	★★★★★	★★★★★	★★★★★	★★★★
101	2018 Ford Focus RS 5 HB AWD	★★★★★	★★★★	★★★★★	★★★★
102	2018 Ford Fusion 4 DR FWD	★★★★★	★★★★	★★★★★	★★★★
103	2018 Ford Fusion 4 DR AWD	★★★★★	★★★★	★★★★★	★★★★
104	2018 Ford Fusion Hybrid 4 DR FWD	★★★★★	★★★★	★★★★★	★★★★
105	2018 Volvo S60 4 DR FWD	★★★★★	★★★★★	★★★★★	★★★★★
106	2018 Volvo S60 4 DR AWD	★★★★★	★★★★★	★★★★★	★★★★★
107	2018 Volvo S60I 4 DR AWD	★★★★★	★★★★★	★★★★★	★★★★★
108	2018 Volvo S60I 4 DR FWD	★★★★★	★★★★★	★★★★★	★★★★★
109	2018 Chevrolet Sonic 4 DR FWD	★★★★★	★★★★★	★★★★★	★★★★
110	2018 Chevrolet Bolt 5 HB FWD	★★★★★	★★★★	★★★★★	★★★★★
111	2018 Chevrolet Volt 5 HB FWD	★★★★★	★★★★★	★★★★★	★★★★★
112	2018 Ford Mustang 2 DR RWD	★★★★★	★★★★★	★★★★★	★★★★★
113	2018 Ford Taurus 4 DR FWD	★★★★★	★★★★★	★★★★★	★★★★
114	2018 Ford Taurus 4 DR AWD	★★★★★	★★★★★	★★★★★	★★★★
115	2018 Honda Accord Hybrid 4 DR FWD	★★★★★	★★★★★	★★★★★	★★★★★
116	2018 Dodge Challenger 2 DR AWD	★★★★★	★★★★	★★★★★	★★★★
117	2018 Dodge Challenger 2 DR RWD	★★★★★	★★★★	★★★★★	★★★★

续表

序号	年款/生产企业/型号	综合评价	正面碰撞	侧面碰撞	翻滚试验
118	2018 Dodge Charger 4 DR RWD	★★★★★	★★★★	★★★★★	★★★★★
119	2018 Dodge Charger 4 DR AWD	★★★★★	★★★★	★★★★★	★★★★★
120	2018 Hyundai Elantra Gt 5 HB FWD	★★★★	★★★★	★★★★	★★★★
121	2018 Mini Hardtop 3 HB FWD	★★★★	★★★★	★★★★	★★★★
122	2018 Mitsubishi Mirage 5 HB FWD	★★★★	★★★★	★★★★	★★★★
123	2018 Hyundai Elantra 4 DR FWD	★★★★	★★★★	★★★★	★★★★
124	2018 Toyota Prius C 5 HB FWD	★★★★	★★★★	★★★★	★★★★
125	2018 Cadillac ATS – V 4 DR RWD	★★★★	★★★★	★★★★★	★★★★★
126	2018 Cadillac CTS – V 4 DR RWD	★★★★	★★★★	★★★★★	★★★★★
127	2018 Chrysler 300 4 DR RWD	★★★★	★★★★	★★★★★	★★★★
128	2018 Chrysler 300 4 DR AWD	★★★★	★★★★	★★★★★	★★★★
129	2018 Nissan Versa 4 DR FWD	★★★★	★★★★	★★★★	★★★★
130	2018 Nissan Sentra 4 DR FWD	★★★★	★★★★	★★★★★	★★★★
131	2018 Ford Fiesta 4 DR FWD	★★★★	★★★★	★★★★	★★★★
132	2018 Ford Fiesta 5 HB FWD	★★★★	★★★★	★★★★	★★★★
133	2018 Ford CMAX Hybrid 5 HB FWD	★★★★	★★★★	★★★★★	★★★★
134	2018 Acura RLX Sport Hybrid 4 DR AWD	—	—	★★★★★	★★★★★
139	2018 Audi S5 Sportback 4 DR AWD	—	—	—	★★★★★
150	2018 Volkswagen Beetle 2 DR FWD	—	★★★★	—	★★★★
162	2018 Infiniti Q50 4 DR RWD	—	—	—	★★★★★
163	2018 Infiniti Q50 4 DR AWD	—	—	—	★★★★★
164	2018 Infiniti Q50 Hybrid 4 DR RWD	—	—	—	★★★★★

续表

序号	年款/生产企业/型号	综合评价	正面碰撞	侧面碰撞	翻滚试验
165	2018 Infiniti Q50 Hybrid 4 DR AWD	—	—	—	★★★★★
192	2018 Subaru BRZ 2 DR RWD	—	★★★★	—	★★★★★
208	2018 Infiniti Q70 4 DR RWD	—	★★★★	—	★★★★
209	2018 Infiniti Q70 4 DR AWD	—	★★★★	—	★★★★
210	2018 Infiniti Q70 Hybrid 4 DR RWD	—	★★★★	—	★★★★
211	2018 Infiniti Q70L 4 DR RWD	—	★★★★	—	★★★★
212	2018 Infiniti Q70L 4 DR AWD	—	★★★★	—	★★★★
236	2018 Toyota Yaris 5 HB FWD	—	★★★★	—	★★★★
249	2018 Tesla Model S 90D 5 HB AWD	—	—	—	★★★★★
251	2018 Tesla Model S 60D 5 HB AWD	—	—	—	★★★★★
252	2018 Tesla Model S 75D 5 HB AWD	—	—	—	★★★★★
270	2018 Chevrolet Camaro ZL1 2 DR RWD	—	★★★★	—	★★★★★
279	2018 Toyota 86 2 DR RWD	—	★★★★	—	★★★★★
280	2018 Honda Civic Type R 5 HB FWD	—	—	★★★★★	★★★★★
281	2018 Chevrolet Camaro C RWD	—	—	—	★★★★★
282	2018 Chevrolet Camaro SS C RWD	—	—	—	★★★★★
283	2018 Chevrolet Camaro ZL1 C RWD	—	—	—	★★★★★
288	2018 Kia Forte 5 HB FWD	—	—	★★★★★	★★★★
289	2018 Tesla Model S P100D 5 HB AWD	—	—	—	★★★★★
290	2018 Tesla Model S P90D 5 HB AWD	—	—	—	★★★★★
300	2018 Audi RS3 4 DR AWD	—	—	—	★★★★
301	2018 Audi S4 4 DR AWD	—	—	—	★★★★★

续表

序号	年款/生产企业/型号	综合评价	正面碰撞	侧面碰撞	翻滚试验
302	2018 Audi Allroad SW AWD	—	—	★★★★★	—
344	2018 Nissan Sentra NISMO 4 DR FWD	—	—	—	★★★★
371	2018 Fiat 500 3 HB FWD	—	★★★★	—	★★★★
372	2018 Nissan Versa Note 5 HB FWD	—	★★★	—	★★★★
373	2018 Ford Focus Bev 5 HB FWD	—	—	—	★★★★★
374	2018 Ford Fusion Energi 4 DR FWD	—	—	—	★★★★
375	2018 Ford Mustang C RWD	—	—	—	★★★★★
		SUV			
1	2018 Toyota Highlander SUV FWD	★★★★★	★★★★	★★★★★	★★★★
2	2018 Mazda CX –9 SUV FWD	★★★★★	★★★★	★★★★★	★★★★
3	2018 Honda HR – V SUV FWD	★★★★★	★★★★	★★★★★	★★★★
4	2018 Ford Expedition SUV 4x4	★★★★★	★★★★★	★★★★★	★★★★
5	2018 Ford Escape SUV AWD	★★★★★	★★★★★	★★★★★	★★★★
6	2018 BMW X1 SUV FWD	★★★★★	★★★★	★★★★★	★★★★
7	2018 Audi Q5 SUV AWD Later Release	★★★★★	★★★★★	★★★★★	★★★★
8	2018 Acura RDX SUV FWD	★★★★★	★★★★★	★★★★★	★★★★
9	2018 Buick Enclave SUV AWD	★★★★★	★★★★	★★★★★	★★★★
10	2018 Chevrolet Traverse SUV AWD	★★★★★	★★★★	★★★★★	★★★★
11	2018 Ford Expedition SUV 4x4	★★★★★	★★★★★	★★★★★	★★★★
12	2018 Kia Sportage SUV FWD	★★★★★	★★★★	★★★★★	★★★★
13	2018 Toyota Rav4 Hybrid SUV AWD	★★★★★	★★★★	★★★★★	★★★★
14	2018 Ford Escape SUV AWD	★★★★★	★★★★★	★★★★★	★★★★

续表

序号	年款/生产企业/型号	综合评价	正面碰撞	侧面碰撞	翻滚试验
15	2018 Acura MDX SUV AWD	★★★★★	★★★★★	★★★★★	★★★★
16	2018 Hyundai Santa Fe SUV AWD	★★★★★	★★★★	★★★★★	★★★★
17	2018 Acura MDX SUV FWD	★★★★★	★★★★★	★★★★★	★★★★
18	2018 BMW X5 SUV AWD	★★★★★	★★★★★	★★★★★	★★★★
19	2018 Hyundai Santa Fe SUV FWD	★★★★★	★★★★	★★★★★	★★★★
20	2018 GMC Terrain SUV FWD Later Release	★★★★★	★★★★★	★★★★★	★★★★
21	2018 Chevrolet Traverse SUV FWD	★★★★★	★★★★	★★★★★	★★★★
22	2018 Mazda CX -9 SUV AWD	★★★★★	★★★★	★★★★★	★★★★
23	2018 Nissan Pathfinder SUV FWD	★★★★★	★★★★	★★★★★	★★★★
24	2018 Volvo XC90 T6 SUV AWD	★★★★★	★★★★★	★★★★★	★★★★
25	2018 Lincoln Navigator EL Extended SUV 4x2	★★★★★	★★★★★	★★★★★	★★★
26	2018 GMC Terrain SUV FWD Later Release	★★★★★	★★★★★	★★★★★	★★★★
27	2018 Lexus NX300H SUV AWD	★★★★★	★★★★	★★★★★	★★★★
28	2018 Subaru Crosstrek SW AWD	★★★★★	★★★★	★★★★★	★★★★
29	2018 Acura MDX SUV FWD	★★★★★	★★★★★	★★★★★	★★★★
30	2018 Ford Expedition SUV 4x2	★★★★★	★★★★★	★★★★★	★★★
31	2018 Mazda CX -9 SUV AWD	★★★★★	★★★★	★★★★★	★★★★
32	2018 Toyota Rav4 SUV FWD	★★★★★	★★★★	★★★★★	★★★★
33	2018 Toyota Rav4 SUV AWD	★★★★★	★★★★	★★★★★	★★★★
34	2018 Lexus RX350 SUV AWD	★★★★★	★★★★	★★★★★	★★★★
35	2018 Kia Soul SUV FWD	★★★★★	★★★★★	★★★★★	★★★★
36	2018 Volkswagen Atlas SUV FWD	★★★★★	★★★★★	★★★★★	★★★★

续表

序号	年款/生产企业/型号	综合评价	正面碰撞	侧面碰撞	翻滚试验
37	2018 Mitsubishi Outlander SUV AWD	★★★★★	★★★★	★★★★★	★★★★
38	2018 Ford Expedition EL EXTENDED SUV 4x4	★★★★★	★★★★★	★★★★★	★★★★
39	2018 Lincoln MKX SUV AWD	★★★★★	★★★★★	★★★★★	★★★★
40	2018 Lincoln Navigator SUV 4x4	★★★★★	★★★★★	★★★★★	★★★★
41	2018 Ford Expedition EL EXTENDED SUV 4x4	★★★★★	★★★★★	★★★★★	★★★★
42	2018 Nissan Pathfinder SUV AWD	★★★★★	★★★★	★★★★★	★★★★
43	2018 Volvo XC90 T5 SUV AWD	★★★★★	★★★★★	★★★★★	★★★★
44	2018 Lincoln MKX SUV AWD	★★★★★	★★★★★	★★★★★	★★★★
45	2018 Ford Edge SUV AWD	★★★★★	★★★★★	★★★★★	★★★★
46	2018 Lincoln Navigator SUV 4x4	★★★★★	★★★★★	★★★★★	★★★★
47	2018 Ford Explorer 4 DR SUV AWD	★★★★★	★★★★★	★★★★★	★★★★
48	2018 GMC Terrain SUV AWD Later Release	★★★★★	★★★★★	★★★★★	★★★★
49	2018 Kia Soul SUV FWD	★★★★★	★★★★★	★★★★★	★★★★
50	2018 Ford Expedition EL EXTENDED SUV 4x2	★★★★★	★★★★★	★★★★★	★★★
51	2018 Lincoln MKX SUV FWD	★★★★★	★★★★★	★★★★★	★★★★
52	2018 Ford Edge SUV FWD	★★★★★	★★★★★	★★★★★	★★★★
53	2018 Lincoln Navigator EL Extended SUV 4x4	★★★★★	★★★★★	★★★★★	★★★★
54	2018 Chevrolet Equinox SUV FWD Later Release	★★★★★	★★★★★	★★★★★	★★★★
55	2018 Mazda CX－3 SUV AWD	★★★★★	★★★★★	★★★★★	★★★★
56	2018 Buick Envision SUV AWD	★★★★★	★★★★	★★★★★	★★★★
57	2018 Kia Sorento SUV AWD	★★★★★	★★★★★	★★★★★	★★★★
58	2018 Toyota Highlander SUV AWD	★★★★★	★★★★	★★★★★	★★★★

续表

序号	年款/生产企业/型号	综合评价	正面碰撞	侧面碰撞	翻滚试验
59	2018 Hyundai Tucson SUV AWD	★★★★★	★★★★★	★★★★★	★★★★
60	2018 Volkswagen Atlas SUV AWD	★★★★★	★★★★★	★★★★★	★★★★
61	2018 Kia Sorento SUV AWD	★★★★★	★★★★★	★★★★★	★★★★
62	2018 Acura MDX Sport Hybrid SUV AWD	★★★★★	★★★★★	★★★★★	★★★★
63	2018 Kia Sorento SUV FWD	★★★★★	★★★★★	★★★★★	★★★★
64	2018 Buick Encore SUV FWD	★★★★★	★★★★★	★★★★★	★★★★
65	2018 Cadillac XT5 SUV AWD	★★★★★	★★★★	★★★★★	★★★★
66	2018 Chevrolet Trax SUV FWD	★★★★★	★★★★★	★★★★★	★★★★
67	2018 Lincoln Navigator SUV 4x2	★★★★★	★★★★★	★★★★★	★★★
68	2018 Chevrolet Equinox SUV AWD Later Release	★★★★★	★★★★★	★★★★★	★★★★
69	2018 Mazda CX – 3 SUV FWD	★★★★★	★★★★★	★★★★★	★★★★
70	2018 Lexus NX300 SUV AWD	★★★★★	★★★★	★★★★★	★★★★
71	2018 Cadillac XT5 SUV AWD	★★★★★	★★★★	★★★★★	★★★★
72	2018 Chevrolet Trax SUV FWD	★★★★★	★★★★★	★★★★★	★★★★
73	2018 Lincoln Navigator SUV 4x2	★★★★★	★★★★★	★★★★★	★★★
74	2018 Volvo XC90 T8 SUV AWD	★★★★★	★★★★★	★★★★★	★★★★
75	2018 Honda Pilot SUV FWD	★★★★★	★★★★	★★★★★	★★★★
76	2018 Hyundai Santa Fe Sport SUV FWD	★★★★★	★★★★★	★★★★★	★★★★
77	2018 Lexus RX450h SUV AWD	★★★★★	★★★★	★★★★★	★★★★
78	2018 Lexus NX300 SUV FWD	★★★★★	★★★★	★★★★★	★★★★
79	2018 Kia Sportage SUV AWD	★★★★★	★★★★	★★★★★	★★★★
80	2018 Nissan Murano SUV AWD	★★★★★	★★★★	★★★★★	★★★★

续表

序号	年款/生产企业/型号	综合评价	正面碰撞	侧面碰撞	翻滚试验
81	2018 GMC Acadia SUV AWD	★★★★★	★★★★★	★★★★★	★★★★
82	2018 Toyota Highlander Hybrid SUV AWD	★★★★★	★★★★	★★★★★	★★★★
83	2018 Honda HR – V SUV AWD	★★★★★	★★★★	★★★★★	★★★★
84	2018 Mercedes – Benz GLC – Class SUV 4WD	★★★★★	★★★★★	★★★★★	★★★★
85	2018 Chevrolet Trax SUV AWD	★★★★★	★★★★★	★★★★★	★★★★
86	2018 Mercedes – Benz GLC – Class SUV RWD	★★★★★	★★★★★	★★★★★	★★★★
87	2018 Ford Explorer 4 DR SUV FWD	★★★★★	★★★★★	★★★★★	★★★★
88	2018 BMW X1 SUV AWD	★★★★★	★★★★	★★★★★	★★★★
89	2018 Acura RDX SUV AWD	★★★★★	★★★★★	★★★★★	★★★★
90	2018 Buick Encore SUV AWD	★★★★★	★★★★★	★★★★★	★★★★
91	2018 GMC Acadia SUV AWD	★★★★★	★★★★★	★★★★★	★★★★
92	2018 Jeep Compass SUV FWD	★★★★	★★★★	★★★★★	★★★
93	2018 Lincoln MKC SUV AWD	★★★★	★★★★	★★★★★	★★★★
94	2018 Chevrolet Suburban 1500 SUV 4WD	★★★★	★★★★	★★★★★	★★★
95	2018 Cadillac Escalade ESV SUV AWD	★★★★	★★★★★	★★★★★	★★★
96	2018 Dodge Durango SUV 4WD	★★★★	★★★★	★★★★★	★★★
97	2018 Mitsubishi Outlander Sport SUV AWD	★★★★	★★★★	★★★★★	★★★★
98	2018 Nissan Murano SUV FWD	★★★★	★★★★	★★★★★	★★★★
99	2018 Toyota 4Runner SUV AWD	★★★★	★★★★	★★★★★	★★★
100	2018 Ford EcoSport 4 DR FWD	★★★★	★★★★	★★★★★	★★★
101	2018 Mitsubishi Outlander Sport SUV FWD	★★★★	★★★★	★★★★★	★★★★
102	2018 Mitsubishi Outlander SUV FWD	★★★★	★★★★	★★★★★	★★★★

续表

序号	年款/生产企业/型号	综合评价	正面碰撞	侧面碰撞	翻滚试验
103	2018 GMC Terrain SUV FWD Early Release	★★★★	★★★★★	★★★★	★★★★
104	2018 Lincoln MKC SUV FWD	★★★★	★★★★	★★★★★	★★★★
105	2018 Nissan Armada SUV RWD	★★★★	★★★	★★★★★	★★★
106	2018 Chevrolet Suburban 1500 SUV RWD	★★★★	★★★★	★★★★★	★★★
107	2018 Cadillac Escalade ESV SUV RWD	★★★★	★★★★★	★★★★★	★★★
108	2018 Jeep Grand Cherokee SUV 2WD	★★★★	★★★★	★★★★★	★★★
109	2018 GMC Yukon XL 1500 SUV 4WD	★★★★	★★★★	★★★★★	★★★
110	2018 GMC Terrain SUV AWD Early Release	★★★★	★★★★	★★★★★	★★★★
111	2018 Mazda CX－5 SUV AWD	★★★★	★★★★★	★★★★★	★★★★
112	2018 Jeep Grand Cherokee SUV 4WD	★★★★	★★★★	★★★★★	★★★
113	2018 GMC Yukon XL 1500 SUV RWD	★★★★	★★★★	★★★★★	★★★★
114	2018 Chevrolet Tahoe SUV RWD	★★★★	★★★★★	★★★★★	★★★
115	2018 GMC Terrain SUV AWD Early Release	★★★★	★★★★★	★★★★	★★★★
116	2018 Nissan Armada SUV AWD	★★★★	★★★	★★★★★	★★★
117	2018 Nissan Rogue SUV FWD	★★★★	★★★★	★★★★★	★★★★
118	2018 Cadillac Escalade SUV AWD	★★★★	★★★★	★★★★★	★★★
119	2018 Mazda CX－5 SUV FWD	★★★★	★★★★★	★★★★★	★★★★
120	2018 Jeep Cherokee SUV 4WD	★★★★	★★★★	★★★★★	★★★★
121	2018 Mazda CX－5 SUV FWD	★★★★	★★★★★	★★★★★	★★★★
122	2018 Jeep Cherokee SUV 4WD	★★★★	★★★★	★★★★★	★★★★
123	2018 GMC Yukon SUV RWD	★★★★	★★★★★	★★★★★	★★★
124	2018 Chevrolet Tahoe SUV 4WD	★★★★	★★★★★	★★★★★	★★★

续表

序号	年款/生产企业/型号	综合评价	正面碰撞	侧面碰撞	翻滚试验
125	2018 Chevrolet Equinox SUV AWD Early Release	★★★★	★★★★★	★★★★	★★★★
126	2018 Nissan Rogue SUV AWD	★★★★	★★★★	★★★★★	★★★★
127	2018 Nissan Rogue Sport SUV FWD	★★★★	★★★★	★★★★★	★★★★
128	2018 Toyota 4Runner SUV 2WD	★★★★	★★★★	★★★★★	★★★
129	2018 GMC Acadia SUV FWD	★★★★	★★★★★	★★★★★	★★★★
130	2018 Jeep Cherokee SUV 2WD	★★★★	★★★★	★★★★★	★★★★
131	2018 GMC Yukon SUV 4WD	★★★★	★★★★★	★★★★★	★★★
132	2018 Chevrolet Equinox SUV FWD Early Release	★★★★	★★★★★	★★★★	★★★★
133	2018 Jeep Compass SUV AWD	★★★★	★★★★	★★★★★	★★★
134	2018 Jeep Renegade SUV 4WD	★★★★	★★★★	★★★★★	★★★
135	2018 Ford EcoSport 4 DR AWD	★★★★	★★★★	★★★★★	★★★★
136	2018 Jeep Renegade SUV 2WD	★★★★	★★★★	★★★★★	★★★★
137	2018 Cadillac XT5 SUV FWD	★★★★	★★★★	★★★★★	★★★★
138	2018 Dodge Durango SUV 2WD	★★★★	★★★★	★★★★★	★★★★
139	2018 Volvo XC90 T6 SUV FWD	–	★★★★★	★★★★★	–
140	2018 Nissan Rogue Hybrid SUV AWD	–	★★★★	–	★★★★
141	2018 Lexus RX350L SUV AWD	–	★★★★	★★★★★	–
142	2018 Nissan Rogue Hybrid SUV AWD	–	★★★★	–	★★★★
143	2018 Volkswagen Tiguan SUV FWD	–	–	★★★★★	★★★★
144	2018 Audi SQ5 SUV AWD	–	–	–	★★★★
145	2018 Lexus RX350L SUV FWD	–	★★★★	★★★★★	–
146	2018 Infiniti QX80 SUV AWD	–	–	★★★★★	★★★

续表

序号	年款/生产企业/型号	综合评价	正面碰撞	侧面碰撞	翻滚试验
147	2018 Volkswagen Tiguan SUV AWD	–	–	★★★★★	★★★★
148	2018 Buick Envision SUV FWD	–	★★★★	★★★★★	–
149	2018 Lexus RX450HL SUV AWD	–	★★★★	★★★★★	–
150	2018 Infiniti QX80 SUV RWD	–	–	★★★★★	★★★
151	2018 Mercedes – Benz GLE – Class SUV 4WD	–	–	–	★★★★
152	2018 Dodge Journey SUV AWD	–	★★★★	–	★★★★
153	2018 Volvo XC90 T5 SUV FWD	–	★★★★★	★★★★★	–
154	2018 Jeep Wrangler Unlimited 4 DR 4WD Later Release	–	–	–	★★★
155	2018 Nissan NV3500 Passenger Van VAN RWD	–	–	–	★★
156	2018 Toyota Sequoia SUV 4WD	–	–	–	★★★★
157	2018 Volkswagen Tiguan LTD SUV AWD	–	★★★	–	★★★★
158	2018 Lincoln MKT SUV AWD	–	–	–	★★★★
159	2018 Ford Flex SUV AWD	–	–	–	★★★★
160	2018 Ford Flex SUV AWD	–	–	–	★★★★
161	2018 Jeep Wrangler 2 DR 4WD Later Release	–	–	–	★★★
162	2018 Dodge Journey SUV FWD	–	★★★★	–	★★★★
163	2018 Toyota Sequoia SUV 4WD	–	–	–	★★★★
164	2018 Toyota Sequoia SUV 2WD	–	–	–	★★★★
165	2018 Jeep Wrangler JK 2 DR 4WD Early release	–	–	–	★★★

续表

序号	年款/生产企业/型号	综合评价	正面碰撞	侧面碰撞	翻滚试验
166	2018 Lincoln MKT SUV FWD	-	-	-	★★★★
167	2018 Volkswagen Tiguan LTD SUV FWD	-	★★★	-	★★★★
168	2018 Toyota Sequoia SUV 2WD	-	-	-	★★★★
169	2018 Mercedes - Benz GLE - Class SUV RWD	-	-	-	★★★★
170	2018 Volkswagen Tiguan LTD SUV FWD	-	★★★	-	★★★★
		Truck			
1	2018 GMC Sierra 1500 PU/RC 4WD	★★★★★	★★★★★	★★★★★	★★★★
2	2018 GMC Sierra 1500 PU/EC RWD	★★★★★	★★★★★	★★★★★	★★★★
3	2018 Honda Ridgeline PU/CC AWD	★★★★★	★★★★★	★★★★★	★★★★
4	2018 Chevrolet Silverado 1500 PU/EC 4WD	★★★★★	★★★★★	★★★★★	★★★★
5	2018 Honda Ridgeline PU/CC FWD	★★★★★	★★★★★	★★★★★	★★★★
6	2018 GMC Sierra 1500 PU/EC 4WD	★★★★★	★★★★★	★★★★★	★★★★
7	2018 GMC Sierra 1500 Hybrid PU/CC RWD	★★★★★	★★★★★	★★★★★	★★★★
8	2018 Chevrolet Silverado 1500 PU/EC RWD	★★★★★	★★★★★	★★★★★	★★★★
9	2018 Ford F - 150 Super Crew PU/CC 4x4	★★★★★	★★★★★	★★★★★	★★★★
10	2018 Chevrolet Silverado 1500 PU/CC RWD	★★★★★	★★★★★	★★★★★	★★★★
11	2018 GMC Sierra 1500 PU/CC RWD	★★★★★	★★★★★	★★★★★	★★★★
12	2018 Chevrolet Silverado 1500 PU/CC RWD	★★★★★	★★★★★	★★★★★	★★★★
13	2018 Chevrolet Silverado 1500 Hybrid PU/CC RWD	★★★★★	★★★★★	★★★★★	★★★★
14	2018 GMC Sierra 1500 PU/CC 4WD	★★★★★	★★★★★	★★★★★	★★★★
15	2018 Chevrolet Silverado 1500 PU/RC RWD	★★★★★	★★★★★	★★★★★	★★★★

续表

序号	年款/生产企业/型号	综合评价	正面碰撞	侧面碰撞	翻滚试验
16	2018 Chevrolet Silverado 1500 PU/CC 4WD	★★★★★	★★★★★	★★★★★	★★★★
17	2018 GMC Sierra 1500 PU/RC RWD	★★★★★	★★★★★	★★★★★	★★★★
18	2018 Chevrolet Silverado 1500 PU/RC 4WD	★★★★★	★★★★★	★★★★★	★★★★
19	2018 Ram 1500 Crew PU/CC 2WD	★★★★	★★★★	★★★★★	★★★★
20	2018 Ford F – 150 Supercab PU/EC 4x4	★★★★	★★★★	★★★★★	★★★★
21	2018 Chevrolet Silverado 2500 PU/RC RWD	★★★★	★★★★	★★★★★	★★★
22	2018 Ram 1500 Crew PU/CC 2WD	★★★★	★★★★	★★★★★	★★★★
23	2018 Ford F – 150 Supercab PU/EC 4x4	★★★★	★★★★	★★★★★	★★★
24	2018 GMC Sierra 2500 PU/EC RWD	★★★★	★★★★	★★★★★	★★★★
25	2018 Chevrolet Colorado PU/CC RWD	★★★★	★★★★	★★★★★	★★★
26	2018 Ram 1500 Crew PU/CC 4WD	★★★★	★★★★	★★★★★	★★★
27	2018 GMC Canyon PU/CC RWD	★★★★	★★★★	★★★★★	★★★
28	2018 Ford F – 150 Supercab PU/EC 4x2	★★★★	★★★★	★★★★★	★★★★
29	2018 GMC Sierra 2500 PU/EC 4WD	★★★★	★★★★	★★★★★	★★★
30	2018 Chevrolet Colorado PU/CC 4WD	★★★★	★★★★	★★★★★	★★★
31	2018 Ford F – 150 Supercab PU/EC 4x2	★★★★	★★★★	★★★★★	★★★★
32	2018 GMC Canyon PU/CC RWD	★★★★	★★★★	★★★★★	★★★
33	2018 Toyota Tundra PU/EC 2WD	★★★★	★★★★	★★★★★	★★★
34	2018 Ram 1500 Quad PU/EC 2WD	★★★★	★★★★	★★★★★	★★★★
35	2018 Ram 2500 Crew PU/CC 2WD	★★★★	★★★★	★★★★★	★★★★
36	2018 GMC Canyon PU/EC RWD	★★★★	★★★★	★★★★★	★★★
37	2018 GMC Sierra 2500 PU/CC RWD	★★★★	★★★★	★★★★★	★★★

续表

序号	年款/生产企业/型号	综合评价	正面碰撞	侧面碰撞	翻滚试验
38	2018 Toyota Tundra PU/CC 4WD	★★★★	★★★★	★★★★★	★★★★
39	2018 Chevrolet Colorado PU/EC RWD	★★★★	★★★★	★★★★★	★★★
40	2018 Ram 1500 Quad PU/EC 4WD	★★★★	★★★★	★★★★★	★★★
41	2018 Toyota Tundra PU/CC 4WD	★★★★	★★★★	★★★★★	★★★★
42	2018 Ram 2500 Crew PU/CC 4WD	★★★★	★★★★	★★★★★	★★★
43	2018 Toyota Tundra PU/CC 2WD	★★★★	★★★★	★★★★★	★★★
44	2018 Chevrolet Silverado 2500 PU/CC 4WD	★★★★	★★★★	★★★★★	★★★
45	2018 GMC Sierra 2500 PU/CC 4WD	★★★★	★★★★	★★★★★	★★★
46	2018 Chevrolet Colorado PU/EC 4WD	★★★★	★★★★	★★★★★	★★★
47	2018 GMC Canyon PU/CC 4WD	★★★★	★★★★	★★★★★	★★★
48	2018 GMC Sierra 2500 PU/RC RWD	★★★★	★★★★	★★★★★	★★★
49	2018 Ram 1500 Regular PU/RC 2WD	★★★★	★★★★	★★★★★	★★★★
50	2018 Nissan Titan Crew Cab AWD	★★★★	★★★★	★★★★★	★★★★
51	2018 GMC Sierra 2500 PU/RC RWD	★★★★	★★★★	★★★★★	★★★
52	2018 Chevrolet Silverado 2500 PU/CC RWD	★★★★	★★★★	★★★★★	★★★
53	2018 Ram 1500 Regular PU/RC 4WD	★★★★	★★★★	★★★★★	★★★
54	2018 Nissan Titan Crew Cab RWD	★★★★	★★★★	★★★★★	★★★★
55	2018 GMC Canyon PU/EC 4WD	★★★★	★★★★	★★★★★	★★★
56	2018 GMC Sierra 2500 PU/RC 4WD	★★★★	★★★★	★★★★★	★★★
57	2018 Chevrolet Silverado 2500 PU/RC 4WD	★★★★	★★★★	★★★★★	★★★
58	2018 Toyota Tacoma PU/CC 4WD	★★★★	★★★★	★★★★★	★★★★
59	2018 Ram 2500 Regular PU/RC 4WD	–	–	–	★★★

续表

序号	年款/生产企业/型号	综合评价	正面碰撞	侧面碰撞	翻滚试验
60	2018 Nissan Titan King Cab RWD	–	–	–	★★★★
61	2018 Ram 2500 Regular PU/RC 4WD	–	–	–	★★★
62	2018 Ford F – 250 Supercab PU/EC 4x4	–	–	★★★★★	★★★
63	2018 Ram 2500 Regular PU/RC 2WD	–	–	–	★★★★
64	2018 Ford F – 250 Supercab PU/EC 4x2	–	–	★★★★★	★★★★
65	2018 Nissan Titan King Cab AWD	–	–	–	★★★★
66	2018 Ford F – 250 Crew Cab PU/CC 4x4	–	–	★★★★★	★★★
67	2018 Nissan Titan Single Cab RWD	–	–	–	★★★★
68	2018 Toyota Tacoma PU/EC 4WD	–	–	–	★★★★
69	2018 Ford F – 250 Crew Cab PU/CC 4x2	–	–	★★★★★	★★★★
70	2018 Nissan Titan Single Cab AWD	–	–	–	★★★★
71	2018 Nissan Frontier King Cab PU/EC RWD	–	–	–	★★★
72	2018 Ford F – 250 Regular Cab PU/RC 4x4	–	–	★★★★★	★★★
73	2018 Ram 2500 Mega PU/EC 4WD	–	–	–	★★★
74	2018 Nissan Frontier Crew Cab PU/CC RWD	–	★★★	–	★★★
75	2018 Nissan Frontier Crew Cab PU/CC AWD	–	★★★	–	★★★★
76	2018 Ram 2500 Mega PU/EC 2WD	–	–	–	★★★★
77	2018 Ford F – 250 Regular Cab PU/RC 4x2	–	–	★★★★★	★★★★
78	2018 Nissan Frontier King Cab PU/EC AWD	–	–	–	★★★★
	VAN				
1	2018 Ford Transit Connect Wagon FWD	★★★★★	★★★★	★★★★★	★★★★
2	2018 Kia Sedona VAN FWD	★★★★★	★★★★★	★★★★★	★★★★

续表

序号	年款/生产企业/型号	综合评价	正面碰撞	侧面碰撞	翻滚试验
3	2018 Honda Odyssey VAN FWD	★★★★★	★★★★★	★★★★★	★★★★
4	2018 Chrysler Pacifica VAN FWD	★★★★★	★★★★★	★★★★★	★★★★
5	2018 Toyota Sienna VAN FWD	★★★★★	★★★★	★★★★★	★★★★
6	2018 Toyota Sienna VAN AWD	★★★★★	★★★★	★★★★★	★★★★
7	2018 Dodge Grand Caravan VAN FWD	★★★★	★★★★	★★★★★	★★★★
8	2018 Ford Transit Low Roof(8,10,12) Pass WAGON RWD	★★★★	★★★★	★★★★★	★★★
9	2018 Ford Transit Medium Roof 15 Pass WAGON RWD	★★★	★★★★	★★★★★	★★
10	2018 Ford Transit Medium Roof(8,10,12) Pass WAGON RWD	★★★	★★★★	★★★★★	★★
11	2018 GMC Savana Passenger 2500 VAN RWD	—	—	—	★★★
12	2018 Chevrolet Express Passenger 3500 15 Pass VAN RWD	—	—	—	★★★
13	2018 Chevrolet Express Passenger 3500 12 Pass VAN RWD	—	—	—	★★★
14	2018 Ford Transit Low Roof 15 Pass WAGON RWD	—	★★★★	★★★★★	★★★
15	2018 Chevrolet Express Passenger 2500 VAN RWD	—	—	—	★★★
16	2018 Ford Transit High Roof WAGON RWD	—	★★★★	★★★★★	★★★
17	2018 Ford Transit VAN FWD	—	★★★★	—	★★★
18	2018 GMC Savana Passenger 3500 15 PASS VAN RWD	—	—	—	★★★
19	2018 GMC Savana Passenger 3500 12 PASS VAN RWD	—	—	—	★★★
20	2018 Ford Transit Connect VAN FWD	—	★★★★	★★★★★	—

附表 4　美国道路安全协会（IIHS）新车评价规程测试评价统计（2018 款车型）

序号	生产企业	测试车型号	防撞性能						碰撞避免与减轻		儿童座椅固定装置
			正面 25% 偏置碰撞		正面 40% 偏置碰撞	侧面碰撞	车顶强度	座椅鞭打试验	正面碰撞预防系统	前大灯	LATCH 接口
			驾驶员侧面	乘客侧面							
Minicars											
1	韩国现代汽车公司	2018 Hyundai Accent	G	A	G	G	G	G	Superior	P	A
2	韩国起亚汽车公司	2018 Kia Rio	G	A	G	G	G	G	Superior	P	A
3	日本丰田汽车公司	2018 Toyota Yaris iA	G	—	G	G	G	G	Advanced	P	M
4	日本丰田汽车公司	2018 Toyota Prius c	A	—	G	G	G	G	Basic	—	A
5	日本丰田汽车公司	2018 Toyota Yaris	M	—	G	G	G	G	Basic	—	A
6	日本三菱汽车公司	2018 Mitsubishi Mirage	M	—	G	G	G	G	Not Available	—	G
7	美国福特汽车公司	2018 Ford Fiesta（4—door hatchback）	M	—	G	G	G	G	Not Available	—	P
8	美国福特汽车公司	2018 Ford Fiesta（4—door sedan）	M	—	G	G	G	G	Not Available	—	P
9	日本三菱汽车公司	2018 Mitsubishi Mirage G4	M	—	G	A	G	G	Not Available	—	—
10	日本本田汽车公司	2018 Honda Fit	—	—	G	G	G	G	Superior	P	A
11	日本日产汽车公司	2018 Nissan Versa	P	—	G	G	G	G	Not Available	—	P
12	美国通用汽车公司	2018 Chevrolet Spark	—	—	G	G	—	—	Basic	—	A
13	日本日产汽车公司	2018 Nissan Versa Note	—	—	G	—	—	—	Not Available	—	—

续表

序号	生产企业	测试车型号	防撞性能						碰撞避免与减轻		儿童座椅固定装置
			正面25%偏置碰撞		正面40%偏置碰撞	侧面碰撞	车顶强度	座椅鞭打试验	正面碰撞预防系统	前大灯	LATCH接口
			驾驶员侧面	乘客侧面							
Small cars											
1	日本斯巴鲁汽车公司	2018 Subaru Crosstrek	G	G	G	G	G	G	Superior	G	G +
2	日本斯巴鲁汽车公司	2018 Subaru Impreza	G	G	G	G	G	G	Superior	G	G +
3	日本斯巴鲁汽车公司	2018 Subaru Impreza	G	G	G	G	G	—	Superior	G	G +
4	韩国起亚汽车公司	2018 Kia Niro hybrid	G	G	G	G	G	G	Superior	G	A
5	日本斯巴鲁汽车公司	2018 Subaru WRX	G	G	G	G	G	G	Superior	G	A
6	韩国现代汽车公司	2018 Hyundai Elantra	G	A	G	G	G	G	Superior	G	A
7	韩国起亚汽车公司	2018 Kia Forte	G	A	G	G	G	G	Superior	G	A
8	韩国起亚汽车公司	2018 Kia Soul	G	A	G	G	G	G	Superior	G	A
9	韩国现代汽车公司	2018 Hyundai Elantra GT	G	G	G	G	G	G	Superior	A	A
10	韩国现代汽车公司	2018 Hyundai Ioniq Hybrid	G	G	G	G	G	G	Superior	A	A
11	日本丰田汽车公司	2018 Toyota Prius	G	A	G	G	G	G	Superior	A	G +
12	日本丰田汽车公司	2018 Toyota Prius Prime	G	A	G	G	G	G	Superior	A	G
13	美国通用汽车公司	2018 Chevrolet Volt	G	—	G	G	G	G	Superior	G	M
14	日本丰田汽车公司	2018 Toyota Corolla	G	—	G	G	G	G	Superior	A	A

续表

序号	生产企业	测试车型号	防撞性能						碰撞避免与减轻		儿童座椅固定装置
			正面25%偏置碰撞		正面40%偏置碰撞	侧面碰撞	车顶强度	座椅鞭打试验	正面碰撞预防系统	前大灯	LATCH 接口
			驾驶员侧面	乘客侧面							
15	日本马自达汽车公司	2018 Mazda 3 4 – door hatchback	G	—	G	G	G	G	Superior	A	A
16	日本马自达汽车公司	2018 Mazda 3 4 – door sedan	G	—	G	G	G	G	Superior	A	A
17	韩国起亚汽车公司	2018 Kia Niro Plug – In Hybrid	G	G	G	G	G	G	Superior	P	A
18	日本本田汽车公司	2018 Honda Civic 2 – door coupe	G	G	G	G	G	G	Superior	P	A
19	日本本田汽车公司	2018 Honda Civic 4 – door sedan	G	G	G	G	G	G	Superior	P	A
20	德国大众汽车公司	2018 Volkswagen GTI	G	A	G	G	G	G	Basic	—	G
21	德国大众汽车公司	2018 Volkswagen Golf	G	A	G	G	C	G	Basic	—	A
22	德国大众汽车公司	2018 Volkswagen Golf Alltrack	G	A	G	G	G	G	Basic	—	A
23	德国大众汽车公司	2018 Volkswagen Golf SportWagen	G	A	G	G	G	G	Basic	—	A
24	日本本田汽车公司	2018 Honda Civic	G	—	G	G	G	G	Superior	P	A
25	美国通用汽车公司	2018 Chevrolet Bolt	G	—	G	G	G	G	Superior	P	M

续表

序号	生产企业	测试车型号	防撞性能						碰撞避免与减轻		儿童座椅固定装置
			正面 25% 偏置碰撞		正面 40% 偏置碰撞	侧面碰撞	车顶强度	座椅鞭打试验	正面碰撞预防系统	前大灯	LATCH 接口
			驾驶员侧面	乘客侧面							
26	日本本田汽车公司	2018 Acura ILX	G	—	G	G	G	G	Superior	M	A
27	日本日产汽车公司	2018 Nissan Sentra	G	—	G	G	G	G	Superior	P	G
28	德国宝马汽车公司	2018 Mini Countryman	G	—	G	G	G	G	Advanced	M	A
29	德国宝马汽车公司	2018 BMW i3	G	—	G	G	G	A	Advanced	—	A
30	美国通用汽车公司	2018 Chevrolet Sonic	G	—	G	G	G	G	Basic	—	M
31	美国福特汽车公司	2018 Ford Focus	A	—	G	G	G	G	Not Available	—	A
32	美国福特汽车公司	2018 Ford C - Max Hybrid	A	—	G	G	G	G	Not Available	—	M
33	日本丰田汽车公司	2018 Toyota 86	A	—	G	G	G	G	Not Available	—	M
34	日本斯巴鲁汽车公司	2018 Subaru BRZ	A	—	G	G	G	G	Not Available	—	—
35	德国大众汽车公司	2018 Volkswagen Beetle	M	—	G	G	G	G	Not Available	—	—
36	菲亚特克莱斯勒汽车公司	2018 Fiat 500L	P	—	G	G	G	G	Not Available	—	—
37	美国通用汽车公司	2018 Chevrolet Cruze	—	—	G	G	—	—	Basic	—	M
38	日本丰田汽车公司	2018 Toyota Corolla iM	—	—	G	G	—	—	Basic	—	—

续表

序号	生产企业	测试车型号	防撞性能						碰撞避免与减轻		儿童座椅固定装置
			正面25%偏置碰撞		正面40%偏置碰撞	侧面碰撞	车顶强度	座椅鞭打试验	正面碰撞预防系统	前大灯	LATCH 接口
			驾驶员侧面	乘客侧面							
Midsize cars											
1	日本斯巴鲁汽车公司	2018 Subaru Legacy	G	G	G	G	G	G	Superior	G	G +
2	日本斯巴鲁汽车公司	2018 Subaru Outback	G	G	G	G	G	G	Superior	G	G +
3	韩国起亚汽车公司	2018 Kia Optima	G	G	G	G	G	G	Superior	G	A
4	韩国现代汽车公司	2018 Hyundai Sonata	G	G	G	G	G	G	Superior	G	M
5	日本丰田汽车公司	2018 Toyota Camry	G	G	G	G	G	G	Superior	G	G +
6	日本本田汽车公司	2018 Honda Accord	G	G	G	G	G	G	Superior	A	G +
7	日本日产汽车公司	2018 Nissan Maxima	G	G	G	G	G	G	Superior	A	A
8	日本日产汽车公司	2018 Nissan Altima	G	G	G	G	G	G	Superior	A	M
9	美国福特汽车公司	2018 Ford Fusion	G	G	G	G	G	G	Superior	P	M
10	日本马自达汽车公司	2018 Mazda 6	G	G	G	G	G	G	Superior	—	—
11	德国大众汽车公司	2018 Volkswagen Jetta	G	A	G	G	G	G	Advanced	M	M
12	美国通用汽车公司	2018 Chevrolet Malibu	G	M	G	G	G	G	Advanced	P	M
13	德国大众汽车公司	2018 Volkswagen Passat	G	M	G	G	G	G	Advanced	P	G
14	美国通用汽车公司	2018 Chevrolet Camaro	G	—	G	G	A	G	Not Available	—	M

续表

序号	生产企业	测试车型号	防撞性能						碰撞避免与减轻		儿童座椅固定装置
			正面25%偏置碰撞		正面40%偏置碰撞	侧面碰撞	车顶强度	座椅鞭打试验	正面碰撞预防系统	前大灯	LATCH接口
			驾驶员侧面	乘客侧面							
15	美国福特汽车公司	2018 Ford Mustang	A	—	G	G	G	G	Basic	—	M
Midsize luxury cars											
1	德国大众汽车公司	2018 Audi A3	G	G	G	G	G	G	Superior	A	A
2	德国大众汽车公司	2018 Audi A4	G	G	G	G	G	G	Superior	A	G
3	意大利阿尔法·罗密欧汽车公司	2018 Alfa Romeo Giulia	G	—	G	G	G	G	Superior	G	M
4	日本丰田汽车公司	2018 Lexus ES 350	G	—	G	G	G	G	Superior	A	G
5	日本丰田汽车公司	2018 Lexus IS	G	—	G	G	G	G	Superior	A	G
6	瑞典沃尔沃汽车公司	2018 Volvo S60	G	—	G	G	G	G	Superior	A	A
7	瑞典沃尔沃汽车公司	2018 Volvo V60	G	—	G	G	G	G	Superior	A	A
8	德国宝马汽车公司	2018 BMW 2 series	G	—	G	G	G	G	Advanced	A	G
9	德国宝马汽车公司	2018 BMW 3 series	G	—	G	G	G	G	Advanced	A	M
10	美国福特汽车公司	2018 Lincoln MKZ	G	G	G	G	G	G	Superior	M	A
11	德国大众汽车公司	2018 Audi A4 Allroad	G	G	G	G	G	G	Superior	M	G
12	德国大众汽车公司	2018 Audi A5 Sportback	G	G	G	G	G	G	Superior	M	G
13	德国大众汽车公司	2018 Audi A5 Coupe	G	—	G	G	G	G	Superior	M	G

续表

序号	生产企业	测试车型号	防撞性能						碰撞避免与减轻		儿童座椅固定装置
			正面25%偏置碰撞		正面40%偏置碰撞	侧面碰撞	车顶强度	座椅鞭打试验	正面碰撞预防系统	前大灯	LATCH接口
			驾驶员侧面	乘客侧面							
14	德国奔驰汽车公司	2018 Mercedes - Benz C - Class	G	—	G	G	G	G	Superior	P	G
15	日本本田汽车公司	2018 Acura TLX	A	—	G	G	G	G	Superior	A	M
16	日本日产汽车公司	2018 Infiniti Q50	—	—	—	G	G	G	Superior	A	—
Large cars											
1	韩国起亚汽车公司	2018 Kia Cadenza	G	G	G	G	G	G	Superior	A	M
2	日本丰田汽车公司	2018 Toyota Avalon	G	—	G	G	G	G	Superior	A	A
3	美国通用汽车公司	2018 Buick LaCrosse	G	—	G	G	G	G	Superior	P	M
4	美国通用汽车公司	2018 Chevrolet Impala	A	—	G	G	G	G	Superior	P	A
5	美国福特汽车公司	2018 Ford Taurus	A	—	G	G	G	G	Basic	P	A
6	菲亚特克莱斯勒汽车公司	2018 Chrysler 300	M	—	G	G	G	G	Superior	P	A
7	菲亚特克莱斯勒汽车公司	2018 Dodge Charger	M	—	G	G	G	G	Superior	P	M
8	菲亚特克莱斯勒汽车公司	2018 Dodge Challenger	M	—	G	G	A	A	Basic	—	A
Large luxury cars											
1	日本本田汽车公司	2018 Lexus RC	G	G	G	G	G	G	Superior	G	G

续表

序号	生产企业	测试车型号	防撞性能						碰撞避免与减轻		儿童座椅固定装置
			正面 25% 偏置碰撞		正面 40% 偏置碰撞	侧面碰撞	车顶强度	座椅鞭打试验	正面碰撞预防系统	前大灯	LATCH 接口
			驾驶员侧面	乘客侧面							
2	德国奔驰汽车公司	2018 Mercedes – Benz E – Class	G	G	G	G	G	G	Superior	G	G
3	韩国现代汽车公司	2018 Genesis G90	G	G	G	G	G	G	Superior	G	A
4	德国宝马汽车公司	2018 BMW 5 series	G	G	G	G	G	G	Superior	G	A
5	美国福特汽车公司	2018 Lincoln Continental	G	G	G	G	G	G	Superior	G	A
6	韩国现代汽车公司	2018 Genesis G80	G	G	G	G	G	G	Superior	G	A
7	日本本田汽车公司	2018 Acura RLX	G	—	G	G	G	G	Superior	A	A
8	日本日产汽车公司	2018 Infiniti Q70	G	—	G	G	G	G	Superior	A	P
9	德国大众汽车公司	2018 Audi A6	G	—	G	G	G	G	Advanced	M	G
10	美国凯迪拉克汽车公司	2018 Cadillac CTS	M	—	G	G	G	G	Superior	P	M
11	瑞典沃尔沃汽车公司	2018 Volvo S90	G	—	G	—	—	G	Superior	M	A
12	美国凯迪拉克汽车公司	2018 Cadillac XTS	—	—	G	G	G	G	Superior	—	A
12	菲亚特克莱斯勒汽车公司	2018 Maserati Ghibli	—	—	G	G	G	G	Basic	—	—
12	日本本田汽车公司	2018 Lexus GS	—	—	G	G	G	—	Basic	—	—

续表

序号	生产企业	测试车型号	防撞性能						碰撞避免与减轻		儿童座椅固定装置
			正面25%偏置碰撞		正面40%偏置碰撞	侧面碰撞	车顶强度	座椅鞭打试验	正面碰撞预防系统	前大灯	LATCH接口
			驾驶员侧面	乘客侧面							
Small SUVs											
1	日本本田汽车公司	2018 Honda CR – V	G	G	G	G	G	G	Superior	A	A
2	韩国现代汽车公司	2018 Hyundai Tucson	G	G	G	G	G	G	Superior	A	A
3	韩国起亚汽车公司	2018 Kia Sportage	G	G	G	G	G	G	Superior	A	A
4	日本马自达汽车公司	2018 Mazda CX – 3	G	G	G	G	G	G	Superior	A	A
5	日本三菱汽车公司	2018 Mitsubishi Outlander	G	G	G	G	G	G	Superior	A	A
6	日本马自达汽车公司	2018 Mazda CX – 5	G	G	G	G	G	G	Superior	A	A
7	日本斯巴鲁汽车公司	2018 Subaru Forester	G	M	G	G	G	G	Superior	A	A
8	日本丰田汽车公司	2018 Toyota RAV4	G	P	G	G	G	G	Superior	A	G
9	日本日产汽车公司	2018 Nissan Rogue	G	—	G	G	G	G	Superior	A	M
10	美国通用汽车公司	2018 Chevrolet Equinox	G	G	G	G	G	G	Superior	M	A
11	菲亚特克莱斯勒汽车公司	2018 Jeep Compass	G	G	G	G	G	G	Superior	M	P
12	美国通用汽车公司	2018 GMC Terrain	G	G	G	G	G	G	Superior	P	G
13	德国宝马汽车公司	2018 BMW X1	G	G	G	G	G	G	Advanced	M	A
14	美国通用汽车公司	2018 Buick Encore	G	A	G	G	G	G	Basic	—	A
15	美国通用汽车公司	2018 Chevrolet Trax	G	A	G	G	G	G	Basic	—	A

续表

序号	生产企业	测试车型号	防撞性能						碰撞避免与减轻		儿童座椅固定装置
			正面25%偏置碰撞		正面40%偏置碰撞	侧面碰撞	车顶强度	座椅鞭打试验	正面碰撞预防系统	前大灯	LATCH接口
			驾驶员侧面	乘客侧面							
16	韩国现代汽车公司	2018 Hyundai Kona	G	—	G	G	G	G	Superior	P	M
17	菲亚特克莱斯勒汽车公司	2018 Fiat 500X	G	—	G	G	G	G	Advanced	P	M
18	德国大众汽车公司	2018 Audi Q3	G	—	G	G	G	G	Not Available	P	A
19	日本三菱汽车公司	2018 Mitsubishi Outlander Sport	A	M	G	G	G	G	Superior	M	A
20	美国福特汽车公司	2018 Ford Escape	A	P	G	G	G	G	Basic	A	M
21	日本本田汽车公司	2018 Honda HR – V	A	—	G	G	G	G	Not Available	P	M
22	菲亚特克莱斯勒汽车公司	2018 Jeep Renegade	A	—	G	G	G	—	Advanced	P	M
23	德国大众汽车公司	2018 Volkswagen Tiguan Limited	M	—	G	G	G	G	Not Available	P	—
24	日本三菱汽车公司	2018 Mitsubishi Eclipse Cross	—	—	G	G	—	—	—	—	—
25	日本三菱汽车公司	2018 Mitsubishi Outlander PHEV	—	—	—	—	G	—	Superior	A	A
Midsize SUVs											
1	韩国现代汽车公司	2018 Hyundai Santa Fe	G	A	G	G	G	G	Superior	G	A

续表

序号	生产企业	测试车型号	防撞性能						碰撞避免与减轻		儿童座椅固定装置
			正面25%偏置碰撞		正面40%偏置碰撞	侧面碰撞	车顶强度	座椅鞭打试验	正面碰撞预防系统	前大灯	LATCH接口
			驾驶员侧面	乘客侧面							
2	韩国现代汽车公司	2018 Hyundai Santa Fe Sport	G	A	G	G	G	G	Superior	G	A
3	日本马自达汽车公司	2018 Mazda CX－9	G	G	G	G	G	G	Superior	A	A
4	日本丰田汽车公司	2018 Toyota Highlander	G	A	G	G	G	G	Superior	A	G
5	日本本田汽车公司	2018 Honda Pilot	G	A	G	G	G	G	Superior	A	A
6	美国通用汽车公司	2018 GMC Acadia	G	G	G	G	G	G	Superior	M	A
7	德国大众汽车公司	2018 Volkswagen Tiguan	G	G	G	G	G	G	Superior	M	A
8	德国大众汽车公司	2018 Volkswagen Atlas	G	G	G	G	G	G	Superior	M	M
9	日本日产汽车公司	2018 Nissan Pathfinder	G	A	G	G	G	G	Superior	M	A
10	日本日产汽车公司	2018 Nissan Murano	G	—	G	G	G	G	Superior	M	A
11	美国福特汽车公司	2018 Ford Flex	A	—	G	G	G	G	Basic	M	A
12	美国福特汽车公司	2018 Ford Edge	A	—	G	G	G	G	Basic	P	A
13	菲亚特克莱斯勒汽车公司	2018 Jeep Grand Cherokee	M	P	G	G	G	G	Superior	A	M

续表

序号	生产企业	测试车型号	防撞性能						碰撞避免与减轻		儿童座椅固定装置
			正面25%偏置碰撞		正面40%偏置碰撞	侧面碰撞	车顶强度	座椅鞭打试验	正面碰撞预防系统	前大灯	LATCH接口
			驾驶员侧面	乘客侧面							
14	菲亚特克莱斯勒汽车公司	2018 Dodge Durango	M	—	G	G	G	G	Superior	M	A
15		2018 Jeep Cherokee	M	—	G	G	G	G	Superior	A	A
16	美国福特汽车公司	2018 Ford Explorer	M	P	G	G	G	G	Basic	P	A
17	日本丰田汽车公司	2018 Toyota 4Runner	M	—	G	G	G	G	Not Available	P	M
18	菲亚特克莱斯勒汽车公司	2018 Dodge Journey	P	—	G	G	G	G	Not Available	P	M
Midsize luxury SUVs											
1	德国宝马汽车公司	2018 BMW X3	G	G	G	G	G	G	Superior	G	M
2	德国奔驰汽车公司	2018 Mercedes - Benz GLC	G	G	G	G	G	G	Superior	G	A
3	日本本田汽车公司	2018 Lexus NX	G	—	G	G	G	G	Superior	G	G
4	日本本田汽车公司	2018 Lexus RX	G	—	G	G	G	G	Superior	A	G +
5	德国奔驰汽车公司	2018 Mercedes - Benz GLE - Class	G	—	G	G	G	G	Superior	A	G
6	日本本田汽车公司	2018 Acura MDX	G	—	G	G	G	G	Superior	A	A
7	瑞典沃尔沃汽车公司	2018 Volvo XC60	G	—	G	G	G	G	Superior	A	A
8	日本本田汽车公司	2018 Acura RDX	G	—	G	G	G	G	Superior	A	A
9	美国通用汽车公司	2018 Buick Envision	G	—	G	G	G	G	Advanced	A	M

续表

序号	生产企业	测试车型号	防撞性能						碰撞避免与减轻		儿童座椅固定装置
			正面25%偏置碰撞		正面40%偏置碰撞	侧面碰撞	车顶强度	座椅鞭打试验	正面碰撞预防系统	前大灯	LATCH接口
			驾驶员侧面	乘客侧面							
10	美国福特汽车公司	2018 Lincoln MKX	G	G	G	G	G	G	Superior	M	A
11	德国大众汽车公司	2018 Audi Q5	G	G	G	G	G	G	Superior	M	G
12	日本日产汽车公司	2018 Infiniti QX60	G	A	G	G	G	G	Superior	P	A
13	瑞典沃尔沃汽车公司	2018 Volvo XC90	G	—	G	G	G	G	Superior	M	A
14	美国凯迪拉克汽车公司	2018 Cadillac XT5	G	—	G	G	G	G	Superior	M	A
15	美国福特汽车公司	2018 Lincoln MKT	—	—	G	G	G	G	Basic	M	M
16	德国宝马汽车公司	2018 BMW X5	—	—	G	G	—	—	Superior	A	M
17	美国福特汽车公司	2018 Lincoln MKC	—	—	G	G	—	—	Basic	—	M
Large SUVs											
1	德国大众汽车公司	2018 Audi Q7	G	G	G	G	G	G	Superior	M	G+
Minivans											
1	日本本田汽车公司	2018 Honda Odyssey	G	G	G	G	G	G	Superior	A	G+
2	韩国起亚汽车公司	2018 Kia Sedona	G	—	G	G	G	G	Superior	G	A
3	菲亚特克莱斯勒汽车公司	2018 Chrysler Pacifica	G	—	G	G	G	G	Superior	A	M
4	日本丰田汽车公司	2018 Toyota Sienna	A	—	G	G	G	G	Superior	A	A
5	菲亚特克莱斯勒汽车公司	2018 Dodge Grand Caravan	P	—	G	G	G	G	Not Available	—	A

续表

序号	生产企业	测试车型号	防撞性能						碰撞避免与减轻		儿童座椅固定装置
			正面 25% 偏置碰撞		正面 40% 偏置碰撞	侧面碰撞	车顶强度	座椅鞭打试验	正面碰撞预防系统	前大灯	LATCH 接口
			驾驶员侧面	乘客侧面							
Small pickups											
1	日本丰田汽车公司	2018 Toyota Tacoma (crew cab pickup)	G	—	G	G	G	G	Superior	M	M
2	日本丰田汽车公司	2018 Toyota Tacoma (extended cab pickup)	G	—	G	G	G	G	Superior	M	M
3	美国通用汽车公司	2018 Chevrolet Colorado	G	—	G	G	G	G	Basic	P	M
4	美国通用汽车公司	2018 GMC Canyon	G	—	G	G	G	G	Basic	P	M
5	美国通用汽车公司	2018 Chevrolet Colorado	A	—	G	A	G	G	Basic	P	A
6	美国通用汽车公司	2018 GMC Canyon	A	—	G	A	G	G	Basic	P	—
7	日本日产汽车公司	2018 Nissan Frontier	M	—	G	G	G	A	Not Available	P	A
8	日本日产汽车公司	2018 Nissan Frontier	M	—	G	G	G	A	Not Available	P	M
Large pickups											
1	日本本田汽车公司	2018 Honda Ridgeline	G	—	G	G	G	G	Superior	G	A
2	美国福特汽车公司	2018 Ford F - 150 (crew cab pickup)	G	—	G	G	G	G	Superior	P	M

续表

序号	生产企业	测试车型号	防撞性能						碰撞避免与减轻		儿童座椅固定装置
			正面 25% 偏置碰撞		正面 40% 偏置碰撞	侧面碰撞	车顶强度	座椅鞭打试验	正面碰撞预防系统	前大灯	LATCH 接口
			驾驶员侧面	乘客侧面							
3	美国福特汽车公司	2018 Ford F－150 (extended cab pickup)	G	—	G	G	G	G	Superior	P	M
4	日本日产汽车公司	2018 Nissan Titan	G	—	G	G	G	G	Not Available	M	A
5	日本丰田汽车公司	2018 Toyota Tundra (extended cab pickup)	A	—	G	G	G	G	Superior	M	M
6	美国通用汽车公司	2018 GMC Sierra 1500 (extended cab pickup)	A	—	G	G	G	G	Basic	A	M
7	美国通用汽车公司	2018 Chevrolet Silverado 1500 (extended cab pickup)	A	—	G	G	G	G	Basic	P	M
8	美国通用汽车公司	2018 GMC Sierra 1500 (crew cab pickup)	M	—	G	G	G	G	Basic	A	P
9	美国通用汽车公司	2018 Chevrolet Silverado 1500 (crew cab pickup)	M	—	G	G	G	G	Basic	P	P

续表

序号	生产企业	测试车型号	防撞性能						碰撞避免与减轻		儿童座椅固定装置
			正面25%偏置碰撞		正面40%偏置碰撞	侧面碰撞	车顶强度	座椅鞭打试验	正面碰撞预防系统	前大灯	LATCH接口
			驾驶员侧面	乘客侧面							
10	日本丰田汽车公司	2018 Toyota Tundra (crew cab pickup)	M	—	G	G	A	G	Superior	M	A
11	菲亚特克莱斯勒汽车公司	2018 Ram 1500 (crew cab pickup)	M	—	G	G	M	G	Not Available	M	M
12	菲亚特克莱斯勒汽车公司	2018 Ram 1500 (extended cab pickup)	M	—	G	G	M	G	Not Available	M	M

附表5 日本JNCAP新车评价规程测试评价统计（2017年）

序号	生产企业	测试车型号	车辆类型	综合评价	乘员保护	行人保护	安全带提醒装置	星级
1	日本马自达汽车公司	CX－8 XD PROACTIVE	1BOX&Minivans 1BOX&Minivans(超过2000mL)	193.9	96.67	90.23	4.0	★★★★★
2	日本马自达汽车公司	CX－5 XD PROACTIVE	乘用车C(超过2000 mL) 旅行车	187.3	95.45	81.12	4.0	★★★★★
3	日本丰田汽车公司	C－HR G.	乘用车B(1501mL至2000 mL) SUV	185.8	91.36	82.71	5.67	★★★★★

Abstract

The Blue Book of Automobile Safety is an annual research report on the development of China's automobile safety. Since the publication of the first volume of the report in 2014, it has received extensive attention from the automotive industry. This book is written by a number of researchers in China Automotive Technology & Research Center Co. , Ltd. and the experts in the field of safety in the industry and domestic automotive companies.

Annual Report on Automobile Safety in China (2018) includes General Report, Macro Environment Report, Standard and Regulation Report, Technical Research Report, Research Report on Excellent Safety Products, Experience and Reference Report, Special Research Report (Chapter of Pedestrian Protection) and Special Survey Report.

In the General Report, it covers the status quo and future trend of development of China's automobile safety industry in 2017 and the new situation and challenges facing road traffic safety work are comprehensively described. Through the analysis of typical accident cases, it is proposed that the hidden dangers of road traffic facilities are the important causes of traffic accidents. At the same time, the systematic trend of new energy vehicles and ICV technology had been analyzed.

In the Macro Environment Report, it covers the continuous improvement measures for the transformation of governance mode for road traffic safety, source management on road traffic safety, urban traffic flow and safety, and management on rural traffic safety. Based on the typical case data of road traffic accidents, this paper analyzes the characteristics of the hidden dangers in current traffic facilities, the hazards to traffic safety, and the deep-seated reasons for these problems.

In the Standard and Regulation Report, it firstly sorts out the development process of C-NCAP and comprehensively introduces the research ideas and research methods of C-NCAP, and analyzes the main points of the rules (2018 edition) . At the same time, the testing technology and method and evaluation method of the active safety system of the operating bus are introduced from the legal level, and the technical route of the active safety technology of the operating bus is summarized.

In the Technical Research Report, the development status of the construction of traffic conflict scene is introduced. Through the analysis of actual dangerous conditions, the virtual scene construction and test verification are carried out in a targeted manner to improve the research and development efficiency and design quality of active safety products. The application of swarm intelligence algorithm in information security of vehicle network is expounded from several aspects. At the same time, research and analysis are carried out on the safety test and evaluation technology of power battery and the key technology in the development of steel-aluminum hybrid body structure.

In the Research Report on Excellent Safety Products, the development of vehicle safety performance of SUV model was introduced from the aspects of body structure, restraint system, pedestrian protection and active safety.

In the Experience and Reference Report, the European Union has established and implemented a coordinated and unified management system and related technical regulations and specific projects for the market access of automotive products, and it covers the huge impact of the system in the entire international automotive market. force.

In the Special Research Report (Chapter of Pedestrian Protection), it systematically and comprehensively analyzed the development status of automobile pedestrian protection technology from the aspects of road traffic environment and accident situation, and national pedestrian protection evaluation system in main regions and areas, and the future trend of the development of pedestrian protection technology.

In the Special Survey Report, the status quo of the vision improvement class and the driving and risk-avoiding driving assistance technology market are elaborated and analyzed from multiple dimensions, and the characteristics of the advanced driving assistance technology market are sorted out, and reasonable opinions and suggestions are put forward for the development of the enterprise. In addition, the evaluation of the satisfaction on safety and the concern on safety of consumers of different grades and different types of vehicles have also been studied.

The book aims to strengthen the industry's exchanges and cooperation by compiling the most authoritative publications in China's automotive safety field, showing the progress of automobile safety technology to the industry and the public, popularizing automobile safety knowledge, and leading the development of China's automobile safety. The book will promote the innovation and application of automotive safety technology to contribute to building a strong powerhouse of automobiles and gather the masterpieces of mainstream automobile companies and authoritative experts. From the perspective of social sciences, it comprehensively sorts out and systematically analyzes China's automobile safety status, aiming at providing comprehensive reference for management departments of the automotive industry, research institutions, automobile and parts enterprises, and the public to grasp the development of automobile safety.

Contents

I General Report

Abstract: At present, the road traffic safety situation in China is generally stable. However, the natural environment, road conditions, motorization level, safety facilities and vehicle conditions caused by regional imbalances are more obvious. Road traffic safety work faces new situations and challenges. With the continuous deepening of the transformation and upgrading of China's automobile industry, China's automobile industry will present a new situation. The systematic trend of new energy vehicles and intelligent networked vehicle technology is obvious, and the analysis of driving conditions and the construction of traffic scenes will become the development of active safety technology. Key common technology. With the development of artificial intelligence, car pedestrian protection technology will develop towards automation and intelligence. The combination of intelligence, network and automobile technology will become the mainstream of pedestrian protection technology in the future.

Keywords: China Road Safety; Standards & Regulations on Auto Safety; Auto Safety Technology; Pedestrian Protection Technology

Ⅱ Macro Environment Report

B. 2 Development of Safety of Road Transport of China in 2017 and Measurements for the Sustainable Improvement

Liu Jun, *Hu Yanbin* / 015

Abstract: At present, the overall situation of road traffic safety in China remains stable. But with the rapid growth of the number of motor vehicles and drivers, the challenges are even more severe. The article elaborates on the overall situation of China's road traffic safety development in 2017, the opportunities and challenges faced by road traffic safety, and the continuous improvement measures for road traffic safety. In 2017, China's road traffic safety situation continued to be stable: the number of motor vehicles in the country increased by 15. 16 million units; the proportion of cars in motor vehicles continued to increase; the number of small passenger cars continued to grow rapidly; the number of motorists increased by 26. 99 million, and the overall situation of road traffic safety was stable. At the same time, China's road traffic safety faces many opportunities and challenges, such as the "Urban disease" caused by the continuous expansion of urban scale. The problem of rural traffic safety is outstanding, and the awareness of safe and civilized driving still needs to be improved. The article proposes continuous improvement measures for road traffic safety from the aspects of transformation of governance model for road traffic safety, source control of road traffic safety, urban traffic flow and safety, and management on rural traffic safety.

Keywords: China; Road Traffic Safety; Traffic Accident

B.3 Discussion on the Influence of Hidden Dangers of Road Traffic Facilities on the Causes of Accidents

Xiao Lingyun, *He Yutong* / 026

Abstract: In the three elements (People, Vehicle, Road) of traffic accidents, whether based on official disclosure data or data collected by research institutions, the problem of human beings still occupies the most important position; the analysis on database finds that the proportion of accidents directly related to the problem of the vehicle itself is extremely low (below 0.3% for many years); and through in-depth analysis on the causes of traffic accidents in the accident database over the years, it is found that the problem on road facilities is a very important factor in traffic accidents, and its impact on the cause of accidents is much higher than the vehicle problem. This article is based on the typical case study of SHUFO with the "In-depth investigation" of the Shanghai Traffic Police Force and the collected road traffic accident database. It analyzes the current characteristics of the hidden dangers of traffic facilities, the hazards to traffic safety, and the deep causes of the issues.

Keywords: Traffic Accident; Hided Dangers of Road Safety; In-depth Analysis on Accident

B.4 Analysis on the Current Situation of Recall of Automobile Products in 2017

Wang Wenbin, *Zang Jinhuan* / 036

Abstract: In 2017, a total of 251 recalls of defective automotive products were implemented, up 107% year-on-year; the number of recalled defective vehicles reached 20.05 million units, an increase of 77% year-on-year and achieving the highest growth over the years. From the perspective of the imported and domestic models involved in the recall, the percentage of recalls of domestic cars reached 90% ; from the series involved in the recall, German cars ranked the first; from the perspective of the assemblies of recalled cars, airbags and seat belt assemblies still accounted for the majorities of the products recalled, with the share of more 50% . From the rapid growth of China's auto recalls in 2017, we can see that with the gradual increasing of pressure of government supervision and public opinion supervision, people's safety awareness has gradually increased, and laws and regulations have gradually been improved, and the recall awareness of auto companies has been further strengthened. Market order is better developed.

Keywords: Auto Recall; Auto Safety; Number of Recall

Ⅲ Standard and Regulation Report

Abstract: The experience shows that the implementation of NCAP has a significant effect on improving safety performance of vehicle and road safety. Since the implementation of C - NCAP in past ten years, the overall level of safety technology and evaluation performance of domestic models have increased significantly, and the deployment rate of vehicle safety devices has also increased significantly. The vast majority of consumers in China have used safer automotive products and achieved safer driving. It has a significant effect on improving China's road safety. C -NCAP has become the vane of safety research and development of China's automotive product and a synonym for car safety. With the smooth implementation of C - NCAP and deeper research, China Automotive Technology & Research Center has also made several improvements to the C - NCAP management rules. It has undergone changes in the 2006, 2009, 2012, and 2015 editions. The 2018 version of the rules will be implemented soon. This article gives a comprehensive introduction of C -NCAP research ideas and research methods and analysis on the main points of the 2018 version of rules through the combing of the C－NCAP development process to facilitate the development of new vehicle products.

Keywords: C－NCAP; New Model Appraising; Active Safety

Abstract: The traffic accidents of operating buses are extremely likely to cause a large number of casualties, so the safety of operating passenger bus is crucial. Active safety technology is designed to prevent traffic accidents. The Technology Conditions for the Safety of Operating Passenger Buses issued by the Ministry of Transport imposes mandatory requirements on Electronic Stability Control (ESC), Lane Departure Warning System (LDW) and Automatic Emergency Braking System (AEB) and the detailed rules on the performance of the system. This paper introduces the test technology, testing method and evaluation method of the active safety system of the operating bus from the regulation level, and summarizes the technology route of the active safety technology of the passenger bus.

Keywords: Passenger Bus; Active Safety; ESC; AEB; LDW

Abstract: Based on the typical battery management system (BMS) architecture for electric vehicles, the HAZOP analysis method and the methodology given in the national standard GB/T 34590－2017 Road Vehicle Functional Safety are used to carry out the battery management system hazard analysis and risk assessment. The functional safety objectives and functional safety requirements of the battery management system provide a reference for inheriting and refining the BMS technical security requirements and security architecture and the implementing of the functional security requirements of the BMS to the hardware and software design.

Keywords: Battery Management System; Function Safety; Hazard Analysis and Risk Assessment; Safety Structure

Abstract: Safety analysis is a key task in the development of functional safety of vehicle electrical and electronic systems, and is the primary means of defining hazard identification and safety requirements. Comparing the commonly used safety analysis methods, the automatic parking system (APA) is taken as an example to introduce a system theory based process analysis (STPA) method. By defining relevant hazard lists and control models, analyzing the unsafe control behaviors and causing scenarios that lead to these hazards, defining and updating safety constraints and requirements, and elaborating the STPA approach with the expected functional safety technology for autonomous driving (SOTIF) relationships, it can help to develop functional safety for complex electronic and electrical systems and self-driving vehicle systems.

Keywords: Functional Safety; Safety Analysis; STPA; Expected Function Safety

Ⅳ Technical Research Report

B. 9 Analysis on Dangerous Driving Conditions to Active Auto Safety and Construction of Traffic Conflict Scenarios

Liu Xingliang, Gao Bolin and Song Pan / 089

Abstract: Vehicle active safety technology, like other driver assistance and autonomous driving technologies, is a closed-loop system of driver-vehicle-environment interaction. The development of technology and systems is strongly related to the working environment. The system technology is derived from both the scene conditions and is verified by the scene conditions. Therefore, this paper introduces the relevant projects and engineering experiences of driving condition collection, analysis and scene application of active safety system for auto in home and abroad, and sorts out the basic ideas of collecting, classifying and analyzes dangerous driving conditions related to driving safety. In addition, due to the high risk of real road test and verification and the long cycle, the coverage verification of working conditions is difficult to be completed in a short time. The active safety system of vehicle ultimately needs to rely on virtual simulation test to complete most of the works. And the building of traffic danger conflict scene is a key part of the development process. The article introduces the development of traffic conflict scenarios and the work of the Academy Institute in this area. Finally, through the analysis on the actual dangerous conditions, the virtual scene construction and test verification are carried out in a targeted manner to improve the research and development efficiency and design quality of the active safety products of automobiles.

Keywords: Active Safety; Danger Driving Condition; Traffic Conflict Scene; Building of Scene; Virtual Simulation

Abstract: As the two models of passenger cars, cars and SUVs have always been the products with larger sales. With the gradual improvement of people's safety awareness, the importance of vehicle safety, especially side collision safety, is increasing. Side collisions, especially during driving at high speeds, can make the vehicle's tail collide with adjacent lane vehicles or guardrails or trees, etc. due to the the punctures or other reasons. They should be paid more attention during development. This paper focuses on GB, ECE, C - NCAP 2018, E - NCAP2015, IIHS and other standards involved in the development of side safety, and conducts research and discussion on side safety development.

Keywords: Side Collision Safety Standard; Side Development Process; Side Structural Safety; Side Passenger Protection

Abstract: With the popularity of the Internet of Things, vehicle access is also very common. And the Internet of Vehicles has been considered as one of the core technologies of intelligent transportation in the future. At the same time, with the development of the Internet of Vehicles, the increased deployment of wireless technology on vehicles, and the security problems in the Internet of Vehicles have become increasingly apparent. Therefore, more and more intelligent algorithms are beginning to be applied to solve the problem of information security of Internet of Vehicle. The SI, as an emerging field, appeared in the 1980s. Now it has attracted the attention of researchers in many disciplines, and has become a hotspot and frontier field of artificial intelligence and economic, social, biological and other interdisciplinary fields. The SI has played more and more important roles in the information safety of Internet of Vehicles. This paper expounds the specific application of swarm intelligence algorithm and swarm intelligence algorithm in information security of Internet of Vehicles from several aspects. It plays an important role in the improvement of the information security of Internet of Vehicle.

Keywords: Swarm Intelligence Algorithm; Information Security of Internet of Vehicles; Intrusion Detection System; Mobile ad hoc Networks

B. 12 Research on Test and Evaluation Technology for Safety of Power Battery

Wang Fang, Lin Chunjing and Liu Lei / 125

Abstract: The safety of power batteries for new energy vehicle has become the top priority for the development of new energy vehicles. How to effectively test and evaluate the safety of power batteries has become urgent. This section summarizes the safety test methods for battery cells, modules, and systems, including intrinsic safety, electrical safety, environmental safety, and mechanical safety. At the same time, it has made a horizontal comparison of the major battery safety standards and regulations both in home and abroad, focusing on the differences and severity.

Keywords: Adiabatic Thermal Stability; Monomer Safety Evaluation; System Security Evaluation; Comparison of Standards and Regulations

B. 13 Research on the Key Technology during the Development of Steel – Aluminum Hybrid Body Structure

Meng Xianming, Fang Rui and Yang Shuai / 138

Abstract: This paper is divided into six parts. It introduces the application progress of steel-aluminum hybrid body structure both in home and abroad, the development technology of steel-aluminum mixed body structure both in home and abroad, the connection technology of steel-aluminum mixed body both at home and abroad. It explains the opportunities and challenges faced by the application technology in the development of steel-aluminum hybrid body in China and describes the future development of steel-aluminum hybrid body technology. In the conclusion, it is pointed out that the breakthrough of the the aluminum-alloy-related die-casting technology and the connection technology of dissimilar materials are key process technologies that need to be solved. With the development of China's new energy electric vehicles and the support of national policies, the related basic technology research and development has also achieved rapid development. Domestic R&D personnel should firmly grasp the opportunities of the times, meet the challenges, and achieve cornering overtaking in technological innovation.

Keywords: Auto Lightweighting; Steel – Aluminium Mixed Body; Performance Development

Abstract: This paper starts with an analysis of the SSF coefficients corresponding to different vehicle models in China, discusses the trend of vehicle rolling accidents caused by structural changes in vehicle registration in recent years, and analyzes the variation curve of the average number of deaths caused by single rolling accidents. It shows that the rolling accident is a form of road traffic accident with a low incidence rate but a high mortality rate. Based on the data of automobile rolling accidents, the paper analyzes the environmental characteristics, rolling form characteristics, vehicle characteristics and occupant damage characteristics of automobile rolling accidents. At the same time, it puts forward that the auto rolling safety standard and regulation tests can choose the curbstone test, the spiral rolling test and the slope rolling test. They respectively correspond to tumbling, throwing and falling.

Keywords: Auto Rolling; Characteristics of Accident; Safety Technology

Abstract: With the continuous growth of automobile sales, the after-sales maintenance market of automobiles has also continued to grow and develop. However, there are few researches on the after-sales maintenance technology of automobiles in China, and domestic OEMs rarely consider the maintenance performance of automobiles in the design stage. The first part of this chapter introduces the development process and current situation of automotive maintainability and the famous domestic research institution for automotive maintainability technologies. The second part is the introduction of automotive maintainability technology. It introduces the low-speed collision repairable test conditions of the automobile and the R&D process of the auto maintainability technology in detail.

Keywords: Automobile Maintainability Technology; Low-speed Collision; R&D Process

V Research Report on Excellent Safety Products

Abstract: China has become the world's largest automobile producer and consumer. With the growth of passenger car sales year by year, the sales of the best-selling SUV models in China have also soared in recent years. In 2017, the sales volume of China's SUV market has reached 10.30 million units, an increase of 13.9% year-on-year. The SUV has become the most important model in China. At the same time, the safety of SUV models is getting more and more attention from OEMs and consumers. In order to meet the consumers' demand for high-quality, high-security German SUVs, FAW – Volkswagen launched the new Volkswagen brand SUV model (T – ROC) in 2018. It was launched in July 2018. As a representative of the new FAW – Volkswagen SUV range, the T – ROC demonstrates the new family-style design language of the Volkswagen SUV and reflects the latest safety development concept and excellent safety performance of the Volkswagen model. From the perspective of passive safety performance, this SUV model is equipped with 6 airbags, pee-tightening + force-restricted front and rear safety belts, crushing steering column, and ultra-high strength thermal formed steel body frame structure, front and rear safety belts reminding, ISOFIX child seat interface. In terms of active safety performance, this SUV uses ESP, comfortable and AFB active safety equipment. In the safety development stage of the product, the star-level target development is carried out according to the latest C – NCAP (2018 version) to ensure the excellent safety and reliability of this SUV model.

Keywords: Complete Safety Performance; SUV Model; C – NCAP (2018 Version)

Ⅵ Experience and Reference Report

Abstract: This paper systematically introduces the European Union's coordinated and unified management system for the establishment and implementation of market access of automotive products, and the corresponding technical regulations and specific projects, as well as the huge influence of the system and system in the entire international automotive market. At the same time, this paper analyzes the EU's construction of its management for market access of automotive products and technical regulations system, has removed most of its own regulations on auto safety technology and directly replaced by the United Nations ECE regulations, to facilitate their own automotive companies to expand the international automotive market. At the same time, it retains a small number of specific technical regulations for the safety of automobiles, as well as automobile environmental protection and energy-saving technical regulations, and builds a high-level market technical barrier to block the entry of automotive products outside the EU and protect its own market.

Keywords: EU; Auto Safety; Technology Regulations; Market Access

Ⅶ Special Research Report (Chapter of Pedestrian Protection)

B. 18 Summary of the Development of Automobile Pedestrian Protection Technology

Zuo Peiwen, Zhang Limiao and Wang Xuelei / 222

Abstract: This paper systematically and comprehensively analyzes the development status and future trends of pedestrian protection technology from the aspects of road traffic environment and accidents, the national pedestrian protection evaluation systems in main regions and countries, and the development of pedestrian protection technology. Combining with China's real conditions, it points out the practical significance of conducting research on pedestrian protection in China and the opportunities and challenges of developing pedestrian protection technology in China. China urgently needs to grasp the development opportunity, promote the advancement of pedestrian protection technology, and improve the level of Chinese pedestrian protection technology.

Keywords: Road Traffic Safety; Pedestrian Protection; Appraising System; Active Safety

B. 19 Development of Safety Technology on Vehicle Pedestrian Protection and Future Program

Shi Shaojuan / 229

Abstract: Pedestrian protection has always been an important research direction and hot issue in the field of vehicle safety technology. With the continuous upgrading of domestic and foreign regulations and standards, major domestic automobile manufacturers have paid more and more attention to the development of pedestrian protection. This paper reviews the status quo of the development of pedestrian protection technology both at home and abroad, introduces pedestrian head protection safety technology, pedestrian leg protection safety technology and intelligent safety system, and forecasts the future development of pedestrian protection safety technology. The active safety technology to prevent and avoid the collision between vehicle and pedestrian has become a new research trend.

Keywords: Pedestrian Protection; Head Protection; Leg Protection; Active Safety Technology

B. 20 Current Situation of the Development and Trend of Pedestrian Protection Technology Based on Active Safety

Yu Yongzhi / 244

Abstract: China's automobile pedestrian protection research started late. At present, the domestic auto enterprises still use passive pedestrian protection strategies. Active pedestrian protection systems, such as pedestrian protection airbags, have not been developed. But in the European market, they have already been put into practical use. The active pedestrian protection system consists of two main modules, one is the pedestrian/two-wheel vehicle sensing mechanism (including various sensors), and the other is the actuator. With the advancement of pedestrian protection system technology, the combination of AEB technology and passive pedestrian protection will become more and more close. AEB's monocular/binocular camera helps the pedestrian protection system to identify pedestrians and makes the pedestrian protection device PHL/PPA more effective. When AEB and PPA are combined, the effectiveness of the pedestrian protection device can be effectively improved.

Keywords: Pedestrian Protection Technology; Pedestrian Protection Airbag; AEB; Pedestrian Detection Perception

B. 21 Research on the Method for the Development of Model meeting the Requirements of Pedestrian Protection

Qiu Lei / 265

Abstract: As a vulnerable group in traffic accidents, road pedestrians have a high proportion of casualties in traffic accidents, and the head and lower limbs are the most injured parts in the accident. To this end, domestic and foreign car companies and related research institutions have increased investment and technical research on pedestrian safety, mainly in four aspects: First, the design and layout of the front end structure of the car; Second, the design of engine cover and layout requirements on the hard points of engine compartment: Third, the development and application of active hood and pedestrian airbag configuration; Fourth is the development and application of intelligent security system. With the development of artificial intelligence, pedestrian protection technology will develop towards automation and intelligence. The combination of intelligence, network and automobile technology will become the mainstream of pedestrian protection technology in the future.

Keywords: Pedestrian Protection; Shape Design; Space Layout; FLEX - PLX Leg Type

Ⅷ Special Survey Report

Abstract: This article compares the security satisfaction and attention of consumers in different market segments, find out the security performance and differences among different market segments. In addition, through the combination of consumer satisfaction and attention on product indicators, determine the competitiveness of different segments of the market in their product indicators to help companies understand the safety of their products in the future need to focus on attention and improvement.

Keywords: Automotive safety; Crowd attribute; Consumer values; Competitiveness

Ⅸ Appendix

S 基本子库
UB DATABASE

中国社会发展数据库（下设 12 个子库）

全面整合国内外中国社会发展研究成果，汇聚独家统计数据、深度分析报告，涉及社会、人口、政治、教育、法律等 12 个领域，为了解中国社会发展动态、跟踪社会核心热点、分析社会发展趋势提供一站式资源搜索和数据分析与挖掘服务。

中国经济发展数据库（下设 12 个子库）

基于“皮书系列”中涉及中国经济发展的研究资料构建，内容涵盖宏观经济、农业经济、工业经济、产业经济等 12 个重点经济领域，为实时掌控经济运行态势、把握经济发展规律、洞察经济形势、进行经济决策提供参考和依据。

中国行业发展数据库（下设 17 个子库）

以中国国民经济行业分类为依据，覆盖金融业、旅游、医疗卫生、交通运输、能源矿产等 100 多个行业，跟踪分析国民经济相关行业市场运行状况和政策导向，汇集行业发展前沿资讯，为投资、从业及各种经济决策提供理论基础和实践指导。

中国区域发展数据库（下设 6 个子库）

对中国特定区域内的经济、社会、文化等领域现状与发展情况进行深度分析和预测，研究层级至县及县以下行政区，涉及地区、区域经济体、城市、农村等不同维度。为地方经济社会宏观态势研究、发展经验研究、案例分析提供数据服务。

中国文化传媒数据库（下设 18 个子库）

汇聚文化传媒领域专家观点、热点资讯，梳理国内外中国文化发展相关学术研究成果、一手统计数据，涵盖文化产业、新闻传播、电影娱乐、文学艺术、群众文化等 18 个重点研究领域。为文化传媒研究提供相关数据、研究报告和综合分析服务。

世界经济与国际关系数据库（下设 6 个子库）

立足“皮书系列”世界经济、国际关系相关学术资源，整合世界经济、国际政治、世界文化与科技、全球性问题、国际组织与国际法、区域研究 6 大领域研究成果，为世界经济与国际关系研究提供全方位数据分析，为决策和形势研判提供参考。

法律声明